Peter Grandl
RESET

PETER GRANDL

THRILLER

DIE WAHRHEIT
STIRBT ZUERST

dtv

Originalausgabe 2025
© 2025 dtv Verlagsgesellschaft mbH & Co. KG
Tumblingerstraße 21, 80337 München
produktsicherheit@dtv.de
Redaktion: Lars Zwickies
Das Werk ist urheberrechtlich geschützt. Jede Verwertung ist nur
mit Zustimmung des Verlages zulässig. Das gilt insbesondere für
Vervielfältigungen, Übersetzungen und die Einspeicherung und
Verarbeitung in elektronischen Systemen.
Illustrationen im Innenteil: Marie Zimmer
Umschlaggestaltung: zero-media.net, München
Umschlagmotive: FinePic®, München
Gesetzt aus der Minion
Satz: Fotosatz Amann, Memmingen
Druck und Bindung: CPI books GmbH, Leck
Printed in Germany · ISBN 978-3-423-28472-1

EINE TRAGÖDIE IN DREI AKTEN

»Es irrt der Mensch, solang er strebt.«
Johann Wolfgang von Goethe, *Faust*

*Dieser Roman ist allen Kampfpilotinnen und -piloten
der NATO gewidmet, die täglich unter enormen
Belastungen ihr Leben für unsere Luftsicherheit riskieren.*

DIE WICHTIGSTEN FIGUREN

Valentine O'Brien
Counter Terrorism Commander des britischen Metropolitan Police Service (MPS)

Camille Milloz
Erste Kriminalhauptkommissarin im Auftrag der Generalbundesanwaltschaft

Seiko Itō
Cybercrime-Expertin des japanischen Geheimdienstes PSIA

Akira Nagashima
Computer-Nerd und Seikos Freund

Jill Jones
Archivarin bei der *New York Times*

Gerald Coffey
Portier im New York Times Tower

Laurent Lamy
Leiter der Interpol-Taskforce zur Bekämpfung von Cyberkriminalität

Noah Morel
Französischer IT-Spezialist und leidenschaftlicher Funkamateur

Wolfgang »Wolf« Jäger
Pilot der deutschen Luftwaffe im Rang eines Oberstleutnants

Desmond McNamara
Priester einer Gemeinde in Irland

Margaret »Maggie« O'Brien
Valentines jüngere Schwester

Marthe Swordlet
Margaret O'Briens beste Freundin

Dr. Heinrich Dorn

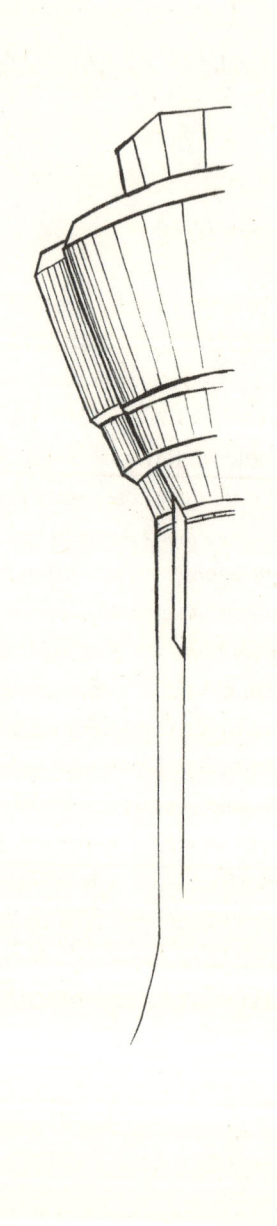

Der Tragödie erster Akt

Der Anfang, die Mitte und das Ende

Man würde später argwöhnen, der Teufel persönlich habe wohl mit Gott eine Wette darüber abgeschlossen, ob der Fortbestand der Menschheit gerechtfertigt sei, nach allem, was die Natur des Menschen in seiner Geschichte an Unmenschlichem offenbart hatte. Und dabei dauerte die Existenz der Menschheit in der gesamten Evolution der Erde bislang nur einen Wimpernschlag. Sie war ein absolut unbedeutender Teil der Entstehungsgeschichte des Universums. Der Verlust des Homo sapiens wäre nicht nur verschmerzbar, die göttlichen Mächte würden ihn vermutlich kaum wahrnehmen. Dass aber ausgerechnet der Nationalfeiertag einer Nation zum Schicksalstag und als Beginn der Katastrophe gebrandmarkt wurde, war schlichtweg eine Fehlinterpretation. Denn kaum jemand wusste von jener leidvollen Liebesgeschichte, die Jahre zuvor ihren Ursprung hatte und genau genommen den Anfang meiner Geschichte markiert – und letztendlich am Ende sogar über das Schicksal der gesamten Menschheit entscheiden wird.
Und so schließe ich mich den Chronisten der Gegenwart an und beginne die Tragödie in ihrer Mitte, am 3. Oktober 2024, mit einem gewöhnlichen Linienflug, der seine Passagiere von London nach München bringen soll.

G.

Donnerstag, 3. Oktober 2024

Flug LH2411

London, England

Esha Kholi reihte sich in die Warteschlange zur Sicherheitskontrolle am Flughafen London Heathrow ein. Der handliche Rucksack, den sie trug, war ihr einziges Gepäck. Ihre Kleidung hatte sie nach deren Funktionalität ausgewählt. Weder die Cargo-Hose mit den außen angebrachten Knopftaschen noch die Mehrzweckjacke würde ihre Bewegungsfreiheit einschränken.

Vor ihr stand jetzt eine korpulente Frau mit zwei aufgekratzten Zwillingen, die der Sicherheitsbeamte am Fließband für die Gepäckkontrolle mit scharfem Blick tadelte.

»Marvin! Elias! Ich zähle bis drei, und wenn dann keine Ruhe ist …«, mahnte die Mutter laut, wurde jedoch jäh von den beiden Jungs unterbrochen, die im Chor »Drei!« riefen und lachten.

Esha fühlte sich erneut in ihrer Entscheidung bestätigt, keine Kinder in diese Welt setzen zu wollen. Sie dachte an ihre ältere Schwester Indira, die bereits zum zweiten Mal schwanger war. In den Augen ihrer Mutter verkörperten Indira und ihr Ehemann Hamid das perfekte Paar. Ihr Vater hingegen war unglücklich darüber, dass Hamid die Kinder großzog und Indira als Ärztin für den Lebensunterhalt sorgte.

Kinder gehören zu ihrer Mutter und Männer in die Arbeit, so lautete eine von vielen Lebensweisheiten, die er oft von sich gab, während sich die Schwestern verstohlene Blicke zuwarfen. Auf Drängen der Mutter widersprachen sie jedoch nicht, um den Familienfrieden zu erhalten. Gleichzeitig waren dies die seltenen Momente, in denen die beiden ungleichen Schwestern eine innere

Verbundenheit spürten – und das kam mit zunehmendem Alter nur noch selten vor.

»Taschen ausleeren, Jacke ausziehen und Rucksack ablegen«, erklärte der Sicherheitsbeamte Esha. Er war sichtlich erleichtert, dass das Mutter-Zwillinge-Trio inzwischen den Körperscanner passierte.

»Den Gürtel auch ablegen – und die Schuhe hier reinstellen.«

Esha zog den Gürtel aus den Schlaufen ihrer Hose und stellte die Schuhe in eine der grauen Plastikwannen, die sie bereits in den Händen hielt.

»Na, Sie machen das offenbar nicht zum ersten Mal«, witzelte der Beamte grinsend.

Scheißkerl, dachte Esha. *Bei der gestressten Mutter warst du nicht halb so nett. Aber kaum steht dir eine junge Frau gegenüber, sabberst du dir aufs Lätzchen.*

Ein stechender Schmerz fuhr ihr in den Unterleib. Er kam so überraschend, dass sie sich ein wenig krümmte.

»Alles in Ordnung mit Ihnen?«, fragte der Beamte mit gespielter Besorgnis und streckte den Arm nach ihrer Schulter aus.

Berühr mich, und ich brech dir dein Handgelenk, Wichser.

Der Mann zog die Hand wieder zurück. Fast so, als hätte er ihre Gedanken gelesen.

»Esha, es gibt Mittel und Wege, deine Regelschmerzen zu lindern. Seelische Belastung und Stress können die Symptome außerdem verstärken«, hatte ihre Schwester ihr einmal gesagt.

»Du meinst, ich soll meinen Job aufgeben, damit meine Periode weniger heftig ist?«

»Wieso nicht?«

Gelangweilt winkte eine Sicherheitsbeamtin, die vor einem Bildschirm stand, Esha jetzt in den Körperscanner.

»Füße auf die Symbole am Boden stellen, Arme nach unten abwinkeln und Hände nach außen drehen.«

Mit einem Knopfdruck startete sie die Apparatur, die einen leichten Summton von sich gab. Plötzlich kam Leben in das Gesicht der Frau. Ihre Augen weiteten sich. Hilfe suchend wandte sie sich hektisch an einen Kollegen, der sich neben sie stellte, auf den Bildschirm blickte und sofort einen stummen Alarm auslöste. Die Frau im Scanner war eindeutig bewaffnet. In einer der aufgenähten Taschen ihrer Cargo-Hose zeigte der Bildschirm eine Pistole; man konnte sogar deutlich die Kugeln sehen, die sich im Magazin befanden.

Esha ließ die Hände sinken, drehte sich um und machte einen Schritt auf die beiden Beamten zu. Kaum trafen sich ihre Blicke, wusste sie Bescheid.

Verdammte Scheiße, man hatte sie erwischt.

Aus den Augenwinkeln konnte sie bereits bewaffnete Bundespolizisten erkennen, die mit kugelsicheren Westen und schussbereiten Waffen auf sie zukamen.

»Heben Sie Ihre Hände, und bewegen Sie sich ganz langsam auf uns zu«, befahl einer von ihnen.

Esha folgte den Anweisungen, ohne eine Regung zu zeigen. Jede falsche Bewegung konnte zu einem Blutbad führen. Alle anderen Fluggäste und die Beamten an der Sicherheitskontrolle waren verstummt. Sogar die Fließbänder mit den Gepäckstücken links und rechts von ihr blieben stehen.

Einer der Polizisten packte sie unsanft am Oberkörper, drehte sie um und legte ihr Handschellen an, während seine Kollegen ihre Maschinenpistolen auf sie richteten.

»Leisten Sie keinen Widerstand, oder wir machen von der Schusswaffe Gebrauch.«

Esha war sich bewusst, dass dies keine leeren Drohungen waren. Der Beamte tastete sie mit geübten Griffen ab, fand die versteckte Pistole an ihrem Oberschenkel und nahm sie an sich, als sie das laute Klacken von harten Ledersohlen hörte, die schnell näherkamen. Sofort stellten sich Polizisten dem heraneilenden Mann energisch in den Weg.

»Bleiben Sie stehen, und heben Sie beide Hände!«, schrie ihm einer der Beamten entgegen. Fast alle Menschen in Sichtweite waren inzwischen in die Hocke gegangen oder suchten nach Deckung, aber noch gab es keine Panik.

Der Mann mit den Lederschuhen kam keuchend zum Stehen und hielt den beiden Beamten einen Ausweis unter die Nase. Die Polizisten senkten daraufhin zögernd ihre Waffen und machten ihm Platz. Wenig später hatte er die vier Beamten eingeholt, die Esha Kholi abführten, und zeigte auch ihnen seinen Ausweis.

»Danke für Ihren schnellen und effektiven Einsatz, meine Herren, aber ich übernehme die Dame jetzt.«

Verblüfft betrachteten die Bundespolizisten den Ausweis, der keinen Zweifel an der Dienstgewalt des Mannes ließ.

»Wenn ich Sie um die Waffe bitten dürfte, Polizeiobermeister«, sagte der Mann freundlich.

Der Beamte holte die Waffe hervor und betrachtete sie einen Moment lang. Sie ähnelte der Polizeipistole HK P2000, hatte aber einen deutlich kürzeren Lauf.

»Wer ist die Frau?«, wollte er wissen, während er Esha die merkwürdige Pistole aushändigte.

»Verschlusssache, meine Herren. Darüber darf ich leider nicht reden.«

Kurz darauf saß Polizeihauptkommissar Wisny mit Esha Kholi in der Personalkantine des Flughafens. Wisny nahm vorsichtig einen Schluck aus dem Becher, den er sich gerade aus dem Kaffeautomaten gezogen hatte. Esha hingegen rührte nur lustlos mit einem Holzstäbchen in ihrem Becher herum.

»Esha, wie konnte das passieren? Gott, du bist doch keine Anfängerin mehr! Du hast den falschen Security Check genommen. Unser eingeweihter Verbindungsmann stand einen Zugang weiter.«

»Ich … Ich war in Gedanken woanders.«

»Das ist deine Antwort? Echt jetzt?«

»Was willst du hören? Scheiße, ja. Ich hab Mist gebaut. Aber so was passiert nun mal.«

»So was darf aber nicht passieren, Esha. Nicht uns. Nicht einem Air-Marshal.«

Esha nickte betroffen.

»Ist der Flug nach München in dieser Woche dein letzter Einsatz?«

Sie nickte wieder.

»Du solltest mal ausspannen, Urlaub machen … Einfach Stress abbauen.«

»O Mann, du hörst dich an wie meine Schwester.«

Wisny nahm erneut einen Schluck von seinem Kaffee. Esha blickte auf die Uhr.

»Ich muss jetzt, mein Flug nach München geht in zwanzig Minuten. Kai wird schon am Gate sein.«

»Wo ist die Zielperson?«

»Nicht aufgetaucht. Schätze, wir fliegen ohne sie.«

»Bleibt trotzdem wachsam. Die Möglichkeit besteht immer, dass ein Komplize an Bord ist, von dem wir nichts wissen.«

»Wem erzählst du das? Ich mach den Job seit drei Jahren, und ich nehm das verdammt ernst. Also mach dir keinen Kopf, wir bringen die Maschine sicher nach München.«

Luftraum Deutschland

Oberstleutnant Wolfgang Jäger – oder Wolf, wie ihn die Kollegen des Taktischen Luftwaffengeschwaders 75 nannten – vollzog mit seinem Eurofighter Typhoon eine steile 180-Grad-Kurve. Gleichzeitig drückte er mit annähernder Schallgeschwindigkeit die Nase des Jagdfliegers steil nach unten, um der Zielerfassung seines Verfolgers zu entgehen, der ihm außer Sichtweite nachsetzte. Der strahlend blaue Himmel kippte seitlich weg, bis die Linie am Horizont steil über ihm lag und er in eine graue Wolkendecke eintauchte.

Sofort blähten sich Hose, Weste und ein Luftpolster im Helm

auf, um die G-Kräfte zu mindern, mit denen der Körper zu kämpfen hatte. Bei 4 bis 4,5 G wurde ein untrainierter Mensch ohnmächtig; mit dem Anti-G-System in seiner Ausrüstung konnte Wolf die doppelte Belastung aushalten, bevor ihm schwarz vor Augen werden würde. Dennoch setzten ihm die 6 G, die bei diesem Flugmanöver auftraten, heftig zu. Täglich musste er deshalb seinen Körper, vor allem seinen Rücken, trainieren, um die enormen Kräfte beim Kampfeinsatz ertragen zu können. Immer wieder kam es vor, dass Kameraden bei solchen Manövern einen Bandscheibenvorfall erlitten und dann monatelang ausfielen.

Kaum hatte Wolf die Wende vollzogen, donnerte er auf 4000 Fuß Höhe mit einer Geschwindigkeit von Mach 0,9 unter seinem Gegner hindurch. Er blickte zufrieden aus dem Cockpitfenster. Der zweite Jagdflieger seiner Rotte, sein Wingman, war ihm gefolgt. Oberstleutnant Amir Yildiz flog nun seitlich über ihm und hob sichtbar den Daumen, um ihm anzuzeigen, das alles in Ordnung war.

Die beiden Jets waren Teil eines größeren NATO-Übungsmanövers im Luftraum von Rheinland-Pfalz, irgendwo über Ramstein und Zweibrücken. Fünfundzwanzig Militärflugzeuge, darunter nicht nur Eurofighter, sondern auch andere NATO-Kampfflugzeuge, waren an dieser minutiös ausgearbeiteten Luftkampfübung beteiligt. Die besondere Brisanz bestand darin, dass Wolf und Yildiz die einzigen Kampfflugzeuge flogen, die mit scharfer Bewaffnung ausgestattet waren. Jeder der beiden Jets verfügte über zwei IRIS-T-Raketen, 140 Schuss Munition für die 27-mm-Bordkanone und mehrere Hitze suchende Täuschkörper.

»Red One – Sunrise«, meldete sich der Jäger-Leitoffizier, der vom Boden aus die gesamte Übung überwachte und steuerte, mit seinem Call-Sign.

»Sunrise – Red One«, bestätigte Wolf den Funkkontakt.

»Red One, Sie sind nicht getroffen worden. Setup for phase 2«, gratulierte ihm der Flightleader zu seinem Manöver und forderte ihn auf, sich dem Kampfgeschwader wieder anzuschließen.

»Sunrise, copy. Proceeding to Regen north«, erwiderte Wolf. Dabei dachte er an seine Frau und seine Tochter, mit denen er heute eigentlich in den wohlverdienten Urlaub geflogen wäre.

Spät am Vorabend hatte sich allerdings überraschend sein Staffelkapitän Oberstleutnant Trautman bei ihm gemeldet. Die Koffer für eine zweiwöchige Kreuzfahrt standen bereits im Gang. Ein Linienflieger sollte sie am kommenden Tag nach Hamburg bringen.

»Wolf, wir haben einen Notfall. Mirkos Vater ist vor wenigen Stunden gestorben.«

»Das war abzusehen. Wie geht es Mirko?«

»Er überspielt es, würde sogar den QRA morgen übernehmen, aber ganz ehrlich … Ich will ihn da nicht sehen. Nicht in diesem Zustand. Was ist, kannst du übernehmen?«

»Sabine wird mir die Hölle heiß machen, Martin. Du weißt, wir wollten in den Urlaub, alle vier.«

»Mist. Du bist gerade meine einzige Option. Wann legt euer Schiff ab?«

»Am Sonntag. Wir wollten uns aber noch Lübeck ansehen.«

»Hör zu, Wolf. Sag Sabine, ich sorge persönlich dafür, dass wir dich am Samstag nach Lübeck bringen. Und wenn ich dich mit dem Fallschirm aus einer Transall werfen muss. Versprochen!«

Der QRA hatte heute Morgen um sieben Uhr begonnen. Vierundzwanzig Stunden dauerte die Schicht für die gesamte Crew, die zum *Quick Reaction Alert* in einem speziellen Areal auf dem Militärflughafen in Neuburg an der Donau eingeteilt war. Vierundzwanzig Stunden, in denen keiner der beiden Piloten oder einer der Techniker das Areal verlassen durfte – und zwar unter keinen Umständen. Aus diesem Grund nannten die Soldaten den Bereich auch gerne den »offenen Vollzug«.

Vier Eurofighter befanden sich durchgehend aufgetankt und schwer bewaffnet einsatzbereit in Luftschutzbunkern im gesicherten Sperrbereich der QRA. Im Einsatzfall jagte eine Schiffssirene, die man kilometerweit hören konnte, die Crews im Laufschritt zu den Hangars. Maximal fünfzehn Minuten später mussten die Jets in der Luft sein können. Auf die Frage, ob das auch dann gelte, wenn die Piloten gerade fest schliefen, gab Wolf seinen Schülern immer dieselbe Antwort: »Ein Pilot, der zum QRA eingeteilt ist, schläft nicht. Ein QRA-Pilot ruht nur.«

Tango-Scramble nannte man den Einsatz, wenn es nur eine Übung war. *Alpha-Scramble* lautete die Bezeichnung, wenn sich die Rotte aufmachte, um eine tatsächliche potenzielle Bedrohung des Luftraums zu überprüfen. Im Jahr 2023 hatte es dreißig von diesen scharfen Einsätzen gegeben. Vierzehn davon waren erfolgt, weil man den Kontakt zu zivilen Luftfahrzeugen verloren hatte und die Abfangjäger vor Ort »die Lage verdichten« sollten. Niemand wollte einen 11. September auf deutschem Boden riskieren. Die übrigen sechzehn Alpha-Scrambles galten russischen Militärmaschinen, die den Hoheitsbereich der NATO verletzt hatten.

Der Job des gesamten QRA-Teams wurde von allen Beteiligten mit großer Sorgfalt ausgeführt – dazu gehörten auch tägliche Übungsflüge und gelegentliche Manöver wie an diesem Tag über Ramstein. Auch wenn jede Flugstunde eines Eurofighters den Staat siebzigtausend Euro kostete.

»Red One – Sunrise«, meldete sich jetzt erneut die Stimme des Jäger-Leitoffiziers.

»Sunrise – Red One, go ahead.«

»Red One, betanken Sie Ihre Maschinen in der Luft, und kehren Sie danach zum Stützpunkt zurück.«

Erleichtert, die Übung erfolgreich hinter sich gebracht zu haben, bestätigte Wolf den Befehl und gab die neuen Koordinaten ein. Einen weiteren Einsatz würde es heute nicht geben. Wieder dachte er an seine Frau und seine zwei Töchter – morgen um diese Uhrzeit würde er sie in Lübeck wiedersehen.

Den Gefechtsstand des Nationalen Lage- und Führungszentrums für Sicherheit im Luftraum in Uedem, einem kleinen Ort mit achttausend Einwohnern nahe der holländischen Grenze, beschrieben Mitarbeiter gerne als irgendetwas zwischen Amtsstube und Hauptquartier eines Bond-Bösewichts. Eine Fläche von zweihundert Quadratmetern, vollgepackt mit Personal und Elektronik. Mehrere Beamer projizierten fortwährend Daten und Bilder zur aktuellen Luftlage auf überdimensionale Leinwände, die über den Köpfen der Mitarbeiter hingen.

Das NLFZ SiLuRa war 2003 als Reaktion auf die Terroranschläge vom 11. September 2001 in New York gegründet worden. Seine Aufgabe war es, den Luftverkehr in Deutschland zu überwachen und wenn nötig Maßnahmen zu ergreifen, um die Sicherheit wiederherzustellen. Elftausend Flugbewegungen wurden pro Tag registriert und überwacht. Entsprechend komplex war die Arbeit dieses Führungszentrums, in dem das Verteidigungsministerium, das Verkehrsministerium, das Innenministerium sowie Kriminal- und terrornahe Behörden Nebenstellen betrieben, um Hand in Hand arbeiten zu können.

Um 13:17 Uhr Ortszeit erhielt der diensthabende Duty Controller, Stabsoffizier Friedrich Bäumer, einen Emergency-Call vom Wachleiter der Kontrollzentrale in Karlsruhe, der die Zusammenarbeit aller heute an die Grenzen bringen würde.

»Oberstleutnant Bäumer am Apparat.«

»Hier Upper Area Control Center Karlsruhe«, antwortete der Wachleiter mit militärischer Sachlichkeit, ohne jegliche emotionale Regung in der Stimme.

»Wir haben von Flug LH two four one one einen Squawk seven five zero zero erhalten. Departure London Heathrow ten fifty, arrival in Munich thirteen fourty. Es handelt sich um einen Airbus A320 NEO mit 169 Passagieren und sieben Besatzungsmitgliedern.«

»Kein Zweifel? Ein Squawk 7500?«, hakte der Duty Controller

nach. Einen 7500er, die Entführung einer deutschen Passagiermaschine, hatte es zuletzt 1977 in Mogadischu gegeben, damals durch arabische Terroristen.

»Der diensthabende Supervisor hat mehrmals versucht, den direkten Kontakt herzustellen, aber ohne Erfolg. Der Pilot der Maschine bestätigte währenddessen über seinen Transponder den Squawk 7500 zwei weitere Male. Aktuell haben wir keinen Hinweis auf eine Fehleingabe. Wir gehen daher davon aus, dass ein Renegade-Fall vorliegt. Flug LH2411 wurde nach derzeitigem Erkenntnisstand entführt.«

»Hat die Maschine den Kurs beibehalten?«

»Bislang liegt keine Abweichung vom Kurs vor. LH2411 wird voraussichtlich in dreiundzwanzig Minuten den Flughafen München erreichen.«

Damit endete das Gespräch. Allen Beteiligten war klar, von nun an zählte jede Sekunde.

Um 13:19 Uhr setzte Oberstleutnant Bäumer eine präzise abgestimmte Meldekette in Gang, die unter anderem das Büro des Inspekteurs der Luftwaffe, Generalleutnant Gerhartz, sowie den Quarterback des Luftwaffengeschwaders 74 über die Lage informierte. Dieser nahm umgehend Kontakt mit dem Jäger-Leitoffizier der QRA-Rotte auf, die sich noch immer im Luftraum über Ramstein befand, und befahl, die Bereitschaftsstufe wegen eines Renegade-Falls auf *Combat Air Patrol* zu erhöhen. Aus dem Tango-Scramble war nun ein Alpha-Scramble geworden, ein militärischer Einsatz mit höchster Priorität im gesamten Luftraum. Die Deutsche Flugsicherung hatte dadurch Order, den Luftraum in einer Höhe von 4000 Fuß von Ramstein bis nach München augenblicklich freizuschaufeln, um den Kampfjets die Möglichkeit zu geben, ungehindert mit Überschallgeschwindigkeit zum Zielort zu gelangen.

Stefan Schilling, ein hochrangiger Mitarbeiter der Bundespolizei in Uedem, hatte parallel dazu mit der Dienststelle Besondere

Schutzaufgaben Luftverkehr Kontakt aufgenommen. Er rechnete sich keine großen Chancen aus, dass die BSL bei dieser Entführung von Nutzen sein würde; doch eine vergilbte Post-it-Notiz an seinem Rechner machte ihm Mut. *Die Hoffnung stirbt zuletzt,* stand unter einem Smiley Aufkleber.

Die Dienststelle BSL hatte ihren Sitz in der Nähe des Frankfurter Flughafens in einem Bunker, der von den dortigen Mitarbeitern nur als *der Keller* bezeichnet wurde.

Um 13:21 Uhr nahm Polizeihauptkommissar Dirk Wöhrmann dort den Anruf von Schilling aus dem Nationalen Lage- und Führungszentrum entgegen. Die beiden kannten sich von gemeinsamen Tagungen und Schulungen und hatten sich mittlerweile angefreundet.

»Hi, Dirk, ich komme gleich zur Sache. Wir haben einen Renegade-Fall, und ich hoffe schwer darauf, dass einer eurer Air-Marshals an Bord ist.«

»Welcher Flug?«

»LH2411 von London nach München, voraussichtliche Ankunft am MUC um dreizehn vierzig.«

»Moment, Stefan, das haben wir gleich.«

Schillings Finger trommelten nervös auf dem Schreibtisch, während er auf eine Antwort wartete.

»Ist dein Glückstag, Stefan, wir haben tatsächlich zwei Air-Marshals auf dem Flug. Den Einsatz leitet Polizeioberkommissarin Esha Kholi.«

»Wer ist die Zielperson?«

»Ein mutmaßlicher Extremist, Abu Yahya Elkekli. Seit dem U-Bahn-Anschlag in München im vergangenen Jahr steht er im Verdacht, einer islamistischen Terrorzelle anzugehören. Laut BKA ist die Beweislage noch dünn, aber er steht unter Beobachtung.«

Stefan Schilling schöpfte Hoffnung.

»Dann … Dann könnt ihr eingreifen und die Lage unter Kontrolle bringen? Oder ist das vielleicht schon passiert?«

»Jetzt kommt die schlechte Nachricht, Stefan. Elkekli ist nicht an Bord. Er hat das Flugzeug nicht betreten.«

Stefan Schilling schloss die Augen und dachte nach.

»Was habt ihr, Stefan? Nur einen Squawk, oder mehr?«

»Wir sind blank, Dirk. Wir haben nur den Squawk vom Transponder. Einen direkten Kontakt zum Piloten konnten wir bisher nicht herstellen. Ist es vielleicht möglich, dass ihr mit euren Air-Marshals während des Fluges Kontakt aufnehmt?«

»Rein theoretisch schon, aber auch nur mit langen Verzögerungen. Vor allem, wenn die Maschine noch auf Reiseflughöhe ist. Aber klar, wir tun, was wir können, um zu klären, was da oben los ist. Ich melde mich sofort bei dir, wenn wir mehr wissen.«

»Und die Liste?«

»Hab ich soeben verschickt, dürfte bereits bei eurer Einsatzleitung sein.«

Damit meinte Stefan Schilling die Passagierliste des betroffenen Fluges, die weit mehr enthielt als nur die Namen der Fluggäste. Als einziger Bundesbehörde war es der BSL erlaubt, bei einem Verdachtsmoment noch vor Reisebeginn Daten zu allen Passagieren zu sammeln und auszuwerten.

»Ich kann dir jedoch jetzt schon sagen, dass wir keine Auffälligkeiten entdeckt haben. Aber die Air-Marshals an Bord ziehen trotzdem immer in Erwägung, dass Komplizen des Extremisten an Bord sein könnten, auch wenn die Zielperson selbst den Flieger nicht bestiegen hat. Wenn im Flieger also irgendeine Gefahrenlage auftaucht, glaube mir, dann haben die Extremisten ganz schlechte Karten.«

»Du machst mir Hoffnung, Dirk.«

»Genau dafür sind wir da, Stefan. Dafür sind die Männer und Frauen meiner Einheit ausgebildet worden. Dort oben in der Luft sind sie die LLOD.«

»Die was?«

»Die *Last Line of Defense,* mein Freund!«

Lufthansa-Flug LH2411 von London nach München war bereits weit im deutschen Luftraum. Esha Kholi hatte im hinteren Drittel des Airbus A320 einen Gangplatz genommen. Der siebenunddreißig Meter lange Airframe, der Rumpf der Maschine, ließ sich von ihrem Sitzplatz aus optimal überblicken. Direkt vor ihr erstreckten sich hundertachtzig Sitzplätze, aufgeteilt in zwei Dreierreihen. Ihr Teamkollege Erik Solter saß in der Business Class ganz vorne. Von dort aus konnte er den Zugang zum Cockpit überwachen. Das vermeintlich sichere »Holzbrett«, wie die Air-Marshals die Cockpit-Tür nannten, war bei einer ernsthaften Bedrohung kein echtes Hindernis. Genau deshalb saß Erik hier. Denn sollte es ein Terrorist bis ins Cockpit schaffen, konnte er nicht nur die Kontrolle über das Flugzeug erlangen; er war dann auch im Besitz einer extrem gefährlichen Waffe, wie der Anschlag auf das World Trade Center gezeigt hatte.

Esha war wegen ihres Fehlers am Flughafen noch immer aufgewühlt. Dabei war das »Runterkommen« nach einer emotionalen Situation Teil der psychologischen Ausbildung. Air-Marshals wurden darauf trainiert, nach einem schweren Kampf oder traumatischen Erlebnissen die Beherrschung nicht zu verlieren. Ein unüberlegter Schuss aus der Subkompaktwaffe, die Esha bei sich trug, könnte eines der Fenster in Stücke reißen. Bei einer Reiseflughöhe von sieben bis acht Meilen würde das zu einer explosiven Dekompression führen, die in Verbindung mit der extrem niedrigen Außentemperatur von Minus 55 Grad unweigerlich den Tod aller Insassen zur Folge hätte. Aber selbst wenn nur die Hülle des Flugzeugs durch einen Querschläger beschädigt würde, hätte der Druckabfall dramatische Folgen.

Schon bei der Aufnahmeprüfung für die Ausbildung zum Air-Marshal hatte man sie scharf attackiert und provoziert, um sie aus der Reserve zu locken. In einer Art Kreuzverhör hatte ein hochrangiger Vorgesetzter ihr vorgeworfen: »Ist es nicht so, dass gerade ihr muslimischen Frauen sofort einknickt, wenn euch ein Macho scharf anschreit? Dann bleibt doch nicht viel übrig von der Masche mit der starken Frau, dann seid ihr doch nur noch kleine weinende Prinzessinnen, oder?«

Esha war ausgetickt, hatte den Offizier angeschrien und ihm ihre Schreibunterlagen an den Kopf geschmissen. Dann war sie mit hochrotem Kopf zur Tür gerannt, um den ganzen Scheiß hinter sich zu lassen.

Der Offizier, der gerade noch ein verdammtes Arschloch gewesen war, hatte ihr daraufhin ganz sanft und leise erklärt: »Das war eine bewusste Provokation, Frau Kholi. Ein Teil des Tests. Wenn Sie als Air-Marshal in einem Flugzeug mit einer geladenen Waffe einem Terroristen gegenüberstehen, dürfen Sie nichts an sich heranlassen, müssen immer die Kontrolle behalten – vor allem über sich selbst.«

Esha war geblieben, hatte sich wieder auf ihren Platz gesetzt und den Aufnahmetest schließlich bestanden.

Die Zwillinge saßen mit ihrer Mutter ein paar Reihen vor Esha auf der linken Seite. Einer von den beiden war gerade den Stuhl hochgeklettert und schnitt über die Rückenlehne hinweg Grimassen. Der betroffene Fluggast in der Sitzreihe dahinter drückte verärgert den Serviceknopf über sich. Schon war eine Flugbegleiterin zur Stelle und bemühte sich, den aufkeimenden Streit zu schlichten.

In diesem Moment forderte der Pager an Eshas Handgelenk, der wie eine Digitaluhr aussah, ihre Aufmerksamkeit. Eine Nachricht aus nur wenigen Zeichen war eingetroffen, mehr war bei der aktuellen Flughöhe nicht möglich: *C7500*. Kurz für: *Confirm Squawk 7500*. Der Pilot hatte ganz offensichtlich über seinen Transponder im Cockpit eine Flugzeugentführung gemeldet. Vergessen waren der Vorfall am Flughafen und die nervenden Zwillinge. Das hier war keine Übung – das war jetzt ein realer Einsatz, der ihre volle Konzentration forderte. Esha fuhr jäh hoch, während sie gleichzeitig die Druckknöpfe an ihren Schenkeltaschen löste, um jederzeit an ihre Waffe gelangen zu können.

Die Flugbegleiterin, die noch immer mit den zankenden Gästen beschäftigt war, wandte sich ihr sofort zu: »Bitte bleiben Sie sitzen. Die Anschnallzeichen sind bereits aktiviert worden, wir gehen in Kürze in den Landeanflug über.«

Esha setzte ein eisiges Lächeln auf, ohne Anstalten zu machen, der Anweisung zu folgen. Stattdessen ging sie auf die Frau zu, griff sie am Oberarm und nahm sie auf die Seite. Der Fluggast und die Mutter verstummten augenblicklich.

Leise flüsterte sie der erschrockenen Frau ins Ohr: »Ich bin der Air-Marshal hier an Bord. Code 23A17.«

Es dauerte einen Moment, bis die Flugbegleiterin begriff, dass Esha keine Bedrohung darstellte. Der Pilot hatte die Crew vor dem Abflug darüber informiert, dass ein Air-Marshal-Team an Bord sein würde, ohne deren Identität preiszugeben – nur den Code hatte er ihnen genannt.

Die Flugbegleiterin nickte nervös, während Esha fortfuhr.

»Ich muss eine Überprüfung vornehmen, aber es besteht kein Anlass zur Sorge. Ich möchte Sie trotzdem bitten, sich nun auf meinen Platz zu setzen und sich anzuschnallen.«

Doch statt sich zu bewegen, starrte die Flugbegleiterin nur an ihr vorbei aus den Fenstern. Ein Raunen ging durch die Reihen der Passagiere, die nach und nach ebenfalls in dieselbe Richtung blickten und teils mit den Fingern auf etwas zeigten. Esha drehte sich um und erkannte sofort den Grund der Erregung: Ein grauer Kampfjet mit dem Hoheitsabzeichen der deutschen Luftwaffe flog direkt neben ihnen. Jubelnd begannen die ersten Passagiere zu winken und Fotos zu schießen – aber weder Esha noch der Flugbegleiterin war zum Jubeln zumute. Ganz im Gegenteil; der martialische Eurofighter vor ihren Augen war ein sicheres Zeichen dafür, das sie alle in Lebensgefahr schwebten.

Wolf verfolgte aufmerksam, wie sich der Eurofighter seines Wingman soeben dem viermotorigen Tankflugzeug näherte, das mit seinen vierzig Meter Spannweite die Sonne verdeckte wie ein gewaltiger grauer Vogel. Der Airbus A400M zog einen langen Schlauch hinter sich her, dessen Ende aussah wie ein überdimensionierter Federball.

Routiniert dockte Oberstleutnant Yildiz den ausgeklappten Füllstutzen zielgenau an den Trichter. Der Co-Pilot der A400M bestätigte den sicheren Kontakt und startete die Betankung des Kampfjets. Während Wolf den Vorgang aus sicherer Entfernung verfolgte, meldete sich Sunrise erneut.

»Lima Kilo Zero One – Sunrise.«

Überrascht stellte Wolf fest, dass der Jägerleitoffizier sein Rufzeichen Red One in Lima Kilo Zero One geändert hatte. Ein sicheres Indiz dafür, dass die Übung für ihn beendet war.

Als LK01 bestätigte er den eingehenden Call und wartete gespannt auf die Anweisungen.

»Lima Kilo Zero One, you are ordered A-Scramble on renegade track bearing 110 Degrees 160 nautical miles.«

Die Nachricht wurde im vertraut sachlichen Tonfall vorgetragen, trotzdem erhöhte sie Wolfs Puls merklich. Ein A-Scramble-Renegade-Einsatz bedeutete die Entführung eines zivilen Luftfahrzeugs. Dann folgte die Übermittlung der Zieldaten, Flughöhe und die Anweisung, sich dem Ziel mit Überschallgeschwindigkeit zu nähern, um die Lage vor Ort aufzuklären.

Wolf ließ sich seine Erregung nicht anmerken und bestätigte ebenso knapp und ruhig den Befehl: »Sunrise – Lima Kilo Zero One, copy all.«

Mit Blick auf seinen Wingman, dessen Betankung noch nicht abgeschlossen war, teilte er Sunrise mit, dass er den Auftrag allein ausführen würde, um keine Zeit zu verlieren.

Wenige Sekunden später kippte Wolfs Kampfjet seitlich weg und zog nach oben, um die erforderliche Höhe zu erreichen, auf der er mit Schallgeschwindigkeit fliegen durfte. Dann drückte er den Schubhebel auf Anschlag, zündete den Nachbrenner und beschleunigte den Kampfjet auf über 1700 Stundenkilometer. Wieder blähte sich sein G-Set auf, während er so heftig in seinen Sitz gepresst wurde, dass die Muskeln zu brennen anfingen. Der Bordcomputer hatte per Datenlink bereits die Zielkoordinaten erhalten und zeigte ihm die Entfernung an. 328 Kilometer. In 11,4 Minuten würde er die Zivilmaschine erreicht haben. Aber was dann?

In seiner gesamten dreißigjährigen Dienstzeit hatte Wolf keinen einzigen vergleichbaren Einsatz geflogen – und das Leben als Kampfpilot bei Luftwaffe und NATO war weiß Gott von brenzligen Situationen und tragischen Ereignissen überschattet worden. Allein aus seinem Umfeld waren in den vergangenen Jahren fünfzehn Piloten im aktiven Einsatz gestorben. Darunter auch einer seiner besten Freunde, der bei einem Übungseinsatz über Nordrhein-Westfalen 2014 mit einem Learjet kollidierte, welcher der Zieldarstellung gedient hatte. Ein anderer Kamerad, mit dem er 2010 in Afghanistan stationiert gewesen war, hatte bei einem Aufklärungsflug über feindlichem Gebiet die Orientierung verloren, war in falscher Höhe geflogen und hatte mit seiner F15 die Felswand eines Bergrückens gerammt.

Gefürchtet war aber vor allem der sogenannte g-LOC, der komplette Bewusstseinsverlust während des Fluges, ausgelöst durch den Abfluss des Blutes aus dem Gehirn aufgrund enormer G-Kräfte. Dann gab es keine Möglichkeit mehr, den Piloten von außen zu retten.

Doch all diese Gefahren nahm Wolf in Kauf. Aus tiefster innerer Überzeugung war er bereit, für die Freiheit seines Landes notfalls sein Leben zu opfern. Dafür hatte er trainiert, dafür waren sie alle ausgebildet worden. Jeder Pilot war sich der Risiken bewusst, die dieser Beruf mit sich brachte. Allerdings hatte der 11. September 2001 diese Risiken um eine Komponente erweitert, die für Kampfpiloten einen grauenvollen Albtraum darstellte und mit keiner der anderen Gefahren und Herausforderungen auch nur annähernd vergleichbar war. Seitdem konnten sie in die Lage geraten, ein ziviles Luftfahrzeug abschießen zu müssen, eine vollbesetzte Passagiermaschine mit unschuldigen und wehrlosen Menschen an Bord.

Wie alle Kampfpiloten musste auch Wolf sich in regelmäßigen Abständen einer psychologischen Kontrolle und Beurteilung unterziehen. Doch sosehr Wolf auch die Aussprache mit der Bundeswehr-Psychologin schätzte, so wenig ließ er durchblicken, wie er darüber dachte, ein ziviles Luftfahrzeug zu zerstören.

In Gedanken hatte er den möglichen Ernstfall, bei dem ein Terrorist eine Passagiermaschine als Waffe gegen ein ziviles Ziel einsetzen wollte, immer wieder durchgespielt. Und immer war er zu demselben Ergebnis gekommen: Er würde den Abzug nicht betätigen. Was immer auch geschehen mochte, er würde die gekaperte Maschine nicht abschießen. Auch wenn die Terroristen dadurch ihr grauenvolles Ziel erreichen würden.

Sollte es jemals zu einer solchen Situation kommen, sollte er jemals einen derartigen Befehl erhalten, dann würde er die Ausführung verweigern und sich auf ein Urteil des Bundesverfassungsgerichtes berufen, das 2006 entschieden hatte: *Die Ermächtigung der Streitkräfte, durch unmittelbare Einwirkung mit Waffengewalt ein Luftfahrzeug abzuschießen, ist mit dem Recht auf Leben in Verbindung mit der Menschenwürdegarantie nicht vereinbar, soweit davon tatunbeteiligte Menschen an Bord des Luftfahrzeugs betroffen werden.*

Der Gedanke, dass nun ausgerechnet er im schlimmsten aller anzunehmenden Fälle tatsächlich vor diese Wahl gestellt werden würde, war nahezu unerträglich und ließ erneut einen inneren Zwiespalt aufkeimen. Könnte er wirklich damit leben, tatenlos zuzusehen, wie ein voll besetztes Verkehrsflugzeug in ein Flughafengebäude stürzte? Alle Vorsätze kamen ins Wanken, während diese

Frage über ihm schwebte wie ein Damoklesschwert. Aber anders als Damokles hatte er nicht die Möglichkeit, sich davonzustehlen.

Vollkommen im Einklang mit dem unendlichen Blau über ihm, schloss er die Augen und nahm die Hände von seinem Steuerknüppel. In diesem Moment, bei über 1700 Stundenkilometern in der oberen Troposphäre, fühlte er sich Gott ganz nahe und bat ihn darum, ihm im entscheidenden Augenblick den richtigen Weg zu weisen Dann öffnete er die Augen wieder, schaltete seine Bordkamera ein und hielt die folgenden Minuten als Videoaufnahme fest.

Karlsruhe, Deutschland

1,8 Millionen Flüge kreuzten jährlich den oberen Luftraum über 7500 Metern, für den das Upper Area Control Center Karlsruhe zuständig war. Aber seit Flug LH2411 um 13:15 Uhr einen Renegade-Fall gemeldet hatte, war die vertraute Routine der eingespielten Belegschaft einem Ausnahmezustand gewichen, für den es keinen Präzedenzfall gab. Auch die dienstältesten Lotsen hatten etwas Vergleichbares bisher nicht erlebt. Alle Versuche, mit dem Lufthansa-Piloten, der den Squawk 7500 abgesetzt hatte, Kontakt aufzunehmen, waren bisher gescheitert.

Immer wieder hatte der Centerlotse Mariusz Burska gesendet: »Confirm Squawk is intentional.« Während seine Vorgesetzte Supervisor Sabrina Heimisch alle externen Stellen informiert hatte, die das Notfallprotokoll für einen solchen Fall vorsah. Doch noch immer setzte LH2411 seine Reise zum MUC fort, wo inzwischen der Flugverkehr eingestellt worden war und sich Polizei und Rettungskräfte auf eine mögliche Bodenlage vorbereiteten. Sabrina stellte sich das Chaos vor, das gerade in den beiden Terminals herrschen musste. Pro Tag frequentierten bis zu achtzigtausend Fluggäste diesen Flughafen, dazu kamen Tausende von Angestellten. Eine Evakuierung aller Menschen in so kurzer Zeit war so gut wie unmöglich.

»Sabrina, ein Funkspruch vom Piloten«, rief Mariusz ihr quer durch das Control Center zu und fuchtelte dabei nervös mit dem Arm wie ein kleines Schulkind. Alle Fluglotsen, die an diesem frühen Nachmittag Dienst hatten, blickten von ihren Monitoren auf und schienen kollektiv die Luft anzuhalten. Sabrina lief auf Mariusz zu und beugte sich weit über dessen Schulter, um den eingegangenen Funkspruch besser hören zu können.

»Was hat er gesagt?«, fragte sie kurzatmig. Mariusz spielte die stark verrauschte Aufnahme ab.

»Center Control, this is Lufthansa Two Four One One. Wir … Wir haben einen Terroristen an Bord. Er ist im Cockpit und hat den Co-Piloten erschossen.«

Sabrina war wie betäubt. Kaltes Entsetzen überfiel sie, ihre Bluse klebte am Körper, und auf ihrer Stirn standen kleine Schweißperlen.

»Fragen Sie den Piloten, ob der Terrorist irgendwelche Forderungen hat.«

Mariusz nickte und gab die Frage weiter: »Lufthansa Two Four One One. Hat der Terrorist irgendwelche Forderungen gestellt?«

Im Control Center hätte man in dieser Sekunde eine Stecknadel fallen hören können. Abgesehen vom Rauschen aus Mariusz' Lautsprechern, herrschte absolute Stille.

»Fragen Sie ihn noch mal«, verlangte Sabrina.

»LH2411, hat der Terrorist irgendwelche …«

Weiter kam Mariusz nicht, da ihn die klare und deutliche Stimme des Piloten unterbrach: »Der Terrorist zwingt mich, die Maschine direkt in das Flughafenterminal abstürzen zu lassen.«

Das Entsetzen erfasste die Anwesenden und entlud sich teils in lautem Aufstöhnen. Manche begannen zu weinen, ein junger Mann bekreuzigte sich, und vor Sabrinas innerem Auge tauchten die Fernsehbilder vom 11. September auf, als zwei Passagierflugzeuge die Türme des World Trade Center zum Einsturz gebracht hatten.

Wolf war nur noch vier Minuten vom Ziel entfernt, als ihn sein Jägerleitoffizier erneut kontaktierte.

»Lima Kilo Zero One – Sunrise. Die Lage hat sich zugespitzt. Soeben hat der Pilot der Zielmaschine die Entführung bestätigt. Nach seiner Aussage ist einem Terroristen der Zugang ins Cockpit gelungen. Er bestätigte außerdem die Ermordung des Co-Piloten und gibt an, gezwungen zu werden, das Flugzeug in das Hauptgebäude des Flughafens zu steuern. Seitdem ist der Kontakt wieder abgebrochen.«

»Und jetzt?«, erwiderte Wolf, obwohl er die Antwort bereits kannte.

»Versuchen Sie, die Lage zu verdichten. Nähern Sie sich dem Ziel, und geben Sie sich zu erkennen. Machen Sie einen Cockpit-Check. Wenn wir Glück haben, lenkt der Terrorist ein und es kommt zu keiner weiteren Eskalation.«

Die Order entsprach exakt der Standardvorgehensweise, die auch Wolf als Ausbilder seinen jungen Schülern für einen Renegade-Fall beibrachte. In der Theorie ging man davon aus, dass allein die pure Anwesenheit eines Kampfjets den Entführern die Ausweglosigkeit der Situation vor Augen führte. Ein schwer bewaffneter Typhoon Eurofighter mit zwei IRIS-T-Raketen, die deutlich sichtbar unter den Flügeln hingen, war aus dem Cockpit eines Airbus ein Furcht einflößender Anblick. Vor allem, wenn er nur wenige Meter neben einem flog. Die Drohgebärde war allerdings vollkommen wirkungslos, wenn der Terrorist sich ebenfalls im Klaren darüber war, dass der Abschuss eines zivilen Luftfahrzeugs im deutschen Luftraum keine Rechtsgrundlage hatte.

Eine Signalanzeige im Cockpit meldete Wolf, dass die Zielposition in weniger als einer Minute erreicht werden würde. Wolf drosselte sukzessive die Geschwindigkeit, bis sich am Horizont der Airbus A320 als schmaler grauer Schatten vor dem klaren Himmel abzeichnete. Einen Moment später konnte er das Logo mit dem weißen Kranich auf der blauen Schwanzflosse deutlich erkennen. Jetzt trennten ihn nur noch fünfzig Meter von der Lufthansa-Maschine, die nun leicht unter ihm lag. Die ausladenden Flügel des Airbus mit fast vierzig Meter Spannweite reflektierten das Sonnenlicht. Um Einblick in das Cockpit zu bekommen, verringerte er die Distanz erneut deutlich, bis er nur noch fünfzehn Meter entfernt war. Aus seiner Perspektive sah es jetzt fast so aus, als würde er direkt über den Tragflächen des Airbus schweben. Jeder noch so kleine Fehler konnte zu einer Kollision mit unabsehbaren Folgen führen.

Noch lag das Cockpit des Airbus vor ihm, aber er konnte bereits sehen, dass sich die Passagiere an den Bullaugen der Maschine die Nasen platt drückten. Darunter auch zwei kleine Jungs, die sehr aufgeregt winkten.

***

Esha konnte es kaum fassen. Die Sensationsgier der Passagiere hatte wie ein Lauffeuer um sich gegriffen. Jeder wollte offenbar einen Blick auf den Kampfjet werfen, der auf der Backbordseite die Sonne verdunkelte. Immer mehr Passagiere der rechten Sitzreihe drängten auf den Gang oder quetschten sich über die Fluggäste auf der linken Seite. Die wenigen Flugbegleiterinnen waren dem Ansturm nicht gewachsen.

»Bitte bleiben Sie ruhig, und nehmen Sie Ihre Plätze wieder ein, bitte«, hörte sie schwach ihre Aufforderungen inmitten des Stimmengewirrs, während sich überall ausgestreckte Arme mit Handys den Fenstern entgegenreckten.

Esha war in ihrer Ausbildung zum Air-Marshal auf vieles vorbereitet worden, aber nicht darauf. Nachdem sie den Eurofighter gesehen hatte, galt ihr einziges Interesse dem Cockpit. Doch der Weg dorthin schien unüberwindbar, so viele Menschen drängten sich auf dem schmalen Gang. Sie hoffte inständig, dass es Erik gelungen war, die Terroristen aufzuhalten. Und dass es Terroristen an Bord gab, stand für Esha außer Frage. Erst der Squawk 7500, dann der Abfangjäger.

Esha hob ihren Ausweis über den Kopf und schrie so laut, dass die entfesselten Passagiere verstummten: »Bundespolizei! Dies hier ist ein Notfall. Ich wiederhole: Bundespolizei, dies ist ein Notfall. Nehmen Sie sofort Ihre Plätze wieder ein.«

»Aber ...«, begann eine schmächtige Frau mit grauen Haaren kleinlaut.

»Kein ABER!«, schrie Esha sie an. Sie wollte keinen Zweifel daran lassen, dass sie nun die volle Autorität in diesem Flugzeug hatte.

»Setzen Sie sich augenblicklich auf Ihre Plätze. SOFORT!«

Erstaunlicherweise folgten die meisten Anwesenden ihrem Aufruf, auch wenn viele der Handys nun auf sie gerichtet wurden. Manche Unbelehrbare bewegten sich zwar nur sehr widerwillig und langsam, aber Esha nahm sie kaum noch wahr. Sie drängte sich bereits den Gang entlang bis zu den bescheuerten blauen Vorhängen, welche die Business Class von der Economy Class trennten. Aber auch hier kam ihr nichts verdächtig vor. Nur Erik war nicht an seinem Platz.

»Haben Sie hier irgendetwas Auffälliges bemerkt?«, rief sie streng, erfüllt von einer wilden Entschlossenheit. Dabei hielt sie ihren Ausweis vor die verängstigten Gesichter der Passagiere, doch außer Kopfschütteln bekam sie keine Antwort.

»Wo ist der Mann, der hier saß?«, setzte sie nach und zeigte mit dem Finger auf den leeren Sitzplatz neben einem beleibten Herrn.

»Er ... ist nach vorne«, sagte der Mann und zeigte mit dem Finger auf die Türen von Cockpit und Toilette.

»Auf die Toilette?«, hakte Esha nach.

Der Mann schüttelte den Kopf.

»Nein, die Tür daneben ... zu den Piloten.«

Esha steckte den Ausweis weg, zog ihre Pistole aus der Seitentasche und hielt sie mit beiden Händen und angewinkelten Armen steil nach oben.

Niemand hatte mehr Augen für den Kampfjet, sondern nur noch für die Frau mit der Pistole in der Hand. Von einer Sekunde auf die andere war die euphorische Stimmung gekippt; Angst machte sich breit.

***

Wolf konnte von seinem Eurofighter aus nun direkt auf das Cockpit sehen. Das Sonnenlicht traf jedoch im falschen Winkel auf die segmentierten Fenster der Kanzel, sodass das Innere für ihn fast vollständig im Dunkeln lag.

»Sunrise, ich habe keine klare Sicht ins Cockpit. Ich ändere den Anflugwinkel«, meldete er. Schemenhaft nahm er hinter den Fenstern hektische Bewegungen war, erhielt aber im selben Augenblick einen neuen Befehl.

»Lima Kilo Zero One, negativ. Brechen Sie die Aufklärung ab.«

Wolf hatte den Befehl zwar verstanden, zögerte aber, während er seinen Jet nochmals um einen Meter senkte, um einen besseren Winkel für einen Einblick ins Cockpit zu bekommen. »Sunrise, bitte um Aufschub des Befehls, ich werde jeden Augenblick freie Sicht haben.«

»Lima Kilo Zero One, negativ. Es gab soeben einen zweiten Funkspruch vom Piloten des Airbus.«

Wolf konnte inzwischen den Piloten in seiner dunklen Uniform deutlich erkennen, selbst die drei goldenen Streifen an seinem Unterarm, denn er war aufgestanden und winkte ihm hektisch zu. Gleichzeitig sah er einen Zivilisten, der direkt hinter ihm stand.

Sunrise fuhr fort, die Lage zu erklären: »Der Terrorist droht damit, auch den Piloten zu erschießen, wenn sich Ihr Kampfjet nicht sofort entfernt.«

Das war deutlich. Auf keinen Fall wollte er das Leben des Piloten aufs Spiel setzen.

»Sunrise, bestätige. Ich drehe ab.«

In diesem Moment trat im Cockpit eine weitere Person aus dem Schatten, eine Frau. Wenn ihn nicht alles täuschte, hatte sie eine Waffe in der Hand. Mehr konnte Wolf nicht erkennen, denn der Kampfflieger hatte bereits seine günstige Position verlassen und zog wieder nach oben.

»Sunrise, hier Lima Kilo Zero One. Im Cockpit befinden sich vier Personen, eine davon mutmaßlich bewaffnet.«

»Lima Kilo Zero One, copy. Fliegen Sie in einem großen Radius vom Zielobjekt fort. Die Terroristen sollen sehen, dass Sie sich entfernen. Danach setzen Sie sich unbemerkt hinter das Zielobjekt und warten auf weitere Befehle.«

Bonn, Deutschland

Staatssekretär Nils Specht hetzte durch die endlos langen Flure des Dienstsitzes des Verteidigungsministeriums auf der Hardthöhe in Bonn. Tausendfünfhundert Mitarbeiter waren hier beschäftigt. Heute Vormittag hatte Bundeskanzler Scholz anlässlich der Feier zum Tag der Deutschen Einheit in seiner Rede betont, »dass wir unsere Einigkeit, unsere Freiheit und unsere Demokratie gemeinsam verteidigen müssen«. Verteidigungsminister Pistorius hatte an den Feierlichkeiten in Schwerin nicht teilgenommen, um stattdessen mit seinen Mitarbeitern in Bonn den Umbau der Streitkräfte voranzutreiben, den er bei einer Pressekonferenz am 4. April angekündigt hatte, um genau diese Wehrfähigkeit zu gewährleisten.

Neben Heer, Luftwaffe und Marine gab es seitdem die vierte Streitkraft Cyber- und Informationsraum – kurz CIR –, die auf elektronische Kampfführung und Cyberoperationen, Aufklärung und den Schutz der elektronischen Infrastruktur spezialisiert sein sollte.

Endlich hatte der Staatssekretär die Tür des großen Sitzungssaals erreicht. Nils Specht atmete noch einmal tief durch, dann öffnete er entschlossen die Tür und betrat den Saal.

Pistorius war gerade im Gespräch mit einer Gruppe von Männern und Frauen, einige davon trugen Uniformen mit goldenen Sternen auf den Schulterklappen. Aber kaum erblickte der Minister seinen Staatssekretär, hielt er inne.

»Herr Specht, was kann ich für Sie tun?«

»Herr Minister …« Er hob ein Smartphone empor, das unentwegt rot blinkte.

»Auf Ihrem Telefon wurde soeben der Notfallcode 9-1-1 ausgelöst. Ich fürchte, Sie müssen diese Sitzung vertagen.«

Pistorius zögerte keine Sekunde.

»Meine Damen, meine Herren, bitte entschuldigen Sie mich – diese Sache duldet keinen Aufschub!«

Er nahm Specht das Handy ab und folgte ihm in den Flur.

»Wir haben Raum Norwegen für Sie vorbereitet.«

Wenige Meter weiter öffnete Specht seinem Minister zuvorkommend die Tür und schloss sie hinter ihm auch wieder. Aus dem abhörsicheren Raum im vierten Stock des Gebäudes hatte man einen guten Blick auf die kunstvoll gestaltete Kantine in Form einer Pyramide, die von einer sonnigen Parkanlage mit einem Fluss umgeben war. Das friedliche Ensemble, das sich da vor ihm ausbreitete, konnte seine Erregung jedoch kaum lindern. Es war das erste Mal in seiner Amtszeit, dass er mit dem Notfallcode 9-1-1 konfrontiert wurde.

Innerlich aufgewühlt stellte Pistorius sich an das Fenster und entsperrte sein Handy über die Gesichtserkennung. Sogleich öffneten sich die kleinen Kacheln mit Livestreams weiterer Mitglieder des Bundeskabinetts und des Bundeskanzlers höchstpersönlich.

»Danke, Herr Minister, dass Sie sich dieser dringenden Angelegenheit annehmen«, meldete sich die vertraute Stimme des Inspektors der Luftwaffe, Generalleutnant Ingo Gerhartz. »Herr Bundeskanzler, sehr verehrte Kabinettsmitglieder, mit Herrn Pistorius sind nun acht Kabinettsmitglieder anwesend, womit Sie beschlussfähig sind. Ich möchte Sie darauf hinweisen, dass die nun folgende Abstimmung aufgezeichnet wird, aber Verschlusssache bleibt. Die Abgabe Ihrer Stimme erfolgt anonym über die App auf Ihrem Handy.«

»Liegt denn wirklich die Entführung einer Verkehrsmaschine vor?«, unterbrach Außenministerin Baerbock den Generalleutnant.

»Das ist korrekt, Frau Ministerin. Ich werde Sie sofort über alle Einzelheiten aufklären. Danach bleibt Ihnen nur eine sehr kurze Zeitspanne, um darüber zu entscheiden, ob besagtes Verkehrsflugzeug durch einen Abfangjäger der Luftwaffe eliminiert werden soll.«

Luftraum Deutschland

LH2411 war bereits in den Sinkflug übergegangen und verlor allmählich an Höhe.

»Was passiert jetzt?«, fragte Wolf nervös, und ohne irgendwelche Standardphrasen des Militärs zu verwenden. Gemäß der Anweisung des Jägerleitoffiziers hatte er sich einen halben Kilometer hinter LH2411 gesetzt. Für den Einsatz der IRIS-T-Raketen war die Distanz zu kurz. Das legte die Vermutung nahe, dass man ihm befehlen würde, die Maschine mit seiner Bordkanone flugunfähig zu schießen. Er führte sich immer wieder vor Augen, dass er in diesem Kampfflieger nur der verlängerte Arm seiner Befehlshaber war – bloß funktionierte das nicht so reibungslos, wie es in den Vorschriften stand. Denn zwischen Befehl und Ausführung lag etwas, was schwerer wog als purer Gehorsam: sein Gewissen.

»Soweit man mich informiert hat, findet soeben eine Abstimmung der Kabinettsmitglieder statt«, antwortete Sunrise, der nun auch entgegen allen Gepflogenheiten auf einer persönlichen Ebene mit Wolf sprach.

»Und was ist mit diesem Urteil des Verfassungsgerichtes von 2006? Ich dachte, es wäre unzulässig, ein …«

»Der Quarterback hat schon damit gerechnet, dass Sie das fragen werden. Er hat mir eine Nachricht geschickt, die direkt von SiLuRa kam. Ich lese vor: ›Soweit ein Einsatz der Streitkräfte zulässig ist, kann in Eilfällen, laut Bundesverfassungsgericht vom 3. Juli 2012, das Bundeskabinett eine Entscheidung treffen.‹ Reicht Ihnen das?«

Wolf spürte zum ersten Mal in der Pilotenkanzel des Kampfjets so etwas wie Klaustrophobie. Die Gurte, die ihn an den Sitz pressten, nahmen ihm die Luft zum Atmen. Unter dem Helm bildete salziger Schweiß ein Rinnsal, das ihm über die Wange lief, und die feuerfesten Lederhandschuhe klebten an seinen Fingern.

»Ich weiß nicht, ob ich das kann …«, versuchte Wolf sich zu erklären, wurde aber von Sunrise unterbrochen.

»Lima Kilo Zero One, standby. Ich bekomme eine Meldung rein.«

Dann war es wieder totenstill auf dem Funkkanal, und Wolf war allein mit seinen Zweifeln. Wie in Trance blickte er starr auf die Umrisse der Verkehrsmaschine vor ihm. Da der Bordcomputer automatisch den Abstand kontrollierte und der Himmel frei von Wolken war, hatte Wolf den Eindruck, als würde er in der Luft stehen. Ein Blick auf den Höhenmesser verflüchtigte die Illusion.

»Sunrise, das Zielobjekt verliert schnell an Höhe!«

»Copy. Die Tower-Lotsen am MUC haben mitgeteilt, dass LH2411 nun direkt auf die Terminals zufliegt.«

»Wie viel Zeit bleibt uns noch?«

»Zwei Minuten.«

Wolf dachte an all die Menschen, die ihn aus den Bullaugen der Maschine angestarrt hatten. Vor allem an die beiden kleinen Jungen, die ihn aus nächster Nähe angelacht und ihm zugewinkt hatten. Irgendetwas piepste in seinem Anzug; der Ton kam nicht von den Armaturen und auch nicht aus dem Lautsprecher des Helms.

»Lima Kilo Zero One – Sunrise. Die Abstimmung ist beendet, das Ergebnis ist negativ. Ich wiederhole, das Ergebnis ist negativ. Der Abschuss des Zielobjekts wurde nicht freigegeben.«

Wolf atmete auf, obwohl sich aller Wahrscheinlichkeit nach in wenigen Minuten vor seinen Augen eine Katastrophe abspielen würde.

Wieder hörte er die Stimme von Sunrise: »Bleiben Sie aber in sicherem Abstand, und dokumentieren Sie den Absturz der Maschine.«

Wolf prüfte den Höhenmesser. Sie waren jetzt noch 4000 Fuß vom Boden entfernt.

Die Verantwortung war ihm genommen worden. Trotzdem war es eine unfassbare Qual, mitansehen zu müssen, wie LH2411 sich unaufhaltsam dem Flughafengebäude näherte. Dann hörte er wieder den Signalton, der irgendwo aus seiner Jacke kam. Das iPhone! Es war definitiv erneut das unverwechselbare Ping einer eingehenden WhatsApp-Nachricht. Wahrscheinlich hatte sein Handy Verbindung zu einem Sendemast aufgenommen, der in Reichweite lag. Seine Familie kam ihm in den Sinn – hastig streifte er seine Handschuhe ab, zog das iPhone aus seiner Brusttasche und sah elf neue Nachrichten, allesamt von seiner Frau Sabine. Schon die erste davon fühlte sich an wie ein Messerstich.

Schatz, wir sind am Flughafen. Hier ist die Hölle los. Alle Flüge sind ausgefallen, ich glaube nicht, dass wir heute noch unseren Flieger nach Hamburg bekommen. Viel sagt man uns aber nicht. Es ist das reinste Chaos. Ich liebe dich, und ich soll dich von den Kindern fest drücken und küssen.

Im Anschluss folgten Fotos von den Mädchen, die Grimassen schnitten und ihm die Zungen rausstreckten. Alles, was danach geschah, konnte Wolf später in Vernehmungen nur noch vage wiedergeben.

»Lima Kilo Zero One, Sie haben soeben Ihre Waffensysteme aktiviert. Dazu wurden Sie nicht autorisiert«, hörte er die Warnung von Sunrise, während er im Display die Bordkanone auswählte.

»Lima Kilo Zero One, deaktivieren Sie augenblicklich Ihre Zielvorrichtung«, ertönte die immer schriller werdende Stimme des Offiziers in seinem Helm.

In der Erkenntnis seines drohenden Verlustes lag jedoch etwas so Verhängnisvolles, dass er den Befehl nicht mehr wahrnahm. Er spürte nur noch eine dumpfe Übelkeit und eine bleierne Angst, die sich mit verzweifelter Ohnmacht mischte.

Mit wässrigen Augen richtete Wolf die manuelle Zielerfassung auf das linke Triebwerk der Lufthansa-Maschine aus.

Ich soll dich von den Kindern fest drücken und küssen …

Die Stimme des Jägerleitoffiziers hatte jegliche Zurückhaltung verloren.

»Lima Kilo Zero One, Sie missachten einen direkten Befehl. Deaktivieren Sie augenblicklich …«

Der Funkverkehr endete abrupt. Hatte er das Gerät ausgeschaltet? Mit seinem Daumen legte er einen roten Knopf am Steuerknüppel frei. Das Fadenkreuz hatte das Triebwerk erfasst. Wolf betätigte den Abzug. Lautlos wurde die Turbine des Düsenjets von seiner Bordkanone in Fetzen gerissen. Instinktiv wich Wolf den Trümmern aus, die ihm entgegenflogen, aber noch immer hielt der Airbus den Kurs, als wäre nichts geschehen. Zielerfassung rechtes Triebwerk, Fadenkreuz, Abzug – und wieder löste sich eine Turbine in Rauch und Trümmer auf. Schwarzer Qualm vor strahlend blauem Himmel. Feine Dieseltropfen besprühten Wolfs gläserne Kanzel. Die Menschen an Bord der Maschine waren dem Tod geweiht. Der Kurs von LH2411 bestätigte das. Deutlicher als zuvor neigte sich die Nase des Passagierflugzeugs dem Boden entgegen. Noch 600 Fuß, und noch immer flog er im Schatten des Airbus, bereit, auch sein eigenes Leben zu opfern, den Airbus notfalls zu rammen, um eine Katastrophe zu verhindern. Noch 400 Fuß.

Ich soll dich von den Kindern fest drücken und küssen …

300 Fuß. Mit einem tiefen Atemzug gewann er mühsam die Kontrolle über seinen gequälten Geist zurück, sein Blick wurde klar, und nur die Art, wie er atmete, rasch und stoßweise, sowie ein Zucken um seine Lippen verrieten noch immer den Schmerz,

den er beim Anblick des abstürzenden Flugzeugs spürte. Trotzdem entschloss sich Wolfgang Jäger in diesem Moment weiterzuleben, zog in letzter Sekunde den Steuerknüppel zu sich heran und schoss haarscharf über den Münchner Terminal hinweg, sodass die Fensterscheiben des Gebäudes laut klirrten. Eine Sekunde später explodierte Flug LH2411 in einem glühenden Feuerball auf einem Ackerfeld in der Nähe der Landebahnen. Die Erde bebte. Flammen und Rauch stiegen auf. Feuerwehr und Rettungsdienste rasten auf die Absturzstelle zu. Wolf zog starr vor Entsetzen nach oben und wandte den Blick ab. Schemenhaft sah er trotzdem die lachenden Zwillinge vor seinem inneren Auge. Immer höher und höher jagte er den Eurofighter hinauf in den Himmel, fort von dem Grauen, das er verursacht hatte, bis die Landschaft unter ihm nur noch aus konturlosen braun-grünen Flächen bestand.

Doch die Bilder in seinem Kopf blieben gestochen scharf, die Gesichter der Opfer, die brennenden Turbinen, das grelle Aufblitzen der Maschine am Boden. Jeder winzige Moment spielte sich immer wieder ab, wie eine endlose unerbittliche Schleife, fest eingebrannt in seinen Erinnerungen.

Valentine & Carrie

London, England

Carrie, knapp über zwanzig, mit einem schiefen Lächeln, aber sportlicher Figur, stand mit einem Handtuch bedeckt vor einem großen Spiegel mit goldenem Barockrahmen. Den Kopf weit nach vorne gebeugt, betrachtete sie eine gerötete Stelle auf ihrer Wange. Sie warf Valentine, der hinter ihr nackt auf einer abgewetzten Ledercouch lag und abwesend wirkte, einen kurzen Blick zu, dann widmete sie sich wieder dem Makel in ihrem Gesicht.

»Das ist echt *wack*. Wenn das ein Pickel wird, krieg ich die Krise.«

Der Spiegel hing in einem der überteuerten Apartments im Londoner Bezirk Westminster, wo viele Politiker, Lobbyisten und Prominente ihre luxuriösen Wohnungen hatten. Nur gehörte dieses Apartment nicht in dieselbe Kategorie. Es war dringend sanierungsbedürftig, roch modrig, und Valentine rechnete damit, dass die marode Elektrik eines Tages das ganze Haus in Schutt und Asche legen würde. Der Spiegel war wahrscheinlich das einzig Kostbare, was er besaß.

Carrie drehte sich zu ihm um und stemmte herausfordernd die Arme in die Hüften.

»Was ist jetzt, bleibst du da liegen, oder fährst du mich zurück?«

Valentine reagierte nicht. Heute war der zweite Todestag seiner Mutter – der Tag, an dem er immer an das schmerzliche Zusammentreffen mit seiner Schwester erinnert wurde. Er hatte gehofft, Sex mit Carrie würde die Erinnerung übertünchen wie dick aufgetragene Farbe, aber es hatte nicht funktioniert.

»Hörst du mir überhaupt zu?«, hakte Carrie nach, ließ ihr Handtuch fallen und stellte sich aufreizend vor ihn.

»Ich hatte dir gesagt, dass es knapp wird. Ich kann nicht«, erklärte er und hoffte, sie würde die Ausrede schlucken.

»Ist das echt alles? Ficken, und dann kann ich wieder verschwinden?«

»Ich hab dir nie was vorgemacht, Carrie. Zwischen uns ... da ist nichts – außer eben das.«

Carrie presste trotzig die Lippen zusammen, dann zeigte sie wütend mit dem Finger auf ihn.

»Scheiß auf dich ... Scheiß auf alle Typen!«

»O nein, komm mir nicht so. Ich hab deine TikToks gesehen, deine Insta-Posts, auf denen du mich präsentiert hast wie eine Trophäe – den Cop von Scotland Yard. Wenn du ernsthaft den Mann fürs Leben suchst, solltest du nicht das Ergebnis kritisieren, sondern die Ursache.«

Carrie schnappte nach Luft.

»Du ... du ... Bloody bastard ... Du lebst in einer Bruchbude und laberst geschwollene Scheiße. Weißt du was, mich siehst du nicht wieder.«

Entschlossen drehte sie sich um, klaubte ihre Kleidung auf und stürzte ins Bad. Weinte sie etwa? Er setzte sich auf und fuhr sich schuldbewusst mit den Händen über das Gesicht.

»Carrie?«, rief er dann laut, aber sie antwortete nicht. »Ich meinte doch nur, wenn du eine ernsthafte Beziehung suchst, warum datest du dann über Tinder?«

Er raffte sich auf und machte einen Schritt in Richtung Bad, als die Tür aufflog und Carrie in knallenger Jeans und schwarzer Bluse vor ihm stand.

»Was denkst du wohl?«

»Keine Ahnung, erklär es mir.«

»Mann, daran merkt man, wie alt du bist. Das läuft heute eben so. Was passt dir daran nicht, Mr. *Ich bin so viel besser?*«

»Was mir nicht passt? Ich verrat's dir. Jeder präsentiert im Netz seine perfekte Welt, perfekte Freunde, die tollsten Locations, und alle haben immer Spaß. In Wirklichkeit ist das alles aber nur Fake, um anderen ein tolles Leben vorzugaukeln, weil das eigene so leer ist, dass man sich die Anerkennung durch Likes holt.«

»Echt jetzt? Und du? Bist du nicht auch auf Tinder, weil du einen Kick suchst, um nicht in Selbstmitleid zu versinken?«

Valentine blieb stumm und spürte, wie seine gespielte Fassade des lässigen Mittdreißigers Risse bekam – so sehr hatte sie seinen wunden Punkt getroffen. Dem Anschein nach hatte Carrie das aber nicht einmal gemerkt. Sie schlüpfte in ihre Pumps, stellte sich dann ganz nah vor ihn und packte überraschend und sehr kräftig seine Hoden.

»Sag, dass es dir leidtut!«, forderte sie streng und blickte ihm dabei tief in die Augen. Das Gefühl, ihr ausgeliefert zu sein, erregte ihn unwillkürlich, und so tat er, worum sie ihn bat.

»Es tut mir leid«, antwortete er mit trockener Kehle.

Sie erhöhte den Druck ihrer Hand, sah, wie sich sein Mund öffnete und er nach Luft schnappte. Dann legte sie sanft ihre Lippen an sein Ohr und flüsterte: »Und … fährst du mich jetzt nach Hause?«

Er zögerte.

»Ich kann nicht, ich kann wirklich nicht.«

Wütend ließ sie los und stieß ihn zurück.

»Ich muss wirklich ins Revier … Aber danach könnte ich …«

»Vergiss es, Valentine. Du hattest deine Chance, aber du hast es verbockt. So was Verkorkstes wie dich finde ich an jeder Ecke … aber in jünger.«

Einen kurzen Augenblick später knallte die Wohnungstür hinter ihr ins Schloss. Das Schlimme war, dass er nichts spürte. Keinen Verlust, keinen Schmerz und kein Bedauern. Ob Carrie, die Erzieherin, Bessie, die Buchhalterin, oder Trisha, die Psychologiestudentin – irgendwann lösten sich die Erinnerungen an sie alle in Nichts auf.

Aus der Küchennische tönte ein unverwechselbarer Dreiklang –

der Notruf der Anti-Terror-Einheit Counter Terrorism Command, kurz CTC. Hastig suchte er nach seinem Smartphone und fand es neben einer aufgerissenen Packung Shortbread.

»Ja?«, meldete er sich forsch, wohl wissend, dass Zoey aus der Zentrale am anderen Ende der Leitung war.

»Superintendent O'Brien?«

»Sie funken mich an. Wer soll denn sonst unter dieser Nummer rangehen?«, antwortete er resigniert.

Zoey ging nicht darauf ein.

»Chief Constable Perkins will Sie sprechen, ich stelle durch.«

Valentine ging nervös zum Fenster, während er auf die Verbindung wartete. Gespräche mit dem Constable waren ihm zutiefst unangenehm, da dieser zu sexistischen Anspielungen neigte und hin und wieder auch streng konservative Ansichten predigte. Unten auf der Straße sah er Carrie, die soeben in ein Taxi stieg. Dann blickte er in den Barockspiegel und spürte eine unangenehme Scham, da er jeden Augenblick seinen Chef in der Leitung haben würde und dabei völlig nackt war.

»O'Brien, wo stecken Sie?«, ertönte eine markante Stimme.

»In Ermittlungen, Chief Constable.«

»In welchem Fall?«

»Unbedeutend. War eine Sackgasse.«

Constable Perkins machte eine unangenehme Pause. Ein sicherer Hinweis darauf, dass er ihm nicht glaubte, weshalb Valentine versuchte, ihm den Wind aus den Segeln zu nehmen.

»Hören Sie, Constable … Ich bin durch. Dieser Undercover-Job hat mich mürbe gemacht, von innen aufgefressen. Verstehen Sie, was ich meine?«, erklärte er niedergeschlagen.

»Das war der Grund, O'Brien, weshalb wir Sie da rausgeholt haben. Ich wollte Sie ja in den Innendienst stecken, zusammen mit ein paar *netten Kolleginnen*, aber das wollten Sie auch nicht.«

Valentine verdrehte die Augen. Konnte der Chief das denn nicht einfach mal sein lassen?

»O'Brien, ich weiß nicht, ob Ihnen das hilft, aber an dem Punkt waren wir alle schon mal. Das Einzige, was meiner Erfahrung nach hilft, ist weiterzumachen, nicht den Kopf in den Sand zu stecken … sondern nach vorne zu schauen«, erklärte der Constable in ungewohnt verständnisvollem Tonfall.

»Ich habe deshalb einen Auftrag für Sie. Viel Papierkram, aber eher eine diplomatische Mission. Ich will, dass Sie wieder auf die Beine kommen.«

Valentine setzte sich auf die Couch, um sich nicht länger im Spiegel sehen zu müssen.

»Diplomatische Mission? Um was geht es?«, fragte er misstrauisch.

Constable Perkins holte tief Luft.

»In Deutschland wurde ein Airbus A320 der Lufthansa von Terroristen gekapert. Ziel war offensichtlich der Münchner Flughafen, der mithilfe der Verkehrsmaschine zerstört werden sollte. Die deutsche Luftwaffe hat den Airbus aber kurz zuvor abgefangen und eliminiert.«

O'Brien schluckte. Als Terrorismus-Experte kannte er die weltweiten Planspiele zu einem solchen Szenario. Doch ihm war weltweit kein einziger Fall bekannt, bei dem der Abschuss eines Zivilflugzeugs auch nur in Erwägung gezogen worden war. Dass ausgerechnet die sonst so zögerlichen Deutschen eine so radikale Maßnahme ergriffen hatten, überraschte ihn.

»Wie darf ich Ihr Schweigen interpretieren, O'Brien?«

»Was haben wir damit zu tun? Warum wird unsere Abteilung involviert?«

»Die Maschine kam aus London, ein Drittel aller an Bord befindlichen Passagiere hatte die englische Staatsbürgerschaft. Also ist es auch unser Fall.«

Ohne groß nachzudenken, stolperte O'Brien in die nächste Frage.

»Gibt es Überlebende?«

Der Tonfall des Constables wurde strenger.

»Ich sagte doch, die deutsche Luftwaffe hat die Maschine abgefangen und zerstört. War irgendetwas an meiner Aussage missverständlich, Superintendent?«

»Mein Fehler. Es tut mir leid … Wie gesagt …«

»Hören Sie, O'Brien, Sie werden lediglich als Beobachter vor Ort sein. Sie sollen für die deutschen Behörden nur die Schnittstelle zu uns bilden, einen reibungslosen Informationsaustausch gewährleisten und so weiter. Verstehen Sie? Sie werden nicht selbst ermitteln müssen – das tun bereits unsere Leute hier in Heathrow und die deutschen Kollegen vom LKA in München. Momentan wissen wir ja noch nicht mal ansatzweise, wer die Terroristen waren oder wie sie überhaupt in London an Bord gekommen sind. Aber ich schwöre Ihnen, wir drehen hier jeden Stein um. Und bis Sie in München landen, haben wir hoffentlich eine erste Spur, so wahr mir Gott helfe. Und alles, was Sie tun müssen, ist, unsere Erkenntnisse an die Deutschen weiterzugeben und dafür zu sorgen, dass die uns nichts vorenthalten.«

»Das klingt so, als würden Sie mit Schwierigkeiten rechnen.«

»Sagen wir mal so, ich habe meine Erfahrungen mit den … *Deutschen.*«

Hatte er gerade *Krauts* sagen wollen? Der Constable machte keinen Hehl daraus, dass er 2020 den Brexit befürwortet hatte und der Europäischen Union, allen voran Deutschland und Frankreich, besonders ablehnend gegenüberstand.

»Also, hören Sie, wo immer Sie jetzt sind, fahren Sie nach Hause und packen Sie Ihre Sachen. Wir lassen Sie um halb vier abholen. Eine Militärmaschine wird Sie nach München fliegen, dort sollten Sie gegen sieben Uhr deutscher Zeit ankommen. Ich hoffe, ich kann auf Sie zählen, Superintendent?«

Valentine nickte.

»Das können Sie.«

»Sie werden sehen, der Ortswechsel wird Ihnen guttun – ist zwar nicht Hawaii, aber die Fräuleins werden sich schon um Sie kümmern, O'Brien! Also, viel Glück.«

Der Constable lachte affektiert und legte dann auf.

Valentine ließ nachdenklich das Handy sinken. Er schämte sich, dass er auch diesmal nicht den Mut aufgebracht hatte, dem Constable seine Anzüglichkeiten vorzuhalten. Aber würde das irgendetwas ändern, in einer Welt, die aus den Fugen geriet, in der selbst Terror scheinbar zur Normalität geworden war?

Noah & Henri

Lyon, Frankreich

Jade war erst vier Jahre alt, aber Noahs ganzer Stolz. Er und sein Mann Henri hatten jahrelang auf die Bewilligung einer Adoption gewartet. Vor zwei Jahren hatte sich dann eine sehr junge Mutter namens Selma Agbegnenou – sie war bei der Geburt von Jade erst fünfzehn Jahre alt gewesen – auf Empfehlung des Jugendamts für ihn und Henri als Adoptiveltern entschieden. Noah erinnerte sich genau daran, wie er die kleine Jade zum ersten Mal im Arm gehalten, wie sie ihn angelächelt und nach seinen Fingern gegriffen hatte. Plötzlich hatte das Wort »Wunder« eine neue Bedeutung für ihn bekommen. Jade war sein ganz persönliches Wunder, sein Geschenk des Himmels, weshalb er ihr bald den Spitznamen *Cadeau* gab. *Geschenk.*

Henri und er waren sich damals einig gewesen, dass Jades leibliche Mutter Selma weiterhin eine tragende Rolle in ihrem Leben spielen sollte. So war das Paar unverhofft zu einer vierköpfigen Patchworkfamilie angewachsen. Irgendwie waren Noah und Henri dadurch außerdem zu zweifachen Eltern geworden; denn auch Selma, selbst ein Waisenkind, das auf der Straße von Diebstahl und Gelegenheitsprostitution gelebt hatte, benötigte Fürsorge und Aufmerksamkeit. Und zwar deutlich mehr als Jade. Obwohl die beiden berufstätigen Männer mehrmals im Monat von einer einfühlsamen Sozialpädagogin unterstützt wurden, forderte der Umgang mit Selma jedoch seinen Tribut. Während Noah mit den zunehmenden Herausforderungen wuchs, zog sich Henri immer mehr in sein Schneckenhaus zurück und stürzte sich in die Arbeit als freiberuflicher Architekt. Nach der Corona-Pandemie boomte die Baubranche in Frankreich, und Henris Projekte ließen ihm kaum noch Zeit für die Familie. Noah hingegen führte ein geregeltes Leben als IT-Angestellter mit festen Arbeitszeiten und hatte immer mehr das Gefühl, Haushalt und Familie vollständig allein stemmen zu müssen. Am vergangenen Nachmittag war es dann zum Eklat zwischen den beiden gekommen.

»Du hast es gewusst, ich habe es dir tausendmal gesagt«, hatte Noah seinem Mann wütend vorgeworfen, der gerade im Begriff war, zu einer Baustelle zu fahren.

»Was weiß ich, was du mir den lieben langen Tag alles erzählst? Es kann schon sein, dass du es erwähnt hast, aber warum hast du mir keine Einladung per iCal geschickt? Dann hätte ich es ganz sicher nicht übersehen«, versuchte Henri sich zu rechtfertigen.

»Ist das jetzt dein Ernst? Ich hätte dir eine iCal-Einladung schicken sollen? Wer bin ich denn, deine Sekretärin?«

»Komm mir jetzt nicht so. Wer von uns beiden arbeitet denn in der IT-Branche? Dir muss ich doch nicht erzählen, wie Apps unser Leben erleichtern.«

Noah war so fassungslos, dass er keine Worte mehr fand und stattdessen Henri nur verächtlich musterte, der in seinem silbergrauen Pierre-Cardin-Anzug vor ihm stand, mit diesem lächerlich kleinen Laptop-Rucksack über der Schulter.

»Was?«, warf Henri ihm entgegen, der den Blick seines Mannes nur zu gut kannte.

»Ich frage mich gerade, wer du bist. Wer du geworden bist.«

»Wer ich geworden bin?«, wiederholte Henri vorwurfsvoll. »Ich bin immer noch derselbe, aber du … Du ähnelst immer mehr einer Glucke, die ihre Babys verhätschelt.«

Das tat weh. Noah blickte zu Boden. Sein Hals fühlte sich an, als hätte er einen dicken Kloß verschluckt, denn Henri hatte ihm damit zweifellos auch seine Unsportlichkeit vorgeworfen. Als sie frisch verliebt waren, hatten sie gemeinsam Bergtouren unternommen oder lange Rennradausflüge zu zweit gemacht. Doch seit Noah den Großteil seiner Zeit Jade und Selma widmete, gab es dafür keine Gelegenheiten mehr – stattdessen vermied er es, sich nackt im Spiegel zu betrachten. Henri hingegen hatte immer einen Weg gefunden, sich fit zu halten. Allein – ohne ihn und ihre Mädchen.

Henri spürte offenbar, dass er Noah verletzt hatte. Er legte den Rucksack ab und nahm seinen Mann in die Arme.

»Es tut mir leid. Ich bin zu weit gegangen.«

Noah erwiderte die Umarmung und legte den Kopf auf Henris Schulter. Er spürte für einen Augenblick all die Wärme und Liebe, die sie einst zusammengebracht hatten. Sanft drückte Henri ihn ein wenig zurück, nahm sein Kinn und hob es an. Dann küsste er ihn zärtlich.

»Kannst du mir verzeihen?«, sagte er mit einem Lächeln im Gesicht. Noah lächelte zurück und nickte.

»Was ist das überhaupt, wo du morgen hinmusst?«

Noah löste sich aus der Umarmung und wischte sich die feuchten Augen trocken.

»Ein Treffen der Funkamateure, unsere Jahreshauptversammlung in Paris.«

»Paris? Du fährst nach Paris?«, entgegnete Henri überrascht.

»Ja – und zwar heute Nacht mit dem Zug. Übermorgen bin ich wieder hier.«

Noah spürte sofort, wie Henris Mitgefühl zu schwinden begann.

»Zwei Nächte für … für was? Für dein Funkhobby? Reicht es denn nicht, dass wir in der Nachbarschaft mit Abstand die größte Antenne auf dem Dach haben?«

»Henri …«, versuchte Noah seinen Mann zu besänftigen. »Du weißt, wie sehr ich an der Funkerei hänge. Aber darum geht es dir doch gar nicht, sei ehrlich. Du hast doch nur Angst davor, zwei Tage auf Selma und Jade aufzupassen!«

Noah hatte sich tief in der Nacht davongestohlen. Heute Morgen war Henri mit einem flauen Gefühl im Magen aufgestanden, hatte für alle Frühstück gemacht und dann Jade in die École maternelle gebracht, die Vorschule, auf die bereits Eltern von dreijährigen Kindern Anspruch hatten. Die junge Lehrerin mit weiß gebleichten Haaren war überrascht, als Henri statt Noah mit dem kleinen Mädchen erschien.

»Wir kennen uns noch nicht. Noah hat schon oft von Ihnen erzählt.«

»Ich hoffe, nur Gutes«, witzelte er.

»Sicher«, antwortete sie mit einem gekünstelten Lächeln, das aber auch das Gegenteil des Gesagten bedeuten konnte.

»Und Sie sind?«, fragte Henri und streckte ihr die Hand entgegen, die sie mit sanftem Druck schüttelte.

»Blanche.«

Schmunzelnd warf er einen Blick auf ihre Haare.

»Na, das werde ich mir merken können«, erwiderte er und winkte dann kurz Jade zu, die mit zwei Freundinnen juchzend in einem angrenzenden Zimmer verschwand, ohne sich noch einmal nach ihm umzudrehen.

»Ich brauche noch Ihre Nummer, nur für den Fall, dass was sein sollte«, bat Blanche.

Routiniert entsperrte Henri sein Handy und hielt ihr einen QR-Code entgegen.

»Und jetzt?«, fragte sie ihn.

»Jetzt schalten Sie die Kamera Ihres Handys an, halten es über den QR-Code, und alles Weitere passiert automatisch.«

Ein wenig unbeholfen folgte Blanche seiner Aufforderung und war schließlich doch verblüfft, als sein Name und sein Bild in ihren Kontakten auftauchten.

»Sehen Sie, ganz einfach. Sie haben jetzt alle meine Daten – schöne digitale Welt, oder?«

»Ich weiß nicht«, antwortete Blanche kopfschüttelnd. »Ich mag diese Dinger nicht sonderlich.« Dann hielt sie ihm ihr ramponiertes Telefon entgegen, dessen Display von einem Spinnennetz aus Sprüngen überzogen war, und ergänzte: »Ich würde dem ganzen

Mist keine Träne nachweinen, wenn er von heute auf morgen verschwunden wäre.«

Ihr Tonfall war provokativ, ihr Blick herausfordernd. Henri war aber nicht daran interessiert, sich auf eine stumpfe Diskussion über Digitalisierung einzulassen – schon gar nicht mit einer Vorschullehrerin, deren Handy aussah wie ein Fußabtreter.

»Tja, die Zeit lässt sich nicht mehr zurückdrehen. Also machen wir doch einfach das Beste draus«, antwortete er lakonisch und verabschiedete sich dann sofort, um der Frau mit den gebleichten Haaren keine Gelegenheit zu geben, noch mehr bornierte Äußerungen zu machen.

Kaum saß er in seinem Wagen, hatte er jeden Gedanken an die Frau auch schon verdrängt. Nicht nur das, auch ihren Namen hatte er augenblicklich vergessen.

Henris Architekturbüro lag in der Vieux Lyon, der beeindruckenden, aber kostspieligen Altstadt, die die UNESCO zum Weltkulturerbe erhoben hatte. Das Tüpfelchen auf dem I war sein exklusiver Parkplatz, der nur wenige Minuten von seinem Arbeitsplatz entfernt lag. Henri verriegelte gerade das Dach seines Cabriolets und sah zu, wie es sich gemächlich schloss, als ihn ein Videocall von einer unbekannten Nummer erreichte.

Misstrauisch nahm er den Anruf entgegen und war umso überraschter, als er in das verweinte Gesicht der jungen Frau mit den gebleichten Haaren blickte. Plötzlich war ihm auch ihr Name wieder präsent.

»Blanche? Was ist passiert?«, fragte er voller Sorge.

»Ich …«, die Frau begann zu schluchzen. Rotz und Wasser rannen ihr aus der Nase und den Augen. Henri malte sich die schlimmsten Dinge aus.

»Sie machen mir Angst. Reden Sie bitte.«

»Jade …«, gab sie stotternd von sich, während sie vergeblich versuchte, sich zu beruhigen.

»Blanche, was ist mit Jade?«, rief Henri eindringlich. Daraufhin starrte sie ihn stumm an. Es machte fast den Eindruck, als wäre die Übertragung eingefroren. Dann formten ihre Lippen drei Worte, die er sein Leben lang nicht vergessen würde.

»Jade ist tot!«

Die Verbindung brach endgültig zusammen, und sein Display war nur noch ein schwarzes, düsteres Loch ohne Hoffnung. Jeder weitere hastige Versuch, die Verbindung wiederherzustellen, scheiterte kläglich.

Er stieg in sein Cabriolet und raste wie von Sinnen durch die engen Straßen von Lyon. Nie zuvor hatte er so deutlich erkannt, was wirklich von Bedeutung war. Es waren nicht der Luxus oder die beruflichen Erfolge, es war einzig und allein seine Familie. Gepeitscht von Zweifeln und der Hoffnung, alles wäre nur ein Missverständnis, marterte ihn dennoch die unmissverständliche Beichte der Erzieherin – Jade war tot.

An einer Kreuzung überfuhr Henri blindlings eine rote Ampel. Eine Hupe klang schrill in seinen Ohren, ein Lastwagen bremste und hätte ihn beinahe touchiert. Doch nichts würde ihn jetzt davon abbringen, Gewissheit zu erlangen, Antworten zu bekommen, um vorbereitet zu sein, wenn er Selma und Noah ihren Verlust beichten musste. Sie würden ihn brauchen, mehr als jemals zuvor, und er würde für sie da sein. Gemeinsam würden sie diese Tragödie durchstehen, zusammen würden sie einen Weg finden – nur das zählte jetzt noch.

Durchgeschwitzt und außer Atem riss Henri die Tür zum Aufenthaltsraum der Lehrkräfte auf.

»Wo ist sie?«, schluchzte er – kurzatmig, die Stimme kaum noch unter Kontrolle. Es waren nur ein Mann und zwei Frauen in dem Raum, die erschrocken zurückwichen.

»Wer?«, brachte der Mann mühsam hervor.

»Blanche, Jade … die Polizei?«, schrie Henri zurück.

Der Mann warf einen Blick aus dem Fenster, das zum begrünten Innenhof führte. Blanches weiße Haare funkelten kurz in der

Sonne, dann verschwand sie hinter einem großen Baum. Noch bevor der Mann antworten konnte, stürzte Henri aus dem Raum, hastete den Gang entlang und hinaus auf den Hof, wo ihm Blanche bereits entgegenkam.

»Monsieur Morel?«, begrüßte sie ihn überrascht.

»Wo ... Wo ... sind denn alle?«, fragte er hektisch und fuhr sich über das klatschnasse Gesicht.

»Wen meinen Sie denn?«

»Die Polizei, die ... Sanitäter, was weiß denn ich ...«

Tränen stiegen ihm in die Augen. Er war nicht mehr imstande weiterzusprechen. Seine Knie gaben nach, und er sank weinend zu Boden. Blanche kniete sich neben ihn und nahm ihn fest in die Arme.

»Es ist so schrecklich ...«, brachte er gerade noch heraus, als sich zwei weitere Arme von hinten um ihn legten. Sie waren klein und dunkel.

»Papa?«

Henri erkannte die Stimme sofort. Jades Gesicht war plötzlich vor ihm, und sie wischte ihm die Tränen aus den Augen.

»Papa, warum weinst du denn?«, fragte Jade besorgt. Das war kein Traum. Jade stand wirklich vor ihm, um sie herum eine Schar weiterer Kinder, deren Haare im Wind wehten. Sie lebte, schien unverletzt zu sein, und mehr war im Augenblick nicht wichtig.

»Ich weine doch gar nicht«, antwortete er und zwang sich zu einem Lächeln. »Ich weine doch gar nicht, mein Schatz.«

Dann drückte er sie so fest, als wolle er damit verhindern, dass das Schicksal sie ihm eines Tages doch noch nehmen könnte.

Camille & Frederike

Karlsruhe, Deutschland

Es war gegen 15 Uhr, als Camille Milloz von Oberstaatsanwältin Dr. Frederike Oster in den fünften Stock der Generalbundesanwaltschaft in Karlsruhe zitiert wurde. Oster leitete seit 2016 die Terrorismusabteilung der mächtigen Behörde. Sie hatte in ihren Kreisen einen nahezu ikonischen Bekanntheitsgrad erlangt, seit unter ihrer Leitung nach den verheerenden Terroranschlägen in München vor zwei Jahren eine islamistische Terrorzelle zerschlagen worden war. Als Spezialistin auf dem Gebiet der Extremismusbekämpfung war auch Camille in den Fall involviert gewesen, allerdings nur aus der Ferne, zur sekundären Unterstützung des leitenden Ermittlers Torge Prager. Er war vor Ort gewesen, während sie in ihrem Büro in Karlsruhe saß und Datenbanken durchforsten musste, genau wie früher, als sie noch für Interpol gearbeitet hatte. Die Ironie war, dass sie sich durch den Wechsel nach Deutschland mehr Verantwortung und anspruchsvollere Aufgaben erwartet hatte, aber vergeblich.

Seit ihrem Wechsel waren zwei männliche Kollegen befördert und in den Außeneinsatz geschickt worden, obwohl Camille bessere Bewertungen, härteren Einsatz und deutlich mehr Arbeitsstunden vorweisen konnte. Es war nicht das erste Mal, dass sie diese Erfahrung machte. Erst wegen der erfolgreichen Zerschlagung der IS-Terrorzelle in München waren ihre Vorgesetzten nicht mehr umhingekommen, sie zur Ersten Kriminalhauptkommissarin zu befördern. Die ersehnten großen Fälle waren jedoch ausgeblieben. Vielleicht hatte das Warten nun ein Ende?

Mit großem Optimismus stand sie jetzt in Jeans, Turnschuhen und einem Pullover, der die vielen Jahre der Büroarbeit an ihren Hüften eher betonte als verbarg, in dem großen Büro mit dunklem englischem Mobiliar, das aussah, als hätte hier früher Churchill residiert.

Die Oberstaatsanwältin, im schlichten blauen Anzug und mit selbstbewusster Attitüde, umrundete ihren schweren Eichentisch und wies mit einer knappen Geste auf zwei Chesterfield-Ledersessel, die um einen Teetisch angeordnet waren.

»Setzen Sie sich doch, Frau Milloz. Kann ich Ihnen etwas zu trinken anbieten?«

»Danke, nein. Ich brauche nichts. Alles gut«, erwiderte Camille mit einem dezenten französischen Akzent, während sie ihre Vorgesetzte aufmerksam musterte. Alles an Frederike Oster schien so … perfekt. Die kurzen grauen Haare, der drahtige Körper, die makellos sitzende Garderobe. Selbst die Falten in ihrem Gesicht trug die Sechzigjährige würdevoll wie eine Auszeichnung für Erhabenheit und Reife.

»Stört es Sie, wenn ich rauche?«, fragte Oster mit der gewohnten Gewissheit, keine ablehnende Antwort zu erhalten. Dann setzte sie sich betont aufrecht in den Sessel, schlug die schmalen Beine übereinander und zog an einer E-Zigarette, bevor sie den weißen Dampf mit angehobenem Kinn in die Luft blies. Camille fragte sich, ob all das nur Teil einer Inszenierung war, um ihre Untergebenen auf gewisse Weise einzuschüchtern. Jedenfalls hatte es bei ihr funktioniert. Ob bewusst oder unbewusst, war irrelevant.

»Bitte«, forderte Oster sie mit einer leichten Handbewegung auf, sich zu ihr zu setzen.

Camille fühlte sich unwohl, als sie auf dem kalten, rutschigen Sessel Platz nahm, der zudem äußerst unbequem war.

»Sie erinnern sich an Kommissar Prager?«

Was für eine Frage. Natürlich erinnerte sie sich an ihn. Nicht nur, weil sie für ihn gearbeitet hatte, sondern auch, weil sein Foto überall in den Medien aufgetaucht war, nachdem er die Terroristen in München zur Strecke gebracht hatte – ihres aber nicht.

»Er wäre der ideale Ermittler für eine Lage, die wir gerade in München haben. Aber er ist vor wenigen Wochen aus dem Dienst ausgeschieden.«

Das war Camille neu.

»Meine Nummer zwei wäre Erdmann gewesen, aber der ist aktuell in der Türkei. Er geht einer vielversprechenden Spur nach, die zu Shirazi führen könnte. Und dann kam *Ihr* Name ins Spiel. Nicht sofort, aber Sie haben Freunde im Haus, die sich für Sie starkgemacht haben.«

Oder ich war in der Kürze der Zeit die einzige Option, mutmaßte Camille.

Oster paffte wieder an ihrer E-Zigarette, und je länger Camille ihr dabei zusah, desto mehr stellte sie zufrieden fest, dass dieses Laster ein wenig an der makellosen Ausstrahlung Osters kratzte.

»Es gab einen Renegade-Fall einer Lufthansa-Maschine, die von London nach München flog. Er endete damit, dass ein Jagdflieger der Bundeswehr die Maschine kurz vor dem Flughafen München abgefangen hat.«

Camilles Pupillen zuckten nur leicht. Sie hatte die Berichterstattung heute Morgen aufmerksam verfolgt.

»*Abgeschossen* ist, glaube ich, zutreffender.«

Oster nickte nur. »Mit 176 Menschen an Bord – keiner davon hat überlebt.«

»Aber wie konnte es so weit kommen?«

»Das ist nicht die Frage, die Sie sich stellen sollten. Denn das Verfahren gegen den verantwortlichen Piloten liegt in den Händen einer anderen Abteilung. Die Fragen, die Sie sich stattdessen stellen sollten, lauten: Wer waren die Terroristen, wie kamen sie an Bord, und wer sind ihre Hintermänner?«

Camille ärgerte sich über die Zurechtweisung, die wohl nur das Machtgefälle demonstrieren sollte. Sie unterließ es jedoch, sich zu rechtfertigen, denn schließlich wollte sie diesen Auftrag. Deshalb war sie hier.

»Bisher wissen wir, dass der oder die Terroristen den Co-Piloten erschossen und dann den Piloten gezwungen haben sollen, die Maschine in den Flughafen zu lenken. Zwei Dinge sind an der Katastrophe jedoch jetzt schon auffällig.

Erstens: Scotland Yard hat bisher keine Anzeichen dafür gefunden, dass einschlägig bekannte Personen am Flughafen in London zugestiegen sind. Die Bundespolizei hat die Passagiere ebenfalls bereits überprüft, konnte jedoch keinen einzigen Verdachtsfall finden. Zweitens: An Bord der Maschine befanden sich zwei Air-Marshals, die keinen Alarm ausgelöst haben. In der Regel ist es so gut wie unmöglich, eine Maschine der Größenordnung eines Airbus A320 zu entführen, ohne dass Passagiere oder Flugbegleiter etwas davon mitbekommen. Und deshalb will ich Sie als leitende Ermittlerin vor Ort haben. Die Antwort liegt meines Erachtens irgendwo in den Daten begraben. Niemand wäre dafür besser geeignet als Sie.«

Eine halbe Stunde später verließ Camille das Büro der Staatsanwältin. Ein wenig ernüchtert, denn ihr Einsatz würde erneut nur aus einer Analyse von Unmengen an Daten, aufgezeichneten Gesprächen und Aufzeichnungen bestehen – so etwas konnte sich hinziehen. Auf der anderen Seite war der Fall zumindest medial von großer Bedeutung. Natürlich war sie schockiert wegen all der unschuldigen Menschen, die durch den Abschuss ums Leben gekommen waren. Doch sie sah auch ganz pragmatisch den Nutzen, den die Aufklärung dieses Falls für ihre Karriere haben konnte.

Und es gab noch einen weiteren Umstand, durch den dieser Auftrag für Camille Milloz eine ganz besondere Bedeutung erhielt. Am Ende des Briefings hatte die Oberstaatsanwältin eine letzte Anmerkung gemacht: »Die Briten schicken zur Beobachtung einen eigenen Ermittler.«

Camille hatte in London Kriminal- und Rechtswissenschaften

studiert, jedoch nicht damit gerechnet, den britischen Kollegen zu kennen.

»Einen gewissen Detective Superintendent Valentine O'Brien.«

Camille war zusammengezuckt. Konnte das wirklich sein?

»Kennen Sie ihn?«, hatte Oster gefragt, und sie hatte verneint.

Nach dem Briefing lehnte sie sich draußen im Gang an die Wand, um ihren Puls zu beruhigen. Valentine O'Brien – von Zeit zu Zeit stießen ihre Gedanken auf Bruchstücke ihrer gemeinsamen Geschichte. Und zwar so intensiv, dass sie danach keinen Schlaf finden konnte. Sie malte sich dann aus, wie es wäre, Valentine wieder zu begegnen. Dass dies nun aber unter solchen Umständen geschehen sollte, davor graute ihr.

Kaum war Oster wieder allein in ihrem Büro, vibrierte ihr Handy. Skeptisch betrachtete sie die Nummer, die im Display zusammen mit dem Namen *Ludwig* angezeigt wurde, und ging ran, jedoch ohne sich zu melden. Nur einen kurzen Augenblick später baute sich eine Videoverbindung auf, und ein älterer Mann lächelte sie an. Er trug Koteletten, und sein helles feines Haar war gleichmäßig nach hinten gebürstet.

»Schatz, was machst du denn für ein Gesicht? Sag bloß, du hast unseren Hochzeitstag vergessen?«

Oster schüttelte nur schwach den Kopf.

»Ich hab Lasagne für uns gekocht. Du wirst sterben. Glaube mir, diesmal habe ich mich selbst übertroffen! Und bitte sei pünktlich, nicht, dass Louie uns wieder zuvorkommt.«

Ein liebenswürdiger, amüsierter Ausdruck lag in seinen Augen; Louie, ein temperamentvoller Irish Setter, hatte vor einigen Jahren in einem unbeachteten Augenblick ein ganzes Roastbeef für vier Personen von ihrem Tisch stibitzt.

»Alles in Ordnung, Liebling?«, hakte Ludwig stirnrunzelnd nach. Oster brachte nur ein Nicken zustande, als am anderen Ende der Leitung im Hintergrund ein Pfeifton erklang.

»Ich muss, der Ofen … Und vergiss nicht, dich erwartet Cham-

pagner im Kerzenlicht und meine ganze Liebe – für immer!«
Dann wurde das Bild schwarz.

Das Handy fiel aus Osters zitternder Hand und schepperte auf den Parkettboden. Dann sank sie kraftlos auf ihren Stuhl und blickte zu einem kleinen gerahmten Bild ihres Mannes auf dem Schreibtisch. Sie fühlte sich schrecklich elend, als hätte eine eisige Meereswelle sie getroffen, die ihr die Luft zum Atmen raubte. Denn ihr Mann Ludwig war vor zwei Jahren bei einem Autounfall ums Leben gekommen.

Seiko & Akira

Tokio, Japan

Die Sonne war bereits hinter den imposanten Konturen der Wolkenkratzer im Bezirk Shinjuku verschwunden, doch das Abendrot erfüllte den Himmel über Tokio weiterhin mit sanftem Glanz. Seiko Itō, zierlich und in ihren mittleren Jahren, hob nachdenklich den Blick zu den stählernen Fassaden empor, während ein Passagierflugzeug lautlos weiße Kondensstreifen in den Himmel zeichnete.

Die Nachricht vom Abschuss einer zivilen Verkehrsmaschine in Deutschland lähmte ihre Gedanken. Seit etwa einer Stunde dominierte das Thema die Nachrichten. Zunächst wurden nur Bilder von Wrackteilen gezeigt, aufgenommen auf einem Acker. Kurz bevor Seiko die Tokio-Metro verließ, tauchte dann eine verwackelte Handyaufnahme in den sozialen Medien auf. Sie war vom überfüllten Wartebereich eines Flughafenterminals aus aufgenommen worden und zeigte ein entferntes Flugzeug, das mit rauchenden Triebwerken auf den Boden zuraste. Der Einschlag selbst war nicht zu sehen, nur verwackelte Bilder der Umstehenden, die in Deckung gingen und aufschrien. Es waren diese bitteren Rufe des Entsetzens, die Seiko nicht mehr aus dem Kopf bekam und die sie auf dem Heimweg dazu brachten, immer wieder nach oben zu sehen, wo regelmäßig Passagierflugzeuge den Flughafen Tokio-Haneda ansteuerten.

Seiko arbeitete beim japanischen Nachrichtendienst PSIA und war es gewohnt, auch die Informationen zu erkennen, die sich zwischen den Zeilen verbargen. Die deutschen Behörden hatten von einem mutmaßlichen Terrorakt gesprochen. Was bedeutete, dass der Lagebericht mit einem Terroristen als Verursacher der Tragödie noch auf wackeligen Beinen stand.

Shohei Matsui, ihr Vorgesetzter, befand sich derzeit in London. Man hatte versucht, ihn zu erreichen – bislang jedoch vergeblich. Obwohl es sehr unwahrscheinlich war, dass er sich in dem Unglücksflugzeug befunden hatte, meldete sich kurz vor Feierabend seine Frau Rikako Matsui bei ihr. Sie war eine stolze Frau, die den Untergebenen ihres Mannes selten Aufmerksamkeit schenkte. Dass sie sich heute persönlich bei Seiko meldete, deutete darauf hin, dass sie sich ernsthaft Sorgen machte. Auch wenn sie ihre Worte sorgsam wählte und bedächtig sprach.

»Verehrte Itō-sama, es ist mir außerordentlich unangenehm, Sie damit zu belästigen, aber mein Mann ist sehr verantwortungsbewusst und weiß, dass ich dazu neige, mir schnell Sorgen zu machen. Es ist daher ungewöhnlich und beunruhigt mich, dass er alle meine Anrufe ignoriert.«

Seiko horchte bereits bei der Anrede »-sama« auf; die ehrenwerte Frau des Chefs drückte ihr damit den größten Respekt aus.

»Matsui-sama, Ihre Sorge ist sicher unbegründet. Ich hatte schon mehrmals die Ehre, mit Matsui-san auf Dienstreise gehen zu dürfen. Ihr Mann steht unter dem Schutz der Kami, daran kann es keinen Zweifel geben. Ich erlaube mir, das anhand einer Begebenheit zu erläutern. Matsui-san und ich haben einmal in Washington, D. C., einen Zug verpasst, weil Matsui-san seinen Ausweis im Hotel vergessen hatte. Der Zug, den wir verpassten, kollidierte kurz darauf mit einem anderen Zug. Viele Menschen starben, wir wurden jedoch vom Schicksal verschont.«

Seiko konnte hören, wie Rikako Matsui tief einatmete und die Geschichte in sich aufnahm, als würde sie heilende Dämpfe inhalieren.

»Kokura!«, sprach sie dann voller Ehrfurcht aus.

»Kokura!«, wiederholte Seiko den Namen ihrer Heimatstadt und freute sich darüber, dass die Frau wieder Hoffnung schöpfte.

Tatsächlich war Kokura weit mehr als nur Seikos Geburtsort. Der Name bezeichnete in Japan außerdem das Glück, von einem ungeahnten Unheil verschont zu bleiben. Schon als Kind hatte man Seiko erklärt, dass die Amerikaner nach dem Abwurf der Atombombe auf Hiroshima im Zweiten Weltkrieg mit der zweiten Atombombe die Stadt Kokura zerstören wollten. Doch die Piloten der US-Army Air Force konnten Kokura wegen schlechter Wetterbedingungen nicht finden und warfen die Bombe stattdessen auf Nagasaki ab.

Seiko richtete ihren Blick auf die gewaltige Kreuzung, die vor ihr lag. Diese war zwar nicht annähernd so groß wie die berühmte Shibuya Crossing im Herzen Tokios, die größte Kreuzung der Welt, aber immer noch dreimal so groß wie der Times Square in New York. Bei jeder Grünphase überquerten mehr als tausend Fußgänger den riesigen Platz, der durch die hektisch flimmernden Werbetafeln an den Fassaden der Wolkenkratzer taghell erleuchtet war und die sich wie leuchtende Arme weit in den Himmel streckten. Blendende bunte Displays, übereinander und seitlich versetzt, wohin das Auge nur blickte. Selbst vorbeifahrende Lkws waren mit animierten Werbebannern ausgestattet, die um die Aufmerksamkeit der Passanten buhlten.

Hier in Shinjuku, einem Bezirk im Westen Tokios, gehörte der Lichtsmog zum Alltag – und das nicht nur bei Nacht. Und obwohl in Shinjuku zwanzigtausend Menschen pro Quadratkilometer lebten – im Vergleich dazu lag die Bevölkerungsdichte in London bei gerade mal dreitausenddreihundert Einwohnern –, empfand Seiko die Großstädte des Westens als hektischer, lauter und deutlich unangenehmer.

Plötzlich verstummte die Welt um sie herum. Die dröhnende Musik aus einem Auto an der Ampel, die Gespräche vorbeigehender Passanten und selbst das Kreischen einer Baumaschine, die zwanzig Meter über ihr an Stahlseilen hing, erstarben von einer Sekunde auf die andere, als hätte jemand das Licht einer Kerze ausgeblasen. Der Puls der Großstadt hatte für Seiko aufgehört zu schlagen. Nur ein leises Röcheln war noch vernehmbar, und das nur, weil die Batterien in ihren Hörgeräten keinen Strom mehr lieferten. Ein Unfall vor einigen Jahren war dafür verantwortlich, dass Seiko auf einem Ohr fast taub war und auf dem anderen Ohr wegen eines fortschreitenden Tinnitus kaum noch etwas hörte.

Verärgert durchwühlte sie ihren Rucksack auf der Suche nach Knopfzellen, aber ohne Erfolg. Enttäuscht blickte sie wieder auf, direkt hinein in die schimmernde Welt aus bunten Werbetafeln. Es schien, als hätten all die Animationen nur auf diesen Augenblick gewartet, um ihr nun Snacks, Kosmetik und Luxushandtaschen zu offerieren – nur eben keine Batterien für ihre Hörgeräte. Die Smartwatch an ihrem Handgelenk vibrierte, eine stumme Erinnerung an das bevorstehende Treffen mit ihrem Freund Akira. Er würde sicher Ersatzbatterien dabeihaben, wie immer.

Zum ersten Mal hatte sie Akira vor drei Jahren im Zuge einer Ermittlung getroffen. Aber richtig kennengelernt hatte sie ihn erst lange danach, am zehnten Jahrestag des Reaktorunglücks von Fukushima. Mit tausend anderen Aktivisten demonstrierten sie vergeblich gegen den Regierungsbeschluss, eine Million Tonnen radioaktiv verseuchtes Kühlwasser in den Ozean zu leiten. Schon damals hatte sie etwas für diesen erfolgreichen Gamer und talentierten Programmierer empfunden, der ein Jahr zuvor wegen möglicher Beteiligung an Cybercrime-Delikten in den Fokus ihrer Behörde geraten war. Für Seiko war es deshalb ein Spiel mit dem Feuer, auch wenn man die Akte Akira aus Mangel an stichhaltigen Beweisen vorerst wieder geschlossen hatte. Aber es gab zwei weitere Gründe, warum Seiko sich lange nicht eingestehen wollte, dass ihre Zuneigung zu Akira weit mehr war als pure Freundschaft.

Akira war nicht nur fünf Jahre jünger als sie, sondern auch stark übergewichtig – eine Seltenheit in Japan, die oft wenig Akzeptanz fand. Japan war jedoch ein Land voller Widersprüche: Es gab Agenturen, die dicke Models für besondere Anlässe vermieteten, da füllige Menschen als Symbol für Harmonie und Gemütlichkeit galten. Gleichzeitig war es typisch für ihre Landsleute, ungewöhnliche Individuen anzustarren und über sie zu lachen. Diese Reaktion war allerdings nicht böswillig, sondern Ausdruck von Verlegenheit – und es gab so vieles, das die Japaner in Verlegenheit brachte.

Es hatte daher fast zwei Jahre gedauert, bis aus ihrer Freundschaft eine echte Beziehung geworden war und Seiko die Scham, sich mit Akira öffentlich zu zeigen, überwunden hatte. Inzwischen waren ihr die ungenierten Blicke der anderen und das Gelächter von Fremden egal.

Seiko strich sich fahrig durch die kurzen blau gefärbten Haare und warf einen Blick auf ihre Uhr. Sie würde zu spät kommen, ausgerechnet heute, an einem Tag, auf den Akira seit Monaten hinfieberte. Die Ampel vor ihr schaltete auf Grün. Seiko zog den Reißverschluss ihrer Handtasche zu und überquerte mit schnellen Schritten die mehrspurige Straße, auf der problemlos ein mittelgroßer Jet hätte landen können. Eine Gruppe von lachenden Schulmädchen kam ihr entgegen, nicht älter als fünfzehn, mit sehr kurzen Röcken, die sich heute Abend von japanischen Männern aushalten lassen würden. Man nannte das *Enjokōsai*: Jede von ihnen hatte ein Schild dabei, auf dem in plakativen bunten Schriftzeichen Preis und Dienstleistung standen. Sie würden sich damit in den nächsten Stunden auf öffentlichen Plätzen zur Schau stellen, vollkommen legal, und mit kichernden Gesichtern ihre gut betuchten älteren Kunden anlocken, um mit ihnen gegen Bezahlung ihre Freizeit zu verbringen. Sex war dabei offiziell tabu; die Wirklichkeit sah aber in einigen Fällen anders aus. Seiko blickte schnell zu Boden, damit sie keinem der Mädchen in die Augen sehen musste. Was war nur aus diesem Land – was war nur aus dieser Welt geworden?

***

Akira Nagashima stand an einem Schaufenster und starrte gespannt auf eine 3-D-Animation. Das Mädchen hinter der Glasscheibe, in silbernem Kleid und mit pinkfarbenen Zöpfen, wirkte absolut real. Aufmerksam bewegte er sich ein wenig seitlich an der Auslage entlang. Der Blick des Mädchens folgte ihm. War das vielleicht gar keine Animation? Wurde er an der Nase herumgeführt? Neugierig ging er in die Knie, um zu sehen, wie das Mädchen reagieren würde. Ihr Lächeln verschwand.

»Willst du mir etwa unter den Rock sehen, Akira?«

Die Stimme musste aus einem Lautsprecher kommen, aber wo immer dieser versteckt war, es klang, als würde das Mädchen direkt zu ihm sprechen.

Akira schüttelte den Kopf und wurde rot. Sofort erhob er sich.

»Nein, nein, ich wollte nur sehen, ob du echt bist. Ich …«

»Was meinst du mit ›echt‹?«

»Also lebendig, meine ich.«

Das Mädchen lächelte und ging auf ihn zu, bis nur noch die schmale Scheibe sie trennte. Es war unglaublich – sosehr er sich auch anstrengte, es waren keine Pixel oder digitalen Artefakte zu sehen, die üblicherweise 3-D-Animationen verrieten.

»Spielt das denn so eine große Rolle?«

Akira dachte nach. Nein, es spielte keine Rolle. Jetzt gerade zählte nur der Moment. Seine Kehle fühlte sich trocken an.

»Woher kennst du meinen Namen?«

Das Mädchen hauchte gegen die Scheibe, bis ein feiner Schleier ihre Augen verbarg, dann schrieb sie mit dem Finger seinen vollständigen Namen in Jinmeiyō-Kanji-Schriftzeichen an die beschlagene Stelle.

Akira Nagashima.

Sie faltete ihre Hände und verbeugte sich tief, sodass Akira einen Blick in ihr Dekolleté werfen konnte.

»Es ist eine große Ehre für mich, den berühmten Akira Nagashima heute bei uns begrüßen zu dürfen.«

Akira zwang sich zu einem verlegenen Lächeln und verbeugte

sich ebenfalls. Seine Popularität war ihm ein Graus. Er hatte es über Jahre verstanden, seine Identität geheim zu halten, bis ein Gegner bei einem Gaming-Wettbewerb sie gelüftet hatte. Seitdem folgten seinen Social-Media-Accounts mehr als drei Millionen Spieler.

Das Mädchen richtete sich wieder auf, drehte sich um und setzte sich auf eine Couch mit Plüschkissen, die mitten im Raum stand. Fasziniert beobachtete Akira, wie sich unter ihrem Gewicht die Kissen eindrückten.

»Du bist unserer Einladung gefolgt, und ich habe schon sehnlichst auf dich gewartet, um dir eine ganz neue Welt zu präsentieren.«

Akira rang nach Atem.

»Bist du etwa Jujutsu Iwabuchi, die Heldin aus dem neuen Computerspiel, das heute vorgestellt wird?«

Das Mädchen sprang auf und streckte die Faust in seine Richtung. Blitzschnell trat ein violetter Ball heraus, der auf ihn zuschoss und an der Scheibe in Dutzende von Schmetterlingen zerplatzte, die scheinbar an ihm vorbeiflogen und sich nach und nach auflösten.

»Ich bin viel mehr als nur ein Spiel, Akira!«, donnerte sie ihn mit lauter, düsterer Stimme an, die sofort wieder sanft und verführerisch wurde.

»Also komm doch rein, Akira. Ich warte oben im AR-Loft auf dich. Du wirst sehen, wir werden viel Spaß miteinander haben.«

Sie machte einen Kussmund und wandte sich dann ab, verschmolz wie ein Geist mit der Wand hinter sich und ließ ihn staunend zurück. Akira spürte, wie sein innerer Aufruhr wieder einer halbwegs gefassten Stimmung wich.

Hatte er soeben die erste Animation erlebt, die nicht mehr von einem echten Menschen zu unterscheiden war? Alles in ihm sträubte sich dagegen, das zu glauben. Das Mädchen war so real, so lebendig, sie konnte unmöglich künstlich gewesen sein. Aber dann hatte sie sich in Luft aufgelöst und war einfach durch eine Wand gegangen.

»Ich hätte mir denken können, dass ich dich hier finde«, holte ihn eine vertraute Stimme aus seinen Gedanken. Sie jagte ihm nicht so sehr wegen ihrer Lautstärke, sondern wegen ihrer unglaublichen Bestimmtheit einen Schauer über den Rücken. Sie war voller Unheil.

***

Seiko hatte den vereinbarten Treffpunkt vor der Spielhalle fast erreicht. Von Weitem konnte sie bereits den grell leuchtenden SEGA-Schriftzug auf einem der Hochhäuser sehen. Sieben Stockwerke Gaming-Paradies für jede Altersklasse und die ganze Familie. Der Zutritt zum achten Stock war hingegen seit einem Jahr hermetisch von der Öffentlichkeit abgeriegelt worden. Gerüchte und fantastische Geschichten rankten sich seitdem in den sozialen Medien um dieses Stockwerk, die umso spekulativer und wilder wurden, je länger die Geheimhaltung andauerte. Genau hier sollte heute nun SEGAS neue *Groundbreaking Sensation*, so der vielversprechende Teaser, den ersten Influencern aus der Game-Community präsentiert werden. Seiko missfiel allerdings der Gedanke, sich ausgerechnet heute von einem neuen Computerspiel berauschen zu lassen. Angesichts des Flugzeug-Unglücks in Deutschland erschien ihr das pietätlos.

Ein heftiger Ruck riss sie aus ihren Gedanken, gefolgt vom kaum wahrnehmbaren Geräusch einer Hupe, als ein Bus nur wenige Zentimeter vor ihr vorbeischoss. Der Mann, der ihr das Leben gerettet hatte, stand kopfschüttelnd hinter ihr und zeigte auf das rote Stoppsignal. Schuldbewusst verbeugte sie sich, während die Ampel auf Grün schaltete und der Mann sich an ihr vorbeidrängte, ohne ihr einen weiteren Blick zu schenken.

Da erblickte sie Akira auf der anderen Straßenseite. Dank seiner großen Statur war er in der Menge kaum zu übersehen. Er stand mehreren Männern gegenüber, von denen einer einen Anzug trug und wild gestikulierend auf ihn einredete, während die anderen wie Leibwächter die Umgebung im Auge behielten. Minuten später lösten sich die Männer von Akira, stiegen in einen schwarzen SUV, der am Straßenrand auf sie gewartet hatte, und verschwanden im dichten Großstadtverkehr.

Seikos Herz pochte. Was war gerade passiert? Wer waren diese Männer?

»Akira!«, rief sie besorgt und lief auf ihn zu. Er war blass und zitterte am ganzen Körper. Dann nahmen sich die beiden in die Arme und drückten sich fest aneinander, als würde das allein ausreichen, um all die Widrigkeiten des Lebens von ihnen fernzuhalten.

Vollautomatisch schwang die schwere Feuertür hinter Akira und Seiko zu, dann verschloss ein massiver Panzerriegel den Eingang zu seiner Wohnung. In Anspielung auf seinen Lieblings-Comic-Helden Superman nannte Akira sein Domizil die »Festung der Einsamkeit«. Die Wohnung war fast genauso hermetisch gesichert wie die Zentrale des japanischen Geheimdienstes, für den Seiko arbeitete. Und die Wohnung war groß, viel größer, als es sich der durchschnittliche Japaner in dieser Stadt leisten konnte. Sie entsprach eher westlichem Format, mit geräumigen, gekühlten Zimmern, hohen Decken und sogar einer separaten Toilette für Besucher. Die Jalousien an allen Fenstern öffneten und schlossen sich je nach Lichteinfall automatisch, und die Temperatur lag konstant bei zwanzig Grad Celsius.

»Ich muss duschen«, erklärte Akira knapp und unterstrich seine Worte mit einer Geste seiner Hand über dem Kopf, damit Seiko ihn verstand. Seiko schmunzelte, denn es sah aus, als würde er sich Salz über das Haupt streuen. Zärtlich küsste er sie auf die Stirn, dann entledigte er sich seiner Schuhe, stellte diese auf einem kleinen Teppich ab und ging den langen Flur entlang in den Wohnbereich. Seiko zog ebenfalls ihre Schuhe aus, stellte sie neben Akiras ab und richtete beide Paare sorgsam aus, bis sie ein symmetrisches Bild ergaben. Dann folgte sie Akira ins Badezimmer. Er stand bereits entkleidet mit geschlossenen Augen in der frei begehbaren Regendusche, während heißer Wasserdampf seinen Körper einhüllte. Seiko zog ihre Kleidung aus, faltete sie, legte sie ordentlich auf einen Schemel und trat dann zu ihm. Zärtlich nahmen sie seine starken Arme in Empfang und drückten sie an sich.

Akira saß sichtlich erschöpft mit einem weißen Frotteemantel bekleidet auf einer grauen Couch, einer Sitzgelegenheit, die in japanischen Haushalten kaum verbreitet war. In Seikos Zuhause gab es nur Zabutons, japanische Sitzkissen. Eingewickelt in ein Handtuch, nahm sie jetzt neben Akira Platz, während sie sich mit einem zweiten Handtuch die struppigen Haare trocken rieb. Er beugte sich zu ihr, küsste sie auf die Schulter und flüsterte ihr sanft ins Ohr: »Ich liebe dich, Seiko.« Obwohl sie die Worte nur als ein unscharfes Säuseln wahrnahm, fühlte sie ihre Bedeutung, deutete aber erneut auf ihre Ohren. Akira verstand, lehnte sich zurück und griff nach einer kleinen Schale, die auf einem Blumenständer stand. Dabei legte der Frotteemantel auf seiner Brust ein Tattoo aus drei japanischen Kanji-Schriftzeichen frei.

四十二

Sie standen für die Zahl 42.

Als sie ihn einmal danach gefragt hatte, erklärte er ihr: »42. Douglas Adams? Kennst du nicht? Es ist die Antwort eines Supercomputers auf die Frage nach dem Leben, dem Universum und dem ganzen Rest.« Schlau war sie daraus nicht geworden. Aber es gab viel in Akiras Leben, aus dem sie nicht schlau wurde. Seine heutige Begegnung mit den Furcht einflößenden Männern gehörte dazu.

Akira streckte ihr grinsend beide Arme mit geschlossenen Fäusten entgegen. Sie lächelte zurück und tippte auf die linke Faust, die er daraufhin öffnete und zwei Batterien offenbarte. Noch während sie die Hörgeräte bestückte und in die Ohren steckte, stand Akira auf und öffnete den Kühlschrank, der mitten im Raum stand.

»Magst du auch ein Calpis?«

Für Seiko war es jedes Mal ein magischer Moment, wenn sich die kleinen Geräte in ihren Gehörgängen aktivierten. Es war, als würde jemand die Sonne einschalten.

Akira wiederholte seine Frage.

»Calpis?« Sie verzog das Gesicht und antwortete: »Das ist pure Chemie, das solltest du nicht trinken.«

»Ich hab die Geschmacksrichtungen *Bonbon* und *Cocktail* da«, antwortete er und setzte ein entwaffnendes Lächeln auf. Es berührte sie, wie viel Zuneigung in seinem Blick lag, der jedes strenge Wort sofort ersticken konnte. Aber eine Frage lag ihr brennend auf der Seele.

»Akira, was waren das heute für Männer?«

Er öffnete den Verschluss, setzte die Flasche an und trank. Seiko konnte sehen, wie sich dabei sein Adamsapfel auf und ab bewegte. Dann setzte er die leere Flasche ab, stöhnte auf und wischte sich die letzten weißen Tropfen von seinen vollen Lippen.

»Also?«, hakte sie nach.

»Das war nichts Wichtiges, nicht für dich.«

»Nicht für mich? Wie meinst du das?«

»Ich möchte nicht darüber reden!«, antwortete er so entschlossen, dass es Seiko die Sprache verschlug.

»Komm, lass uns einen Film ansehen«, wechselte er das Thema und ging aus dem Raum. Aber so leicht ließ sie sich nicht zufriedenstellen und folgte ihm. Akira hatte im größten Zimmer der Wohnung auf einem gepolsterten Drehstuhl Platz genommen, vor dem ein ausladender Tisch mit Spielkonsolen, Rechnern und mehreren Bildschirmen stand.

»Auf was hast du Lust?«, fragte er und drückte eine Tastenkombination auf einem ergonomisch geformten Keyboard. Die Rechner und Bildschirme erwachten zum Leben.

»Du musst mir sagen, was da heute vorgefallen ist«, insistierte Seiko.

Mit einem leichten Ruck drehte Akira den Stuhl in ihre Richtung und sah sie schuldbewusst an.

»Du wirst keine Ruhe geben, oder?«

Seiko konnte ihr Unbehagen kaum verbergen und wartete schweigend auf seine Antwort. Dabei beobachtete sie, wie er mit sich rang und schließlich die Hände hob, als müsse er die Worte aus seinem Mund ziehen.

»Das ... Das war mein Vater.«

»Dein Vater?«, wiederholte Seiko überrascht.

»Ja, mein Vater. Glaubst du mir nicht?«

Seiko wich ein wenig zurück und ließ sich langsam auf einen zweiten Stuhl sinken. Sie zweifelte keinen Augenblick daran, dass er die Wahrheit sagte, doch diese Antwort warf viele weitere Fragen auf.

»Akira, du hast mir erzählt, du wüsstest nicht, wer deine Eltern sind. Warum hast du mich angelogen?«

Akira wich ihrem Blick aus und nahm die Hände zwischen seine Beine.

»Es ist schwer für mich, darüber zu reden. Ich ...« Dann versagte ihm die Stimme, und augenblicklich fühlte Seiko, wie ihr schlechtes Gewissen sie überkam.

»Es tut mir leid. Es tut mir leid, Akira.«

Seiko rutschte von ihrem Stuhl und ging vor ihm auf die Knie. Vorsichtig zog sie seine weichen Hände zwischen seinen Schenkeln hervor und drückte sie.

»Akira, bitte verzeih mir, wenn ich zu weit gegangen bin. Aber vor mir musst du keine Geheimnisse haben. Wir haben doch geplant, unser Leben gemeinsam zu verbringen.«

Akira beugte sich vor, entzog ihr seine Hände und legte sie an ihre Schultern.

»Bitte, Seiko, steh auf. Knie doch nicht vor mir.«

Seiko umschloss stattdessen seine Füße und legte ihren Kopf

auf seine Schenkel. Wie hatte Akira nur seine Eltern verleugnen können? Man musste sie nicht lieben, aber sie verdienten doch den ewigen Respekt ihrer Kinder. Sie waren das Wasser, das Leben und die Wurzel, aus der man entstanden war. Vater und Mutter nicht zu ehren, machte einen selbst ehrlos.

Akira ließ sich ebenfalls auf den Boden sinken, hob Seikos Kinn an und blickte ihr tief in die Augen. Er hatte gewusst, dass dieser Augenblick eines Tages kommen würde. Der Augenblick, in dem er ihr die Wahrheit über seine Eltern sagen musste. Aber er hatte nicht damit gerechnet, dass Seiko es auf diese Art erfahren würde.

»Weißt du, was ein Oyabun ist?«

Seiko schüttelte den Kopf.

»Ein Oyabun ist das Oberhaupt einer Yakuza-Gruppe. Mein Vater ist Oyabun der Yamaguchi-gumi. Sein Name ist Kimura Nagashima, aber nur der engste Kreis seiner Ninkyō Dantai kennt seinen wahren Namen. Es ist gefährlich, ihn zu kennen oder irgendetwas über ihn zu wissen. Das ist der Grund, warum ich dir nie von ihm erzählt habe. Außerdem schäme ich mich für ihn.«

Seiko fuhr sanft über Akiras Wange, die so glatt und weich war wie die eines Kindes.

»Was wollte er von dir?«, fragte sie Akira leise.

»Er wollte … Er wollte, dass ich mich von dir trenne.«

»Es ging um mich?«

»Du arbeitest bei der Polizei.«

»Ich arbeite nicht bei der NPA, sondern im Nachrichtendienst und bin für Cyber-Kriminalität zuständig. Ich habe mit der Yakuza nicht das Geringste zu tun«, erklärte sie ihm aufgebracht.

»Ich weiß das, Seiko. Und genau das habe ich ihm heute wieder klarzumachen versucht.«

»Und, hat er es verstanden?«

»Nein. Ich soll mich entscheiden. Entweder die Familie oder …«

Akiras Stimme versagte. Beschämt wich er Seikos Blick aus und sah aus dem Fenster.

Die Familie ist alles. Ohne Familie bist du nichts, hörte Seiko innerlich ihre Mutter mahnen und spürte gleichzeitig den Schmerz, den Akira empfinden musste.

»Ich glaube, ich habe meinen Vater heute zum letzten Mal gesehen.«

Chaim & Elon

Tel Aviv, Israel

Die Erde brannte. Rings um Israel tobte ein Krieg, der alles zu verschlingen drohte. Die Gewaltspirale drehte sich täglich weiter, angeheizt durch fortwährende Angriffe und neue Vergeltungen. Die Grenze zum Gaza-Streifen lag nur sechzig Kilometer südlich von Chaims und Elons Ferienhaus am Palmachim-Strand entfernt. Und doch schien dieser Ort eine Oase des Friedens zu sein, gleich einem Paradies.

Noch vor wenigen Jahren war ein solcher Luxus für die beiden Männer unvorstellbar gewesen. Chaim und Elon hatten damals nur mit Mühe und Not ihr Studium finanzieren können. Danach gründeten sie ein Start-up für KI-Forschung und gehörten bereits drei Jahre später laut dem Wirtschaftsmagazin *Globes* zu den vielversprechendsten Jungunternehmern Israels. Ihre Erkenntnisse und Methoden zur Generierung von KI-Algorithmen galten als bahnbrechend und zukunftsweisend. Das sympathische junge Duo, das so gar nicht dem Klischee renommierter Wissenschaftler entsprach, konnte sich von da an vor Einladungen zu Fachtagungen und KI-Symposien kaum retten – und das weltweit. In einem Branchenforum wurden sie sogar als die ersten Rockstars der KI-Szene gefeiert, was ihnen anfangs Unbehagen bereitete. Bis die Partys wilder und die Geschenke kostspieliger wurden, mit denen Konzerne versuchten, sie für sich zu gewinnen. Chaim und Elon hatten sich jedoch gegenseitig geschworen, niemals von einem der Hyperscaler wie Microsoft, Google oder Aliyun abhängig zu werden; sie wollten allein ganz nach oben kommen.

Anlässlich eines exklusiven PR-Events von Intel in Tel Aviv, bei dem Ministerpräsident Netanjahu verkündete, dass der Chip-Hersteller für 25 Milliarden Dollar eine Fabrik in Israel bauen würde, kam es zu einem erstaunlichen Gesinnungswandel. Erstmals trafen sie auf hochrangige Vertreter des Militärs. Diese lockten sie aber nicht mit Reichtum, sondern mit Patriotismus. Als ihnen am selben Abend auch noch der Ministerpräsident persönlich die Hand schüttelte, willigten Chaim und Elon ein, die militärische Nutzbarkeit von KI für das israelische Verteidigungsministerium voranzutreiben. Seit Monaten arbeiteten sie deshalb, unterstützt von einem deutsch-amerikanischen KI-Militär-Experten, der sich selbst nur J. F. nannte, an einem bahnbrechenden Konzept, das in wenigen Tagen der Israel Cyber Defense Force (ICDF) präsentiert werden sollte.

Der flache Bungalow der beiden lag in Strandnähe, umgeben von Akazien und Zedern, die kühle Schatten spendeten. Selbst im Oktober stiegen die Tagestemperaturen hier bis auf dreißig Grad. Chaim und Elon hatten sich vorübergehend dieses exklusive Domizil geleistet, um hier ihrem Konzept fürs Militär den letzten Feinschliff zu geben. Die Erwartungen des ICDF waren groß, ihr Wille, diese Erwartungen weit zu übertreffen, war noch größer. Sie waren sich bewusst, dass die israelischen Generäle von autonomen Waffensystemen träumten, die Soldaten auf dem Schlachtfeld ersetzen sollten. Doch ihre Vorschläge würden eine vollkommen andere Richtung einschlagen.

»Alles oder nichts«, hatte Elon immer wieder wie ein Mantra gepredigt. »Wenn wir nur genau das entwickeln, was die von uns erwarten, sind wir austauschbar, Chaim. Wir müssen aber *unique* sein, wir müssen um die Ecke denken und die Kriegsführung vollkommen neu definieren. Wenn uns das gelingt, dann stehen wir irgendwann auf einer Stufe mit Oppenheimer.«

Elon war immer schon der Visionär der beiden gewesen, neigte dabei jedoch zu maßlosen Übertreibungen.

»Aber wollen wir das denn?«, hatte Chaim besorgt gefragt.

»Oppenheimer hat mit der Erfindung der Atombombe die Welt immerhin an den Abgrund gebracht.«

»Kann man auch anders sehen. Oppenheimer hat für Jahrzehnte des Friedens zwischen den Großmächten gesorgt. Hätte es die Atombombe nicht gegeben, wären sich die Russen und Amerikaner direkt nach der Vernichtung der Nazis an die Kehle gegangen!«

Auch in der Folgezeit brachte Elon ein ums andere Mal den Vergleich mit dem Physiker, um sie anzutreiben und über den Tellerrand hinauszublicken – und genauso oft widersprach ihm Chaim. Bis er aufgab, da er spürte, dass sie bei diesem Thema nie einen Konsens finden würden. In seinen Augen war der Vergleich nicht nur anmaßend, sondern auch absolut illusorisch. Etwas zu entwickeln, was der Bedeutung der Kernspaltung auch nur im Entferntesten gleichkäme, war unmöglich.

Eine sternenklare Nacht hatte sich über das Haus am Meer gelegt. Chaim schob eines der weißen Leinentücher zur Seite, mit denen sie die großen Panorama-Schiebetüren verhängt hatten, und warf mit müden, brennenden Augen einen Blick auf den seitlich gelegenen Parkplatz, der nur von wenigen Straßenlampen beleuchtet wurde. Dann sah er hinaus auf das Meer, auf dessen Oberfläche sich das Mondlicht kräuselte.

Noch vier Tage bis zum Tag X. Das Konzept stand immer noch auf wackeligen Beinen. Die Stimmung war gereizt. Mehr als einmal war es zwischen ihnen zu lauten Auseinandersetzungen gekommen. Chaim war sich nicht sicher, wie lange er es hier noch aushalten konnte. Er hatte das Gefühl, zu ersticken.

»Nach was schaust du? Wartest du noch auf jemanden?«, fragte Elon, der auf der Suche nach einer Badehose durchs Haus lief. Sein durchtrainierter Körper war nur mit einem Handtuch bedeckt. Wie jeden Abend wollte er um diese Uhrzeit noch eine Runde im Meer schwimmen gehen.

»Athina«, antwortete Chaim knapp.

Irritiert blieb Elon stehen und schaute seinen Kompagnon in

der gewohnt blasierten und selbstgefälligen Art an, die Chaim so verabscheute.

»Athina? Was, bitte, ist daran so schwer zu verstehen, dass wir hier sind, um zu arbeiten? Ich könnte annehmen, du stiehlst dich absichtlich aus der Verantwortung, aber das würde voraussetzen, dass du weißt, was du tust. Dummheit trifft es wohl besser.«

Chaim hatte sich angewöhnt, auf derlei Bosheiten nicht mehr zu regieren. Doch innerlich loderte eine unterdrückte Wut, die sich nun nicht mehr zurückhalten ließ.

»Ich halte das allein hier mit dir nicht mehr aus – du machst mich wahnsinnig«, platzte es aus ihm heraus.

»*Du* machst mich auch wahnsinnig, Chaim«, erwiderte Elon laut mit einer weit ausholenden Geste, wie er es immer tat, wenn er aufgebracht war. »Aber so ist das eben, wenn man etwas Großes schaffen will. Das ist einfach der Prozess, der dazugehört.«

Bedrohlich ging er auf Chaim zu, der kleiner und auch deutlich schmächtiger war als er. Er packte ihn fest, um dann unvermittelt ein freundliches Lächeln aufzusetzen. Chaim sah in Elons unergründlichen Augen das flüchtige Aufleuchten eines wilden, schwer definierbaren Widerspruchs, der ihm Angst einflößte. Elons Stimme klang nun sanft und einfühlsam.

»Ich glaube an uns, und ich glaube an dich, Chaim. Vertrau mir.«

Nachdenklich löste sich Chaim aus Elons Griff und ging auf Abstand.

»Weißt du was?«, fuhr Elon mit sanfter Stimme fort. »Lass uns doch zusammen schwimmen. Das wird … wild. In der Nacht ist das ein gewaltiger Kick. Los, komm!«

Chaim schüttelte widerwillig den Kopf. »Schwarzes Wasser – wer weiß, was da in der Tiefe alles lauert? Ich warte hier lieber auf Athina!«

Sofort verdunkelte sich Elons Gesicht wieder.

»Verdammt, wenn der Tag X vorbei ist, kannst du ficken, wann und wen du willst.«

»Wer bist du, mein Dad? «

Elon ließ enttäuscht die Arme sinken. Auch das war eine seiner Eigenheiten, einen Streit mir nichts, dir nichts zu vertagen. Er blickte sich um, fand endlich die Badehose, die achtlos in einer Ecke lag, und schlüpfte hinein. In der Tür des Bungalows blieb er noch mal stehen und drehte sich um.

»Hey, Chaim, ich bin dir nicht böse – im Gegenteil, ich liebe dich wie einen Bruder. Wir schaffen gemeinsam etwas ganz Großes, etwas, das noch lange nach unserem Tod Bestand haben wird.«

»Ich weiß«, antwortete Chaim, hoffte aber innerlich, dass Elon endlich das Haus verlassen würde.

»Von mir aus, hab deinen Spaß heute Nacht. Aber schick sie morgen nach dem Frühstück wieder heim, okay?«

Chaim dachte wehmütig an die überströmende Ausgelassenheit und die wilde Zeit, die er und Elon miteinander verlebt hatten. Vielleicht hatte er recht, vielleicht sollte er Athina nicht zwischen sie kommen lassen. Er trat näher, legte die Arme um ihn und sagte leise: »Okay.«

Daraufhin rannte Elon mit großen Schritten hinaus über die Dünen, auf das Meer zu, dessen Wellen sich geräuschvoll am Strand brachen, bis ihn die Dunkelheit verschluckte und nur noch ein langes Juchzen zu hören war, als er in die Fluten sprang.

Nachdenklich schloss Chaim die Tür und ging wieder ins Haus. Dabei sah er besorgt auf seine Smartwatch. Athina hätte schon längst hier sein müssen. Sonst war sie immer überpünktlich.

Elon ließ sich im Wasser treiben, versunken in so vielen Gedanken und Gefühlen. Er hatte den Freudenschrei beim Sprung ins kalte Meer nur vorgetäuscht, um Chaim glauben zu lassen, dass er ihm nicht mehr böse war. Insgeheim rang er seit Wochen mit dem Entschluss, ihre Partnerschaft zu beenden. Immer stärker zweifelte er daran, dass Chaim bereit war, den Weg konsequent mitzugehen, den er für sie vorgesehen hatte.

Während er von den Wellen auf und ab gehoben wurde, konnte er in der Ferne sehen, wie Chaim ins Haus ging und die Tür hinter sich zuzog. Plötzlich fühlte er sich furchtbar allein und hatte zu allem Überfluss auch noch Chaims Worte im Kopf.

Schwarzes Wasser – wer weiß, was da in der Tiefe alles lauert?

Im selben Moment spürte er, wie etwas unterhalb der Wasseroberfläche an ihm entlangstrich. Erschrocken drehte er sich um, doch Chaim hatte recht: Das Wasser war in der Dunkelheit tiefschwarz und undurchdringlich. Ein kalter Schauer jagte ihm über den Rücken, die Angst packte ihn. Wie lange würde er brauchen, um die zwanzig Meter bis zum Strand zu schwimmen? Würde er bei einer Hai-Attacke das Ufer rechtzeitig erreichen, oder wäre es klüger, reglos im Wasser zu treiben? Plötzlich spürte er erneut eine Berührung, gefolgt von einem brennenden Schmerz. Panik durchfuhr ihn. Er riss die Arme nach vorn, trat wild um sich und setzte hektisch zum Kraulen an. Zug um Zug, mit dem Kopf unter Wasser, schnappte er nur flüchtig nach Luft, während er verzweifelt auf den Strand zusteuerte. Endlich spürten seine Hände und Knie den Sand. Keuchend stemmte er sich auf, sah an sich hinab, tastete seine Beine ab und fühlte eine schmerzende Schwellung.

»Alles in Ordnung?«, hörte er eine Stimme vor sich. Überrascht blickte er auf. Direkt vor ihm stand ein Mann, so dunkel gekleidet, dass Elon ihn gar nicht bemerkt hatte. Eigentlich konnte er auch jetzt nur seine Augen deutlich erkennen.

»Ja, ja … Danke, es brennt nur. Vermutlich eine Feuerqualle.«

Eine Hand streckte sich ihm entgegen. Elon war die Situation peinlich. Wahrscheinlich hatte der Mann gesehen, wie panisch er auf allen vieren aus dem Wasser gekrochen war.

»Es geht schon. Zum Glück sieht man nicht, dass ich mir in die Badehose gemacht habe«, versuchte er lachend seine Furcht mit einem Witz zu überspielen.

Der Mann zog ihn mit einem kräftigen Ruck wortlos hoch. Elon sah etwas in seinen Augen aufblitzen, eine kurze Lichtspiegelung. Sie stammte von einem Messer, das der Mann in der anderen Hand hielt und ihm in dieser Sekunde mit voller Wucht in den Hals rammte.

Chaim hatte Athina inzwischen mehrfach per WhatsApp geschrieben, doch sie antwortete nicht. Aus Sorge versuchte er es auch telefonisch, aber sie reagierte nicht. Unruhig ging er wieder zu den großen Glasschiebetüren, schob das Leinentuch zur Seite und spähte zum Besucherparkplatz hinüber. Plötzlich zuckte er erschrocken zusammen – direkt vor ihm erschien ein maskiertes Gesicht an der Scheibe. Aus dem Augenwinkel sah er ein Stemmeisen, das zwischen den Schiebetüren steckte und mit einem lauten Krachen die Verriegelung aus der Verankerung riss. Er stürmte durch das Ferienhaus ins Schlafzimmer, schlug die Tür hinter sich zu und verriegelte sie hastig. Ohne zu zögern, eilte er zur zweiten Terrassentür, deren zwei hebelartige Griffe steil nach oben zeigten. Keuchend rang er nach Luft, das beklemmende Gefühl im Nacken, dass der schwarze Mann jeden Moment hinter ihm auftauchen könnte. Mit zitternden Händen drückte er die Hebel nach unten. Die Flügeltüren öffneten sich einen Spaltbreit, und kühle Luft strich über sein Gesicht. In diesem Moment krachte die Schlafzimmertür aus den Angeln. Mit letzter Kraft quetschte Chaim sich durch den schmalen Spalt, als der Mann nach ihm griff. Doch im selben Moment rutschte er hindurch und entkam seinem Zugriff.

Das war kein Einbrecher, durchfuhr es ihn. Stolpernd rannte er in die Dunkelheit, um sich zu verstecken, als er im selben Moment Athinas Cabriolet auf den Parkplatz fahren sah. Gehetzt stürmte er querfeldein darauf zu. Er konnte es schaffen, Athina war noch im Auto, der Motor lief noch.

»Athina!«, schrie er verzweifelt.

Das Verdeck war offen. Sie starrte ihn an, überrascht und verängstigt, während er mit weit aufgerissenen Augen aus der Dunkelheit auf sie zugerannt kam. Dann ein Knall. Athina sackte über dem Lenkrad zusammen wie eine leblose Marionette. Fassungslos blieb Chaim stehen, unfähig zu begreifen, was gerade geschehen war. Kraftlos sank er auf die Knie, den Mund stumm geöffnet. In der Ferne sah er den Mann mit Sturmmaske auf sich zukommen, ganz ruhig, berechnend, als erledige er nur einen alltäglichen Job. Kaltblütig richtete der Mann die Waffe auf ihn – dann wurde alles schwarz.

Eine Stunde später erhielt ein hoher Offizier des israelischen Mossad einen gesicherten Anruf von einem seiner Agenten.

»Sad Eagle, Code Zulu Lima Oscar Seven Five Zero, executed.«

Es dauerte eine Weile, bis der Offizier antwortete.

»Sad Eagle, mir liegt kein Auftrag mit diesem Code vor. Wiederholen Sie.«

»Code Zulu Lima Oscar Seven Five Zero«, wiederholte der Mann, diesmal deutlich zügiger. Abschließend ergänzte er: »Liquidierung von zwei iranischen Terroristen und einer engen Vertrauten.«

Der Offizier gab den Code erneut in seinen Rechner ein. Wieder dasselbe Ergebnis. Es gab keinen Beschluss unter diesem Aktenzeichen.

»Sad Eagle, von wem wurden Sie zu dieser Aktion autorisiert?«

»Von Ihnen persönlich, Sir. Sie schickten mir den Auftrag heute Morgen über eine sichere Leitung per Video. Ich habe Ihnen das File eben zugeschickt!«

Der Offizier öffnete das Datenpaket und schnappte nach Luft, als der Mitschnitt sein eigenes Gesicht enthüllte. Selbst seine Stimme war täuschend echt. Fassungslos hörte er sich selbst, wie er den Befehl zur Beseitigung von zwei feindlichen Terroristen erteilte und am Ende drei Bilder der Zielpersonen anhängte. Die Frau auf den Bildern war ihm völlig unbekannt, aber die beiden Männer erkannte er sofort. Es waren keine Terroristen, sondern Chaim Aizik und Elon Giladi, zwei israelische KI-Spezialisten, deren Sicherheitsfreigaben er nach gründlicher Recherche persönlich veranlasst hatte. Sein anhaltendes Schweigen war von jener tiefen Verzweiflung geprägt, die unheilvolle Katastrophen mit sich brachten. Aber nicht die Tötung der beiden Wissenschaftler raubte ihm die Stimme, sondern die Tatsache, dass Israels Feinde einen

Weg gefunden hatten, das Sicherheitssystem des Landes zu kompromittieren – und es sogar gegen das eigene Land einzusetzen. Die weitreichenden Konsequenzen konnte der Offizier in diesem Moment nur erahnen, doch ein beklemmendes Gefühl in seinem Magen sagte ihm, dass diese Macht in den falschen Händen mehr Schaden anrichten könnte als tausend Raketen.

Seiko & Mitsuru

Tokio, Japan

Akira wurde unsanft von dem schrillen Summen der Türklingel und heftigem Klopfen aus dem Schlaf gerissen. Mühsam richtete er sich auf, erschöpft und benommen, und erkannte im Halbdunkeln die Umrisse der schlafenden Seiko neben sich. Wenigstens sie war von dem Lärm verschont geblieben – ein kleiner Trost. Auf einem der Flatscreens lief eine Animation der surrealistischen Uhr aus Salvador Dalís Gemälde *Die zerrinnende Zeit*. Es war kurz vor Mitternacht. Erneut ertönte das energische Klopfen, das an Heftigkeit zugenommen hatte. Verschlafen schlüpfte Akira in seinen Bademantel und ging zur Wohnungstür. Der Touchscreen neben der Tür zeigte zwei kräftige Männer in Polizeiuniform.

»Hören Sie mit dem Lärm auf! Was wollen Sie?«, übertrug die Gegensprechanlage Akiras Stimme.

»Es tut uns leid, Nagashima-san, Sie zu so später Stunde stören zu müssen. Aber es geht um eine Angelegenheit der nationalen Sicherheit.«

Wenn das eine Betrugsmasche war, dann waren die beiden zumindest sehr überzeugend – und vor allem dreist, dachte Akira.

»Können Sie sich ausweisen?«

Fast synchron hielten daraufhin beide Beamte ihre Ausweise zur Kamera hoch. Akira überlegte, ob er die Ausweise am Computer überprüfen sollte, entschied sich aber dagegen. Die beiden machten auf ihn einen glaubwürdigen Eindruck.

»Was wollen Sie?«

»Können wir reinkommen?«

»Nein. Was wollen Sie?«

Die beiden Polizisten tuschelten leise miteinander. Offenbar waren sie sich uneinig, ob sie den Grund ihres Besuchs hier auf dem Flur laut offenlegen sollten. Dann drehten sie sich wieder zur Kamera.

»Es geht um Itō-san.«

Das verblüffte Akira. Woher wussten die beiden, dass Seiko hier war?

»Was wollen Sie von ihr?«

»Ist sie bei Ihnen?«

Akira war unsicher, wie er antworten sollte, als Seiko in Unterwäsche am Ende des Ganges auftauchte und sich ihre Hörgeräte einsetzte.

»Ich hatte gehofft, du hörst den Lärm nicht«

Sie schüttelte den Kopf.

»Es war nicht der Lärm. Ich werde wach, wenn du nicht neben mir liegst. Was ist denn los?«

»Da sind zwei Polizisten vor der Tür, die zu dir wollen. Sie haben irgendetwas von nationaler Sicherheit gesagt.«

Die Gegensprechanlage meldete sich wieder.

»Nagashima-san, bitte antworten Sie. Ist Itō-san bei Ihnen?«

Seiko schob Akira zur Seite und sah sich die beiden Polizisten an.

»Ich bin hier. Wer schickt Sie?«

»Kobayashi Mitsuru-san.«

Ihr Blick verdunkelte sich. Mitsuru Kobayashi hieß der Leiter ihrer Behörde, der *NISC*, die dem japanischen Geheimdienst PSIA unterstellt war. Für Seiko war er die höchste Autorität und stand weit über ihr. Es wäre respektlos gewesen, die Männer, die er geschickt hatte, warten zu lassen. Noch bevor Akira es verhindern konnte, entriegelte Seiko die elektronischen Schlösser.

»Was, wenn sie lügen?«, gab Akira noch zu bedenken. Doch es war bereits zu spät. Die Tür schwang weit auf und gab den Blick auf die beiden Polizisten frei. Erst jetzt wurde Seiko bewusst, dass sie kaum etwas anhatte. Peinlich berührt drehte sie sich um und rannte zurück ins Schlafzimmer.

Einen gefühlten Herzschlag später fuhr Seiko in einem Polizeiwagen mit Blaulicht und Sirenengeheul durch Tokio City, vorbei an schrillen Werbetafeln voller Popstars und Manga-Figuren. Sie fühlte sich, als wäre sie Teil eines Computerspiels. Zwischendurch kicherten die beiden Polizisten vor ihr wie kleine Schulmädchen und warfen ihr hin und wieder verschämte Blicke zu. Ihr Ziel war ein mausgrauer Komplex in einem weniger belebten Viertel, der aber nicht weniger hoch in den Nachthimmel ragte.

Im dreiunddreißigsten Stockwerk traf sie schließlich in einer ebenso farblosen Wohnung, die nach Desinfektionsmittel roch, allein auf den Leiter ihrer Behörde. Abgesehen von einem Kühlschrank, einer Matratze und zwei Klappstühlen, war die Wohnung leer. Auf einem der Stühle hatte Mitsuru Kobayashi Platz genommen, der aufgrund seiner enormen Körperfülle sicher nicht bequem saß, sich aber nichts davon anmerken ließ.

»Otsukaresama desu«, begrüßte Seiko den Direktor und verbeugte sich tief mit seitlich angelegten Armen, während Kobayashi seine Verbeugung nur stumm andeutete. Dann setzte sie sich ihm gegenüber. Sie hatte tausend Fragen, aber keine davon hätte sie dem Leiter der Behörde von sich aus gestellt. Also wartete sie geduldig und betrachtete Kobayashi, der trotz seiner hängenden Wangen und Tränensäcke und eines Kopfes, der direkt auf dem Rumpf zu sitzen schien, große Würde ausstrahlte. Gedankenverloren blickte er aus einem der bodentiefen Fenster hinab in die funkelnden Straßenschluchten, dann zog er sein maßgeschneidertes Sakko am Revers gerade und wandte sich ihr zu. Mit ruhiger, tiefer Stimme und einem leichten Kopfnicken, das Seiko sofort erwiderte, begann er zu sprechen.

»Verehrte Itō-san, ich entschuldige mich dafür, dass ich Sie zu so später Stunde an einen so abgelegenen Ort bitte, der sonst unseren verdeckten Ermittlern vorbehalten ist. Aber es gibt gute Gründe, warum ich Sie an diesem Rückzugsort treffe.«

Kobayashi nickte erneut, um ihr die Gelegenheit zu geben, sich dazu zu äußern.

»Hoch angesehener Kobayashi Kaichō.« Seiko wählte die Anrede *Kaichō* für den Direktor ihrer Behörde. »Ich würde es nicht wagen, Ihre Beweggründe für diese ungewöhnliche Zusammenkunft zu hinterfragen.« Trotz aller Höflichkeit enthielt diese Aussage einen Hauch von Kritik, was Kobayashi sehr wohl verstand. Daher sah er sie stumm an und zwang sie so, den Kopf ein wenig zu senken und seinem Blick auszuweichen.

»Ihr Abteilungsleiter Matsui Shohei-san ist heute verstorben«, setzte er wieder an. Ergriffen sah Seiko auf und legte dann beide Hände an ihr Gesicht.

»Er war an Bord des Flugzeugs, das in Deutschland von einem Terroristen gekapert und vom deutschen Militär daran gehindert wurde, in einen Flughafen zu stürzen.«

Seiko musste an Matsuis arme Ehefrau Rikako-san denken, die sie heute nach dem Unglück angerufen hatte. Ob sie es schon wusste?

»Aber das ist nicht alles, Itō-san. Seltsame Dinge passieren. Unsere Kommunikation ist nicht mehr sicher. Selbst die Wände in der Zentrale scheinen Ohren zu haben.«

Seiko wurde nicht schlau aus dem, was Kobayashi Kaichō sagte. Und auch nicht aus dem, was er nicht sagte.

»Unsere gesamte digitale Kommunikation könnte kompromittiert sein. Zumindest gibt es Anzeichen dafür, dass wir in einer Art und Weise angegriffen werden, wie wir es zuvor noch nie erlebt haben. Nur gefunden haben unsere IT-Spezialisten bislang nichts.«

»Ein KI-Virus?«, sprach Seiko laut aus, was ihr spontan in den Sinn kam. Kobayashi warf ihr einen tadelnden Blick zu, worauf sie demütig den Kopf senkte.

»Unsere Sicherheitssysteme gehören zu den besten der Welt. Ein intelligenter Virus? Ein gezielter Cyberangriff? Denkbar, aber absurd. Ein invasiver Code, der sich noch dazu unerkannt in gesicherten Netzen verbreiten kann, ist nach Auffassung all unserer Experten noch unmöglich.«

Seiko dachte nach und musste ihm recht geben. Ihr Einwand war voreilig und töricht.

»Ich sitze hier mit Ihnen, weil wir keine Zeit verlieren dürfen und weil unsere persönliche Zusammenkunft die einzige Möglichkeit ist, dass meine Anweisungen nicht verfälscht werden.«

Er machte erneut eine Pause und gab Seiko Zeit, seine Worte zu verstehen.

»Itō-san, Sie sind seit Gründung dieser Spezialeinheit für mich tätig, haben Matsui-san große Dienste erwiesen und auch in den Jahren zuvor Ihre Arbeitskraft äußerst zuverlässig und kompetent in den Dienst der Sicherheit unseres Landes gestellt. Sie werden deshalb ab sofort die Position von Matsui-san einnehmen und seine Nachfolge antreten. Mit sofortiger Wirkung leiten Sie die Abteilung Cyber Crime.«

Seikos Magen verkrampfte sich. Eine solche Position hatte sie sich nie gewünscht. Zaghaft wählte sie ihre nächsten Worte, wobei sie versuchte, jegliche Gefühlsregung zu verbergen.

»Es ist mir eine große Ehre, dass ausgerechnet mir diese verantwortungsvolle Aufgabe zuteilwird. Aber ich kann das Angebot nicht annehmen. Meine Schultern würden die Last nicht tragen können. Sosehr mich Ihr Vertrauen ehrt und ich nicht leugnen kann, wie sehr es mich freut, dass der erfahrene Kobayashi Kaichō mich bei der Vergabe in Erwägung zieht, so wenig würde ich seine Erwartungen erfüllen können.«

Kobayashis Augen weiteten sich. Seine Stimme klang nun tiefer und herrischer.

»Es gibt Zeiten, in denen wir über uns selbst hinauswachsen müssen. Nur dadurch erreichen wir Dinge, die wir nicht für möglich gehalten haben und uns zuvor nicht zugetraut haben. Eine Frage, Itō-san. Richten Sie Ereignisse in Ihrem Leben nach den sechs Lichtern aus, nach Rokuyō?«

Seiko nickte, denn wie die meisten ihrer Landsleute maß sie dem traditionellen Sechs-Tage-Mondkalender eine große, übernatürliche Bedeutung bei. Niemals würde man am fünften Tag des Rokuyō-Kalenders eine Beerdigung abhalten oder über wichtige Angelegenheiten an einem Butsumetsu-Tag entscheiden.

Kobayashi quittierte ihre Antwort zufrieden mit einem dumpfen Brummen aus seiner Kehle.

»Heute ist Senbu, kein Tag für eine schnelle Entscheidung. Ich respektiere Ihre Zurückhaltung, erwarte aber eine Entscheidung nach Ihrer Rückkehr.«

»Rückkehr?«

»Die Umstände zwingen uns dazu, Sie nach Frankreich zu schicken. Ihre Reise duldet keinen Aufschub, da wir davon ausgehen, dass der Flugverkehr in weniger als achtundvierzig Stunden zusammenbrechen wird.«

Seikos Antwort kam impulsiv und ohne jegliche Zurückhaltung.

»Ich kann nicht nach Frankreich. Ich …«

»Ihr Freund?«

»Ja. Ich kann ihn nicht allein lassen. Nicht jetzt.«

»Akira Nagashima?«

Seiko schluckte. Es war kein Zufall, dass man sie in Akiras Wohnung abgeholt hatte. Kobayashi stand auf, ging zu einem der großen Fenster und blickte hinaus in die Nacht.

»Wussten Sie, dass Ihr Vorgesetzter Matsui-san in Ihnen weit mehr als bloß eine Mitarbeiterin sah, Itō-san? Ich bin nur hier, weil ich die Vision eines Mannes und eines sehr guten Freundes erfüllen will, der viel zu früh diese Welt verlassen hat. Matsui-san besuchte mich eines Tages und bat mich um Zustimmung für alle Pläne, die er mit Ihnen hatte. Ich gestehe schweren Herzens, dass mich seine Euphorie nicht überzeugte, weshalb er mir ein Faustpfand überreichte. Ein Geheimnis, das in den falschen Händen nicht nur Ihre Karriere beenden würde.«

Die Worte wühlten Seiko auf, während Kobayashi reglos am

Fenster stand und hinausstarrte. Jahrelang hatte sie sich in Sicherheit gewähnt und geglaubt, ihre Verschleierungen von Akiras Straftaten wären unentdeckt geblieben – aber sie hatte sich geirrt.

»Matsui-sans Faustpfand wird unser Geheimnis sein und bleiben, wenn Sie jetzt das Richtige tun. Für Ihr Land.«

Seiko war völlig verwirrt und beobachtete ihn ratlos. Gleichzeitig hatte sie das Gefühl, als würden die bodentiefen Fenster sie förmlich in den Abgrund ziehen. Dem Willen des Direktors nicht zu entsprechen, würde nicht nur ihr Leben zerstören, sondern vermutlich auch Akira ins Gefängnis bringen. Sie hatte keine Wahl – sie musste seinem Wunsch Folge leisten. Eine Stunde später brachten die beiden Polizisten Seiko wieder zurück zu Akiras Wohnung.

»Seiko! Ich habe mir solche Sorgen gemacht!«, empfing Akira sie, bemerkte aber sofort eine Veränderung an ihr. Kurzatmig eilte sie an ihm vorbei ins Schlafzimmer, holte einen kleinen Reisekoffer vom Schrank herunter und begann zu packen.

»Liebster Akira, ich werde nach Frankreich fliegen.«

»Du wirst was?«, fragte er ungläubig.

»Es steht viel auf dem Spiel, aber alles unterliegt strikter Geheimhaltung. Ich darf es dir nicht sagen.«

»Aber … warum hat das denn nicht Zeit bis morgen? Und wieso hat man dich mitten in der Nacht aus dem Bett geholt? So schlimm kann es doch nicht sein. Du darfst dir nicht alles bieten lassen!«

Seiko hörte auf zu packen. Sie hatte längst beschlossen, ihn über Kobayashis Druckmittel im Dunkeln zu lassen. Stattdessen baute sie sich drohend vor ihm auf.

»Akira. Ich bin kein kleines Mädchen. Ich bin deutlich älter als du, und ja, es ist genauso schlimm, wie es sich anhört. Also mach mir das jetzt nicht noch schwerer, als es ist. Ich habe Angst, ich habe wirklich Angst. Aber ich werde gehen, auch wenn ich glaube, dass ich von keinem großen Nutzen sein werde. Ich werde gehen und werde alles tun, was ich tun kann.«

Akira legte seine großen Hände wie eine schützende Muschel um ihre.

»Ich kann mitkommen. Ich kann dich beschützen.«

»Wieso denken Männer immer, dass Frauen von ihnen beschützt werden müssen? Außerdem würden sie nicht zulassen, dass du mitkommst.«

»Aber ich muss doch irgendetwas tun können«, flehte er verzweifelt.

Seiko hatte bereits in Erwägung gezogen, ihn um Hilfe zu bitten, da seine Programmierfähigkeiten von unschätzbarem Wert sein konnten. Doch sie hatte diesen Gedanken verworfen, weil sie befürchtete, dass Akira niemals die erforderlichen Sicherheitsfreigaben erhalten würde.

Andererseits – hatte Kobayashi nicht zu ihr gesagt: *Es gibt Zeiten, in denen wir über uns selbst hinauswachsen müssen?*

Und war Furcht nicht ein schlechter Ratgeber?

Freitag, 4. Oktober 2024

Camille & Valentine

München, Deutschland

Es war früh am Morgen, die Temperaturen waren über Nacht gefallen. Die Erde dampfte und legte einen dichten Nebel über die Äcker. Nicht weit entfernt stob eine Krähe auf und flog krächzend über ihre Köpfe hinweg.

»Von hier aus müssen wir zu Fuß gehen«, erklärte der junge Polizist, der Camille am Münchner Flughafen abgeholt und direkt hierhergefahren hatte. Die Absturzstelle von Flug LH2411, der von den Medien weltweit nur noch als *Two-Four-Eleven* bezeichnet wurde – eine offensichtliche Anlehnung an die Bezeichnung *Nine-Eleven* für die Terroranschläge am 11. September 2001 –, lag östlich vom Flughafen, irgendwo im Niemandsland zwischen den Dörfern Eitting und Reisen. Camille fühlte sich klamm und kalt. Skeptisch sah sie sich um und zog an ihrer Zigarette. Außer dem Polizeiwagen, der sie hergebracht hatte, waren keine weiteren Fahrzeuge und auch keine Spuren auf dem Acker zu sehen.

»Sind Sie sicher, dass wir hier richtig sind?«, fragte sie vorwurfsvoll und schnallte den Gürtel ihres dünnen Mantels enger.

»Ja, wir sind hier richtig. Wir müssen in diese Richtung«, bestätigte der Polizist kurz angebunden und zeigte in den Nebel, fühlte sich dann aber wegen Camilles fragendem Gesichtsausdruck genötigt, weiter auszuholen.

»Sie meinen, weil hier keine Autos von Kollegen stehen? Die sind alle mit einem Hubschrauber hergebracht worden.«

»Und ich soll jetzt mit meinen Turnschuhen über den feuchten Acker laufen? Wissen Sie, wie ich danach aussehe?«

»Muss ich ja auch«, rechtfertigte er sich. »Ich meine … Ich kann Sie ja schlecht tragen.«

»Sehe ich so schwer aus?«

»Ja … Also nein, ich meine …«

»Glauben Sie mir, es meint sich besser mit geschlossenem Mund«, unterbrach Camille ihn und machte einen großen Schritt auf den Acker, sank aber sofort bis zum Rand ihrer Turnschuhe in den Morast.

»Quelle foutue merde«, fluchte sie leise.

Ihr junger Begleiter stapfte mit schlürfend saugenden Geräuschen zügig an ihr vorbei und hinterließ tiefe Löcher im feuchten Ackerboden.

»Wäre das Flugzeug in einem der umliegenden Dörfer abgestürzt, hätten wir direkt mit dem Auto zur Absturzstelle fahren können«, erklärte er, während er voraus durch den Nebel stapfte.

Camille blieb für einen Moment sprachlos stehen, dann folgte sie ihm wieder. Jedes Mal, wenn sie einen Fuß aus der Erde zog, wurden die braunen Klumpen an ihren Schuhen größer und schwerer. Als sie wieder aufblickte, war die blaue Uniform vor ihr im Nebel verschwunden.

»Hey«, rief sie dem Polizisten halbherzig nach. Sie wollte auf keinen Fall den Eindruck erwecken, auf seine Hilfe angewiesen zu sein. Die Feuchtigkeit des Schlamms hatte inzwischen ihre Schuhe durchnässt. Ihren ersten Außeneinsatz hatte sich Camille wahrlich anders vorgestellt.

Langsam tauchten vor ihr die Umrisse eines Hubschraubers auf, der sich wie ein monströses Insekt aus dem Nebel schälte. Schließlich erreichte sie die rot-weißen Absperrbänder, die an dünnen Stangen im Wind flatterten. Dahinter wimmelte es nur so von Polizisten, Ermittlern, Spurensuchern sowie zahlreichen Einsatz- und Spezialfahrzeugen. Fassungslos ging sie auf ihren Begleiter zu, der das Absperrband für sie in die Höhe hob.

»Ah … Und die sind also alle mit dem Hubschrauber hergebracht worden?«, fragte sie vorwurfsvoll.

Der junge Polizist zuckte mit den Schultern.

»Hey, ich kann nichts dafür … Das Navi war schuld.«

»Klar, schuld sind immer die anderen«, blaffte Camille ihn an, strich sich eine dunkle Haarsträhne aus dem Gesicht und schlüpfte durch die Absperrung.

***

Valentine war bereits am Vortag gelandet und in einem Gästezimmer der Flughafengesellschaft direkt am Airport untergebracht worden. Die Isolierung der schalldichten Fenster verhinderte zwar, dass er die ankommenden und abfliegenden Flugzeuge hören konnte, aber das Fehlen von Fenstergriffen und die kräftig blasende Klimaanlage hatten die Nacht trotzdem zur Qual gemacht.

Heute Morgen hatte ihn ein gewisser Harry Zilch abgeholt, ein Mann mit blauem Anzug, streng gescheitelten Haaren und faltigem Gesicht. Zilch war ein höflicher, aber redseliger Zeitgenosse. Alles an ihm redete: seine Blicke, seine Hände, sein Körper. Vermutlich versuchte er dadurch, den ausgeprägten deutschen Akzent zu kaschieren, der sein Englisch manchmal schwer verständlich machte. Beim gemeinsamen Frühstück in der Flughafenkantine hatten sie sich erstmals ausgetauscht.

»Und wer leitet die Ermittlung?«

Zilch hatte den Mund voll und wischte sich mit einer Serviette die Marmeladenreste vom Kinn.

»Meinen Sie von der Bundesanwaltschaft?«

Valentine nickte.

»Ich muss ehrlich sein, ich habe den Namen nicht mehr im Kopf. Aber …« Er legte die Serviette weg und wollte gerade mit klebrigen Fingern sein Handy aus der Innentasche seines Sakkos ziehen.

»Nein, nicht nötig. Ich werde es schon noch erfahren«, wehrte Valentine ab.

»Es ist auf jeden Fall eine Frau. Hübsches Gesicht, zumindest auf dem Pressefoto.« Er biss wieder kräftig in sein Brötchen. »Jedenfalls leitet sie das Tschit.«

»Das was?«

»Na, das Untersuchungsteam, das Tschit. Nennt ihr das nicht so? Kommt immerhin aus dem Englischen.«

Valentine dachte nach.

»Sie meinen das J. I. T.? Das Joint Investigation Team?«

»Das Tschit, sag ich doch. Die Hälfte davon ist gestern schon eingetroffen, die andere Hälfte kommt heute. Alles Leute vom Luftfahrtbundesamt, der Bundespolizei, dem BKA … Von Kriminaltechnikern bis hin zu den Spezialisten, die die Opfer identifizieren, und Seelsorgern für die Hinterbliebenen.«

Zilch nahm die Kaffeetasse zur Hand und leerte den Inhalt in einem Zug.

»Sie müssen was essen, das wird heute ein kalter Tag da draußen«, forderte er Valentine auf.

»Ich habe keinen Hunger. Ich muss ständig an die Passagiere des Flugzeugs denken. Ich frage mich, ob sie wussten, was mit ihnen geschieht.«

Zilch zog die Augenbrauen hoch und schluckte ein Stück seines Brötchens hinunter.

»Die Frage kann ich Ihnen beantworten, wenn Sie wollen.«

Valentine wollte nicht, aber Zilch sprach direkt weiter.

»Man hat sofort Bilder von Kriegsfilmen im Kopf, in denen Flugzeuge in Stücke geschossen werden und dann in der Luft explodieren. Aber so war es nicht. Nachdem der Abfangjäger die Turbinen in Brand geschossen hatte, wussten die Menschen an Bord genau, was geschehen würde. Von da an vergingen sicherlich noch ein oder zwei Minuten, bis …«

Valentine unterbrach ihn scharf.

»Das reicht. Ich hab's schon verstanden.«

Eine Stunde später brachte ein Hubschrauber, der eigens für das Joint Investigation Team abgestellt worden war, sie an den Absturzort. Beim Anflug auf die Sicherheitszone, die rund einen Kilometer um die Absturzstelle errichtet worden war, konnte man aus der Luft nichts weiter sehen als dichten weißen Bodennebel. Als wäre die Welt in Watte gepackt worden, um die Schmerzen zu lindern, die der Anblick auslösen würde. Erst am Boden offenbarte sich Valentine das ganze Ausmaß der Katastrophe. Festgelegte Trampelpfade führten durch ein Labyrinth aus unzähligen, mit leuchtend roten Bändern gekennzeichneten Stellen, an denen weit verstreut Trümmer der Unglücksmaschine lagen.

Manchmal handelte es sich nur um Fragmente von Kunststoffverkleidungen oder Koffern; doch manchmal waren es auch große Objekte, etwa das Ende einer Tragfläche, das steil in die Luft ragte wie ein Mahnmal. An einer anderen Stelle tauchte im Nebel eine Dreierreihe von Flugzeugsitzen auf, kerzengerade, als hätte sie jemand dort platziert. Von den Insassen jedoch fehlte jede Spur.

»Was ist mit den Opfern?«, wollte Valentine von Zilch wissen.

»Es waren wohl 176 Menschen an Bord, davon hat man gestern etwa 150 bergen können. So genau kann man das aber noch nicht sagen, da man viele ja … Sie wissen schon. Oft fand man nur Gliedmaßen oder einen menschlichen Rumpf. Es wird dauern, bis man alles zugeordnet hat.«

»Und der Rest?« Valentine blickte über den zerfurchten Acker. »Liegt der hier noch unter der Erde?«

»Genau so ist es. Wir erreichen gleich die Stelle, wo das Flugzeug aufgeschlagen ist. Der Krater ist dort recht tief und erstreckt sich über eine Fläche von vierzig Meter Länge. Sie verstehen: Dort ist kein Bröckchen Erde mehr auf dem anderen geblieben. Bei der Suche nach den Opfern können wir jedoch nicht einfach mit dem Graben beginnen. Das Vorgehen ist vergleichbar mit einer archäologischen Ausgrabung. Um keine Beweise zu vernichten – und dazu zählt selbst das kleinste Teil dieser Unglücksmaschine –, werden Spezialisten das Erdreich sehr behutsam untersuchen, was viel Zeit in Anspruch nehmen wird.«

Und so setzten sie sich in Bewegung. Mit pochenden Herzen,

ohne das Grauen abschütteln zu können, das sich an sie geheftet hatte wie ein düsterer Begleiter. Bis sie am Rand des Kraters standen. Zilch hatte nicht übertrieben – vor ihnen erstreckte sich eine tiefe Furche im Boden. Es sah aus, als hätte eine gewaltige Bombe eingeschlagen. Diesen Aufprall konnte niemand überlebt haben.

Camille stand in einem mobilen Unterstand des Technischen Hilfswerks, der wie eine in zwei Hälften geteilte Röhre aussah, die man mit einer dunkelgrünen Plane bespannt hatte. Irgendwo hinter dem Unterstand dröhnte dumpf im Nebel ein Dieselgenerator, der für Funkgeräte, Computer und anderes technisches Equipment den nötigen Strom lieferte.

Der Kaffee in Camilles Hand konnte nicht darüber hinweghelfen, dass der Boden im Unterstand aus demselben matschigen Acker bestand, wie außerhalb davon. Aber er wärmte ihren Magen und ihre Finger. Sie folgte gerade dem Bericht eines Polizeiführers, der sie mit der aktuellen Lage vertraut machte, als ein hochgewachsener Mann, dessen Overall über und über mit Dreck beschmiert war, das Briefing des Kommissars unterbrach.

»Wir haben sie gefunden!«, verkündete er euphorisch. So schmutzig, wie sein Gesicht aussah, schien es nicht einfach gewesen zu sein.

»Beide?«, wollte der Polizeiführer wissen.

»Beide«, antwortete sein Gegenüber.

»Das hier ist übrigens die Erste Polizeihauptkommissarin Milloz«, stellte er Camille mit einer kleinen Handbewegung vor. »Sie ist die leitende Ermittlerin aus Karlsruhe. Und das hier ist Herr Karelitz von der BFU.«

Der Mann im Overall bemerkte ihren fragenden Blick und erklärte: »Bundesstelle für Flugunfalluntersuchung.«

»Freut mich, Herr Karelitz. Und wie mir scheint, waren Sie bereits auf der Suche nach der … Blackbox?«

»Wir sagen Flugschreiber. Es sind immer zwei, und sie sind auch nicht schwarz, sondern orange«, korrigierte er sie.

»Und haben Sie die Flugschreiber gefunden?«

»Ja, sowohl den Flugdatenschreiber als auch den Stimmen-rekorder aus dem Cockpit. Beide gehen jetzt mit einem Sonderflieger nach Braunschweig in die Zentrale und werden dort ausgewertet.«

»Bis wann können wir mit den Daten rechnen?«

»Ich will mich nicht festlegen, wie lange die Kollegen im Labor dafür brauchen. Aber wenn die Geräte nicht beschädigt sind, vielleicht am frühen Abend.«

Ein merkwürdiges Gefühl, wie ein kalter Lufthauch, der direkt vom Eingang kam, zwang sie, sich umzudrehen. Soeben betrat ein Mann in anthrazitfarbenem Anzug, britischem Overcoat-Mantel und schwarzen Lederstiefeln, die erstaunlicherweise kaum dreckig waren, den Unterstand und sah sich um. Augenblicklich wurde Camille von einer Welle des Wiedererkennens überschwemmt. Valentine. Er setzte sich in Bewegung und steuerte auf einen Tisch zu, auf dem ein Kaffeeautomat sowie ein Korb mit Gebäck und Sandwiches standen.

»Entschuldigen Sie mich kurz«, verabschiedete sich Camille abrupt aus ihrer Runde und ging ebenfalls auf den Kaffeeautomaten zu, während sie Valentine aufmerksam musterte.

Vierzehn Jahre waren vergangen, seit sie sich das letzte Mal gesehen hatten. Vierzehn Jahre, die man ihm ansah, wie sie mit Genugtuung feststellte. Die fahle Haut, die Augenringe, die Falten an den Mundwinkeln und der Stirn, wo sich der Haaransatz auf dem Rückzug befand. Nur noch zwei Schritte, dann würde sie vor ihm an der Kaffeemaschine stehen.

Doch der junge Polizist, der sie hergebracht hatte, passte sie ab und fragte: »Wissen Sie schon, wann wir zurückfahren? Ich glaube nämlich, ich habe mich erkältet.«

»Auf jeden Fall nicht jetzt«, entgegnete Camille ihm streng und hielt ihm ihre Handfläche entgegen, worauf er zurückwich und den Weg frei machte. Das kurze Intermezzo hatte aber genügt, damit Valentine vor ihr den Kaffeeautomaten erreichte und sie direkt hinter ihm zum Stehen kam. Die dunklen Haare an seinem Nacken waren ungleichmäßig ausrasiert, sein Rasierwasser roch nach …

»Verzeihung, wollten Sie sich auch gerade einen Kaffee holen?«

Zum ersten Mal begegneten sich ihre Augen, sein Blick verfing sich in ihrem, und beinahe hätte sie kein Wort herausgebracht.

»Nein, nein, machen Sie nur. Ich kann warten«, entgegnete sie mit gespielter Höflichkeit in perfektem Englisch.

»O bitte, ich bestehe darauf. Wie möchten Sie ihn denn?«

Es gab Zeiten, da hatte sie seinen irischen Akzent verwegen gefunden, irgendwie abenteuerlich. Aber all das war lange her.

»Ich? Schwarz, einfach schwarz.«

Er suchte an dem Automaten nach der richtigen Taste. Alle waren auf Deutsch beschriftet. Sie beugte sich vor und drückte für ihn.

»Sprechen Sie Deutsch, oder haben Sie einfach geraten?«

»Deutsch ist meine zweite Muttersprache«, erklärte sie.

»Und Englisch dann Ihre erste?«

»Nein, Französisch. Ich bin Saarländerin, habe aber in England studiert.«

Hatte er sie wirklich nicht erkannt? Valentine wandte sich wieder dem Automaten zu, der durch einen finalen gurgelnden Laut anzeigte, dass Camilles Kaffee fertig war. Er nahm den Becher mit Daumen und Mittelfinger von der Maschine und reichte ihn ihr. Sein Zeigefinger stand dabei nach oben ab, eine Eigenart, über die sie früher immer geschmunzelt hatte. Jetzt kam es ihr affektiert vor, ebenso wie sein Versuch, Französisch zu sprechen.

»Voilà, Madame.«

Sie war diejenige gewesen, die damals versucht hatte, ihm ein paar Brocken Französisch beizubringen.

»Ich bin übrigens Valentine O'Brien von der Metropolitan Police.«

»Scotland Yard?«, fragte sie anerkennend.

»Wenn Sie so wollen. Das Department, für das ich arbeite, nennt sich Counter Terrorism Command. Das ist auch der Grund, warum ich hier bin. Ich bin sozusagen die Schnittstelle zu meinen«, er zeichnete Gänsefüßchen in die Luft, »Landsleuten‹.«

»Ich hätte schwören können, dass Sie Ire sind.«

»Hört man das wirklich noch?«

Sie lächelte.

»Ein wenig.«

»Sie haben ein feines Gehör. Ja, geboren bin ich in Irland, aber mit zwanzig bin ich nach England gegangen. Und Sie?«

»Ich?«

»Ja. Wofür sind Sie hier zuständig?«

Camilles Fahrer kam wieder auf sie zu und unterbrach das Gespräch. »Erste Kriminalhauptkommissarin, der Polizeiführer lässt Ihnen ausrichten, dass der bayerische Ministerpräsident gegen elf Uhr hier eintrifft und Sie bei der Pressekonferenz gerne an seiner Seite hätte.«

Camille nickte, wünschte sich aber, er hätte die Bitte auf Englisch geäußert.

»Richten Sie dem Polizeiführer aus, ich bin gleich wieder bei ihm.«

Trotzdem schien Valentine ein paar Brocken aufgeschnappt zu haben.

»Sind Sie die leitende Ermittlerin?«, fragte er erstaunt.

»Ertappt«, gab sie lächelnd zu.

Valentines Augen verengten sich, während er sie aufmerksam musterte.

»Entschuldigen Sie mich, ich muss weiter«, unterbrach sie den stillen Moment, bevor er peinlich wurde.

»Hat mich gefreut, Mr O'Brien. Und danke für den Kaffee.«

Damit drehte sie sich um und ging zurück zu der Runde um den Polizeiführer, war aber in Gedanken immer noch bei Valentine. Hatte er sich wirklich nicht an sie erinnert, oder wollte er angesichts des Umfelds nur eine professionelle Distanz wahren?

Unsicher warf sie noch einmal einen Blick zum Kaffeeautomaten, aber der Mann war wie vom Erdboden verschluckt.

Erneut spürte sie einen Luftzug vom Eingang, drehte sich um und sah Valentine, der gerade aus dem Zelt schlüpfte, bis seine Konturen hinter der milchigen Plane verschwammen. Froh, den Kopf wieder frei zu haben, konzentrierte sie sich auf die Ermittlungen.

Seiko & Jacques

Lyon, Frankreich

Seiko wurde in einer Limousine mit Polizeieskorte bis zum Flughafen gebracht. Nach der Ankunft liefen mehrere Polizeibeamte vor ihr die Fahrsteige entlang, einer von ihnen trug ihren Koffer. Es gelang ihr nur mit Mühe, Schritt zu halten, bis sie ein entfernt gelegenes Gate erreichten, hinter dessen meterhohen Scheiben eine majestätische Boeing 777 mit rot-goldenem Fensterband und japanischem Hoheitsabzeichen bereitstand. Wie man ihr mitteilte, handelte es sich um die *Air Force One* der japanischen Streitkräfte SDF, die normalerweise dem japanischen Kaiser, dem Premierminister oder anderen ranghohen Beamten vorbehalten war.

Eine elegante Flugbegleiterin geleitete sie in den mittleren Bereich, der mit komfortablen Sitzen, Tischen und einer Couch ausgestattet war. Seiko hatte noch nie einen ähnlichen Luxus in einem Flugzeug gesehen – sicher einer der Gründe, warum ihr Magen laut rumorte.

Offensichtlich bemerkte die Flugbegleiterin das, beugte sich zu ihr hinab und zwinkerte ihr zu. »Glauben Sie mir, man gewöhnt sich daran. Am Ende beurteilt man in meinem Job die Langstreckenreisen nicht mehr nach dem Ambiente, sondern nur noch nach den Fluggästen – und die sind hier nicht viel anders als die Snobs in der First Class auf regulären Flügen. Aber ich habe das Gefühl, dass dies ein angenehmer Flug werden wird.«

Seiko nickte und rang sich ein Lächeln ab, obwohl die ganze Situation sie überforderte.

»Wer fliegt denn noch alles mit?«, wagte sie zu fragen, nachdem ihr die Dame so vertrauliche Informationen mitgeteilt hatte.

»Sie wissen es nicht?«

»Was weiß ich nicht?«

»Wir fliegen nur Ihretwegen. Sie sind unser einziger Gast auf diesem Flug. Also nehme ich mal an, dass Sie enorm wichtig sein müssen.«

Seiko schnappte nach Luft und spürte, wie ihr Herz vor Verlegenheit schneller schlug. Was hatte Kobayashi-san ihnen erzählt? Ihr kam es gerade so vor, als könne sie die Erwartungen niemals erfüllen, die er – und nun vermutlich auch andere – in sie setzten.

»Übrigens, wenn Sie es wünschen, frage ich den Kapitän, ob Sie im vorderen Teil der *Air Force One* die kaiserlichen Privatgemächer sehen dürfen.« Sie blickte sich um. »Ach, wissen Sie was? Fragen Sie ihn doch einfach selbst.«

Seiko folgte ihrem Blick und sah einen uniformierten Mann mit schneeweißen Haaren auf sie zukommen. Seine Augen unter den buschigen Brauen waren klar und freundlich. Kaum hatte er sie erreicht, verbeugte er sich tief vor ihr und sagte: »Es ist mir eine große Ehre, Sie, Itō-sama, bei uns an Bord begrüßen zu dürfen. Sollte es Ihnen an irgendetwas mangeln, zögern Sie nicht, uns darum zu bitten.«

Seiko spürte, wie ihr Gesicht rot anlief. Am liebsten hätte sie sich in die weiche Polsterung des First-Class-Sessels verkrochen. Daraufhin legte der Kapitän eine Hand auf seine Brust und beugte sich ein wenig näher.

»Im Vertrauen, als ich das erste Mal die *Air Force One* geflogen habe, schwitzte ich Blut und Wasser. Aber glauben Sie mir, es ist nur ein Flugzeug. Das Ziel, das Sie damit erreichen, wird dasselbe bleiben.«

Der vierzehnstündige Flug verlief unspektakulär. Seiko schlief die meiste Zeit. Das Abendessen und das Frühstück waren so vielfältig und dekorativ angerichtet worden, dass sie heimlich Fotos gemacht hatte, die sie zu einem späteren Zeitpunkt ausschließlich

Akira zeigen wollte. So etwas wie einen Social-Media-Account besaß sie nicht. Seiko sah keinen Nutzen darin, dass irgendjemand Einblick in ihr Leben bekam. Deshalb hatte sie Akira verboten, Bilder von ihr zu veröffentlichen. Auch, um ihre Beziehung zu schützen, die aber offensichtlich ihrer Behörde nicht verborgen geblieben war.

Besorgt dachte sie nun an die Geheimnisse, die sie Akira entgegen allen Vorschriften vor ihrer Abreise anvertraut hatte. Akira schien jedoch von verbotenen Dingen beflügelt zu werden. Auch er hatte spontan an einen intelligenten Virus gedacht, gestand sich aber ein, das Kobayashi recht hatte. »Denkbar, aber absurd«, hatte sie ihren Chef zitiert.

Woraufhin Akira lachte und mit einem Aphorismus konterte: »Wer die Menschen betrügen will, muss vor allen Dingen das Absurde plausibel machen.«

»Vom wem ist das?«, fragte sie ihn.

»Ich weiß es nicht, aber es klingt doch nach Hoffnung, oder?«, hatte er mit funkelnden Augen geantwortet.

Daraufhin hatte sie ihm zugestanden, auf eigene Faust nach dem vermeintlichen Virus suchen zu dürfen. Nach dem Geist in der Maschine, der vielleicht nur ein Hirngespinst war.

Sicher hatte er die ganze Nacht durchgearbeitet. Aber vielleicht war es ein Fehler gewesen, ihn einzuweihen. War es ein Zufall gewesen, dass ausgerechnet ihr Abteilungsleiter in der Unglücksmaschine gesessen hatte?

Sie erinnerte sich an Kobayashis beunruhigende Worte.

Seltsame Dinge passieren. Unsere Kommunikation ist nicht mehr sicher. Selbst die Wände in der Zentrale scheinen Ohren zu haben.

Hatte sie Akira durch ihren Auftrag aus lauter Selbstsucht in Gefahr gebracht? Nun zeichneten tiefe Zweifel und Sorgen Seikos Gesicht, wie schwarze Schatten, die über ein Schneefeld glitten.

Dank sieben Stunden Zeitverschiebung landete Seiko noch am Vormittag desselben Tages in Lyon. Kaum hatte der Flieger der japanischen Regierung seine Parkposition in der Nähe des Terminals erreicht, hielt ein dunkelgrauer Citroën CX5 neben dem Flugzeug, während eine Gangway an den Ausgang der *Air Force One* rollte. Beim Ausstieg stand die gesamte Crew Spalier, um sich von Seiko mit tiefen Verneigungen zu verabschieden. Jeder Einzelne von ihnen wünschte ihr Glück und den Segen des Kaisers.

Der französische Fahrer stellte sich mit seinem Vornamen vor. »Nennen Sie mich einfach Jacques. Und glauben Sie mir, ich weiß, was Sie jetzt denken: In Frankreich heißt offensichtlich jeder Jacques. Sie sind Seiko Itō, spreche ich das richtig aus?«

Seiko log: »Ihre Aussprache ist exzellent, Monsieur ... Jacques?«

»Einfach nur Jacques. Ich bringe Sie jetzt auf direktem Weg zur Zentrale von Interpol.«

Ein Flugbegleiter, der mit ihr die Gangway hinuntergekommen war, rollte Seikos kleinen Koffer neben den Kofferraum des Citroën, der sich in diesem Moment automatisch öffnete.

»Ist das Ihr ganzes Gepäck?«, fragte Jacques erstaunt. Seiko nickte höflich.

Eine Minute später fuhr die Limousine gemächlich vom Flughafengelände und reihte sich in den zähen Verkehr nach Lyon ein.

»Schau sich das einer an, ätzend, der Verkehr hier. Fast wie in Paris«, erklärte Jacques redselig.

»Ich weiß, Sie haben vierzehn Stunden Flug hinter sich. Aber warten Sie erst mal ab, wie lange es dauert, bis wir ins Zentrum von Lyon gelangen.« Er lachte über seinen eigenen Witz und blickte in den Rückspiegel. Seiko schenkte ihm ebenfalls ein Lächeln, während David Bowies Song »Heroes« aus dem Autoradio erklang. Jacques sang mit und traf dabei nur selten die richtige Tonlage.

»Then we could be heroes, just for one day ...«

Schließlich blickte er wieder in den Rückspiegel.

»Übrigens, haben Sie es mitbekommen? Bowie hat in New York ein fantastisches Konzert gegeben. Im Radio haben sie gerade gesagt, dass es so ein Comeback seit ... seit Elvis, glaube ich ... nicht gegeben hat. Ich meine, wie alt ist der Mann? Trotzdem, ganz ehrlich – warum können die nicht einfach mal aufhören? Die haben doch alles erreicht, was sie wollen. Oder wie sehen Sie das?«

»Bowie? David Bowie?«, fragte Seiko ungläubig.

»Genau der! ›Ziggy Stardust‹, ›Space Oddity‹, ›Heroes‹, der ganze Kram aus den Siebzigern und Achtzigern eben. Der war schon gut. Aber warum braucht der ein Comeback? Haben sie den mit dem Rollstuhl auf die Bühne gefahren?«

Wieder lachte der Mann laut auf. Und wieder prüfte er im Rückspiegel, ob sein Gag auch bei Seiko gezündet hatte, doch diesmal war Seiko nicht zum Lachen zumute.

»David Bowie ist tot«, sagte sie trocken.

»Ach, echt jetzt? Sind Sie sicher?« Er runzelte nachdenklich die Stirn. »Aber die haben das doch gerade im Radio gesagt.«

»Ich glaube, David Bowie ist 2016 gestorben«, erklärte Seiko, während sie den Beweis dafür auf Wikipedia suchte. Der Taxifahrer verfolgte gespannt ihre Recherche.

»Und?«

Bowies Wiki-Eintrag erschien.

David Bowie (* 8. Januar 1947 als David Robert Jones) ist ein britischer Musiker, Sänger, Produzent und Schauspieler. Er lebt mit seiner Frau Iman Abdulmajid in Soho, London.

Seiko scrollte verwirrt nach unten, dann wieder zurück zum Inhaltsverzeichnis und zum Ende von Bowies Biografie. Aber nirgends wurde sein Tod auch nur mit einem einzigen Wort erwähnt.

Jill & Coffey

New York, USA

Jill Jones betrat wie jeden Morgen um neun Uhr den New York Times Tower, dessen Eingang nicht weit vom Times Square entfernt lag. Es war der Hauptsitz des weltweit renommierten Nachrichtenmagazins mit der höchsten Abonnentenzahl aller amerikanischen Zeitungen. Jill mochte den Tower nicht. Es war nicht nur die Architektur, die sie unweigerlich an die Türme des World Trade Center erinnerte, sondern auch die glatten Fassaden aus Stahl und Beton, die für sie eine moderne technokratische Welt symbolisierten – eine Gesellschaft, die nur noch um sich selbst kreiste und dabei einen immer schneller werdenden Strudel aus digitaler Abhängigkeit erzeugte, der ihrer Meinung nach eines Tages alles verschlingen würde.

Bereits vier Generationen der Jones-Familie hatten für die *New York Times* gearbeitet. Bis 2007 residierte die Redaktion noch in einem prächtigen Bau an der 43rd Street. Dort hatte Jill sich wirklich zu Hause gefühlt. Das Gebäude, das Anfang des 20. Jahrhunderts im Stil der französischen und italienischen Renaissance erbaut worden war, befand sich in der Nachbarschaft von Broadway-Theatern, kleinen Cafés, Restaurants, Buchläden und Clubs, in denen Stand-up-Comedians auftraten. Der Ort roch förmlich nach Kultur und Geschichte.

Ganz anders war es bei dem neuen Super-Wolkenkratzer. Dreihundertzwanzig Meter hoch, davon zweihundertzwanzig Meter voll verglast, ausgestattet mit zweiunddreißig Aufzügen und achtzehntausend fluoreszierenden Leuchten. Trotz aller Energiesparmaßnahmen war der Tower ein stromfressendes Monster, dessen gewaltige Wärme-Abluftanlage dazu beitrug, die Betonwüste New Yorks im Sommer in einen Backofen zu verwandeln.

Die rüstige, stets korrekt gekleidete alte Dame betrat durch eine der beiden gläsernen Flügeltüren die Lobby des Gebäudes, dessen orange bemalte Wände nur ein schwacher Versuch waren, dem kalten Bauwerk eine behagliche Atmosphäre zu verleihen. Wie fast jeden Morgen wurde sie auch heute von Gerald Coffey begrüßt, einem Afro-Amerikaner mit grauen Haaren und gütigen Augen, der dem Foyer deutlich mehr Persönlichkeit verlieh als die orangefarbenen Wände. Seit sie denken konnte, empfing Mr Coffey sie jeden Morgen mit einem freundlichen Lächeln und oft auch mit einem Kompliment. Er war es, mit dem der Arbeitstag begann und meistens auch endete. Würde man ehemalige Mitarbeiter fragen, welches Gesicht sie vor Augen hatten, wenn sie an ihre Zeit bei der *New York Times* dachten, dann würden die meisten vermutlich nicht den Verleger nennen, sondern den warmherzigen Mr Coffey am Empfang.

Es kam so gut wie nie vor, dass Mr Coffey betrübt war. Und wenn, dann ließ er es sich nicht anmerken. Nur Jill hatte eine besondere Antenne dafür, wenn es ihm nicht gut ging. Wie auch an einem Morgen vor einigen Jahren, als sie ihn zur Seite nahm und zur Rede stellte. Tief betrübt beichtete er, dass man ihm nahegelegt hatte, in Pension zu gehen. Das Angebot war fair, sein Einkommen auch während der Rente gesichert; aber das war nicht, was ihn so sehr bedrückte. Es war das Gefühl, nicht mehr gebraucht zu werden, nicht mehr Teil dieser »Familie« zu sein, wie er es nannte. Jill konnte das nachempfinden. Ihr selbst ging es genauso.

Wenige Tage später erhielt Coffey eine Einladung der Personalabteilung im 35. Stockwerk. Nancy Cortez, Chief Human Resources Officer der *New York Times*, empfing ihn höchstpersönlich. Sie bat ihn, auf einem der eleganten Thonet-Freischwinger Platz zu nehmen, wo sonst nur Topmanager saßen, reichte ihm Kaffee und

Plätzchen und bot ihm schließlich einen unbefristeten Arbeitsvertrag an, der ihm erlauben würde, so lange im Verlag zu arbeiten, wie es seine Gesundheit zuließ. Er war so überglücklich, dass er Nancy beim Abschied herzlich in den Arm nahm und sie an sich drückte. Die Managerin, die hektisch um Fassung rang, bedauerte in dieser Sekunde zutiefst, dass sie Jill Jones diese Gefälligkeit erwiesen hatte.

Als Coffey am nächsten Morgen Jill mit einem Blumenstrauß empfing und ihr freudestrahlend die Neuigkeit mitteilte, leugnete die alte Dame jede Einmischung in die Angelegenheiten der HR-Abteilung.

»Mein lieber Mr Coffey, ich freue mich wirklich sehr für Sie, aber glauben Sie mir, ich hatte damit nichts zu tun. Ich bin doch nur ein kleines Licht im Haus. Wer würde schon auf mich hören?«

Die Blumen nahm sie aber trotzdem gerne entgegen, womit mehr gesagt war als mit tausend Worten.

Auch am heutigen Freitagmorgen empfing Coffey sie wie gewohnt mit einem breiten Lächeln.

»Ah, Mrs Jones, wie geht es Ihnen?«

»Danke, Mr Coffey, wie geht es Ihnen?«

»Was für ein unangenehm kalter Wind heute Morgen.«

»Lieber der Wind als die glühende Hitze im Sommer.«

Sie reichte ihm eine gerollte Ausgabe der *New York Times* über den Tresen. »Das habe ich Ihnen mitgebracht.«

»Aber Mrs Jones, das wäre doch nicht nötig gewesen. Ich bekomme ja jede Ausgabe morgens nach Hause geliefert.«

»Aber nicht diese.«

Neugierig schlug Coffey die Zeitung auf und warf einen Blick hinein. Gerührt begannen seine Augen zu glänzen, dann sah er wieder auf.

»Es ist eine Originalausgabe vom 4. Oktober 1953, dem Tag, an dem Sie geboren wurden. Happy Birthday, Mr Coffey.«

Coffey bedankte sich überschwänglich, woraufhin seine beiden jungen Kolleginnen, die mit ihm am Empfang arbeiteten, unge niert zu kichern begannen. Der zunehmende Mangel an Höflichkeit und guten Manieren war für Jill das größte Manko dieser Stadt, die sie ansonsten sehr schätzte. Sie warf den beiden Frauen deshalb einen strafenden Blick zu, der sie umgehend verstummen ließ.

»Ich wünsche Ihnen noch einen angenehmen Tag, Mr Coffey. Und lassen Sie sich ausgiebig von Ihrer Familie feiern, das haben Sie verdient.«

»Das werde ich, Mrs Jones, das werde ich ganz sicher. Ich wünsche Ihnen ebenfalls einen angenehmen Tag.«

Dann sah er ihr nach, wie sie mit klackenden Schritten zu den Aufzügen ging, bevor er sich den nächsten Ankömmlingen widmete.

Jills Büro befand sich in einer der niedrigeren Etagen des Gebäudes. Von hier aus hatte sie es nicht weit in die Kellergeschosse des Towers, wo die Wurzeln und das Herz der *New York Times* verborgen lagen: das Archiv.

An diesem Ort war sie als Archivarin mit zwei Mitarbeiterinnen das uneingeschränkte Oberhaupt über das Vermächtnis ihrer Vorfahren, denn was kaum jemand ahnte und nur wenige wussten: Jill war eine direkte Nachfahrin des Gründers der Zeitung, George Jones, und im Besitz eines stattlichen Aktienpakets, das von Generation zu Generation weitervererbt wurde.

Ob das der Grund war, weshalb sie einflussreiche Freunde in der Chefetage und gute Beziehungen zu den Redaktionen besaß, oder ob es eher an ihrem fundierten Wissen lag, das man sehr schätzte, konnte sie nicht genau sagen. Eine unumstößliche Tatsache war jedoch, dass Jill in Journalistenkreisen eine wichtige Institution verkörperte, wenn es um historische Fakten und Recherchen ging. Ein Archiv wie das der *New York Times* war für viele zugänglich, aber um dort schnell und effizient etwas zu finden, stützte man sich auf die Hilfe von Jill.

Hunderttausende von Mikrofilmen, auf denen jede einzelne

Ausgabe seit 1851 festgehalten war, und Millionen von Bildern waren bislang nur zum Teil digitalisiert worden. Es gab noch unzählige Abzüge wie auch Negative, Filme in allen nur erdenklichen Formaten, von Zelluloid bis zu Videokassetten, und Tausende von Aktenordnern voller Zeitdokumente, in denen man nur mit Jills Hilfe etwas finden konnte. Aber der Zahn der Zeit nagte auch an diesem Vermächtnis. Der natürliche Verfall wurde durch die staubfreie und klimatisierte Umgebung zwar verlangsamt, aber noch lange nicht aufgehalten. Jill erklärte Interessenten gerne: »Das ist in etwa so, als wollte man versuchen, die Pyramide von Cheops vor dem Sand und der Sonne zu schützen.«

Der Zugang zum Archiv war deshalb mit strengen Auflagen verbunden. Aber in der Regel brachte Jill das gewünschte Dokument persönlich in die oberen Etagen, so wie an diesem Vormittag.

Sie betrachtete sich unfreiwillig in den Spiegeln des Fahrstuhls, zupfte die eine oder andere Locke ihrer dunkel gefärbten Haare zurecht und war letztendlich froh, als sich die Schiebetüren öffneten. Sofort empfing sie die lärmende Betriebsamkeit eines Großraumbüros. Waben aus halbhohen Stellwänden lagen vor ihr, die bis zu den abgetrennten Büros an den Fensterfronten reichten, welche den leitenden Redakteuren und der Chefredaktion vorbehalten waren.

»Das ist sicher wieder ein Fake wie all die anderen«, war das Erste, was sie hörte, während sie durch ein Labyrinth kleiner Gänge auf die Bürofront zusteuerte. Immer wieder tauchten Köpfe über den Stellwänden auf und riefen sich etwas zu.

»CNN hat es auch gebracht.«

»Auf der App der deutschen *Tagesschau* ist es auch online.«

Eine sehr junge Frau rannte in dem Trubel weinend mit einem leeren Pappbecher an Jill vorbei. Dem Ruf nach zu urteilen, der ihr folgte, war sie vermutlich eine Praktikantin.

»Am besten, Sie packen gleich Ihre Sachen und gehen zurück an die Uni!«

Es war Stephen aus der Sportredaktion. Von seinem bunten Shirt tropfte Kaffee.

»Na, na, Stephen«, mahnte sie ihn und warf einen prüfenden Blick auf das Malheur. »Ich bitte dich. Das Shirt trägst du jetzt schon drei Tage. Sie hat dir einen Gefallen getan.«

»Gott, diese schusseligen jungen Dinger, die haben ihre Augen nur noch auf TikTok«, zürnte er.

»Soweit ich sehen konnte, hatte sie gar kein Handy in der Hand, sondern nur einen Pappbecher. Mit, ich vermute mal, deinem Kaffee.«

Er fühlte sich ertappt.

»Verdammt noch mal, ja, aber in der Online-Ausgabe stand über eine Stunde lang das Ergebnis St. Louis City gegen Seattle Sounders falsch herum in der Headline. Das hätte sie merken müssen. Gab einen gewaltigen Shitstorm.«

»Und deshalb die ganze Aufregung hier?«

Stephen schüttelte den Kopf und sah sie mit großen Augen an. »Was? Nein. Du weißt es nicht …?«

Ihre Miene verriet nur Ahnungslosigkeit.

»Manchmal ist es besser, nichts zu wissen. Die ganzen schlechten Nachrichten machen einen nur kaputt.«

Er blickte kurz in den gläsernen Konferenzraum der Chefredaktion, wo offensichtlich gerade eine Live-Übertragung auf einem Flatscreen lief.

»Schau's dir an. Putin macht vor nichts halt.« Er zeigte auf die Mappe, die Jill in den Händen hielt. »Sind das die Bilder von Olympia 1900?«

»Ja, mit allen drei US-Leichtathleten, die Gold gewonnen haben.«

»Was wären wir ohne dich, Jill? Bitte leg sie einfach auf meinen Platz. Ich muss sehen, dass ich den Fleck rauskriege.« Dann eilte er in Richtung Herrentoilette davon.

Schon merkwürdig, wie weit oben auf Stephens Prioritätenliste sein äußeres Erscheinungsbild stand, wo er doch gerade so getan hatte, als würde die Welt untergehen. Ungeachtet dessen war sie neugierig geworden und steuerte auf den Besprechungsraum zu, an dessen Fenster sich die Außenstehenden die Hälse reckten.

»Darf ich mal?«, bat sie einen breitschultrigen Mitarbeiter, der direkt Platz machte, und betrat den Raum. Eine Handvoll Redakteure, soweit sie sehen konnte, alle aus der Politik-Redaktion, starrten stehend auf den Bildschirm. Niemand nahm von ihr Notiz.

Die Livesendung auf CNN blendete soeben Pressebilder des ukrainischen Präsidenten Selenskyj und des NATO-Generalsekretärs Rutte ein. Darunter verkündete ein horizontal verlaufender Ticker: *Sondersendung – Eskalation im Ukraine-Konflikt – Präsident Selenskyj und NATO-Generalsekretär Rutte vermutlich tot.*

Im Off erklärte eine routinierte Moderatorin: »Live zugeschaltet ist uns nun Politik-Analyst Ronald Green.«

Die Standbilder der beiden Männer verschwanden und wurden durch einen Splitscreen mit der CNN-Moderatorin und Ronald Green ersetzt.

»Vor zwei Stunden erreichte uns die Nachricht, dass Russland heute Nacht in seinem Angriffskrieg gegen die Ukraine erstmals eine taktische Nuklearwaffe eingesetzt haben könnte. Nach ersten Meldungen sollen dabei Präsident Selenskyj und NATO-Generalsekretär Mark Rutte, der sich seit gestern zu seinem ersten Staatsbesuch nach Amtsantritt in Kiew aufhielt, getötet worden sein.«

Ein Bild des prunkvollen Regierungsgebäudes in Kiew, im klassizistischen Stil mit geschwungener Fassade, eingerahmt von hohen Säulen, wurde eingeblendet.

»Bislang gab es zu diesem Vorfall weder ein offizielles Statement von der ukrainischen noch von der russischen Regierung. Was wissen wir bisher?«

Green räusperte sich und erklärte in ruhigem Ton: »Die erste Meldung zu diesem Vorfall erreichte uns von der weltweit anerkannten Osteuropa-Korrespondentin Carolin Adler. Ihre Audionachricht ging bereits durch alle Medien. Sie war offensichtlich zum Zeitpunkt der Detonation außerhalb der Gefahrenzone, sprach aber von einer gewaltigen Erschütterung und einer kurz darauffolgenden Druckwelle, bei der sie schwer verletzt wurde.«

Eine verwackelte Videoaufnahme zeigte Sanitäter, die einer Frau einen Kopfverband anlegten.

»Ist es denn sicher, dass es sich um einen russischen Angriff handelte?«

»Nein, dazu gibt es bislang keine Informationen. Es ist allerdings naheliegend, dass eine russische Rakete die Explosion auslöste, da in der Region nur Russland über Atomwaffen verfügt.«

»Woher wissen wir, dass es eine Atomwaffe war?«

»Vor wenigen Minuten erhielten wir vom amerikanischen Militär eine Satellitenaufnahme mit Messungen, die zweifelsfrei die Explosion einer Atomwaffe im Zentrum von Kiew bestätigen.«

Die grob aufgelöste Schwarz-Weiß-Luftaufnahme einer Großstadt zeigte kurz darauf eine lautlose Explosion, die sich strahlend weiß über den Bildschirm ausbreitete.

Jill spürte eine Schockwelle, die ihren ganzen Körper erzittern ließ. War das der Anfang vom Ende?

»Wo stehen wir jetzt? Was genau bedeutet diese Eskalation für den Rest der Welt?«, formulierte die Moderatorin schwer atmend die nächste Frage.

Green wischte sich angespannt über die Stirn, bevor er antwortete: »Zunächst ist wichtig, festzuhalten, dass es sich nach jetziger Kenntnislage nicht um eine strategische, sondern um eine taktische Nuklearwaffe mit begrenzter Wirkungskraft gehandelt haben soll …«

»Spielt das denn eine so wesentliche Rolle?«, unterbrach ihn die Moderatorin.

In diesem Augenblick wurde die Tür des Besprechungsraums so laut aufgerissen, dass sich die Anwesenden erschrocken umdrehten. Ein Mann mit glänzender Stirn stand keuchend im Raum und verkündete laut: »Biden hat den Alarmzustand der US-Streitkräfte auf DEFCON 2 erhöht.«

Einige der Anwesenden traf diese Nachricht so hart, dass sie sich unweigerlich setzen mussten. DEFCON 2 stand für die Vorstufe zum Nuklearkrieg, die Mobilisierung der Reserve und die Einsatzbereitschaft aller Streitkräfte innerhalb von sechs Stunden.

Jill hingegen blieb stehen. Sie war elf Jahre alt gewesen, als das zum letzten Mal geschehen war. 1962, während der Kubakrise. Zahlreiche Amerikaner hatten sich damals unter ihren Häusern kleine Luftschutzbunker bauen lassen, um das Ende der Welt überstehen zu können, so auch ihre Eltern. Zehn Tage lang hatte sich ihre Familie dort verkrochen, bis alle Vorräte aufgebraucht waren und glücklicherweise die Krise ein gutes Ende nahm. Der Bunker existierte heute noch, feucht, verrottet und abscheulich stinkend wie eine Kloake. Es war sicher kein Ort, den sie jemals wieder aufsuchen würde.

Während hinter Jill ein wirres Palaver von verängstigten Stimmen begann, verließ sie schweigend und zittrig den Raum. Es lag noch so viel Arbeit vor ihr, um das Wissen für künftige Generationen zu konservieren – das durfte nicht warten. Dabei erinnerte sie sich an die Worte des Sportredakteurs.

Manchmal ist es besser, nichts zu wissen. Die ganzen schlechten Nachrichten machen einen nur kaputt.

Vermutlich hatte er recht.

Valentine & Camille

Valentine japste nach Luft. Der Faustschlag in den Magen hatte ihn vollkommen überrascht. Wie ein Klappmesser schnappte er zusammen und ging zu Boden. Der Mann, der ihm das angetan hatte, stand über ihm, lachte hämisch und trat ihm mit der Schuhspitze zwischen die Beine. Der Schmerz schoss durch Valentines Körper wie ein Stromschlag. Nur schemenhaft nahm er noch wahr, wie eine Frau den Mann davon abhielt, ihn weiter zu quälen. Dann ein Schrei. Die Frau blutete im Gesicht, taumelte rückwärts und schrie wieder auf, als der Mann ihr abermals mit der Faust ins Gesicht schlug. Valentine raffte sich hoch, griff nach dem nächstbesten Gegenstand und schlug damit von hinten auf den Mann ein. Schon nach dem ersten Hieb rührte sich dieser nicht mehr, stand still wie eine Statue. Schreiend zog Valentine ihm den Hammer aus dem Hinterkopf und schlug erneut und mit voller Wucht auf den Schädel ein. Erst dann wachte er auf.

Valentine schwitzte nicht, schrie nicht, und war auch sonst in keiner Weise von den immer wiederkehrenden Bildern in seinem Kopf schockiert. Nicht davon. Nicht wegen des Mordes an diesem Mann. Und ja, es war Mord gewesen. Denn auch wenn er damals im Affekt gehandelt hatte, er hatte sich schon vorher ausgemalt, wie er diesen Mann töten würde. Es wäre nur leiser geschehen, vielleicht mit einem Messer in der Nacht oder durch einen Gewehrschuss aus der Ferne. Valentine plagte deshalb kein schlechtes Gewissen – vielmehr marterten ihn Erinnerungen an all die Dinge, die danach geschehen waren. Nach dem Mord.

Feiner Graupel benetzte das Fenster des Apartments, schmolz auf dem Glas und verschleierte die Sicht auf die Welt. Er sah auf die Uhr.

»Mist!«

Genau jetzt hätte er an einem Koordinationsmeeting der verschiedenen Kräfte des Joint Investigation Teams im municon-Konferenzzentrum des Flughafens teilnehmen müssen.

Tschit.

Ungewollt musste er lachen, dann dachte er an Camille Milloz.

Schon, als sie im Lagezentrum an der Absturzstelle auf ihn zugekommen war, hatte er sie erkannt. Milo, so hatte er sie vor langer Zeit an der Universität in London genannt. Sie trug damals ihr Haar als kurzen hellblonden Bob, nicht so dunkel und lang wie heute. Er hatte gerade sein erstes Semester Psychologie in London belegt. Das Geld reichte hinten und vorne nicht, und für die anderen war er nur der ungehobelte Ire vom Land. Sie hingegen, bereits einige Semester über ihm und zwei Jahre älter, war integriert, klug, hatte wohlhabende Eltern und war sehr beliebt. Wenn er heute in sich hineinhorchte, konnte er sogar noch ihren ausgeprägten französischen Akzent von damals hören, der einer der Gründe war, warum er sich so unsterblich in sie verliebt hatte. Aber er erinnerte sich auch an qualvolle Nächte, an seinen Nervenzusammenbruch, an die blanke Ablehnung ihrer Eltern und an ihre Kraft, das alles trotz dieser Widerstände mit ihm gemeinsam durchzustehen.

Doch dazu kam es nicht mehr, denn ein Leben mit ihm, das hatte er ihr nicht mehr zumuten wollen. Und so schmerzhaft es auch gewesen war, schließlich hatte er in einer verregneten Nacht in einer Bar die Beziehung beendet und sie weinend zurückgelassen, während ein schwermütiges Lied von Don Percival die letzten Momente mit ihr untermalt hatte.

One more kiss, dear, one more sigh, only this, dear, is goodbye …

Eine Viertelstunde später erreichte Valentine das nahe gelegene municon-Gebäude und öffnete die Tür zum Tagungsraum des

J. I. T.-Meetings. Die Stimmung war eisig, alle blickten wie gebannt auf einen großen Bildschirm, der an der Wand hing. Nur Milo bemerkte ihn sofort, stand auf und kam zu ihm. Ihr Haar war länger als in seiner Erinnerung, ihr Körper längst nicht mehr so schlaksig wie damals, doch sie war unverkennbar immer noch die Frau, die er einst so bewundert hatte. Fast flüsternd nahm sie ihn am Arm und drängte ihn hinaus auf den Gang.

»Haben Sie es mitbekommen?«

»Sorry, nein. Ich hab verschlafen.«

»Ich erzähl's Ihnen auf dem Weg. Kommen Sie mit.«

»Wohin gehen wir denn?«

Ohne zu antworten, eilte sie voraus und hielt sich das Handy ans Ohr.

»Herr Karelitz, sind Sie noch im Haus?«

»Ja, bin aber schon am Aufbrechen.«

»Sie werden warten müssen. Unser Kontaktmann von Scotland Yard«, sie zögerte kurz und warf Valentine einen kritischen Blick zu, »hat verschlafen. Ich hätte aber gerne, dass er den Sachverhalt aus Ihrem Mund hört, um gegebenenfalls Rückfragen stellen zu können, bevor er die neuen Erkenntnisse an seine Kollegen in London weitergibt. Wir sind gleich bei Ihnen.«

Dann beendete sie das Gespräch und schritt voran.

»Mussten Sie ihm unbedingt auf die Nase binden, dass ich verschlafen habe?«, fragte Valentine vorwurfsvoll.

»Mussten Sie unbedingt verschlafen?«, konterte sie nüchtern.

Schweigsam schloss er auf, während Camille eine gläserne Verbindungstür zum nächsten Abschnitt des Ganges aufstieß.

»Russland hat in Kiew eine taktische Nuklearwaffe eingesetzt. Selenskyj und der neue NATO-Generalsekretär sind vermutlich dabei getötet worden.«

»Rutte? Der ist doch erst seit drei Tagen im Amt.«

»Die Amerikaner bereiten sich auf einen nuklearen Schlagabtausch vor.«

»DEFCON 2?«

Sie nickte und eilte weiter.

»Ich will gar nicht darüber nachdenken, was passiert, wenn die NATO sich zu einem Vergeltungsschlag entschließt.«

»Das kann ich mir nicht vorstellen«, antwortete Valentine, nicht aus Überzeugung, sondern um sie zu beruhigen.

Doch Camille konterte sofort: »Das klingt … ein wenig weltfremd, finden Sie nicht? Keiner konnte sich vor zweieinhalb Jahren vorstellen, dass es in Europa Krieg mit den Russen gibt. Und jetzt haben wir auch noch Krieg im Nahen Osten. Wir sind da.«

Ohne stehen zu bleiben, öffnete sie die Tür zu einem verdunkelten Raum. Auf einem Tisch in der Mitte stand ein Laptop, den ein hagerer Mann mit angespannter, zerfurchter Miene gerade aufklappte, einen Lautsprecher danebenstellte und die Audioverbindung prüfte. Ein dumpfer Signalton erklang, und er schien zufrieden.

»Na, dann legen wir los. Mein Terminkalender ist nämlich am Anschlag«, erklärte Karelitz mit einem düsteren Lächeln, zeigte auf die drei Stühle, die am Tisch standen, und setzte sich. Camille und Valentine nahmen links und rechts von ihm Platz.

»Um den Ablauf der Ereignisse von gestern Vormittag besser sichtbar zu machen, sehen Sie auf dem Bildschirm mehrere Audiospuren. Die blauen Spuren stammen aus dem Control Center in Karlsruhe und München – sie repräsentieren die aufgezeichneten Gespräche am Boden. Die roten Aufnahmen haben wir aus dem Voice-Recorder der Lufthansa-Maschine überspielt. Er zeichnete mit einem Mikrofon die Gespräche im Cockpit auf. Rein theoretisch müssten die blauen und roten Spuren exakt identisch sein.«

Valentine verglich die grafische Abbildung der Wellenformen aller Spuren und stellte fest: »Das sieht aber nicht so aus.«

»Ganz genau«, gab ihm Karelitz recht.

»Aber wir hören mal rein und beginnen mit dem ersten Kontaktversuch des Lotsen, kurz nachdem der Pilot den Notfallcode 7500 gesendet hat. Der Lotse, der den Notruf im UCC erhalten hat, versichert sich nun bei dem Piloten, ob der Squawk bewusst eingegeben wurde. Hören Sie.«

Die farbigen Grafiken der Audiospuren wanderten langsam von rechts nach links, während darüber ein Timecode den Zeitpunkt der Aufnahme anzeigte. Auf der blauen Linie tauchte eine Wellenform auf, und die Stimme des Lotsen ertönte blechern aus dem Lautsprecher: *Lufthansa Two Four One One, confirm squawk.*

»Das war die Aufzeichnung aus dem UCC am Boden. Jetzt hören wir das Cockpit – und eigentlich müsste dort nun die empfangene Anfrage des Lotsen ebenfalls zu hören sein.«

Die Audiospuren bewegten sich wieder quer über den Bildschirm, aber die rote Spur blieb stumm.

»Wie Sie eindeutig hören, hören Sie nichts. Der Aufruf des Lotsen wurde im Cockpit nicht wiedergegeben.«

Valentine runzelte die Stirn.

»Vielleicht ein Übertragungsfehler – oder der Voice-Recorder war defekt?«, gab er zu bedenken.

»Ja, das wäre eine mögliche Erklärung, aber warten Sie ab. Hier nun der erste Funkspruch des Piloten, wie er im Control Center empfangen wurde.«

Karelitz klickte mit der Maus auf einen Marker, die Zeit sprang um eine halbe Stunde vor. Eine männliche Stimme erklang, rau und heiser: *Center Control, this is Lufthansa Two Four One One. Wir … Wir haben einen Terroristen an Bord. Er ist im Cockpit und hat den Co-Piloten erschossen.*

»Und hier wie zuvor dieselbe Stelle als Aufnahme aus dem Cockpit.«

Wieder blieb die Spur stumm.

»Aber das bestätigt doch, dass der Voice-Recorder im Cockpit defekt ist. Immerhin gibt es ja die Aufnahme des Lotsen am Boden. Oder ist mir was entgangen?«, argumentierte Valentine.

»Nein, nein. Sie haben schon recht. Gäbe es da nicht die folgende Aufnahme, die um 10:03 Uhr im Cockpit von ebendiesem Voice-Recorder aufgenommen wurde – das war kurz vor dem Abschuss.«

Captain, wir haben einen Air-Marshal an Bord ...

Ich weiß, worum geht es?

Er will Sie unbedingt sprechen.

Wusstest du, dass ein Air-Marshal an Bord ist?
Karelitz unterbrach. »Das ist ein Gespräch zwischen Pilot und Co-Pilot«, erklärte er.

Valentine suchte nach einer Erklärung: »Vielleicht hatte der Voice-Recorder ... wie soll ich es sagen, eine Art Wackelkontakt und funktionierte zwischendurch wieder?«

»Auch das haben wir in unserer Analyse berücksichtigt. Und auch wenn die Wahrscheinlichkeit dafür sehr, sehr gering ist, so wäre es dennoch möglich. Der springende Punkt ist aber, dass der Co-Pilot zu diesem Zeitpunkt laut den Aufnahmen am Boden bereits tot war.«

Valentine jagte ein Schauer über den Rücken. Karelitz hatte recht. Irgendetwas passte hier ganz und gar nicht zusammen.

Karelitz startete die Aufzeichnung des Voice-Recorders im Cockpit erneut.

»Hier eine Minute später.« Wir hören den Air-Marshal Solter, der das Cockpit betritt.

Ein Summton erklang, dann ein lautes Geräusch, als sei eine Tür entriegelt und geöffnet worden.

Polizeioberkommissar Solter, stellte sich eine männliche Stimme vor. *Ich habe soeben die Nachricht empfangen, dass Sie einen Squawk 7500 abgesetzt haben, korrekt?*

Eine kurze Pause trat ein.

»*Was, nein ... Das hätte ich gemerkt*«, hörte man den Piloten sagen.

Dann folgte die aufgeregte Stimme des Co-Piloten: *Captain, sehen Sie sich das an!*

Das darf doch nicht wahr sein! Die Stimme des Piloten klang nun zunehmend erregter. Sicherheitsgurte wurden gelöst, das Mikrofon rumpelte laut.

Was tun Sie denn da?, wollte der Bundespolizist wissen.

Ich winke dem Piloten im Abfangjäger, zurufen wird ja wohl nichts bringen, erklärte er aufgebracht.

Erneut hörte man, wie die Tür aufgeschlagen wurde.

»Nun kommt der zweite Air-Marshal hinzu, die Polizeibeamtin Esha Kholi.«

Eine Frauenstimme brüllte Befehle, die Aufnahme übersteuerte: *Polizei, nehmen Sie die Hände hoch, du auch, Erik – und dann erklär mir mal einer, was genau hier vor sich geht!*

Karelitz stoppte die Aufnahme. Valentine fehlten die Worte.

»Danach nahm der Pilot Kontakt mit dem Centerlotsen in München auf. Soll ich vorspielen, was davon am Boden ankam?«

Valentine schüttelte den Kopf.

»Die Aufnahme ist stumm, oder?«

Karelitz nickte. »Ganz genau. Aber das ist noch nicht alles. Hier, wenige Minuten später, noch mal der Voice-Recorder im Cockpit. Der Pilot erhält nun erstaunlicherweise von einer Lotsin im Münchner Tower die ordnungsgemäße Anweisung zur Landung.«

DLH2411, wind zero nine zero degrees, four knots, runway zero eight left, cleared to land.

»Nur wurde diese Anweisung in Wahrheit nie gegeben. Denn zu diesem Zeitpunkt forderte die Lotsin tatsächlich den Piloten dazu auf, abzudrehen. Davon kam allerdings nichts bei den Piloten an, wie Sie an der folgenden Aufnahme aus dem Cockpit hören können.

Ich bin heilfroh, wenn wir unten sind, sagte der Co-Pilot erleichtert.

Ist der Eurofighter weg?, hörte man Esha Kholi fragen.

Ja, der hat uns zum Glück verlassen, antwortete der Pilot.

Esha, nimm jetzt bitte die Pistole runter – du hast mir einen Heidenschreck eingejagt, forderte der zweite Air-Marshal seine Kollegin auf.

Ich hab nur meinen Job gemacht. Ich musste sicherstellen, dass du nicht der Terrorist bist, entgegnete sie.

Du spinnst doch, blaffte der Air-Marshal zurück.

O mein Gott …, hörte man kurz danach den Piloten erschrocken ausrufen. An dieser Stelle stoppte Karelitz die Aufnahme.

»Was passierte da?«, fragte Valentine.

»Das war der Moment, in dem der Pilot des Abfangjägers das linke Triebwerk zerstört hat.«

Valentine schluckte, und aus seinem Gesicht verschwand jegliche Farbe.

»Aber die Lotsin hätte doch trotzdem erkennen müssen, dass der Flieger landen will und sich nicht in den Flughafen stürzt?« Valentines Stimme hatte jede Zurückhaltung verloren.

Camille schaltete sich betont ruhig ein. »Ich habe zuerst genauso reagiert, aber die Lotsin trifft keine Schuld. Wir haben mehrere Piloten befragt. Landebahn und Terminal liegen in München so nah beieinander, dass – nach dem Notruf, nach der gemeldeten Erschießung des Co-Piloten und nach der Androhung des Terroristen – weder die Lotsin noch der Pilot im Abfangjäger in diesem Moment davon ausgehen konnten, dass die Maschine eine reguläre Landung durchführt.«

»Was heißt das jetzt?«, fragte Valentine, sichtlich ratlos und niedergeschlagen. Obwohl er die Antwort bereits kannte, die ihm Camille nun gab.

»Dass niemals ein Terrorist an Bord dieser Maschine war.«

Karelitz ließ von seiner Maus ab und ergänzte: »Und dass es irgendjemand geschafft hat, den Funkverkehr zu manipulieren und damit den Abschuss von LH2411 verschuldete – und zwar vorsätzlich. Und glauben Sie mir, das ist keine einfache Sache. Im Gegenteil, bislang waren wir der Meinung, dass das unmöglich sei. Einen Deepfake von diesem Ausmaß haben wir noch nie erlebt. Ich glaube, ich lehne mich nicht zu weit aus dem Fenster, wenn ich mal prophezeie, dass das die Sicherheit der Luftfahrt entscheidend verändern wird.«

Valentine starrte noch immer auf die digitalen Wellenformen auf dem Bildschirm. Der abgedunkelte Raum, die stickige Luft und der Laptop mit der Abbildung digitaler Audiospuren, die zum Teil nicht real waren und doch so authentisch geklungen hatten, erdrückten ihn.

»Ich muss ... Entschuldigen Sie mich ... Ich brauche frische Luft ...«

Fahrig schob er den Stuhl zur Seite und eilte hinaus, sein Puls klopfte gegen den steifen Hemdkragen.

Zwei Türen weiter blies ihm die kalte Herbstluft ins Gesicht. Der Graupelschauer hatte sich verzogen, die Sonne strahlte durch ein Loch in der Wolkendecke. Die Wiesen und Bäume waren mit einer glitzernden Schicht Eiskristalle bedeckt. Vielleicht war es dieser Anblick, der ihn nach den bedrückenden Neuigkeiten am ganzen Körper zittern ließ. Vielleicht war es aber auch die Kälte, gegen die selbst die Sonne um diese Jahreszeit machtlos war. Valentine hatte das Gefühl, Zeuge zu werden, wie die Welt in den Abgrund schlitterte, und er musste tatenlos dabei zusehen. Während sich sein leerer Blick im Nichts verlor, berührte ihn eine Hand sanft am Oberarm.

»Ich weiß, wie Sie sich fühlen. Mir ging es nicht viel besser.«

Valentine blickte sich zu Camille um.

»Gehen Sie lieber wieder rein. Sie frieren doch.«

Sie lächelte gezwungen.

»Etwas frische Luft hat noch keinem geschadet.«

Dann begann sie, in ihren Taschen zu kramen, und zog eine silberne Blisterpackung hervor. Er beäugte die rot-weißen Pillen, von denen sie sich eine in den Mund schob.

»Sie wollen wissen, was das ist?«, fragte sie ihn, aber er schüttelte den Kopf.

»Tut mir leid, ich wollte nicht ...«

»Keine Sorge, das sind Appetitzügler. Sie gaukeln dem Nervensystem vor, man wäre satt. Ich versuche mir gerade das Rauchen abzugewöhnen.«

Camille steckte die Packung wieder ein.

»Alles hat seinen Preis. Ich könnte morden für Eiscreme und Schokolade«, erklärte sie dann.

»Und, wirkt es?«

»Wenn ich zwanzig davon auf einmal nehme, ja.« Sie setzte ein verstohlenes Lächeln auf.

»Wir … Wir müssen uns nicht siezen«, brachte Valentine leise hervor und sah ihr dabei in die Augen.

»Müssen wir nicht?«, antwortete sie hoffnungsvoll, und ihr Blick fühlte sich an, als würde sich ein Fenster in die Vergangenheit öffnen. Er, der Neuling an der Uni, sie, die erfahrene Studentin im vierten Semester – und dazwischen eine Ewigkeit.

»Ich bin Valentine.«

»Ich weiß. Und erinnerst du dich noch an meinen …«

»Milo«, kam er ihr zuvor. Und wieder offenbarten sich Erinnerungen an ihre gemeinsame Zeit, als hätte der Klang ihres Namens ein altes Fotoalbum aufgeschlagen. Unscharf, teils verwackelt, aber immer sie beide: ein Ruderboot auf einem See, ein greller Blitz in ihren Gesichtern auf einer Party, ein Schnappschuss von einem Kuss …

Eine startende Verkehrsmaschine dröhnte über sie hinweg, die eiskalte Gegenwart verschaffte sich unbarmherzig Gehör. Dann kehrte wieder Ruhe ein, und die beiden betrachteten Seite an Seite die herbstliche Parkanlage. Ihr Gesicht war dem seinen so nahe, dass er den herben Duft ihres Parfüms wahrnahm. Aber es war die falsche Zeit und der falsche Ort, um alte Wunden aufzureißen. Offenbar empfand Camille das genauso und wechselte deshalb wohl ganz bewusst wieder das Thema.

»Glaub mir, wir drehen jeden Stein um, um herauszufinden, was passiert ist und wer dahintersteckt. Ich habe heute Vormittag Anrufe von hochrangigen Vertretern der Nachrichtendienste all unserer Verbündeten bekommen. Auch von deiner Behörde. Diese geballte Solidarität habe ich zuvor noch nie in dieser Weise und diesem Umfang erlebt, Valentine.«

Er räusperte sich und blickte hoch zu dem Flugzeug, das weiße Kondensstreifen hinter sich herzog.

»Der letzte Flug vorerst«, stellte Camille nüchtern fest.

Valentine warf ihr einen skeptischen Blick zu.

»Habt ihr euch das gut überlegt?«

Sie nickte.

»Wie lange?«, fragte er.

»Wie lange wir keine Flugzeuge starten lassen? Das weiß niemand. Wir rechnen damit, dass in Kürze andere Länder unserem Beispiel folgen werden.«

»Gibt das kein … Chaos?«

»Wir haben keine andere Wahl. Die Pandemie hat aber gezeigt, dass Luftfrachten auf Schiffe und Bahnen umgestellt werden können.«

»Aber besteht nicht die Gefahr, dass auch diese Systeme korrumpiert werden?«

»Züge können nicht vom Himmel fallen, wenn sie gehackt werden.«

»Aber ungebremst in Bahnhöfe krachen.«

»Stand jetzt gehen wir dieses Risiko ein. Eine Alternative gibt es momentan nicht.«

»Und was ist mit dem Vorfall in Kiew? Sieht es für dich nach Zufall aus, dass ausgerechnet jetzt die Lage in der Ukraine eskaliert?«

»Valentine, wir müssen das pragmatisch beurteilen. Aktuell gibt es keinen einzigen Hinweis darauf, dass zwischen den beiden Ereignissen eine Verbindung besteht. Ich bin Realistin, keine Verschwörungsfanatikerin.«

Valentine runzelte die Stirn. Das Loch in den Wolken hatte sich wieder geschlossen. In diesem Moment spielte das Telefon in seiner Tasche das irische Volkslied »The Galway Shawl«. Ein eiskalter Schauer fuhr durch seinen Körper. Das Lied hatte er allen Anrufen aus seiner irischen Heimat zugewiesen.

Eine sehnsüchtige Männerstimme, begleitet von Gitarrenklängen, trug ihn fort, an einen anderen Ort, in eine andere Zeit.

Zwei Jahre zuvor

Maggie & Valentine

Glendalough, Republik Irland

Maggie hatte ihre feuchten Hände im Schoß gefaltet, so, wie sie es als Kind gelernt hatte, um zu Gott zu beten. An diesem besonderen Vormittag jedoch hatten sich ihre Hände nicht zum Gebet gefunden, sondern waren aus reiner Nervosität ineinander verschränkt, während ihr Blick auf die karge Landschaft im Nebel fiel, die langsam am Seitenfenster vorbeizog wie ein verblasster alter Film. Der Ginster blühte nicht mehr, und so fehlten die kräftig gelben Farbtupfer, die so typisch für diese Gegend waren. Es war wohl das letzte Mal, dass sie die Hügel und Felder sehen würde, die sie ihr ganzes Leben lang begleitet hatten. Der bevorstehende Abschied von ihrer Heimat schnürte ihr die Brust zu, obwohl die Erinnerungen an ihre Kindheit und Jugend hier mit Bitterkeit und Schmerz getränkt waren. Trotzdem schien ein Teil von ihr in dieser Gegend tief verwurzelt zu sein. Die Wicklow Mountains würden mit ihr gehen, wohin auch immer ihr Schicksal sie führte.

Ein Gedanke erleichterte ihr jedoch den Abschied: die Hoffnung auf ein unbeschwertes Leben mit dem Mann, der neben ihr saß. Er hatte ihr einen Weg aufgezeigt – oder vielmehr eine Vision offenbart, die sich nun wie eine leuchtende Prophezeiung erfüllen sollte. Nach dem heutigen Tag, nach der Beerdigung.

Zaghaft blickte sie zu ihm hinüber, betrachtete eingehend den Mann, der mit Leichtigkeit ihr Vater hätte sein können, wie er eingeschlafen und aufrecht sitzend am Fenster lehnte, als würde er selbst im Schlaf noch auf seine Wirkung auf andere achten. Heinrich Dorn konnte allein durch seine Anwesenheit den Menschen in einem Raum das Gefühl geben, er sei das Epizentrum, um das sich die Welt drehte. Sein Auftreten hatte etwas Anmutiges, ohne dabei überheblich zu wirken – eher fein als blasiert, eher anziehend als abstoßend. Er war galant, gebildet und mit einem messerscharfen Verstand sowie einer Rhetorik ausgestattet, die Kritiker und Zweifler in seiner Anwesenheit verstummen ließ. Ohne Pause und ohne sichtbare Anstrengung konnte dieser Mann die Werke alter Dichter vortragen, völlig blind dafür, wie ermüdend es für Maggie war – ein Manko, das sie ihm leicht verzieh. Denn eine Tatsache überstrahlte all seine Fehler und all ihre unausgesprochenen Zweifel: Er vergötterte sie. Sie, das irische Mädchen vom Land, das kaum Bildung genossen hatte, streng katholisch erzogen worden war, und für das die Welt da draußen ein großes Mysterium darstellte. Er nannte sie niemals Maggie, sondern immer Margaret, was sonst niemand tat. Er gab ihr stets das Gefühl, etwas Besonderes zu sein. Mit ihm, dem Mann von Welt, auf einer Stufe zu stehen.

Heinrichs Hand legte sich sanft auf ihren Schenkel, dann öffnete er verschlafen die Augen.

»Wie weit ist es noch?«, fragte er mit belegter Stimme und hartem deutschen Akzent, der sich nie abgeschliffen hatte.

»Nur noch wenige Minuten, Herr Doktor«, antwortete Wagner, sein Assistent und Chauffeur, dessen schwarz getuschte Wimpern für einen kurzen Moment im Rückspiegel auftauchten.

»Habe ich lange geschlafen, Liebes?«, wandte sich Dorn dann mit einer leichten Kopfbewegung an Maggie, rieb sich die Augen und suchte nach seiner Brille.

»An deinem Kragen«, verriet sie ihm dezent spöttisch, weil er sich die Augen hatte lasern lassen und eigentlich keine Brille benötigte. Seine Hände fanden das filigrane Gestell, das im V-Ausschnitt seines grau melierten Pullunders baumelte, den er über einem blütenweißen Hemd trug, und setzte es auf.

»Ja, du hast geschlafen, seit wir losgefahren sind.«

Vor dieser gemeinsamen Reise, deren erste und kürzeste Etappe die Beerdigung war, hatte sie Heinrich zum letzten Mal vor knapp zwei Wochen gesehen. Er hatte seine geschäftlichen Angelegenheiten, wie er es nannte, auch nicht unterbrochen, als sie ihm vor wenigen Tagen eine Nachricht mit dem Bild ihrer toten Mutter geschickt hatte, zusammen mit einer Kurznachricht: *Grace ist tot.*

Noch am selben Tag war sie mit einem Koffer nach Dublin in ein Hotel gezogen. Der Koffer war nicht besonders schwer gewesen, denn es gab kaum etwas, das sie besaß oder das es wert war, mit in ihr neues Leben genommen zu werden. In ihrem Geburtshaus in Laragh – dort, wo sie ihre Mutter in ihrem eigenen Erbrochenen leblos am Küchentisch vorgefunden hatte – wollte sie auf keinen Fall auch nur eine Minute länger bleiben. Aus Angst, dass Grace auch nach ihrem Tod noch versuchen würde, ihre verlorene Seele vor dem Teufel zu retten. Vor Heinrich. Sie erinnerte sich, wie sie langsam um die Leiche ihrer Mutter geschlichen war, deren Kopf neben einem zerbrochenen Suppenteller in einer Mischung aus Eintopf und Kotze auf der alten Tischplatte lag. Sie musste einen abscheulichen Tod unter rasenden Schmerzen gestorben sein.

Margaret hatte in ihre weit aufgerissenen Augen geblickt, dann ihr gegenüber Platz genommen und ebenfalls den Kopf auf das kalte Holz gelegt. Sie konnte ihr Glück kaum fassen. Sie war nun endlich frei. Und doch begann sie, bitterlich zu weinen, denn außer Heinrich war ihr nichts und niemand mehr geblieben.

Margaret O'Brien verließ das Haus, noch bevor die Sanitäter eintrafen, die Heinrich verständigt hatte. Als sie ging, hatte sie mit dem Gedanken gespielt, alles niederzubrennen, unterdrückte aber dieses Verlangen, um ihr neues, ihr besseres Leben, das außerhalb dieser modrigen Mauern lag, nicht in Gefahr zu bringen.

Heute Morgen war Heinrich mit der Fähre angekommen, hatte sie in dieser protzigen Limousine abgeholt und war schon wenige Minuten nach einer flüchtigen Begrüßung eingeschlafen. Und obwohl sie die letzten Tage und Nächte kaum ein Auge zugemacht hatte, war sie hellwach, freudvoll und leidvoll zugleich, denn der schwierigste Teil stand noch bevor. Die Begegnung mit ihrem Bruder Valentine.

»Habe ich irgendwelche Laute von mir gegeben, Margaret?«, fragte Heinrich leise, ohne dass in seiner Stimme eine Form von Zuneigung und Wärme zu hören war.

»Du meinst, ob du geschnarcht hast?«

»Habe ich?«

»Und wenn? Wagner hätte es sicher überhört, und mir wäre es egal.«

»Egal? Dir wäre es egal, wenn ich im Schlaf grunze wie ein Eber?«

»Ja, total egal.«

»Erkläre es mir, bitte.«

Heinrich hatte mitunter Schwierigkeiten, menschliche Emotionen und Regungen zu verstehen. Ihr wiederum fiel es schwer, sich zu erklären.

»Weil … Weil du dann so was … Normales hast«, brachte sie unsicher hervor.

»Was meinst du mit normal?«

»Na eben so wie ich oder andere einfache Leute.«

Heinrich runzelte die Stirn. Offensichtlich dachte er über das Gesagte nach, bis er schließlich seine gewonnene Erkenntnis laut aussprach.

»Weißt du, dass das der Grund ist, warum ich so gerungen habe, dich für mich zu gewinnen?«

Margaret legte fragend die Stirn in Falten.

»Deine offene Art, dein ungestümes, teils naives, aber immer erfrischendes Naturell, mit dem du allem und jedem begegnest. Erst durch dich, Margaret, habe ich langsam begonnen, mich zu verstehen, und in Teilen auch die Welt.«

Maggie wurde nicht schlau aus dem, was er sagte, wie schon so oft zuvor. In Heinrichs Nähe fühlte sie sich zwar beschützt und geliebt, hatte aber auch stets den Eindruck, wie ein Käfer unter einem umgestülpten Glas zu sitzen und aufmerksam studiert zu werden.

»Dr. Dorn, wir fahren jetzt durch Laragh. In wenigen Minuten erreichen wir Glendalough«, erklärte Wagner zuvorkommend.

Maggie blickte aus dem Fenster und sah den einzigen Pub des Ortes, der direkt an einer einsamen Kreuzung lag. Er bildete das Zentrum inmitten der wenigen verstreuten Einfamilienhäuser, die sich an der Gabelung befanden und so aussahen, als hätte sie jemand willkürlich in die triste Landschaft gestellt. Kaum hatten sie den Ort erreicht, lag er auch schon wieder hinter ihnen. Wenige Minuten später tauchte über den struppigen Bäumen, die die Straße säumten, die Spitze eines dreißig Meter hohen Rundturms auf, der zu einer Klostersiedlung aus dem 12. Jahrhundert gehörte.

Glendalough.

»Sie wissen …«, begann Dorn.

»Ich weiß«, unterbrach ihn Wagner und fuhr mit der Limousine an der Einfahrt zum Glendalough Visitor Center vorbei, auf dessen Besucherparkplatz gut zwei Dutzend Autos standen, obwohl die Anlage heute für Touristen geschlossen war.

»Margaret, soll ich dich wirklich nicht begleiten?«

Sie sah ihn kopfschüttelnd an.

»Auf keinen Fall. Du bleibst im Auto, das muss ich allein machen.«

Er ergriff ihre Hand, doch sie entzog sie ihm hastig.

»Warum bin ich dann überhaupt mitgekommen?«, wollte er wissen.

»Ich schaffe es sonst nicht. Ich muss wissen, dass du in meiner Nähe bist und mich danach weit von hier fortbringst, für immer. Verstehst du? Für immer. Außerdem würden sie dich hassen, und das ertrage ich nicht.«

»Auch dein Bruder?«

»Mein Bruder? Ich weiß es nicht. Aber es ist wirklich besser so, glaub mir. Du kennst diese Leute kaum. Es reicht, wenn sie mich hassen.«

»Sie hassen dich doch nicht.«

»O doch, das tun sie. Sie verachten und sie hassen mich.«

»Aber sie können es nicht wissen, das verspreche ich dir.«

»Sie brauchen es nicht zu wissen, um mich zu hassen!«

Wagner lenkte den Mercedes auf einen selten befahrenen Feldweg, der parallel zu einem schmalen Fluss verlief. Brackiges Wasser spritzte an dem schwarz polierten Lack empor, und gerade als es schien, der Weg würde zu eng werden, hielt Wagner den Wagen an und zeigte auf eine Holzbrücke. Sie führte über den Fluss, geradewegs zu einer gedrungenen Kapelle, deren Gemäuer viele Generationen überdauert haben musste. Dahinter erstreckte sich eine verwilderte Anhöhe, auf der unzählige Kreuze krumm und schief aus dem Boden ragten. Die meisten davon waren Hunderte Jahre alt. Das raue Klima hatte die Namen auf den Steinen längst unkenntlich gemacht, aber das spielte keine Rolle. Denn an die Toten, die hier begraben lagen, konnte sich ohnehin niemand mehr erinnern.

»Wir sind da«, sagte Wagner, schaltete den Motor ab und griff mit dunkel lackierten Fingernägeln nach seinem Sicherheitsgurt.

»Ich kann mir die Tür selbst aufmachen, Abe, bitte.«

Der kräftige Mann ließ sich wieder in den Sitz aus feinem Nappaleder sinken. Maggie atmete tief durch und küsste Heinrich unerwartet und hastig auf den Mund. Sein feiner Oberlippenbart fühlte sich rau an. Dann verließ sie den Wagen.

»Deine Jacke«, rief er ihr fürsorglich nach, aber Maggie hatte kein Ohr mehr für ihn, sondern blickte gebannt auf den verwilderten Friedhof, der sich hinter der Brücke erhob. Sie selbst hatte darauf bestanden, dass die Predigt zur Beerdigung ihrer Mutter im Freien stattfinden sollte. In Glendalough, wo 2002 zum allerletzten Mal jemand beerdigt worden war. Ihr Vater.

»Nimm meinen Mantel!«, kam es erneut aus dem Inneren des Wagens.

Sie fröstelte. Der Nebel legte sich wie ein kaltes Tuch auf ihren schmalen Körper. Dankend griff sie nach dem beigen Trenchcoat, schlüpfte hinein und schnürte ihn fest um ihre Taille. In gebückter Haltung und mit verschränkten Armen überquerte sie die kleine

Holzbrücke, unter der sich plätschernd ein schwarzer Fluss hindurchwand.

Schäm dich nicht für deine Größe, Mädchen, hörte sie die gebieterische Stimme ihrer Mutter fauchen. *Du machst einen Buckel wie eine Hexe.*

Aber Grace war tot, und ihre Stimme hatte keine Macht mehr über Maggie.

Priester Desmond McNamara sah mit gesenktem Kopf und gefalteten Händen geduldig zu, wie auch die letzten Trauergäste im Windschatten des Rundturms mit einer kleinen Schaufel ein Häufchen frischer Erde auf den Sarg gaben.

Der nasskalte Wind auf dem Hügel machte seinen Gelenken zu schaffen. Der Schmerz in seinen Schultern und Knien nahm stetig zu, und nicht mal die fünftausend Euro, die ihm der Unbekannte bezahlt hatte, um die Beerdigung hier in Glendalough zu ermöglichen, vermochten seinen Missmut zu besänftigen.

Seine Predigt am offenen Grab war deshalb nur kurz und knapp ausgefallen. Und auch den letzten Teil der Beerdigung wollte er nun rasch zu Ende bringen. Aber jeder Trauergast hielt angesichts des edlen Mahagonisargs mit den kunstvollen Beschlägen und goldenen Griffen neidisch inne.

Zweifellos beschäftigte sie alle die Frage, woher die alte Frau nur das viele Geld genommen hatte, um mit solchem Pomp unter die Erde gebracht zu werden. McNamara kannte als Einziger die Antwort, war aber von dem Unbekannten angehalten worden, Stillschweigen zu bewahren. Andernfalls würde er die zweite Hälfte der vereinbarten Summe nie bekommen.

Aber die Neugier war nicht der einzige Grund, warum sich heute trotz des tristen Wetters so viele Gemeindemitglieder zur Beisetzung der alten Frau eingefunden hatten. Grace O'Brien war zu guter Letzt eine von ihnen gewesen, eine Frau aus dem Ort, die nach dem gewaltsamen Tod ihres Mannes ganz allein zwei Kinder großgezogen hatte. Der Anstand gebot es, ihr die letzte Ehre zu erweisen – darin waren sich alle einig. Und über noch etwas war man sich einig: dass ihre zwanzigjährige Tochter Margaret O'Brien, die Schlampe, gut daran tat, erst gar nicht hier aufzukreuzen.

McNamara blickt einmal mehr auf die frische Inschrift des Grabsteins.

In Loving Memory of

A Dear Husband and Father
Patrick O'Brien
Died 11th February 2002
Aged 39 Years

A Dear Wife and Mum
Grace
Died 3rd October 2022
Aged 51 Years

Er spürte den Umschlag mit Grace' Letztem Willen in seiner Tasche, der nur aus einem einzigen Satz bestand: *Begrabt mich, wo ihr wollt, aber auf keinen Fall neben meinem Mann.*

Doch nicht einmal diesen Wunsch hatte der Unbekannte respektiert. McNamaras schlechtes Gewissen zwang ihn aufzusehen. Eine alte Frau ließ sich gerade von einem kleinen Jungen die Schaufel mit ein wenig dunkler Erde in die zittrige Hand drücken, als ein Raunen durch die Menge ging. Einer nach dem anderen blickten sie den Hügel hinab zur steinernen Kapelle.

Die Tochter von Grace war doch noch gekommen.

Valentine O'Brien stand ein wenig abseits der Gruppe. Der Anblick von Desmond McNamara mit seinen eingefallenen Wangen und der verbogenen Statur hatte Erinnerungen geweckt, die ihm Unbehagen bereiteten. In seiner Gegenwart fühlte er sich wieder wie der kleine Messdiener, der er einmal gewesen war. Güte und Barmherzigkeit hatte McNamara mit einem Rohrstock unter seine Schäfchen gebracht – und Valentines Mutter hatte es geschehen lassen. Er hielt bewusst Distanz zu den anderen Trauergästen. In seinen Augen waren sie alle Heuchler. Zu Lebzeiten hatte sich niemand von ihnen um seine Mutter geschert. Viel schmerzvoller aber war, dass er sich selbst in ihnen wiedererkannte.

Egal, wohin du gehst, Junge, den irischen Dreck unter deinen Nägeln wirst du nicht loswerden.

Diesen Spruch hatte er schon als kleiner Junge hier im Dorf immer wieder zu hören bekommen. Und sie hatten damit recht behalten.

Dass er überhaupt hier war, konnte er sich kaum erklären. Schon vor vielen Jahren hatte er Irland den Rücken gekehrt. Für immer, wie er damals dachte. War es ein Anflug von Sentimentalität, der ihn an diesen gottverdammten Ort zurückgebracht hatte? Oder war es die Aussicht darauf, seine kleine Schwester wiederzusehen?

Nicht weit entfernt entdeckte er eine junge Frau, die sich mit eng anliegenden Armen zwischen den verwitterten Grabsteinen zur Trauerfeier hinauf bewegte. Die Unbekannte war in einen hellen, zu großen Trenchcoat gehüllt, mit umgeschlagenen Ärmeln und einem straff gezogenen Gürtel um die schmale Taille. Ihr Gesicht wurde von einer Sonnenbrille und einem schwarzen Kopftuch verdeckt. War das – Maggie?

Zögernd ging Valentine der schmalen Gestalt entgegen, bis er ihr gegenüberstand. Er konnte förmlich spüren, wie die aufgeschreckte Gemeinde in seinem Rücken mit knöchernen Fingern auf sie zeigte, während die Frau ihre Brille absetzte.

Maggie. Wie zierlich und zerbrechlich sie wirkte. Ihre schmalen Wangen, die hohe Stirn – die Ähnlichkeit mit ihrer Mutter ließ sich nicht leugnen. Während man ihm immer nachgesagt hatte, ein Abbild seines Vaters zu sein. Sie tasteten einander mit Blicken ab, suchten nach Erinnerungen oder vielleicht auch nur nach einer Regung, die etwas über den anderen verraten würde. Da verstummte das entfernte Getuschel der Trauergäste hinter seinem Rücken – oder verwehte der Wind nur ihre niederträchtigen Schmähungen?

»Du bist also mein Bruder«, begann Maggie in rauchigem Tonfall, der nichts mehr mit der Stimme des Mädchens gemeinsam hatte, das er vor mehr als vierzehn Jahren verlassen hatte.

»Hallo, Maggie«, antwortete er scheu, und es schien ihm, als zittere sie am ganzen Körper. Auch er spürte an beiden Handgelenken, wie heftig sein Puls schlug. Sie konnten beide kaum verhüllen, dass dies auch ein Moment unerfüllter Sehnsüchte war, auf den sie lange gewartet hatten.

»Wäre es nicht angebracht, dass wir uns zumindest umarmen?«, schlug sie vor. Aber noch ehe er sich dazu durchringen konnte, machte sie einen Schritt auf ihn zu, legte ihre Arme um ihn und drückte ihn fest an sich. Es geschah so unerwartet und heftig, dass er die Umarmung erst mit Verzögerung und nur sehr zurückhaltend erwiderte. Denn für Valentine war es ein Augenblick glühender Qual, als ihm durch ihre forsche Offenheit schmerzhaft bewusst wurde, wie viel Schuld er auf sich geladen hatte.

Er rang nach Atem, drückte sie von sich und befreite sich von dieser Last.

»Das war es?«, fragte sie ihn vorwurfsvoll, und ihre graugrünen Augen nahmen einen Ausdruck von Bitterkeit an.

»Ich weiß nicht, was du erwartest, Maggie.«

»Warum glaubst du überhaupt, dass ich irgendetwas erwarte – nach all den Jahren?«

Weil ich es in deiner Umarmung spüren konnte, dachte er.

»Ich habe dich mein ganzes Leben lang vermisst, Valentine, aber das ist vorbei. Ein für alle Mal. Wir werden uns nie wiedersehen.«

Noch bevor ihm die Tragweite ihrer Worte richtig bewusst wurde, streifte sie ihn im Vorbeigehen mit ihrer Schulter, als wäre er nur ein Fremder, der ihr zufällig im Weg stand.

Hoffnungslosigkeit schnürte ihm die Kehle zu, dann drehte er sich nach ihr um und rief ihren Namen, aber sie war dem offenen Grab ihrer Mutter bereits näher als ihm.

Maggie O'Brien hatte den Ruf ihres Bruders sehr wohl gehört, aber nach so vielen Jahren kam er zu spät. Mit jedem Schritt, den sie den Hügel hinaufstapfte, wo die gaffenden Geier bereits auf sie warteten, wurden ihre Beine schwerer und schwerer. Aus dem Rundturm, der über ihr aufragte, schien sie erneut die mahnende Stimme ihrer Mutter zu hören: *Schäm dich nicht für deine Größe, Mädchen. Zeig allen, wer du bist, und buckel nicht vor ihnen.*

Und so streckte sie ihr Kreuz durch, hob das Kinn an und erreichte schließlich die Trauergemeinde, in der sich wie von Geisterhand eine Schneise bildete, durch die sie erhobenen Hauptes hindurchschritt, bis sie vor dem offenen Grab ihrer Mutter stand. Erschrocken wich auch die alte Frau mit der kleinen Schaufel zurück und verschüttete dabei achtlos die Erde auf den feuchten Boden neben dem Grab.

»Mutter …«, begann Maggie leise, und alle Trauergäste hielten die Luft an, um ja kein Wort zu versäumen.

»Du weißt, es hätte alles anders kommen können, wenn du nicht versucht hättest, wie sie zu sein.« Dabei warf sie einen Seitenblick auf die Anwesenden.

»Aber ich mache dir keinen Vorwurf. Jetzt nicht mehr. All die Mauern, die du dir im Leben selbst errichtet hast, sind bedeutungslos. All die Schmerzen, die du ertragen musstest, sind jetzt vergessen. Du bist frei und auf dem Weg zu einem besseren Ort, Mama. Amen.«

Sie sank mit den Knien in den Morast, grub beide Hände tief in die Erde und begann, so laut zu schreien, dass selbst Priester McNamara zurückwich, als wäre der Teufel leibhaftig unter ihnen. Dann richtete sie sich wieder auf und warf den schwarzen Schlamm in die glotzende Menge, die ängstlich zurückwich. Entsetzt schob sich Valentine an den Leuten vorbei und nahm

Maggie fest in seine Arme. Doch sie war kaum zu bändigen. Sie schrie und wehrte sich, bis sie seiner Umklammerung entkam und Valentine taumelnd in die Grube und auf den Sarg seiner Mutter stürzte.

»Ich hasse dich! Ich hasse dich!«, schrie sie schluchzend zu ihm hinab und trat immer wieder mit ihrem Stiefel in die aufgeweichte Erde, die sein Gesicht mit Schlamm befleckte. Valentine schloss die Augen, hörte in ihren schrillen Schreien das Klagen seiner Mutter und wünschte sich, lebendig begraben zu werden – bis ihr Zorn schließlich verstummte. Als er die Augen wieder öffnete, war Maggie verschwunden. Verzweifelt kletterte er aus dem Grab, wischte sich den Schlamm aus dem Gesicht und nahm gerade noch wahr, wie Maggie an der kleinen Kapelle vorbei auf die Holzbrücke zuging.

Plötzlich peitschte ihn die trügerische Hoffnung, dass sich vielleicht doch noch alles zum Guten wenden könnte, und so rannte er mit großen Schritten den Hügel hinab, vorbei an den Gräbern, die Vergangenheit hinter sich lassend, bis er die Holzbrücke überquerte und schließlich vor der schwarzen Limousine zum Stehen kam. Keuchend ging er um den Wagen herum, bis er das Seitenfenster erreichte, durch das ihn Maggie mit großen Augen anstarrte. Er zog und rüttelte an der Tür und schrie ihren Namen, aber die Tür blieb verschlossen. Die Stimme versagte ihm, und er brach in Tränen aus.

Maggie legte beide Handflächen an die Glasscheibe. Er tat es ihr gleich, wollte glauben, dass es ein Zeichen der Vergebung war. Doch stattdessen verrieb sie bloß den Schlamm, den sie immer noch an ihren Händen hatte, am Fenster, bis er sie nicht mehr sehen konnte. Erst jetzt setzte sich die schwarze Limousine in Bewegung. Hilflos blickte er ihr nach, bis der Wagen in der nebligen, kalten Luft der Wicklow Mountains verschwunden war.

Gegenwart

Valentine & Camille

München, Deutschland

Noch immer spielte Valentines Handy das irische Volkslied.

»Willst du nicht rangehen?«, fragte Camille ihn.

Konnte das ein Anruf seiner Schwester sein? Seit der Beerdigung hatte er keinen Kontakt mehr zu ihr gehabt. Mit schweißnassen Fingern holte er das Telefon hervor.

»Das ist sicher die Zentrale in London ... ich ...«, log er stammelnd, und Camille verstand.

»Kein Problem, ich muss sowieso wieder rein ... wir sehen uns«, erwiderte sie und zeigte mit dem Daumen über ihre Schulter. Sie drehte sich um und ging davon.

Valentine sah ihr kurz nach und nahm dann den Videoanruf entgegen. Die Übertragung war verpixelt und baute sich erst nach und nach auf, bis er eine schwarze Frau in Polizeiuniform auf dem Display erkennen konnte.

»Corinne Winters von der Garda Síochána Dublin. Spreche ich mit Superintendent O'Brien?«

Valentine zweifelte sofort daran, dass dies ein echter Anruf war. Aber was, falls doch? Zögernd antwortete er: »Ja, am Apparat. Um was geht es denn?«

»Superintendent O'Brien, ich habe mir von Ihrer Dienststelle die Genehmigung geben lassen, Sie persönlich zu unterrichten. Es geht um Ihre Schwester Margaret O'Brien. Uns liegt ein Haftbefehl vor.«

Valentine war kurz davor, aufzulegen. Das war definitiv ein Deepfake. Ein Haftbefehl? Für Maggie? Niemals. Maggie wäre so ziemlich der letzte Mensch, der irgendetwas Unrechtes tun würde. Und dennoch wirkte die Anruferin absolut real.

»Es liegen Beweise vor, dass Ihre Mutter keines natürlichen Todes gestorben ist, sondern vermutlich ermordet wurde. Es gab vor Kurzem anonyme Hinweise, denen wir nachgegangen sind«, fuhr die Beamtin fort.

»Anonyme Hinweise zum Tod meiner Mutter?«

»Korrekt. Aus diesem Grund wurde der Leichnam Ihrer Mutter letzte Woche exhumiert.«

»Ohne meine Einwilligung«, rutschte es Valentine heraus – als würde er mit einer realen Person sprechen.

»Bei Mordverdacht benötigt die Staatsanwaltschaft keine Einwilligung eines Angehörigen. Die Obduktion hat den Verdacht bestätigt: Ihre Mutter wurde vergiftet.«

Valentine hatte das Gefühl, als würde man ihm den Boden unter den Füßen wegziehen. Auch wenn sein Verstand auf ihn einhämmerte, kein Wort zu glauben, so streute diese perfekte Animation Zweifel.

»Und Ihre Schwester gilt als Hauptverdächtige.«

»Niemals. Sie müssen mir glauben, sie würde so etwas niemals tun«, versuchte Valentine kläglich dagegenzuhalten.

Doch die Frau schien ihm noch nicht mal zuzuhören. »Wir denken, es wäre das Beste, wenn Sie nach Dublin kämen, um uns einige Fragen zu beantworten und uns bei der Suche nach Ihrer Schwester zu unterstützen.«

Noch bevor Valentine einen klaren Gedanken fassen konnte, erlosch das Videobild und ließ ihn mit einer Mischung aus Furcht und Verwirrung zurück. Was, wenn der Anruf doch kein Fake gewesen war? Wenn es vielleicht einer der wenigen Anrufe war, die unverfälscht übertragen wurden? Was, wenn Maggie wirklich seine Hilfe brauchte? Vielleicht wäre das eine Möglichkeit, seine Schuld zu begleichen – und sei es nur für ihn selbst.

Seiko & Kate

Lyon, Frankreich

Das Generalsekretariat von Interpol in Lyon befand sich in einem imposanten Glaspalast mit Blick auf die Rhône. Fünfhundertfünfzig Mitarbeiter aus achtzig Nationen arbeiteten allein hier im Hauptsitz der größten Polizeiorganisation der Welt. Insgesamt vernetzte Interpol hundertsechzehn Mitgliedsstaaten zur gemeinsamen Aufklärung und Bekämpfung internationaler Verbrechen.

Seiko kam aus einem der Gästezimmer im obersten Stockwerk des Gebäudekomplexes und war auf dem Weg zur *Réunion d'ouverture*, wie es in der Einladung stand, die sie bei ihrer Ankunft erhalten hatte. Um ihren Hals baumelte eine Plakette mit ihrem Konterfei, ihrem Namen und dem ihres Arbeitgebers. Eine elektronische Komponente konnte sie auf der Plastikkarte nicht finden – keinen Chip, keinen Barcode, nicht mal einen Magnetstreifen. Das war ungewöhnlich. Ebenso wie die große Menge von Teilnehmern, die alle ähnliche Plaketten trugen. Je näher sie ihrem Ziel kam, desto mehr Menschen schlossen sich dem Strom an, wie eine immer größer werdende Herde, was ihr Unwohlsein noch verstärkte. Wieder quälten sie Zweifel, ob sie an diesem Ort irgendeine Hilfe sein konnte, während sich alle immer tiefer unter die Erde bewegten, zu einem Hörsaal, der zu einem atombombensicheren Bunker gehörte.

Im Foyer vor dem Saal wurde Seiko von einer lebhaften Amerikanerin angesprochen, die ihr wegen ihrer kurzen Hosen und des sommerlichen Tops bereits bei der Akkreditierung aufgefallen war.

»Ich weiß, du denkst jetzt sicher, diese verrückten Amerikaner, immer crazy, aber mein Gepäck wollte nicht in dieselbe Richtung wie ich«, sagte sie und lachte affektiert. »Darum hab ich nur die Sachen dabei, die ich beim Abflug von O'ahu anhatte.«

Seiko lächelte höflich, während die Menge wegen der Kartenkontrolle am Eingang zum Hörsaal nur noch zäh vorankam.

»O'ahu, Hawaii, fast dreißig Grad im Oktober. Ich sage dir, das war die überstürzteste Abreise ever. Eigentlich sollte ich gar nicht … Ich meine, hey, wer bin ich schon? Aber weil mein Chef einen Tag vorher mit seinem Auto im hohen Bogen von einer Klippe gestürzt war …«

Sie wischte mit der Hand schnell in die Ferne und hätte beinahe einen uniformierten Beamten gegen die Brust geschlagen, der plötzlich vor ihr stand.

»Oh, sorry«, entschuldigte sie sich bei dem Mann, der jedoch nicht darauf einging.

»Tragen Sie ein Smartphone oder ein Tablet bei sich?«, fragte er stattdessen.

»Nein«, antwortete die Amerikanerin. »Sollte man doch im Zimmer lassen, hieß es. Aber einen Laptop habe ich dabei.«

»Dann bitte Ihren Laptop«, verlangte er mit strenger Miene und zeigte auf eine geöffnete Plastikbox auf einem Tisch, der neben ihm stand.

»Muss das sein?«

»Ihren Laptop, bitte«, wiederholte der Mann mit starkem französischem Akzent, als hätte man ihm den Satz erst kurz vorher beigebracht.

»Na gut, schätze, Sie sitzen gerade am längeren Hebel«, konterte sie trotzig und legte den Laptop in die Box. »Und wie bekomme ich den wieder? Sie haben sich ja noch nicht mal meinen Namen aufgeschrieben.«

Der Beamte zückte eine Polaroidkamera, fotografierte ihre Plakette und gab den Abzug einem Kollegen, der das Foto auf die Box klebte, sie verschloss und auf einen Rollwagen packte, wo sich bereits Dutzende weitere Kunststoffkisten stapelten. Kaum war auch Seiko durch die Kontrolle, nahm die Amerikanerin sie wieder in Empfang und streckte ihr eine Hand entgegen.

»Ich bin übrigens Kate. Kate Bryson von der NSA.«

Seiko ergriff die Hand und schüttelte sie, während sie ein wenig den Kopf senkte.

»Und mein Name ist Seiko Itō von der PSIA, gerne auch einfach nur Seiko. Hat man dich für diese Mission aus dem Urlaub geholt?«

»O nein, nicht jeder auf Hawaii macht dort Urlaub. Ich lebe dort mit meiner Familie. Die NSA betreibt auf Oʻahu eine Echelon-Station. Sagt dir das was?«

»Ein System zum Abhören von Kommunikationssatelliten. Hat nicht Edward Snowden dort gearbeitet?«

Kate sog leise zischend die Luft zwischen ihren geschlossenen Zähne ein.

»Heißes Eisen. Er war ein Kollege von mir. Kannst du dir vorstellen, was bei uns los war, nachdem bekannt wurde, dass er unser ganzes Netzwerk geleakt hatte – einschließlich PRISM? Ich darf gar nicht dran denken. Gefühlt wurde ich tagelang verhört, nur weil ich öfter mal mit ihm in der Kantine am selben Tisch gesessen hatte.«

Während sie sich gemeinsam einen Platz in einer der hinteren Reihen des schwarz getäfelten Hörsaals suchten, erklärte Kate, dass ihr Fachgebiet Satellitenkommunikation und die Aufklärung von Privatverbindungen war, die über Satelliten abgewickelt werden.

»Und was ist dein Ding, Seiko?«

»Kate … ich darf eigentlich nicht darüber sprechen. Ich müsste mir erst eine Freigabe von meiner Zentrale holen und …«

»Seiko«, unterbrach Kate sie energisch. »Die haben gerade unser gesamtes elektronisches Equipment einkassiert und uns in einem Atombunker zusammengepfercht. Ich würde mal sagen, ab sofort spielen wir im selben Team, oder?«

Seiko musste Kate recht geben. Langsam sollte sie anfangen, Kontakte zu knüpfen. Und wen hätte sie mit so einer Freigabe auch belästigen sollen? Ihr direkter Vorgesetzter war tot, und den Direktor ihrer Behörde zu behelligen, wäre sicher nicht angebracht gewesen. Außerdem würde ein Netzwerk von Kontakten bei diesem Auftrag sicher hilfreich sein.

Seiko beugte sich nah an Kate und erklärte: »Ich bin Digital-Forensikerin. Ich spüre Schadprogramme und Rootkits in infizierten Systemen auf. Event-Logs, Registry, Schatten-Dateien, Pre-Fetch-Files. Danach verfolge ich die Spuren zurück zu ihrem Ursprung, bis wir den Angreifer lokalisiert haben.«

Kates Augen begannen zu leuchten.

»Du jagst Black Hats!«, stellte sie begeistert fest.

»Wenn du es so ausdrücken möchtest, ja. Ich jage Hacker.«

»Und, bist du erfolgreich?«

Seiko dachte an Akira. »Hin und wieder, ja.«

Ein ansehnlicher Mann mit dichtem weißem Haar und einem stahlblauen Anzug betrat die Bühne. Seine Schultern hingen schwer, und um seine Augen lagen tiefe Schatten, als hätten zahlreiche schlaflose Nächte ihm die Kraft entzogen. Die letzten Gespräche verstummten in den Sitzreihen, und alle Augen richteten sich auf ihn, während die uniformierten Beamten an den beiden Eingängen zum Saal die Türen schlossen.

»Wer ist das?«, fragte Kate flüsternd.

»Jürgen Stock, der Generalsekretär von Interpol.«

»Das ist der Chef von dem Laden hier?«

Seiko nickte. Es war so leise geworden, dass man jeden Schritt des Mannes hören konnte, bis er ein Rednerpult in der Mitte der Bühne erreicht hatte und zu sprechen begann.

»Sehr geehrte Damen und Herren«, begann er mit hartem deutschem Akzent und einer Stimme, der eine natürliche Autorität innewohnte.

»Wenn ich in Ihre Reihen blicke, gewinne ich langsam den Mut zurück, der mir in den letzten zwei Tagen nach und nach verloren gegangen ist. Wir stehen vor der größten Herausforderung, die unsere Behörde je erlebt hat. Wir wussten, dass dies eines Tages geschehen würde, aber wir hatten keinen Grund zu der Annahme, dass es so schnell passieren würde. Der eine oder andere unter Ihnen hat sicher die ersten Anzeichen dieser neuen digitalen Bedrohung wahrgenommen oder war bereits persönlich involviert. An und für sich ist das für Sie alle nichts Neues, nur sprechen wir jetzt von einer noch nie dagewesenen Qualität an Cyber-Kriminalität und Cyber-Terrorismus. Dank der uneingeschränkten Unterstützung der Organisationen, die Sie repräsentieren, ist es uns gelungen, die fähigsten Köpfe im Kampf gegen Cyber-Kriminalität hier zu vereinen. Jede und jeder von Ihnen ist Spezialist auf unterschiedlichen Fachgebieten, die wir benötigen, um diese weltweite Bedrohung abzuwenden und die Verursacher unschädlich zu machen. Etwas Vergleichbares wie diesen Think-Tank, diese Cyber-Taskforce, hat es zuvor noch nie gegeben. Nicht weniger außergewöhnlich ist jedoch die ungeheure Herausforderung, der Sie von jetzt an gegenüberstehen werden.

Um es mit dem römischen Philosophen Cicero auf den Punkt zu bringen: *Hannibal ad portas*. Der Feind steht direkt vor den Toren – und Sie alle sind die letzte Bastion, um seine Horden unschädlich zu machen. Ich übergebe nun an Direktor Laurent Lamy, Chef des Interpol-Netzwerks I-24/7. Er wird Ihre Taskforce führen und Sie über die aktuelle Lage aufklären. Ich danke Ihnen und wünsche Ihnen viel Erfolg.«

Ein dumpfes Grollen von Fingerknöcheln, die auf Holz pochten, setzte ein, während Jürgen Stock mit hängenden Schultern die Bühne wieder verließ.

Ein sportlich wirkender Mittvierziger mit haarscharf ausrasiertem Kinnbart und buschigen Augenbrauen betrat nun dynamisch die Bühne. Seine Haltung, sein Blick und auch seine kräftige Stimme standen im deutlichen Gegensatz zu seinem Vorredner.

»Ich will nicht lange um den heißen Brei herumreden. Weltweit häufen sich die Meldungen von Deepfakes. Wie der Generalsekretär schon betonte, haben wir so etwas in dieser Perfektion noch nie zuvor erlebt, nicht mal annähernd. Sie könnten einen Anruf von Ihrer Mutter erhalten und würden nicht bemerken, dass Sie mit einer KI sprechen. Selbst dann nicht, wenn es ein Videogespräch wäre. Der wohl erstaunlichste und leider auch grauenvollste Vorfall in einer ganzen Reihe von derartigen Ereignissen führte gestern zum Abschuss einer Verkehrsmaschine in Deutschland. Die Tragik und das Leid, das dadurch ausgelöst wurde, sind kaum zu beschreiben. Trotz allem erwarte ich von Ihnen, dass Sie sich voll und ganz auf die Arbeit konzentrieren, die nun vor Ihnen liegt.«

Ein Mann mit indischem Akzent meldete sich zu Wort. Lamy streckte den Arm in seine Richtung und hob den Kopf.

»Ja, bitte?«

»Ist es absolut sicher, dass es sich um eine KI handelt?«, fragte der Mann zurückhaltend.

»Nein, verifiziert ist das noch nicht. Aufgrund der Menge und der besonderen Art liegt aber der Verdacht nahe, dass die Angriffe mithilfe einer KI ausgeführt werden – und das jagt uns eine Heidenangst ein. Denn eine Software-Applikation, die vollkommen automatisiert und selbstständig diese Menge nahezu perfekter Deepfakes hervorbringt, kommt einem Quantensprung in der KI-Technologie gleich. Um einen Vergleich zu bemühen: Bei Ihrer Arbeit wird sich das so anfühlen, als würden Sie ein Überschallflugzeug mit einem Propellerflugzeug jagen.«

Ein Raunen ging durch den Hörsaal.

»Wir werden Sie in drei Gruppen mit unterschiedlichen Prioritäten aufteilen.«

Er hob kämpferisch die Faust und untermalte seine Aufzählung nacheinander mit ausgestreckten Fingern.

»Erstens: Wir müssen die Schadsoftware lokalisieren. Das ist wie die Suche nach einem schwarzen Loch, dessen Existenz nur durch seine Auswirkung bewiesen werden kann. Folgen Sie der Wirkung, dann werden Sie die Ursache finden.

Zweitens: Wir wollen wissen, wie es dem oder den Angreifern gelingt, selbst die ausgefeiltesten Sicherheitsschranken und Firewalls zu knacken. Die Angreifer haben anscheinend Zugang zu allen digitalen Kommunikationsmitteln, die wir kennen.

Und drittens: Eine KI ist nur ein Werkzeug.«

Lamy hob theatralisch beide Hände und betonte jedes Wort.

»Wer also hat das verdammte Ding erschaffen, und wie bringen wir ihn zur Strecke? Wer profitiert von dieser Katastrophe?«

Aus den unteren Reihen gab es einen Zwischenruf.

»Die Russen?«

Lamy senkte die Arme, umrundete das Rednerpult und ging an den Rand der Bühne.

»Na, dann schmeißen wir doch gleich noch die Chinesen, die Nordkoreaner und eine Handvoll arabischer Staaten in denselben Topf. So einfach ist das aber nicht. Zum einen gibt es Anzeichen dafür, dass diese Deepfakes auch bei unseren *Freunden* vorkommen. Zum anderen könnte man mit dieser Technologie noch ganz andere Dinge anstellen, als nur die digitale Kommunikation zu manipulieren. Denken Sie an Atomkraftwerke oder die Möglichkeit eines weltweiten Blackouts – dass die Angreifer bislang darauf verzichtet haben, ist ein erstes Indiz, um sie einzugrenzen.«

Wieder ging ein Murmeln durch die Reihen. Lamy hielt seine blaue ID-Plakette hoch und wartete, bis er wieder die volle Aufmerksam hatte.

»Und zum Schluss noch eine enorm wichtige Sache für unsere interne Kommunikation. Sie werden sicher bemerkt haben, dass Ihnen ID-Karten ausgehändigt worden sind, die keinerlei elektronische Komponenten enthalten. Nur mit diesen Karten kommen Sie ins Gebäude. Alle elektronischen Schranken wurden abgeschaltet, alle Zugänge sind nun durch Personal gesichert. Außerdem ist jeder digitale Kontakt innerhalb des Hauses strengstens verboten. Der Austausch im Gebäude findet ab sofort nur noch Person-to-person oder per Papiernotizen statt. Der digitale Kontakt zu Ihren Auftraggebern ist in dringenden Ausnahmefällen erlaubt, aber nur von Ihren Gästezimmern aus. Achten Sie darauf, dass Sie im Gespräch keine sicherheitsrelevanten Informationen preisgeben. Tragen Sie niemals das Handy bei sich, wenn Sie Ihr Zimmer verlassen. Und gehen Sie immer davon aus, dass am anderen Ende der Leitung eine KI mit Ihnen spricht. Meine Empfehlung: Schalten Sie das Handy erst gar nicht an. Alle relevanten Informationen schreiben Sie täglich auf Papier. Sie wissen doch noch, was das ist, oder?«

Alle lachten.

»Umschläge finden Sie ebenfalls in Ihren Zimmern. Jeden Abend um 18 Uhr werden Ihre Briefe eingesammelt und mit Militärmaschinen an Ihre Behörden überbracht.«

»Aber das dauert doch ewig«, gab einer der Hörer laut zu bedenken.

»Wie definieren Sie ewig?«, erwiderte Lamy, wartete die Antwort aber nicht ab. »Wenn Sie nicht gerade vorhaben, einen Brief an Xi Jinping zu schicken, sollten in der Regel vierundzwanzig Stunden ausreichen. Die gute Nachricht: Wir arbeiten gemeinsam mit dem Militär an einem Workaround, um die digitale Kommunikation zu umgehen. Bis dahin sind handgeschriebene Briefe die beste Option.«

»Und was ist mit der Atomexplosion in Kiew? War das auch ein Fake?«, fragte eine Frau, die zwei Bänke vor Seiko und Kate saß.

Lamy strich sich über seinen Bart.

»Das ist im Augenblick schwer zu sagen. Die Amerikaner glauben, dass der Angriff wirklich passiert ist. Deren Satellitenaufnahmen scheinen das zu belegen. Das Problem ist nur, dass alle Bilder – natürlich auch die von Satelliten – digital erzeugt werden, selbst die von Korrespondenten aus Kiew. Das weiß auch die NSA, und ich schätze, dass das auch der Grund ist, warum die NATO sich bislang zu keiner Reaktion entschlossen hat.«

»Könnte denn niemand einfach nach Kiew fahren und das überprüfen?«

»Das ginge schon. Hin und zurück, sagen wir mal von Berlin,

dauert das sechsundzwanzig Stunden. Aber wie bekommen Sie die Nachricht dann von Berlin nach Washington, nach London, zu uns oder nach Tokio? Stand jetzt – mit Kurieren! Und das ist genau das, was gerade geschieht. Ein Heer von Kurieren fährt quer durch die Welt, um Nachrichten persönlich auszutauschen. Wir müssen uns also noch ein wenig gedulden, bis wir wissen, was wirklich in Kiew passiert ist. Und so lange sollten wir beten, dass niemand da oben nervös wird und den roten Knopf drückt.«

Lamy bekreuzigte sich und machte eine theatralische Pause.

»Also, meine Damen und Herren, an die Arbeit. Am Ausgang erhalten Sie die Einteilung zu Ihren Fachgruppen und die Nummern der entsprechenden Meetingräume – auf Papier! Und wenn Sie bislang dachten, Ihr Laptop und Ihr Handy seien unverzichtbar für Ihre Arbeit, dann sollten Sie sich jetzt schleunigst mit dem dicken Block, den Markern und Bleistiften anfreunden, die Ihnen gleich ausgehändigt werden. Ich weiß, Sie rocken das!«

Noah & Henri

Lyon, Frankreich

Noah deckte behutsam seinen Mann zu, der auf der Wohnzimmer-couch eingeschlafen war. Der Cannabis-Tee zeigte endlich seine Wirkung. Nachdem er von der dramatischen Geschichte erfahren hatte, die Henri und ihrer Tochter im Kindergarten widerfahren war, war Noah mit dem ersten Morgenzug nach Lyon zurückge-fahren. Was sich als kompliziert erwies, da die Fluggesellschaften reihenweise ihre Flüge gestrichen hatten und die Züge überfüllt waren. Warum unzählige Flüge ausfielen, blieb unklar. Die Presse-sprecher der Airlines gaben nur vage Erklärungen ab und spra-chen von technischen Problemen. Doch schon bald kursierten Gerüchte, dass es etwas mit der Flugzeugkatastrophe in Deutsch-land zu tun haben könnte.

Doch während der Zugfahrt von Paris nach Lyon, die Noah größtenteils stehend verbrachte, drehte sich fast jedes Gespräch, das er unfreiwillig mithörte, um den nuklearen Angriff auf Kiew. Die Titelblätter aller Tageszeitungen, Schlagzeilen der Online-Medien, Sondersendungen im Fernsehen und Berichte im Radio beschäftigten sich mit dem Thema. Zeitgleich ging ein Video des russischen Machthabers viral. Wladimir Putin erklärte, der An-griff auf Kiew sei die Reaktion auf einen Terroranschlag in Kursk gewesen, bei dem ukrainische Paramilitärs unterstützt von der CIA eine »schmutzige Bombe« gezündet hätten.

»Es wird einen großen Krieg geben«, sagte ein alter Mann im Zug zu Noah, der die aktuelle Ausgabe von *Le Monde* auf den Bo-den fallen ließ. Er fügte hinzu: »Und es wird der letzte Krieg der

Menschheit sein. Danach ist endgültig Schluss mit dem Wahnsinn.«

Er sagte es ohne Pathos, Enttäuschung oder Wut. Er stellte es einfach fest, als sei es eine unumstößliche Tatsache. Das Erschreckende daran war nur, dass Noah – der sonst immer an das Gute im Menschen glaubte – ihm nicht wirklich widersprechen konnte. Denn seit dem Vorfall mit Jade war selbst sein Optimismus wie ein Kartenhaus in sich zusammengefallen.

Noah nahm die kleine Jade auf den Arm, trug sie aus dem Wohnzimmer und schloss leise die Tür.

»Wann kommt Mama?«, fragte sie.

»Sie muss arbeiten, Jade. Das weißt du doch.«

»Warum bin ich heute nicht im Kindergarten?«

»Weil der Kindergarten geschlossen ist«, erklärte Noah geduldig und verschwieg, dass die Betreuerin genauso unter Schock stand wie Henri, nachdem sie das gefälschte Video mit ihrem Gesicht gesehen hatte.

Noah setzte Jade in ihrem Zimmer ab und drückte ihr ein iPad in die Hand. Henri und er hatten sich für sie auf dreißig Minuten »Medienzeit« pro Tag geeinigt. Aber heute würde er eine Ausnahme machen – er brauchte Zeit für eine Aufgabe, von der er hoffte, dass sie der weltweiten Eskalation entgegenwirken würde.

»Papa muss arbeiten, Liebes. Aber dafür darfst du Gulli so lange schauen, bis ich wieder zu dir komme.«

»Und wo bist du?«

»In meinem Hobbyraum.«

»Wo die ganzen Geräte stehen?«

»Genau da, Liebes.«

»Und brauchst du da lange?«

Noah zuckte mit den Schultern. Er hoffte nicht.

»Von mir aus kannst du dir ruhig Zeit lassen«, antwortete sie frech und lachte schelmisch. Dann nahm sie das iPad und kletterte damit auf ihr Hochbett.

An der Tür zu seinem privaten Reich im Keller streckte er den Arm nach oben, griff nach dem Schlüssel, der außerhalb von Jades Reichweite an einem kleinen Nagel hing, schloss auf und trat ein. Der Raum roch nach Kondensatoren, Elektronik und dem abgestandenen Schweiß nächtlicher Funk-Sessions. Auf selbst gezimmerten Holzregalen, die an den Wänden hingen und auf einem großen Tisch standen, türmten sich Amateurfunkgeräte in allen Größen und Formen, neben Peripheriegeräten wie Antennentunern, Leistungsendstufen und Steuerungen für Antennenrotoren. Im Zentrum standen zwei vertikal aufgestellte Monitore, eine Computertastatur, Lautsprecher und Mikrofone, die auf den Arbeitsplatz gerichtet waren.

Routiniert startete Noah mehrere Geräte per Knopfdruck und erweckte seine Funkbude, wie er den Raum liebevoll nannte, zum Leben. Signallampen leuchteten auf, die Displays der Geräte wurden hell und zeigten Grafiken und Einstellungen an. Plötzlich erfüllte ein lautes Rauschen den Raum – zumindest für die Ohren eines unbedarften Besuchers. Für Noah aber war es viel mehr: unzählige Frequenzbänder, ein gigantisches Netz aus analogen Nachrichtenströmen, die Funkamateure auf der ganzen Welt miteinander verbanden.

Noah setzte sich auf seinen abgewetzten Bürostuhl, nahm ein Mikrofon mit Spiralkabel in die Hand und justierte an einem großen runden Knopf das aktive Frequenzband seines ICOM-Transceivers. Das Rauschen änderte sofort seinen Klang, ein hochfrequentes Pfeifen gesellte sich dazu und wechselte mit jeder leichten Drehung der Hauptabstimmung die Tonhöhe.

»Hier ist Fox Zwei November Uniform«, meldete er sich und hoffte auf eine Antwort. Dutzende seiner Kollegen aus dem Amateurfunkverband waren bereits vor ihm gescheitert. Aus irgendeinem Grund gelang das, was Tage zuvor noch so einfach gewesen war, nicht mehr: Kontakt mit einem Funker in einem anderen Land aufzunehmen. Die letzten zwei Stunden hatte er damit verbracht, über die Ursache nachzugrübeln. Das Ergebnis seiner Überlegungen lag nun vor ihm: ein zerlegtes Funkgerät, aus dem er einen digitalen Baustein entfernt und die losen Enden wieder verbunden hatte. Nun setzte er alle seine Hoffnungen auf diese Modifikation.

»Hier ist Fox Zwei November Uniform«, wiederholte Noah und wanderte durch die Frequenzen, bis schließlich das dunkle Wasserfalldiagramm auf seinem Transceiver hellgelbe Bereiche anzeigte. Und dann geschah es: Aus dem Rauschen erhoben sich Stimmen. Unklar, zerhackt, kaum verständlich, aber eindeutig menschlich. Noah nahm eine Feinjustierung vor. Das Rauschen wurde leiser, die Sprachqualität verbesserte sich, bis ein Empfänger am anderen Ende deutlich zu hören war.

»QRZ … QRZ …«, versuchte Noah, den Unbekannten in die Leitung zu bekommen. Schließlich empfing er die Stimme, immer noch verrauscht, aber verständlich: »This is Uniform X-Ray Five India Lima from Kiew.«

Noah spürte, wie sein Herz schneller schlug. Der erste Schritt war getan. Nun folgte der entscheidende zweite Teil, die zweifelsfreie Authentifizierung des Funkpartners. Das war das vorherrschende Thema des gestrigen Treffens in Paris gewesen: Wie konnte sichergestellt werden, dass sein Gesprächspartner keine KI war?

»Hier Fox Zwei November Uniform. Wie ist das Wetter bei Ihnen?«, fragte er auf Englisch.

Das Störsignal wurde lauter. Noah befürchtete, den Kontakt wieder zu verlieren, denn die Antwort ging irgendwo zwischen den Frequenzbändern im Rauschen unter. Mit Fingerspitzengefühl pegelte er die Stimme aus Kiew wieder ein.

»Uniform X-Ray Five India Lima … Hören Sie mich?«

Erneut schälte sich ein Satz aus dem Äther, diesmal jedoch glasklar, als wäre der Gesprächspartner im angrenzenden Zimmer.

»Ja, ich kann Sie hören. Die Verbindung ist jetzt gut.«

Noah atmete auf, fühlte das Blut in seinen Händen pochen und bat erneut: »Ich möchte wissen, wie das Wetter in Kiew ist.«

Der Funkpartner ließ sich Zeit. War das ein gutes oder ein schlechtes Zeichen? Endlich kam die Antwort.

»Das Wetter ist gut in Kiew. Es regnet Bienen, und auf den Straßen fließt Honig.«

Noah konnte es kaum fassen. Es hatte funktioniert. Der Kontakt war echt.

Nun musste er in die Zentrale seines Arbeitgebers – und zwar so schnell wie möglich.

Akira & Seiko

Tokio/Lyon

Akira saß nur mit Unterwäsche bekleidet vor den Displays seiner getunten Computer-Workstation. Trotz der Klimaanlage, die den Raum konstant auf zwanzig Grad kühlte, war sein massiger Körper klatschnass. Zeit maß er nicht mehr in Stunden und Minuten, sondern in Toilettengängen und Nahrungsaufnahme. Die Dosen mit koffeinhaltigen Getränken, deren Konturen im gedimmten blauen Licht kaum noch erkennbar waren, und die fast ausschließlich aus Zucker bestehenden Snacks hielten ihn seit Seikos Abreise wach. Drogen nahm er nicht mehr, seit Seiko in sein Leben getreten war, aber Koffein und Zucker in hoher Dosierung hatten fast denselben Effekt. Nach den Schweißausbrüchen war Akiras Geschmackssinn stets die erste Körperfunktion, die nach solchen Marathon-Sessions versagte. Die blau schimmernden Dosen hätten genauso gut mit Petroleum gefüllt sein können, er hätte es nicht bemerkt. Das stetig enger werdende Gesichtsfeld, der Tunnelblick auf die Bildschirme und der trockene Rachen waren weitere Anzeichen dafür, dass sein gesamter Organismus überlastet war und bald zusammenbrechen würde. Selbst der Teppich unter seinen nackten Füßen fühlte sich an wie feuchtes Moos. Hatte er etwas verschüttet, oder hatte sich seine Blase entleert, ohne dass er es bemerkte? Er erinnerte sich nicht – und es war auch nicht wichtig. Alles, was zählte, war Seikos Auftrag. Denn endlich hatte er die Chance, ihr etwas von dem zurückzugeben, was sie einst für ihn getan hatte.

Akira Nagashima war gerade zwanzig Jahre alt geworden, als am 11. März 2011 eine gewaltige Flutwelle die japanische Ostküste traf und mehr als zwanzigtausend Menschen in den Tod riss. Der Tsunami prallte auf das Kernkraftwerk der Präfektur Fukushima und führte in drei von sechs Reaktorblöcken zu unkontrollierten Kernschmelzen. Luft, Böden, Wasser und Nahrungsmittel wurden radioaktiv verseucht. Hundertfünfzigtausend Menschen in der Umgebung, darunter auch Akira und seine Mutter, die das Unglück wie durch ein Wunder überlebt hatten, wurden evakuiert und durften nie wieder in ihre Heimatstadt Ōkuma zurückkehren. Fast hundert bettlägerige Menschen hatte man im Krankenhaus von Ōkuma zurückgelassen; die Hälfte von ihnen war bereits tot, als doch noch Rettungskräfte dort eintrafen.

Heute glich Ōkuma einer Geisterstadt, wie Tschernobyl in der Ukraine. Als Entschädigung für die Katastrophe erhielt jeder betroffene Familienhaushalt nur eine bescheidene Summe – und das auch erst, nachdem die japanische Regierung den Kernkraftwerksbetreiber TEPCO dazu gezwungen hatte. Viel zu wenig, um damit in einer fremden Stadt neu anzufangen.

Akiras Mutter hatte aus Stolz die angebotene Hilfe ihres geschiedenen Mannes abgelehnt, weshalb für sie und ihren Sohn in Tokio ein Leben in Armut begann. Zwei Jahre später verstarb sie an Vaskulitis, einer seltenen Autoimmunerkrankung. Die Ärzte versicherten Akira, dass die Krankheit nicht mit den erhöhten Strahlenwerten zusammenhinge. Akira glaubte ihnen jedoch kein Wort und begann als Hacker seinen privaten Rachefeldzug gegen alles und jeden, der irgendwie mit dem Reaktorunglück in Verbindung stand. In den ersten Jahren ging er noch ziemlich unbeholfen vor, verfolgte sein Ziel aber konsequent weiter, in der Hoffnung, den Mördern seiner Mutter eines Tages großen Schaden zufügen zu können. Sein Leben finanzierte er durch die Teilnahme an Game-Contests wie *Starcraft*, *Pokémon* oder *Super Smash Bros.*, für die es in Japan beeindruckende und sehr populäre Live-Events gab. Offenbar hatte Akira dafür ein besonderes Talent.

Der Erfolg brachte es mit sich, dass sein Leben zum ersten Mal unbeschwert schien. Seine Fans liebten ihn – oder zumindest das, was sie in ihm sahen –, und so verflüchtigten sich seine Rachepläne, als würde sich ein Tropfen Gift in einem Regen voller Träume auflösen. Und gerade als Akira Hoffnung schöpfte und begann, Zukunftspläne zu schmieden, warf ihn eine Krankheit zu Boden. Es war, als hätte sich ein teuflischer Virus in seinem Körper versteckt und nur darauf gewartet, das fragile Konstrukt seines trügerischen Glücks zu zerstören. Gleichgewichtsstörungen, Übelkeit und Migräne waren nur einige der Symptome einer Krankheit, die mit einer aggressiven Gewichtszunahme einherging, welche erst bei hundertvierzig Kilo gestoppt werden konnte. Seitdem nahm Akira ein Dutzend unterschiedlicher Medikamente. Auch ihm bestätigten die Ärzte, dass sein Krankheitsbild wahrscheinlich nicht mit dem Reaktorunglück von Ōkuma in Verbindung stehe.

Für Akira war klar: Die Regierung, die Betreiber der Atomkraftwerke und die Ärzteschaft hatten sich miteinander verschworen. Fast zeitgleich forderten immer mehr Politiker in Japan eine Kehrtwende in der Energiepolitik. Hatte man nach Fukushima noch alle Kernreaktoren in Japan heruntergefahren, waren mittlerweile wieder zehn Kraftwerke ans Netz gegangen. Sieben weitere sollten in absehbarer Zeit folgen. Diese Erkenntnis nährte seinen Hass, der alles andere in den Hintergrund drängte. Tag und Nacht arbeitete Akira an einem »Paukenschlag«, um die Pläne der Regierung zu durchkreuzen. Das größte AKW der Welt, das Atomkraftwerk Kashiwazaki-Kariwa, sollte nach seinen Plänen einen Super-GAU melden, ein Fake, den er imitieren wollte. Akira war fest davon überzeugt, dieser weltweite Schock würde den endgültigen Ausstieg Japans aus der Atomenergie erzwingen. Doch bevor er sein Vorhaben umsetzen konnte, scheiterte sein digitaler Angriff an einer jungen Frau: Seiko Itō.

Dabei geschah etwas Merkwürdiges. Etwas, das er im Rückblick als »den magischen Moment in seinem Leben« bezeichnete. Nachdem Seiko Itō sein gesamtes Leben durchleuchtet hatte und der Meinung war, sie kenne ihn besser als er sich selbst, lieferte sie ihn nicht der Polizei aus, sondern suchte ihn persönlich auf. Bei ihrem ersten Besuch sprach sie nur durch die geschlossene Tür mit ihm, stellte sich höflich vor und erzählte ihm von ihrer Position bei der PSIA. Sie erklärte ihm, dass ein Spezialtrupp der Polizei sich gewaltsam Zutritt zu seiner Wohnung verschafft hätte, wenn sie nicht eingegriffen hätte. Er antwortete nicht, stand nur auf der anderen Seite der geschlossenen Tür und beobachtete auf dem Display – mit einer Mischung aus Angst, Verzweiflung, aber auch Faszination – die zierliche Gestalt, bis sie wieder ging. Kaum war sie im Fahrstuhl verschwunden, öffnete er die Tür und beobachtete die Digitalanzeige des Aufzugs, die sie Stockwerk für Stockwerk weiter von ihm entfernte. Ein unangenehmes Gefühl, das er bis heute verspürte, wenn Seiko Abschied nahm. Als er zurück zu seine Wohnung ging, fand er an seiner Tür einen gelben Zettel, auf dem ein kurzer Satz stand: *Hass ist, wie Gift zu trinken und zu hoffen, dass jemand anders stirbt.*

Darunter standen ihr Name und ihre Telefonnummer. Einen Tag später rief er sie an, und alles, was danach kam, war nicht mehr und nicht weniger als ein neues Leben.

Frustriert blickte Akira jetzt auf zwei Smartphones, die neben der Tastatur lagen und mit dem Rechner verbunden waren. Beide Telefone hatten Deepfakes in ihrem Speicher. Eins hatte er seinem kauzigen Nachbarn zu einem völlig überzogenen Preis abgekauft, das andere war sein eigenes; es enthielt eine Videobotschaft seines Vaters.

Lieber Akira, es fällt mir schwer, das zu sagen, aber was auch geschieht, du wirst immer mein Sohn bleiben. Ich liebe dich.

Ohne Zweifel ein Fake, denn Worte wie *Liebe* würde sein Vater nie in den Mund nehmen. Schon gar nicht, wenn es um seinen Sohn ging. Davon war Akira fest überzeugt.

Das Handy seines Nachbarn enthielt Sprachnachrichten von Saomi, einer lebensgroßen Silikonpuppe, die einer echten Frau täuschend ähnlich sah, aber nach Aussage seines Nachbarn lange nicht so kompliziert war wie eine reale Ehefrau.

In der Sprachnachricht beschimpfte Saomi ihn. Sie war ganz offensichtlich eifersüchtig auf ihre Nebenbuhlerin, ebenfalls eine Puppe, die sich sein Nachbar erst vor Kurzem in einem Onlineshop bestellt hatte.

Nach exzessiver Analyse aller auf den Handys befindlichen Codes und unzähligen Tests hatte Akira nur eine einzige Ungereimtheit finden können: Die gefakten Nachrichten waren nie empfangen worden, die Mobiltelefone mussten die Videos selbst generiert haben.

Es läutete an der Tür. Ein Bote lieferte, worauf er händeringend gewartet hatte – zwei nagelneue Handys, identisch mit den beiden Modellen, die er untersucht hatte. Mit schweißnassen Händen führte er bei jedem Gerät einen Benchmark-Test durch, einen Leistungsnachweis über die Geschwindigkeit der Units bei Vollauslastung. Das Ergebnis fühlte sich an wie ein Befreiungsschlag. Aufgeregt wählte er Seikos Nummer.

Seikos Handy blitzte lautlos in der Dunkelheit wie ein Stroboskop. Es war zwar erst Mittag, aber Seiko nutzte die Pause, um bei geschlossenen Jalousien zu meditieren.

Das Display ihres Smartphones zeigte Akiras Namen, dazu sein grinsendes Gesicht mit animierten Micky-Maus-Ohren. Ob der Anruf ein Fake war, würde sich gleich herausstellen.

Ein Knopfdruck, und schon verschwand das niedliche Bild und wurde durch eine verrauschte Videoübertragung ersetzt. Akira saß mit einer Kühltasche irgendwo in einem Park und winkte in die Kamera.

»Seiko-chan, ich wünschte, du wärst jetzt hier und könntest mit mir die Sonne genießen.«

Seiko brach die Verbindung ab. Picknick auf einer Wiese?

Akira? Niemals. Es läutete wieder – ein neuer Versuch. Akiras Gesicht tauchte erneut im Videocall auf. Er sah grässlich aus. Erschrocken von seinem Anblick, begann ihr Herz wild zu schlagen. Seine Haut war leichenblass, seine Haare strähnig, und seine schwitzende Stirn glänzte im blauen Licht. Trotzdem konzentrierte Seiko sich auf den Code, den sie beide vor ihrer Abreise vereinbart hatten, um eine mögliche Manipulation der Übertragung entlarven zu können.

Akira begann, mit der Zunge schnalzende Laute von sich zu geben, und Seiko zählte mit. Erst ein Zungenlaut, Pause, dann drei weitere. Sie standen für die Zahl 13, die Quersumme aus den einzelnen Zahlen des heutigen Datums. Seiko antwortete darauf mit »Go«, was nicht für »gehen« stand, sondern für die japanische Zahl Fünf, die sich ebenfalls aus der Quersumme des Tages und des Monats ergab. Akira bestätigte dies mit zwei gespreizten Fingern, die er vor die Kamera hielt, ähnlich dem Victory-Zeichen, es symbolisierte den zweiten Tag ihrer Trennung – der Anruf war echt!

»Ich vermisse dich, Akira«, sagte sie leise, obwohl sie vereinbart hatten, sich in ihren Gesprächen auf das Wesentliche zu beschränken. Aber nichts war so wesentlich, wie Akira das wissen zu lassen. Im Gegenzug küsste er Zeige- und Mittelfinger und hielt sie an die Kamera. Seiko erwiderte die Geste.

»Ich vermisse dich noch viel mehr«, sagte er mit brüchiger Stimme. »Ich konnte den Virus zwar nicht lokalisieren, aber ich kann seine Existenz beweisen.«

»Und wie?«

»Ich habe die Geschwindigkeiten von baugleichen Smartphones gemessen. Infizierte Handys waren unter Vollauslastung langsamer als nicht infizierte Geräte.«

Akiras Augen leuchteten.

»Aber jetzt kommt die schlechte Nachricht: Kaum hatte ich mit einem nicht infizierten Gerät ein infiziertes Handy kontaktiert, sank auch dort die Leistung um exakt denselben Wert.«

»Der Virus hat sich beim Telefonieren übertragen?«, schlussfolgerte Seiko überrascht. »Das ist doch überhaupt nicht möglich.«

»Na, offensichtlich schon. Was mir aber eine Höllenangst ein-
jagt, ist eines der beiden neuen Geräte, die ich gekauft habe – ich
hatte es bis dahin nicht mit der Außenwelt gekoppelt.«

»Also weder über SIM-Karte noch Bluetooth oder sonst wie?«,
vergewisserte sie sich.

»Ganz genau. Und trotzdem ergab der Leistungstest dieselbe
Geschwindigkeit wie bei den infizierten Handys.«

Seiko schluckte. Beiden war sofort klar, welche Erkenntnis sich
daraus ergab. Der Virus befand sich bei diesem Gerät bereits ab
Werk auf der Einheit.

»Und jetzt?«

»Ich geh weiter auf die Suche nach dem Virus, nicht nach seiner
Ursache. Das hat erst mal Priorität. Und ich verspreche dir, ich
finde den Code. Ich finde ihn!«

Seiko nickte und berührte mit der Hand die Kamera, bis auch
Akiras Hand sich auf ihren Bildschirm legte – ihr Zeichen, um das
Gespräch zu beenden. Ohne Abschied und ohne zärtliche Worte.
Bis die Displays schwarz wurden.

Akira lehnte sich erschöpft in seinem Sessel zurück, der hydrau-
lisch gefedert in fast liegender Position verharrte. Die permanente
Konzentration in Verbindung mit der Euphorie, Seiko ein Ergebnis geliefert zu haben, mündete in einer lähmenden Starre. Selbst
sein Blick verharrte irgendwo in der Leere des abgedunkelten
Raums. In einem Zustand vollkommener Lethargie dachte er an
die Fake-Botschaft seines Vaters, von der er sich nichts sehnlicher
wünschte, als dass sie real wäre. Es war still geworden. Noch während er überlegte, eines der schallisolierten Fenster zu öffnen, um
den Straßenlärm hereinzulassen, übermannte ihn die Erschöpfung und zog ihn hinab in ein düsteres Loch voller quälender Albträume.

Seikos Gedanken kreisten um Akira, als sie ins Badezimmer ging und sich auf die Toilette setzte. Aus reiner Gewohnheit drückte sie sofort die Spülung – eine Angewohnheit vieler japanischer Frauen, denen es unangenehm war, wenn jemand die sehr persönlichen Geräusche im Bad hören konnte. So entging ihr, dass jemand die Tür zu ihrem Apartment öffnete. Es dauerte eine Weile, bis sich der rauschende Wasserkasten wieder gefüllt hatte. Als Seiko erneut die Spülung drücken wollte, hörte sie eine leise Stimme in der Suite. Die Worte konnte sie nicht verstehen, sie klangen arabisch, fast so, als würde jemand ein Gebet murmeln. Das Zimmermädchen war schon am Vormittag da gewesen, Service hatte sie keinen bestellt, und Wertsachen besaß sie nicht, die für einen Dieb von Interesse gewesen wären. Hastig zog sie ihre Hose hoch, fädelte den Gürtel ein und hoffte, dass dem Eindringling ihre Anwesenheit entgangen war. Auch auf die Gefahr hin, sich lächerlich zu machen, da es vermutlich eine plausible Erklärung für den unerwarteten Besuch gab, stürzte sie aus dem Zimmer, riss die schwere Tür zum Flur auf und rannte den Gang entlang. Für einen winzigen Augenblick hatte sie eine dunkle Gestalt mit Vollbart wahrgenommen, die ihre Koffer durchwühlte – vielleicht doch nur ein Dieb? Seiko war nicht erpicht darauf, das herauszufinden, erreichte den Fahrstuhl und drückte hektisch die Ruftaste. Doch um auf seine Ankunft zu warten, blieb keine Zeit. Der bärtige Mann tauchte am Ende des Ganges auf – mit einem Messer, spätestens jetzt bestand kein Zweifel mehr, dass sie in Gefahr war. Aber statt auf sie zuzurennen, näherte er sich ihr mit großen Schritten – fast so, als wäre er verunsichert und doch zu allem entschlossen. Das verriet ihr sein starrer, manischer Blick. Seiko suchte panisch nach einem Ausweg. Es musste eine Feuertreppe geben, doch sie konnte keine finden. Sie schrie um Hilfe, rannte zur nächstbesten Zimmertür und hämmerte krachend gegen das Holz, aber vergeblich – niemand öffnete. Dann packte eine Hand sie von hinten und wirbelte sie herum. Der Unbekannte stand nur wenige Zentimeter vor ihr, griff nach ihren blauen Haaren und schmetterte ihren Hinterkopf gegen die Tür. Sein Atem stank nach Alkohol und Schweiß.

»Bist du Itō? Seiko Itō?«, schrie er sie an.

Plötzlich wurde die Tür hinter ihr geöffnet, und sie stürzte direkt vor die Füße eines Zimmermädchens, das erschrocken aufschrie. Im selben Moment stach der Mann zu. Am Boden liegend konnte Seiko erkennen, wie der Bärtige seine Klinge ein weiteres Mal in den Oberkörper der Frau rammte, die blutüberströmt über ihr zusammenbrach. Zitternd holte der Wahnsinnige ein Handy aus seiner Weste hervor, während Seiko verzweifelt versuchte, unter dem leblosen Körper hervorzukriechen. Endlich gelang es ihr, sich auf den Bauch zu drehen und sich von dem Gewicht des Zimmermädchens zu befreien. Da trat sie ein Stiefel in den Rücken und drückte sie schmerzhaft zu Boden. Der borstige Teppichboden kratzte an ihrer Wange, bis sie an den Haaren gepackt und ihr Kopf gewaltsam in den Nacken gerissen wurde. Ein blutverschmiertes Handy tauchte vor ihren Augen auf.

»Du? Du?«, schrie der Mann sie an und fuchtelte mit dem Handy vor ihrem Gesicht herum. Schluchzend versuchte sie, das Bild auf dem Display zu erkennen. Es war unscharf, irgendwann auf einer Firmenfeier aufgenommen worden, und ja, das da auf dem Bild war sie – mit einer anderen Frisur, deutlich jünger. Aber unzweifelhaft sie, lachend, mit einem Glas Sekt in der Hand.

Ein nasser unwillkürlicher Wimpernschlag reichte dem Bärtigen als Zustimmung. Er ließ ihren Kopf los, packte sein Messer und stieß zu. Reflexhaft zuckte Seikos Hals zur Seite. Die Klinge rammte neben ihr in den Boden. Seiko blickte steil hinauf, direkt in das Gesicht des Attentäters, der mit krächzender Stimme und Todesangst in den Augen schrie: »Für Aleyna!«

Dann zerfetzte eine Kugel seinen Kopf.

Camille & Valentine

München, Deutschland

Camille war verzweifelt. Die breiten Treppenabgänge, die hinunter zu den S-Bahnhöfen am Flughafen führten, waren überfüllt von Menschen, die mit Gepäck beladen, verärgert und frustriert den Heimweg antraten. Alle Flüge waren gestrichen worden, und Camille konnte die Spannungen spüren, die in der Masse wuchsen. Irgendwo in diesem Gewirr musste auch Valentine stecken, denn es war der einzige Weg hier heraus.

Eine Viertelstunde zuvor hatte ein Beamter ihr eine Nachricht von ihm überbracht, wenige Zeilen in fahriger Handschrift auf einem mehrfach gefalteten Zettel.

Milo, muss dringend nach Dublin und meine Schwester finden –
es geht nicht anders. V.

Valentine hatte in ihrer gemeinsamen Zeit nie erwähnt, dass er eine Schwester hatte. Sie spürte, dass aus der Wut, die sie all die Jahre ihm gegenüber empfunden hatte, nun Sorge geworden war. Obwohl er sie einst sitzen gelassen hatte, ohne Erklärung und ohne Abschied. Und nun stand sie hier, sich sehr wohl bewusst, dass sie an anderer Stelle viel dringender gebraucht wurde. Die Stimme eines Kindes schrie irgendwo verzweifelt nach seiner Mutter. Das Kind selbst war aber in der Menschenmenge nicht zu sehen, nur seine weinerlichen Rufe hallten zwischen den Betonwänden wider. Unmöglich, sie zu orten.

Camille klammerte sich am Handlauf der Treppe fest und

blickte zu den S-Bahn-Plattformen hinab. Von hier aus hatte sie eine gute Sicht und hoffte, Valentine irgendwo zu entdecken. Dabei wusste sie nicht einmal, was sie ihm sagen sollte. Bis jetzt war es nur ein Gefühl, das sie hierhergetrieben hatte, kein konkreter Plan.

Ein Mann rempelte sie unsanft an, schrie um sich und drängte sich panisch durch die Menge.

»Ich muss durch! Lassen Sie mich durch, meine Tochter liegt im Sterben. Ich muss zu ihr!«

Die Falschmeldungen nahmen mit erschreckender Geschwindigkeit zu. Denn längst war nicht allen klar, dass die Mitteilungen, die sie von Freunden und Verwandten erhielten, gefälscht waren. Auch die offiziellen Medien brachten widersprüchliche Meldungen – darunter ebenfalls zahlreiche Deepfakes.

Überall in der Menge entwickelten sich aus Wortgefechten Rangeleien. Schließlich fuhr eine S-Bahn in die Station, und jemand stürzte auf die Gleise. Schreie, quietschende Bremsen – eine junge Frau war unter den Zug geraten. Für einen Moment verstummten die Massen, dann brandete der Sturm Hunderter Stimmen wieder auf, lauter als zuvor. Camille glaubte zu erkennen, dass Männer in das Gleisbett hinabsprangen, um der Frau zu helfen, als eine Durchsage das brodelnde Chaos übertönte.

»Vorsicht! Die Gleise stehen unter Strom! Was Sie da tun, ist lebensgefährlich!«

Und plötzlich entdeckte sie Valentine, der seitlich unter ihr mit der Menge hin und her wogte. Sie hatte ihn an seinem Mantel mit den silbernen Knöpfen erkannt.

»Valentine!«, brüllte sie mehrmals aus Leibeskräften, bis er endlich reagierte. Er hob seine Reisetasche in die Höhe, um dem Strom von Menschen weniger Widerstand zu bieten, während sie den sicheren Platz am Geländer verließ und ebenfalls auf ihn zutrieb, bis sich ihre Fingerspitzen berührten, er sie an sich zog und fest in die Arme schloss.

»Milo, was tust du denn hier?«, fragte er entsetzt.

»Das Gleiche wollte ich dich fragen.«

»Ich? Ich muss hier weg, wegen Maggie. Sie ist meine kleine Schwester, und ich muss sie finden.«

Die stöhnende Masse um sie herum presste sie immer enger zusammen.

»Was immer du empfangen hast – es war garantiert ein Fake. Du musst mir glauben, es gibt Tausende von Falschmeldungen.« Ihr Mund berührte fast sein Ohr.

»Es war aber ein Videocall, und sehr real.«

»Valentine, du darfst diesen Unsinn nicht glauben. Auch die Videos sind Fakes. Alles spielt verrückt.«

Eine Hundertschaft bewaffneter Polizisten drängte sich gewaltsam an den Wänden der Treppenabgänge hinunter.

»Räumen Sie den Bahnhof, bitte räumen Sie den Bahnhof!«, tönte es schrill aus Megafonen.

Valentine fasste sie bei den Schultern.

»Es ist kompliziert«, sagte er.

»Was daran ist kompliziert? Erklär es mir!«

»Es kann schon sein, dass es ein Fake war, aber … Ich kann dir das jetzt nicht erklären. Ich muss Maggie finden. Vielleicht ist das meine letzte Chance, etwas wiedergutzumachen.«

Ein heftiger Stoß in die Seite zwang Camille, sich wieder an Valentine zu klammern, um nicht von den Massen umgeworfen zu werden. Gemeinsam mit allen anderen stolperten sie unwillkürlich wieder nach oben, weil eine Polizeikette Schritt für Schritt die Menschen, die immer lauter protestierten, von der Plattform drängte.

»Du kommst hier nicht raus. Die Straßen sind verstopft, und Mietwagen sind komplett ausgebucht«, schrie sie ihn an.

»Ich muss aber, und wenn ich zu Fuß gehe«, schrie er mit sich überschlagender Stimme, um die Megafone zu übertönen.

»Bis nach Irland?«

»Du verstehst das nicht, ich kann nicht anders. Und vielleicht ist das pure Einbildung, aber es fühlt sich an, als ob Maggie mich rufen würde. Das ist verrückt, oder?«

Der enge Korridor der Treppen gab sie oben frei, kalte Luft empfing sie, und augenblicklich nahm der Druck ab, und der Lärmpegel sank.

Schwer atmend schüttelte Camille den Kopf.

»Ich bin die Letzte, die das nicht verstehen würde.«

Valentine erinnerte sich daran, wie Camille ihm einmal erklärt hatte: *Unsere Welt ist voller Botschaften, Valentine. Man muss sie nur sehen wollen und lesen können.*

Für ihn war das esoterischer Hokuspokus gewesen, aber jetzt fühlte es sich an wie ein rettender Strohhalm.

»Wenn du vollkommen überzeugt bist, dass du nach Dublin gehen musst, dann tu das. Aber vielleicht wirst du nicht das finden, wonach du suchst.«

Valentine schob sie sanft hinter einen Stahlträger, an dem sich die Menschenwoge brach wie der Fluss an einem Felsen in der Strömung. Dann strich er ihr sanft über die Wange. Inmitten des Dramas, das sich hier und vermutlich an vielen Orten dieser Welt gerade abspielte, war diese sanfte Berührung für Camille von einer solch ungeheuren Intimität, dass ihr das Blut ins Gesicht schoss.

»Du machst dir Sorgen um mich, und das noch immer, nach so langer Zeit«, flüsterte er ihr ins Ohr, und der Lärm verschwand, all die Menschen lösten sich in Nichts auf, und alles, was blieb, waren seine gläsernen, ehrlichen Worte, die so zerbrechlich klangen und doch von solcher Kraft waren, dass sie kaum zu atmen wagte.

»Ich habe so viele entscheidende Fehler in meinem Leben gemacht, Milo. Dich zu verlassen, war einer davon.«

Ein lauter Knall riss Camille zurück in die graue Realität. Hatte jemand geschossen? Hatte Valentine überhaupt zu ihr gesprochen, oder war sein Geständnis nur eine Sinnestäuschung gewesen? Wieder fielen Schüsse und brachten die Menschen dazu, in Deckung zu gehen. Auch Camille und Valentine gingen unweigerlich in die Hocke und hielten Ausschau nach dem Schützen – aber vergeblich.

»Ich helfe dir«, stieß Camille kurzatmig hervor. »Aber zuerst müssen wir hier raus.« Mit einem energischen Griff riss sie ihn hoch. »Worauf wartest du? Auf diesem Weg kommst du sicher nie nach Dublin.«

Valentine sah ein letztes Mal zu den S-Bahn-Gleisen hinab, dann hastete er zwischen all den am Boden kauernden Menschen hindurch Camille hinterher.

Seiko & Lamy

Lyon, Frankreich

Seiko saß regungslos auf einem Stuhl in einer Ecke des Behandlungsraums. Den Mann im Kittel, der das klinisch weiße Licht der Deckenfluter verdeckte, nahm sie kaum wahr, ebenso wenig die zweite Person, mit der er leise sprach. Selbst ihre Schmerzen waren in weite Ferne gerückt, kaum greifbar. Nur die Worte der beiden drangen klar und deutlich durch ihre Hörgeräte. Für Seiko schien es, als wären alle ihre anderen Sinne auf ein Minimum reduziert worden, um dem Gespräch folgen zu können.

»Ich musste sie im Sitzen untersuchen.«

»Ich verstehe nicht ganz.«

»Sie hat bisher kein Wort gesprochen, aber sie wollte sich nicht auf die Liege legen.«

»Und Ihre Diagnose?«

»Sie hat eine Lazeration am Hinterkopf, eine Platzwunde. Wir haben ein Lokalanästhetikum verabreicht, die Wunde versorgt und verklebt. Außerdem hat sie Schürfwunden an den Ellenbogen. Äußerlich habe ich sonst nichts gefunden, aber für eine weitergehende Untersuchung müsste sie sich auf die Liege legen, damit ich den Ultraschall anwenden kann.«

»Gehirnerschütterung?«

»Soweit ich es beurteilen kann, nein.«

»Könnten Sie uns einen Moment allein lassen?«

Der Schatten auf Seikos Gesicht verschwand. Eine Tür wurde geschlossen, und Direktor Lamys Gesicht erschien vor ihr. Er musste sich in die Hocke begeben haben.

»Madame Itō, wie fühlen Sie sich?«

Seiko sah durch ihn hindurch. Nur ein leichter Wimpernschlag verriet, dass sie ihn gehört hatte.

»Madame Itō, Sie sollten Dr. Friedmann die Möglichkeit geben, Sie gründlich zu untersuchen. Können Sie das für mich tun?«

Ihre Augen bewegten sich und fokussierten sich auf Lamys mildes Lächeln.

»Nana korobi ya oki«, stellte sie regungslos fest.

»Ich verstehe kein Japanisch, Seiko.«

»Ein Sprichwort: Siebenmal hinfallen, achtmal aufstehen.«

Die Wunde an ihrem Hinterkopf begann zu pochen. Vorsichtig betastete sie die raue Stelle mit dem Sprühverband.

»Der Attentäter … Lebt er noch?«, fragte sie Lamy.

»Er ist auf dem Weg ins Krankenhaus gestorben.«

Seiko schluckte. »Wer war er?«

»Sein Name war Osman Abdulrahman, ein Franzose. Er arbeitete als Buchhalter. Seine Frau hat sich bei uns gemeldet, nachdem sie einen Abschiedsbrief von ihm gefunden hatte. Da wir keinen Zugriff auf die Datenbank haben, können wir nicht sagen, ob er auf irgendeiner Fahndungsliste stand oder als Gefährder galt. Aber seine Frau beteuert, dass ihr Mann kein Terrorist war.«

»Wie heißt seine Frau?«

»Ich verstehe nicht …«

»Das Letzte, was er sagte, war: für Aleyna.«

»Aleyna Abdulrahman. Ja, das ist seine Frau.«

Seiko schloss die Augen und atmete tief durch.

»Warum ich?«, flüsterte sie dann und erinnerte sich an das blutige Handy mit ihrem Bild, das ihr der Terrorist vor die Augen gehalten hatte.

»Wir wissen es nicht. Aber Sie hatten unglaubliches Glück, dass ein Wachmann den Kampf gehört hat. Es grenzt an ein Wunder, dass Sie jetzt hier sitzen.«

Seiko sah ihn an und wischte sich über die feuchten Augen.

»Und die andere Frau?«

»Sie lebt. Notoperation. Mehr weiß ich im Moment nicht.«

Seiko dachte an den Flugzeugabschuss über München, bei dem ihr Abteilungsleiter ums Leben gekommen war.

»Shohei Matsui, der Leiter der Cybercrime-Abteilung bei der PSIA …«

»Ich kannte ihn, er saß in München in dem Flugzeug«, sagte Lamy.

»Japans führender Experte für Cyber-Kriminalität und Leiter der NISC, einer Anti-Cyberwar-Einheit. Haben Sie je in Betracht gezogen, dass der Angriff nicht dem Flugzeug, sondern ihm galt?«

Lamy kratzte sich am Kopf und deutete mit einer leichten Kopfbewegung eine Verneinung an.

»Das scheint mir weit hergeholt.«

»Ich bin Shohei Matsuis Nachfolgerin, zumindest vorübergehend. Der Mann wollte mich töten. Er hatte mein Bild auf seinem Handy. Das kann doch kein Zufall sein«, hielt Seiko ihm aufgebracht entgegen.

»Beruhigen Sie sich, bitte. Lassen wir die Ermittler ihren Job machen. Ich bin mir sicher, sie werden etwas finden, wenn sie Abdulrahmans Geschichte durchleuchten.«

Seiko senkte die Augenlider. Das Pochen in ihrem Hinterkopf wurde nun von stechenden Schmerzen begleitet, doch sie hatte nicht vor, sich dadurch beeinträchtigen zu lassen. Es war Zeit, von Akiras Entdeckung zu berichten.

»Directeur Lamy«, begann sie zögernd. »Ich habe einen Experten in Tokio mit der Analyse einer möglichen KI beauftragt. Und er hat eine Theorie.«

Seiko sah Akiras Gesicht vor ihrem inneren Auge. Für ihn war es längst keine Theorie mehr.

»Sie haben mit ihm … telefoniert?«

»Wir haben einen Code vereinbart, als ich noch in Japan war. Einen Schlüssel, der sicherstellt, dass wir nicht von einem Deepfake getäuscht werden.«

Lamy runzelte skeptisch die Stirn.

»Sie können mir vertrauen. In solchen Dingen bin ich sehr präzise, Directeur Lamy.«

»Also gut. Erzählen Sie.«

»Der Virus sitzt vermutlich nicht nur in der Software der Geräte. Wenn mein Spezialist recht hat, ist er tief im Code der Chips verankert oder Teil der Firmware. Ich weiß, das klingt unglaublich. Mein Spezialist glaubt, dass er bereits bei der Herstellung der Prozessoren …«

Laurent hob den Zeigefinger an die Lippen und schüttelte den Kopf.

»Das klingt gar nicht so absurd, wie Sie denken. Und es würde einiges erklären.«

Er schien zu grübeln und blickte auf seine Uhr.

»Wie fühlen Sie sich? Haben Sie das mit dem siebenmal hinfallen und achtmal aufstehen ernst gemeint?«

Seiko verstand nicht ganz, worauf er hinauswollte.

»Ein Mitarbeiter wartet in meinem Büro auf mich. Er hat etwas angedeutet, das in eine ähnliche Richtung geht. Was denken Sie, es ist zwar viel verlangt, aber vielleicht wollen Sie mich begleiten?«

Ohne zu zögern, erhob sich Seiko schwerfällig, knickte jedoch sofort wieder ein. Lamy schnellte vor und fing sie auf.

»Vielleicht war das eine dumme Idee von mir. Es tut mir leid.«

In Seikos Augen loderte wilde Entschlossenheit auf. Im selben Moment kam Dr. Friedmann zurück in den Raum.

»Können wir jetzt mit der Untersuchung beginnen?«, fragte er vorsichtig.

»Nein«, antwortete Seiko. Friedmann bemerkte den verschwörerischen Blick, den sich die beiden zuwarfen. Lamy griff der zierlichen Frau unter die Arme und half ihr hoch.

»Ich muss Madame Itō für eine halbe Stunde entführen. Dann wird sie Zeit für die Untersuchung haben und zurückkommen. Richtig, Madame Itō?«

Seiko rang sich ein Lächeln ab und nickte.

Noah stand am Fenster des schlichten geräumigen Büros und dachte an seine Familie. Obwohl Henri keine Schuld an dem Vorfall im Kindergarten traf und Jades Mutter bald nach Hause kommen würde, quälte ihn das schlechte Gewissen, jetzt nicht bei ihnen zu sein. Andererseits war das Ergebnis seiner Nachforschungen so bedeutend, dass er nun hier bei Interpol in der Chefetage stand – seinem Arbeitgeber. Er gehörte allerdings nicht zur Riege der Kommissare und Agenten, sondern war Supporter für den internen IT-Bereich. In der Regel kam er nur in diese Etage, wenn wichtige Updates durchgeführt werden mussten oder der Drucker des Chefs nicht funktionierte.

Diesmal war er jedoch ohne Anfrage und mit rasendem Puls direkt in das Büro des Direktors gestürmt, nachdem ihm die Dame im Vorzimmer mitgeteilt hatte, dass er in den nächsten vierzehn Tagen ganz sicher keinen Termin bei Monsieur Lamy bekommen würde. Empört war sie ihm nachgeeilt und hatte mit dem Sicherheitsdienst gedroht. Doch Lamy hatte sie beruhigt und Noah fünf Minuten gegeben, um sein Anliegen vorzutragen. Obwohl Noah sich vor lauter Aufregung verhaspelte und Sätze ohne Anfang und Ende bildete, hatte Lamy aufmerksam zugehört und ihn dann gebeten, zu warten, bis er zurück sein würde. Danach hatte er ihn allein gelassen.

Seitdem haderte Noah mit sich: Vielleicht war das alles nur eine dumme Idee? Was konnte er einer so mächtigen Institution wie Interpol schon anbieten? Er sollte lieber gehen und zu seiner Familie fahren, statt hier den Schlaumeier zu spielen und sich am Ende lächerlich zu machen. Entmutigt beschloss er schließlich, seiner inneren Stimme zu folgen, als die Tür aufsprang und der Direktor hereinstürzte, gefolgt von einer Asiatin, deren Schritte eher bedächtig wirkten.

»Es tut mir leid, aber es ging nicht schneller. Nehmen Sie doch Platz. Wie war noch gleich Ihr Name?«, fragte ihn der Direktor, während er sich ans Kopfende des Besuchertisches setzte und nach der Thermoskanne griff.

»Morel, Noah Morel. Aus der IT-Abteilung.«

»Monsieur Morel, ich muss sagen, Sie haben mich heute wirklich überrascht. Ich weiß das zu schätzen«, erklärte Lamy und schenkte sich Kaffee ein. Zögernd setzte sich Noah seitlich ans andere Ende des Tisches und warf der Asiatin einen freundlichen Blick zu, die sich ebenfalls setzte.

»Verzeihen Sie mir, das ist Madame Seiko Itō, Spezialistin für Cybercrime beim japanischen Geheimdienst PSIA«, klärte Lamy ihn auf.

Noah hatte das Gefühl, dass es der Dame mit den blauen Haaren nicht gut ging. Ihre Lippen waren so blass, dass sie sich kaum von ihrer Haut abhoben, und ihr Blick schien verloren nach einem Fixpunkt zu suchen. Spontan beschloss er, sich zu verbeugen und sie auf Japanisch zu begrüßen.

»Konnichiwa.«

»Konnichiwa«, erwiderte die Frau lächelnd und verbeugte sich ebenfalls. Dann fragte sie höflich: »Nihongo hanaserunndesuka?«

Peinlich berührt zuckte Noah mit den Schultern.

»Verzeihen Sie, Monsieur Morel, ich fragte nur, ob Sie meine Sprache sprechen«, erklärte Seiko.

»Oh … Nein, Konnichiwa ist, glaube ich, das einzige japanische Wort, das ich kenne. Vielleicht noch Sayonara und … Harakiri.«

Wieder lächelte die Frau höflich, während Lamy die Thermoskanne abstellte.

»Bedienen Sie sich, Madame Itō. Heißes Teewasser ist in der anderen Kanne, und eine Auswahl an Teebeuteln finden Sie in der Box daneben.«

Zu Lamys Überraschung schenkte sich Seiko jedoch eine Tasse Kaffee ein.

»Kaffee? Ich dachte, Asiaten trinken nur Tee …«

Seiko hielt inne, ihr freundliches Lächeln verschwand. Lamy hob beschwichtigend beide Hände.

»Na gut, jeder, wie er will. Ich bin Franzose und mag keine Croissants.«

Die Tür öffnete sich, und Kate Bryson kam herein. Seiko fiel auf, dass sie ihr Hawaii-Outfit nicht mehr trug. Kate hob den Daumen in Seikos Richtung und zwinkerte ihr zu.

»Und das hier ist Madame Bryson von der NSA – jetzt sind wir vollzählig. Kommen wir doch gleich zur Sache, Monsieur Morel. Wiederholen Sie bitte, was Sie mir vorhin bereits angedeutet haben.«

Noah trommelte nervös mit den Fingern auf der Tischplatte und wartete, bis die Amerikanerin ihm gegenüber Platz genommen hatte. Dann begann er hastig mit seinen Ausführungen.

»Ich weiß, ich hab eigentlich nichts mit der Taskforce zu tun. Ich sorge nur dafür, dass hier die Computer und Netzwerke laufen und sicher sind. Aber das ist gerade nicht der Fall. Und ich habe auch keine Idee, wie wir das … Aber deshalb bin ich nicht hier … Ich meine, also ich bin Mitglied in einem …«

Lamy unterbrach das aufgeregte Gestammel.

»Monsieur Morel, bitte. Ganz ruhig. Wir stecken in einer tiefen Krise, und es ist völlig egal, ob Sie in der Taskforce sind oder nicht. Wir hören Ihnen zu, weil wir fest daran glauben, dass wir diesen Angriff nur gemeinsam überstehen. Trinken Sie einen Schluck, beruhigen Sie sich, und dann fangen Sie noch mal an.«

Die Amerikanerin beugte sich ein wenig zu ihm und nahm seine Hand, die immer noch auf der Tischplatte trommelte.

»Hören Sie«, begann sie in aufmunterndem Tonfall, während die Berührung ihrer warmen Hand seinen Puls senkte. »Ich und meine Kollegen der NSA versuchen verzweifelt, Verbindung zu unseren Satelliten herzustellen, aber bisher vergeblich. Aktuell sind wir taub und blind. Damit meine ich die gesamten Verteidigungskräfte der USA und der NATO. Und das, während wir uns laut Dekret des Präsidenten der Vereinigten Staaten auf DEFCON 2 befinden, der Vorstufe zur Mobilmachung aller Streitkräfte für einen Nuklearkrieg. Ich könnte permanent schreien und die Wände hochgehen. Aber das mache ich nicht, weil ich immer noch die Hoffnung habe, dass wir dieses Unglück verhindern können. Dass irgendein Wunder geschieht, von mir aus auch nur ein ganz, ganz kleines Wunder. Und dann höre ich von Mr Lamy, dass einer seiner IT-Mitarbeiter ein solches kleines Wunder entdeckt hat. Also, glauben Sie mir, Sie sind hier nicht der Einzige im Raum with sweaty palms and a racing heart.«

Mit einem leichten Nicken und einem zuversichtlichen Ausdruck in den Augen lehnte sich Kate zurück, und Noah spürte, wie die Anspannung von ihm abfiel.

»Der atomare Angriff auf Kiew ist ein Fake«, erklärte er ruhig und überzeugt.

»Woher wissen Sie das?«, fragte Lamy nach.

»Ich bin Funkamateur und hatte Kontakt mit verschiedenen Funkern dort.«

Kate runzelte skeptisch die Stirn. »Wir haben über das Militär auch analoge Funkkontakte aufgebaut, in die eigentlich kein Virus eindringen kann. Und trotzdem waren alle Nachrichten, die wir bekommen haben, Bullshit. Verzeihung, unbrauchbar. Wie können Sie sich so sicher sein?«

»Es sind die Chips, die den Virus ins System bringen. Und in Ihrem Fall ist vermutlich die Software befallen, die das Militär zur Chiffrierung und Verschlüsselung der Funknachrichten verwendet.«

Lamy zeigte auf Seiko. »Verstehen Sie jetzt, Madame Itō, weswegen ich Sie hierhaben wollte? Ein Hinweis könnte Zufall sein, aber dass zwei Experten aus verschiedenen Bereichen zum selben Ergebnis kommen, sieht schon sehr nach einem Muster aus.«

»Bitte erlauben Sie mir die Frage, Monsieur Morel, wie sind Sie darauf gekommen?«, wollte die Japanerin wissen.

»Die meisten analogen Amateurfunkgeräte arbeiten mit Speichern und automatisierten Anpassungen für den Funkkontakt. Das passiert alles über einen integrierten Prozessor, einen Computerchip. Erst als wir Funkamateure die digitalen Komponenten ausgebaut haben – die EPROMs – und auf herkömmliche Art funkten, wie vor der Jahrtausendwende –, erst dann waren die Gespräche sauber.«

»Und wie haben Sie das verifiziert? Woher wissen Sie, dass die Antworten nicht von einer KI erzeugt wurden?«

»Wir haben uns einen Katalog einfacher Fragen ausgedacht – zum Beispiel nach dem Wetter, und dazu schräge Antworten. Die Antwort auf das Wetter lautet: ›Es regnet Bienen, und auf den Straßen fließt Honig.‹ Dieser Katalog wurde über unser Netzwerk verbreitet, aber nur persönlich und nur auf Papier. Als der Kontakt in Kiew diese Antwort gab, konnte ich sicher sein, dass das Gespräch nicht manipuliert war.«

»Wo haben Sie denn all die Funker dafür gefunden?«

»Das war nicht schwer. Leute wie mich gibt es auf der ganzen Welt. Wir sind in Landesverbänden organisiert, und allein in Europa haben diese Verbände Hunderttausende von Mitgliedern.«

Lamy atmete laut hörbar aus. Er war offensichtlich beeindruckt von Noah Morel. Dann wandte er sich an Kate.

»Madame Bryson, könnte nicht auch das Militär einfach alle digitalen Komponenten aus seinen Funknetzen entfernen?«

Kate lachte auf und schüttelte den Kopf.

»Unmöglich. Das würde bedeuten, jeder Funkspruch könnte von Unbefugten abgehört werden. Wir sprechen hier von den sichersten Kommunikationsverbindungen der …«

Sie stoppte mitten im Satz. Offenbar war ihr die Ironie in ihrer Argumentation nicht entgangen.

»Trotzdem … Was immer die Generalstäbe planen und weitergeben, potenzielle Gegner dürfen darauf keinen Zugriff haben. Das Eliminieren der Verschlüsselungskomponenten ist definitiv keine Option.«

Sofort klinkte sich Lamy ein: »Nicht für das Militär. Aber für Politik, Wirtschaft und andere Zwecke ist die Lösung, die Monsieur Morel anbietet, absolut denkbar.«

Lamy wandte sich wieder ihm zu.

»Sie wissen, was das bedeutet, Monsieur Morel, oder?«

Noah konnte es sich vorstellen, und wenn er ehrlich war, hatte er sogar darauf gehofft.

»Wir brauchen Sie und Ihre weltweiten Kontakte, um so schnell wie möglich Verbindungen aufzubauen. Glauben Sie, dass Sie und Ihre Amateurfunker das schaffen?«

Noah versuchte, sich nichts anmerken zu lassen, doch seine glänzenden Augen verrieten seine Freude.

»Ja, ich denke, wir schaffen das. Aber eine Anmerkung sei mir noch erlaubt, Directeur. Wir sind keine Amateurfunker, wir sind Funkamateure. Und das ist ein gewaltiger Unterschied.«

»Also gut«, setzte Lamy erneut an. »Ihre Funkamateure und der weltweite Aufbau eines sicheren Funknetzes haben jetzt absolute Priorität. Ich möchte, dass Sie ein Team zusammenstellen und sich hier im Gebäude einrichten – mit allem, was Sie brauchen. Ich sichere Ihnen zu, Sie und Ihre … Mitglieder … bekommen von mir alle Ressourcen, die nötig sind. Was sagen Sie dazu?«

Noah nickte eifrig. Henri würde das verstehen. Jetzt musste *er* für die Familie sorgen – zumindest, bis diese Krise vorbei war.

»Und noch eine Bitte an Sie, Madame Bryson. Teilen Sie Ihrer Regierung so schnell wie möglich mit, dass es keinen atomaren Angriff auf Kiew gab. Wir brauchen jetzt weltweite Einigkeit und keinen verdammten Atomkrieg!«

»Wie stellen Sie sich das vor? Soll ich einen Brief schreiben? Ich habe aktuell keinen Kontakt in die USA, weder zum Pentagon noch zum Weißen Haus.«

Noah räusperte sich, und alle sahen ihn an.

»Der … Der Hausmeister im Pentagon … Ich meine, der Facility Manager, Greg Manson ist sein Name … Der ist Funkamateur. Er könnte das für Sie erledigen.«

Für einen Moment war selbst Kate Bryson sprachlos.

Akira & Yui

Japan, Tokio

Akira schlich erschöpft durch die nassen Straßenschluchten von Tokio. Es musste ein oder zwei Stunden vor Mitternacht sein, aber genau konnte er das nicht sagen. Zeit hatte im Moment keine Bedeutung, und da oben in seiner Festung der Einsamkeit ein automatisiertes Programm gerade Zeile für Zeile die fest auf dem Smartphone-Chip eingebrannte Firmware auf der Suche nach dem Virus analysierte, hatte er sich aufgemacht, um Nahrungsmittel zu besorgen.

Für eine Freitagnacht war es erstaunlich leer auf den Straßen. Da es nieselte, hatte er die Kapuze seines Hoodies tief über die Stirn gezogen und nahm seine Umgebung kaum wahr. Erst als er knirschend über glitzernde Glassplitter auf dem Asphalt schlurfte, blieb er stehen und sah sich um. Direkt neben ihm befand sich ein Elektroladen mit eingeschlagenen Schaufenstern und aufgebrochenen Türen, die schräg in den Angeln hingen. Nur wenige Meter die Straße hinauf bot sich ihm das gleiche erschreckende Bild. Die Läden hier waren geplündert worden. In einiger Entfernung kam ein Pärchen unter einem Regenschirm mit schnellen Schritten auf ihn zu und überquerte bei seinem Anblick augenblicklich die vierspurige Straße. Auf der anderen Seite liefen sie einer Gang in die Arme, deren Mitglieder Comicmasken trugen. Lautstark empfing sie der Mob, entriss ihnen den Regenschirm und traktierte sie damit, bis das verängstigte Pärchen unter lautem Gelächter davonrannte.

Akira zog seine durchnässte Kapuze tiefer ins Gesicht und setzte seinen Weg mit gesenktem Kopf fort. Nur kein Aufsehen erregen – sein Ziel war nicht mehr weit.

Die herabgelassenen Rollläden des kleinen Supermarkts waren an einigen Stellen verbogen und schwer beschädigt worden.

Jemand hatte mit rotem Lackspray *FUCK YOU – WIR KOMMEN WIEDER* auf die silbernen Lamellen gesprüht. Es konnte nicht lange her sein, denn die Farbe lief noch immer wie blutige Tränen die Rollläden hinab. Ängstlich blickte Akira sich um, bevor er an der Tür neben dem Laden auf einen der zahlreichen Klingelknöpfe drückte. Blechern dröhnte eine Stimme aus einem verborgenen Lautsprecher.

»Akira, du bist es wirklich! Ich bin gleich da.«

Die grölende Clique kam die Hauptstraße zurück. Akira hielt den Atem an und verschmolz förmlich mit dem Schatten der Türnische, bis die Geräusche verstummten.

»Hey, bist du hier?«, rief eine weibliche Stimme von der anderen Seite der Tür.

»Na, klar bin ich hier, du hast mich doch eben auf deiner Spy gesehen.«

»Und? Das heißt gar nichts. Sag mir deinen Namen und den von deiner Freundin.«

»Yui, du bist so ein Grinch. Ich steh hier und mach mir gleich in die Hose.«

»Die Namen.«

»Du kennst doch meine Stimme!«

»Die Namen!«, beharrte die Frau hinter der Tür.

»Akira und Seiko. Und jetzt lass mich, verdammt noch mal, rein!«

Mit einem lauten Klacken wurde das Schloss entriegelt, und die Tür öffnete sich. Eine muskulöse Frau mit Kappe, Armeehose, Stiefeln und Tanktop stand vor ihm und hielt eine Stahlstange in ihren Händen. Ihr rechtes Auge war geschwollen und blutunterlaufen. Trotzdem lachte sie und winkte ihn herein. »Akira, du bist es wirklich. Los, worauf wartest du?«

Der hell erleuchtete Supermarkt bestand aus nur drei schmalen Gängen. In einem davon saßen Akira und Yui zwischen aufgerissenen Boxen aus der Kühltruhe, Chipstüten und bunten Plastikflaschen mit Säften. Eines der Regale lag am Boden, andere waren halb leer, und vor dem Laufband an der Kasse glänzte eine verschmierte Blutlache, aus der Fußspuren führten, die zum Profil von Yuis Kampfstiefeln passten.

»Du bist mein Lebensretter, Yui«, sagte Akira und schob sich ein frittiertes Fleischbällchen in den Mund.

»Hey, wir haben hinten eine Mikrowelle. Ist dann besser.«

»Ich mag die Dinger auch kalt«, entgegnete Akira, tunkte das nächste Fleischbällchen in einen grünen Dip und aß weiter. »Also, was ist hier passiert?«, fragte er schmatzend.

»Was hier passiert ist? Siehst du doch. Die Welt geht unter, und bald werden wir von Zombies attackiert. Du kannst echt froh sein, dass du es bis hierher geschafft hast.«

Akira nahm kaum Notiz von ihr und aß weiter. Die Zombie-Apokalypse war eines der Themen, mit denen er überhaupt nichts anfangen konnte, aber Yui war schon immer davon fasziniert gewesen.

»Schau mich an«, forderte sie ihn auf und knuffte ihn gegen die Schulter. Dann nahm sie ihre Kappe ab und präsentierte ihren kahl geschorenen Schädel, der an einigen Stellen rote Schnittwunden aufwies. Stolz fuhr sie sich mit der Hand über die Glatze.

Er hörte auf zu kauen und starrte sie an.

»Was?«, blaffte sie.

Akira wich zurück und hob entwaffnend die Hände.

»Hey – ich bin einer von den Guten, schon vergessen?«

»Brauche keine Haare mehr. Die stören nur, wenn du kämpfen musst. Keine Ahnung, mir war einfach danach.«

Yui gehörte der Prepper-Szene an. Sie war eine von diesen dystopischen Eigenbrötlern, die sich auf den Weltuntergang vorbereiteten. Das Prepper-Spektrum reichte weltweit von Leuten, die nur einige Dosen und Wasserkisten im Keller hatten, bis hin zu Extremisten, die sich unterirdische Bunker bauten, Waffen horteten und Vorräte für Jahre anlegten. Yui würde er irgendwo in der Mitte einordnen. Den Supermarkt hatte sie von ihrem verstorbenen Vater geerbt, und kennengelernt hatten sie sich über Seiko. Genau wie er war sie eine von Seikos *Geretteten*.

»Das kannst du nicht machen. Du kannst doch nicht jedes Mal Richter spielen, wenn dir danach ist«, hatte er Seiko damals vorgeworfen. Auch weil er eifersüchtig war, nicht der Einzige gewesen zu sein, dem Seiko aus der Patsche geholfen hatte.

»Du willst, dass ich Yui melde? Willst du wissen, was sie getan hat? Sie hat sich in die Datenbank einer Krankenversicherung gehackt, um ihrem Vater eine aufwendige Operation zu ermöglichen. Der gefälschte Eintrag flog auf, und wenige Monate später starb ihr Vater. Ich hatte also die Wahl, die Polizei direkt zur Beerdigung zu schicken oder sie dort persönlich zu treffen.«

Seitdem waren er und Yui befreundet, auch weil sie beide eine gewisse Faszination für Verschwörungstheorien teilten. Hier endeten ihre Gemeinsamkeiten jedoch.

»Also, was ist passiert, und warum bist du immer noch hier?«, fragte er Yui erneut.

»Losgegangen ist alles mit unseren Lieferungen. Keine einzige von unseren üblichen Bestellungen hat uns erreicht. Stattdessen kam hier ein UPS-Fahrer an und lieferte eine Palette mit einem Treppenlift ab.«

»Echt jetzt?«

»Und heute Morgen habe ich zwei Kartons mit Militärhosen und fünf E-Gitarren bekommen. Das ist schräg, aber ein Freund von der Polizei hat mich besucht, und bei denen geht's noch viel schlimmer ab. Sie bekommen ohne Ende Fake-Anrufe und rücken völlig grundlos aus. Und wenn du selbst die Polizei rufst, landet dein Notruf bei einem Callgirl-Service. Ist mir selbst passiert, ehrlich!«

»Na ja, wer weiß, die vertreiben die bösen Jungs vielleicht auch – nur eben anders«, scherzte Akira mit einem breiten Grinsen.

»Das ist nicht lustig. Heute Morgen kamen zwei Typen in den Markt, machten Krawall, pöbelten die Leute an und so. Ich hab den Typen gedroht, dass ich die Polizei rufe. Die haben nur gelacht und einen Einkaufswagen mit Ware vollgestopft. Also bin ich hin und hab die beiden … gestoppt«, dabei wanderte ihr Blick zu der Blutlache auf dem Boden. »Daher kommt das blaue Auge. Von da an war alles … Ich weiß nicht, wie ich es sagen soll … Es war der reine Wahnsinn.«

»Kamen die etwa zurück?«

»Nein, aber ich hatte einen Ansturm von Menschen, so was hast du noch nie gesehen. Die wollten mir alle die Regale leer räumen. Keine Ahnung, die meisten hätten wohl auch bezahlt, aber die waren wie Hyänen.«

Sie warf theatralisch die Arme hoch und riss die Augen weit auf.

»Ich hab getobt und geschrien und sie alle rausgeschmissen. Und dann habe ich den Laden verbarrikadiert.«

Akira saugte an einer der Plastikflaschen, setzte sie ab und rülpste. Yui sah ihn angewidert an.

»Scheiße, hast du keine Manieren?«

Akira fuhr sich mit dem Unterarm über den Mund.

»Du musst hier abhauen. Die kommen wieder, und dann ist es besser, wenn du nicht mehr hier bist.«

»Die kriegen was auf die Fresse, wenn sie wiederkommen«, prahlte Yui und schlug sich mit der Faust auf die Brust.

»Du musst mir nichts beweisen, Yui. Du hast mir doch immer gesagt, dass dieser Tag kommen wird und dass du darauf vorbereitet bist, erinnerst du dich? Also, was ist jetzt? Ich meine, war das hier der Ort für deinen Überlebensplan?«

Yui blickte bedrückt auf den Boden.

»Hey«, sagte Akira vorsichtig.

»Du kannst auch mit zu mir kommen.«

Yui sprang auf.

»Ich brauch deine Hilfe nicht. Ich bin bereit, ich hab das alles kommen sehen. Ich hab mir einen Shelter gebaut.«

Akira glaubte ihr nicht, wollte sie aber nicht in Rage bringen und rollte deshalb anerkennend mit den Augen.

»Wow, echt jetzt? Und wo ist der Bunker?«

»Geheim, das ist geheim. Und nicht in der Nähe, das ist ja die Scheiße!«

Akira richtete sich auf.

»Hör zu. Was hältst du davon, wenn du die Nacht bei mir verbringst? Morgen, wenn es hell ist, kannst du dich ja auf den Weg machen. Dann ist es nicht so gefährlich. Na, ist das ein Plan?«

Yui dachte nach.

»Und was ist mit dem Laden? Die werden alles mitnehmen und den Rest kurz und klein schlagen.«

»Yui, die haben doch schon fast alles mitgenommen und …«

»Er war das Lebenswerk meines Vaters.«

»Dein Vater hätte sicher nicht gewollt, dass du wegen dem Laden draufgehst. Sei ehrlich. Hab ich recht?«

Yui dachte wieder nach, dann lief sie plötzlich ins Lager und kam einen Moment später mit dem gerahmten Bild ihres Vaters zurück.

»Okay. Jetzt können wir gehen.«

Der Nieselregen hatte aufgehört. Bis zu seiner Wohnung waren es vielleicht noch drei Kreuzungen. Bislang war ihnen kein einziger Mensch begegnet, und Akira hoffte, dass sich daran auch nichts ändern würde. Schnaufend schleppte er zwei prall gefüllte Supermarkttüten, während Yui nur einen Rucksack auf den Rücken geschnallt hatte und leichtfüßig mit der Stahlstange in den Händen mal neben, mal hinter ihm ging.

»Uns kommt niemand zu nah, das verspreche ich dir. Hab nicht umsonst jahrelang Kendo trainiert.«

Ein grollender Motor jaulte hinter ihnen auf. Nicht umdrehen, dachte Akira und beschleunigte seine Schritte.

»Yui, geh einfach weiter. Bitte.«

Wieder jagte der Fahrer den Motor hoch, diesmal war das Geräusch deutlich näher.

»Glaubst du ernsthaft, die lassen uns in Ruhe, wenn wir einfach wegschauen?«

»Genau das glaube ich. Also tu bitte nichts Unüberlegtes.«

Doch es war zu spät. Kaum fuhr der Wagen neben ihnen, drehte sich Yui um die eigene Achse und schlug eine der Seitenscheiben mit ihrer Stange ein. Die Reifen des Wagens quietschten auf dem nassen Asphalt, dann blieb er stehen, und das Motorgeräusch verstummte.

»Geh weiter, Akira, ich mach das schon.«

Akira zögerte. Zwei Männer in schicken Anzügen stiegen aus dem Wagen und kamen direkt auf Yui zu, die breitbeinig dastand und ihre Metallstange geschickt in den Händen drehte. Akira entdeckte eine Nische, hetzte darauf zu, stellte die beiden Taschen ab und lief dann mit erhobenen Armen zurück.

»Hey, wir können das klären. Wir kommen für den Schaden auf ...«, rief er beschwichtigend.

Doch noch bevor er Yui erreicht hatte, zog einer der beiden Männer eine Pistole, richtete die Waffe auf Yui und drückte ab. Das harte Echo des Schusses wurde von den Hausfassaden hin und her geworfen. Yuis Stange fiel klirrend zu Boden, während sie regungslos dastand. Akira erstarrte. Es fühlte sich an, als hätte jemand den Auslöser einer Kamera betätigt und die Welt damit eingefroren. Doch dann brach Yui zusammen. Die beiden Männer stiegen wieder in den Wagen und fuhren los, als wäre nichts gewesen. Panisch rannte Akira zu seiner Freundin und drehte sie auf den Rücken, bis sie ihn ansah. Sie lebte, aber an ihrem Mundwinkel bildete sich ein Rinnsal aus Spucke und Blut, während sie stöhnte: »Ich hab's dir immer gesagt, Akira. Die Welt wird untergehen.«

In seiner Wohnung sank Akira mit den beiden Supermarkttüten auf den Fußboden und starrte nur vor sich hin. Immer wieder hörte er den Schuss und das Klirren der Stange, die zu Boden fiel. Dann kam ein Krankenwagen, jaulend und blitzend. Männer in weißen Kitteln stiegen aus, legten Yui auf eine Trage und brachten sie fort. Er hatte keine Ahnung, woher der Krankenwagen kam, wer ihn gerufen hatte oder wie er nach Hause gekommen war. Erschöpft fiel er in einen unruhigen Schlaf, bis ein pulsierender Piepton unablässig sein Unterbewusstsein malträtierte. Es dauerte eine Weile, bis er wieder bei Bewusstsein war und verstand, dass der Ton von seinem Rechner kam. Der automatisierte Prozess hatte etwas gefunden. Mühsam schleppte er sich zu den Bildschirmen und war trotz seiner Erschöpfung überrascht, was er dort sah.

Eine grob pixelige Animation wie aus der C64-Ära sprang von links nach rechts über den Bildschirm. Dann verschwand sie und tauchte am linken Bildrand wieder auf. Es dauerte einen Moment, bis Akira erkannte, was da so freudig über seinen Bildschirm hüpfte. Es war ein Hund – genauer gesagt, ein schwarzer Pudel.

Camille & J.F.

Luftraum Frankreich

Der Airbus A319CJ gehörte zur »weißen Luftflotte« der Bundeswehr und war für maximal vierundvierzig Personen ausgelegt. In dieser sternenklaren Nacht war die Maschine voll besetzt auf dem Weg nach Lyon. An Bord befanden sich Regierungsvertreter aus dem Verteidigungs- und Innenministerium, Camille als Vertreterin der Bundesanwaltschaft und ein ehemaliger KI-Berater der Regierung Merkel. Keiner der Passagiere sagte auch nur ein Wort, denn dieser Nachtflug, das wussten alle Beteiligten, war äußerst riskant. Die Piloten flogen zum ersten Mal in ihrem Leben nur auf Sicht, ohne zuverlässigen Kontakt zur Flugsicherung, die normalerweise dafür sorgte, dass sich die Routen aller Flugzeuge nicht kreuzten. Der Luftraum über Deutschland und Frankreich wurde täglich von bis zu achtzehntausend Maschinen genutzt – ohne die Fluglotsen am Boden wäre das undenkbar. Doch nun fehlten deren Anweisungen zu Kurs- und Höhenvorgaben – eine Unsicherheit, die den Piloten schwer zu schaffen machte. Zwar war der zivile Luftverkehr gänzlich eingestellt worden, doch wirklich beruhigen konnte sie das nicht, denn selbst dem integrierten Kollisionswarnsystem TCAS vertraute man nicht mehr.

»Ich fühl mich wie ein Trapezkünstler ohne Netz«, hatte der Co-Pilot die Situation treffend beschrieben. Da der A319CJ außerdem über kein Radarsystem verfügte, wurde der Airbus von zwei Abfangjägern der Luftwaffe begleitet, die näherkommende Objekte auf ihrem Radar erkennen konnten. Dennoch blieb ein Restrisiko, denn die Kommunikation zwischen den drei Flugzeugen fand ausschließlich über die Positionslichter statt, da auch der direkte Funkverkehr untersagt war.

Camille blickte angespannt aus dem ovalen Fenster auf einen der beiden Tornados, der in der Luft zu stehen schien – so exakt hielt der Kampfflieger Geschwindigkeit und Abstand zu ihnen. Ein Gefühl der Sicherheit wollte sich dennoch nicht einstellen, denn sie musste ständig an die Absturzstelle auf dem Acker denken, an die Wrackteile und an die vielen Toten, die man gefunden hatte.

Der rundliche Mann neben ihr mit dem schneeweißen spärlichen Haar, das dem Bart an Wangen und Kinn ähnelte, hatte wohl bemerkt, wie sich ihre Finger in die Armlehnen krallten, und sprach sie deshalb mit tiefer, ruhiger Stimme an. Sie war dankbar dafür.

»Sie müssen sich keine Sorgen machen. Sie werden sehen, es wird alles gut gehen.«

Camille wandte sich der Stimme zu und blickte direkt in ein schmunzelndes Gesicht mit kleinen hellblauen Augen.

»Darf ich mich vorstellen? Mein Name ist Jakob Friedrich Sebastian. Oder einfach nur J. F., wie mich meine amerikanischen Kollegen zu nennen pflegen, oder?«

Oder? Erwartete er eine Antwort?

»Sehr freundlich. Ich bin Camille Milloz vom BKA.«

»Ahh, eine Frau mit französischem Namen beim deutschen Bundeskriminalamt. Interessant, oder?«

Schon wieder *oder*? Vielleicht ein merkwürdiger Tick?

»Ich bin im Elsass aufgewachsen, also irgendwie halb französisch, halb deutsch, wie wohl die meisten dort in der Gegend. Und meine Studienjahre habe ich in England verbracht. Dann wollte ich nach Italien ziehen und … Ach, vergessen Sie's, was erzähle ich Ihnen da.«

»Reden vertreibt die bösen Geister. Kinder singen, wenn sie Angst haben – das hilft. Wollen wir singen?«

»Wollen Sie eine Panik auslösen?«

Beide lachten, und Camille fühlte sich schon etwas besser.

»Was hat Sie auf diesen Flug gebracht?«

Die ohnehin kleinen Augen des Mannes zogen sich noch weiter zusammen.

»Eine lange Geschichte, die Sie nicht wirklich hören wollen, oder?«

»Na, kommen Sie, irgendwie müssen wir die Zeit hier oben doch totschlagen. O Gott, sorry … Ist mir so rausgerutscht.«

J. F. lachte erneut.

»Ich habe die Routing-Algorithmen entwickelt, die es erst ermöglicht haben, dass ein Rechner im Internet einen anderen findet. Aber das ist schon einige Jahrzehnte her.«

Camille war sich nicht sicher, wie bedeutend diese Erfindung war, und witzelte: »Das waren also Sie?«

J. F. nickte grinsend. Offensichtlich hatte er kein Problem mit Humor.

»Aber deswegen sitzen Sie doch nicht hier in diesem Flieger, *oder*?«

»Na ja, irgendwann, das war so um 2013, hatte die Bundesregierung Vertreter einiger erfolgreicher Start-ups eingeladen, um deren Ideen zu hören, wie man die damalige Rezession bewältigen könnte. Da traf ich Angela Merkel zum ersten Mal. Sie war gut informiert und übrigens eine ausgezeichnete Zuhörerin. Sie wollte also meine Idee hören, wollte wissen, wie ich die Krise überwinden würde. Und ich sagte ihr, sie solle eine Basis auf dem Mond bauen.«

»Eine was?«, hakte Camille nach, die dachte, sie hätte sich verhört.

»Eine Mondbasis. Merkel blickte mich völlig perplex an, also sagte ich: ›Jemand hat Ihnen erzählt, dass ich einen hohen IQ habe, sonst wären Sie jetzt weitergelaufen, stimmt's?‹ Daraufhin erhielt ich eine Einladung ins Kanzleramt, um mit ihr eine Stunde lang über Mondbasen zu sprechen.«

Camille war sich nun nicht mehr sicher, ob J. F. es ernst meinte oder sie auf den Arm nahm.

»Die Logik ist doch ganz einfach: Wir leben in einer Welt, in der es kaum noch etwas zu entdecken gibt, oder? Unser System braucht kontinuierliches Wachstum, und sobald das nicht mehr passiert, verlieren besonders die Nicht-Reichen. Wenn du also Wachstum willst, musst du dem System ständig etwas Neues hinzufügen: neue Ressourcen, neue Methoden, neue Märkte – irgendwas. Wenn das nicht mehr schnell genug geht, musst du anfangen, die Zukunft einzupreisen. Die Rohstoffe unter der Antarktis sind bereits verkauft, obwohl noch keiner weiß, wie man da rankommen soll. Aus diesem Grund gibt es nur zwei Bereiche, die noch nicht eingepreist sind: der Weltraum und die Tiefsee. Und aus Ingenieurssicht ist der Weltraum leichter zu erobern als die Tiefsee. Daher Mondbasis. Oder?«

Camille sah ihn verblüfft an. Offensichtlich meinte er es ernst.

»Und was wurde aus der Mondbasis?«

J. F. setzte wieder sein einnehmendes Lächeln auf.

»Ich denke, das war ihr dann doch zu steil. Aber 2016 lud sie mich erneut ein, diesmal zusammen mit dem Verteidigungsminister. Um eine Cyber-Abwehr in Deutschland aufzubauen. Wir haben dann Unsummen für Zero-Day-Exploits und so etwas ausgegeben.«

»Zero was?«

J. F. runzelte die Stirn.

»Kennen Sie das nicht? Und sind Sie sich sicher, dass Sie im richtigen Flieger sitzen?«, fragte er mit strenger Miene.

Camille war sofort verunsichert, doch dann lachte J. F. wieder.

»Ach was, ich nehme Sie doch nur auf den Arm, oder?«

Er lehnte sich ein wenig nach vorn, als wollte er etwas sehr Vertrauliches erzählen.

»Wenn jemand einen Cyber-Angriff durchführt, Daten einer Firma stiehlt oder sie erpresst, passiert das immer über Sicherheitslücken in der Software eines Unternehmens, oder sagen wir, einer Behörde. Diese Lücken bleiben oft monatelang unentdeckt. Wenn jemand derartige Lücken findet, kann er entweder angreifen – oder, was viel häufiger vorkommt, er verkauft sein Wissen darüber. Das sind die Zero-Day-Exploits. Wir haben jede Menge davon gekauft, für die Regierung. Inländische Firmen und NATO-Partner bekamen die Sicherheitslücken kostenlos, der Rest wurde aufbewahrt.«

Camille verstand nicht ganz und zuckte mit den Schultern.

»Aufbewahrt?«

»Jede Armee auf der Welt sammelt Zero-Day-Exploits, weil sie diese im Falle eines Krieges als Waffen einsetzen kann. Man nutzt sie auch, um einer gegnerischen Partei zu demonstrieren, wozu man fähig ist. Das nennt man dann *blinking the lights*, weil die russische Regierung vor einigen Jahren am Flughafen in Helsinki die Lichter mehrmals an- und ausgeschaltet hat, um den Finnen ihre Macht zu demonstrieren. Seit dem Ukrainekrieg haben solche Drohgebärden der Russen um das Hundertfache zugenommen.«

»Wie, auch in Deutschland?«

»In ganz Europa. Nur spricht niemand laut darüber, weil längst ein heftiger Cyber-Krieg im Verborgenen tobt.«

Camille war völlig gefesselt von dem Thema.

»Und was sind das für Leute, die diesen Krieg führen? Sind das angestellte Hacker der Regierungen? Ich kann mir das in China oder Nordkorea gut vorstellen, aber in Europa?«

J. F. lehnte sich entspannt zurück.

»Das läuft anders. Den typischen Hacker gibt es nicht. Für einen echten Angriff brauchst du verschiedenste Experten mit ganz unterschiedlichen Fähigkeiten. Cyber-Kriminalität ist eine Industrie von Spezialisten. Es gibt Leute, die Sicherheitslücken aufspüren, andere betreiben die Bot-Netze, wieder andere kümmern sich um Phishing und so weiter. Um einen umfassenden Cyber-Angriff zu starten, braucht man alle diese Spezialisten. Das läuft meist per Outsourcing im Darknet, wo man die Experten zusammenbucht. Einige Länder, wie zum Beispiel Israel, rekrutieren diese Leute direkt von Universitäten oder bei Start-ups. Der Mossad verpflichtet sie für ein paar Jahre und erlaubt ihnen später sogar, den Geheimdienst als Referenz anzugeben. Nordkorea zum Beispiel akquiriert seine Experten im Ausland über Netzwerke wie LinkedIn – ganz offen. Sie holen die Profis für drei Jahre ins Land, geben ihnen Aufträge, und danach haben sie finanziell ausgesorgt.«

»Ausgesorgt?«, fragte Camille ungläubig.

»Ganz einfach: Wenn du zehn wirklich guten Hackern pro Jahr drei Millionen zahlst, kostet dich das 30 Millionen. Das ist nur ein Viertel der Kosten eines Eurofighters, aber sie können denselben Schaden anrichten – oder noch mehr.«

Die Stimme des Piloten ertönte: »Bitte schnallen Sie sich an. Wir landen in wenigen Minuten.«

»Sehen Sie?«, sagte J. F. erfreut. »Ich habe doch gesagt, dass alles gut gehen wird, oder?«

Camille nickte lächelnd. Sie mochte den eigenwilligen Mann irgendwie.

»Und glauben Sie bloß nicht alles, was ich den ganzen Tag so erzähle, oder?«

Dann lachte er wieder, und seine Wangen färbten sich rot wie die eines kleinen Lausbuben.

Samstag, 5. Oktober 2024

Jill & Coffey

New York, USA

Der Morgen des 5. Oktober 2024 vermittelte eine trügerische Ruhe. Im Gegensatz zu der vergangenen Nacht, in der Jill die Polizeisirenen, Schüsse und Schreie gedämpft durch die geschlossenen Fenster ihrer Wohnung wahrgenommen und sich mit einer Wolldecke auf ihre Couch verkrochen hatte. Aber die nicht enden wollenden rot und blau blitzenden Lichter der Einsatzfahrzeuge hatten sie immer wieder zu den Fenstern gelockt, wo sie schockiert und voller Abscheu das Gefühl hatte, als würde sie in den Abgrund von Dantes Inferno blicken. Sogar vom Westflügel ihrer luxuriösen Wohnung im Dakota Building, aus dem sie zum Central Park blicken konnte, erhoben sich feurig rote Rauchschwaden, bis selbst die höchsten Bäume des Parks nicht mehr zu sehen waren. Erst mit dem Morgengrauen, als Lastwagen mit Soldaten der US-Nationalgarde eintrafen, kam die ungebremste Gewalt auf den Straßen zum Stillstand.

Radio- und TV-Sender berichteten von einer Alien-Invasion, manche sprachen von einem gewaltsamen Umsturzversuch durch Trump-Anhänger, und Fox News zeigte Adolf Hitler, der angeblich die Macht im Weißen Haus übernommen hatte. Der Sender übertrug ein erstes Live-Interview mit dem Nazi-Führer, der das Ende der jüdisch-bolschewistischen Weltverschwörung verkündete.

Bereits am späten Freitagnachmittag, als die ersten Druckfahnen für die Printausgabe der *New York Times* eintrafen, brach in der Redaktion Entsetzen aus. Ein unbekannter Computervirus hatte sämtliche Beiträge des renommierten Blattes ins Absurde verfälscht – sogar der traditionsreiche Schriftzug war nicht verschont geblieben. NEW YORK CRIMES stand in großen Lettern auf der Titelseite. Was immer die IT-Experten des Verlags auch versuchten, sie blieben erfolglos. Der Ursprung der Deepfakes lag bereits bei der Übermittlung der Reportagen, setzte sich in den Rechnern der Redaktion fort und machte selbst vor den digital gesteuerten Rollendruckmaschinen keinen Halt. Die traurige Erkenntnis, nichts gegen den unsichtbaren Feind tun zu können, gipfelte in der Entscheidung der Geschäftsleitung, alle Mitarbeiter auf unbestimmte Zeit freizustellen, die Online-Plattformen abzuschalten und vorerst die berühmteste Tageszeitung der Welt nicht mehr zu verlegen. Man hatte kapituliert.

Für Jill war das mit Abstand der schwärzeste Tag ihres Lebens, und mit diesem Gefühl stand sie nicht allein da. Der furchtbare Schund, der gerade über den Äther verbreitet wurde, war in gewisser Weise nur die Eskalation einer Entwicklung, die sich in den letzten Jahren angedeutet hatte. Man hatte sich mit populistischen Reportagen, Fake News und reißerischen Clickbaits arrangiert, aber als an diesem Samstagmorgen weltweit in den Brief- und Zeitungskästen keine Tageszeitungen mehr lagen, war das für viele Menschen gefühlt das Ende der zivilisierten Welt. Es war schlichtweg unmöglich geworden, sich zu informieren, eine objektive Meinung zu bilden und realistische Schlüsse aus all den Deepfakes zu ziehen, die wie eine zerstörerische Flutwelle alles mit sich rissen, was einem Halt hätte geben können.

Jill trat hinaus auf die Straße. Kalter Wind schlug ihr ins Gesicht, der Himmel war bewölkt, und die einzige Bewegung, die sie wahrnahm, war eine leere Papiertüte, die raschelnd über die Straße fegte. Für Jill fühlte es sich an, als läge Manhattan in einem künstlichen Koma. Die Atmosphäre erinnerte sie an den Höhepunkt der Corona-Pandemie; nur dass man damals keine Angst haben musste, auf offener Straße erschossen zu werden.

Ein Militärhubschrauber donnerte über sie hinweg, dann war

es wieder totenstill. Für einen kurzen Moment erwog sie, wieder nach oben zu gehen, in die vermeintlich sichere Wohnung – aber was dann? Während jeder anderen Krise würde man sich vor den Fernseher oder an den Computer setzen, um durch eine digitale Nabelschnur mit all den anderen Menschen verbunden zu sein. Es würde Beiträge geben, die einem Hoffnung machten, die das Ende der Krise heraufbeschworen oder aufklärten, wie sicher die Versorgung mit Nahrung und Wasser war oder wie ärztliche Notfälle behandelt werden würden. Man hätte mit Freunden und Verwandten Kontakt aufnehmen können, um sich gegenseitig Mut zu machen, oder einfach, um einander zu versichern, dass es einem gut ging. Nichts davon war mehr möglich. Wieder nach oben zu gehen, war für Jill deshalb keine Option, also zog sie ihren Tweedmantel enger, stemmte sich gegen den Wind und ging entschlossen zur U-Bahn-Station Ecke Central Park West.

Kaum hatte sie die Kreuzung erreicht, fiel ihr Blick auf einen quer gestellten Lastwagen der Army und zwei Polizeiautos, die die vierspurige Straße am Central Park absperrten. Ein Dutzend Polizisten und Soldaten standen in kleinen Gruppen hinter der Blockade. Einer der Soldaten, in grau-grüner Camouflage-Uniform und mit Helm, bewaffnet mit einer Maschinenpistole, die um seine Schultern hing, erblickte Jill und kam direkt auf sie zu.

»Verzeihung, Ma'am, es wäre sicherer, wenn Sie heute zu Hause blieben.«

Jill warf einen Blick auf seine Schulterklappen und das Namensschild und entgegnete selbstbewusst: »Zu welcher Einheit gehören Sie, Corporal Preston?«

Einem Reflex folgend, drückte der Soldat sein Kreuz durch und antwortete zackig: »New York National Guard, 42nd Infantry Division.«

»Und was genau ist hier passiert, Corporal Preston?«, fragte Jill.

»Wie meinen Sie das?«, entgegnete er irritiert.

»Wie ich das meine, Corporal? Ich bitte Sie, ich mag zwar alt sein, aber noch nicht blind und taub.«

»Ma'am, ich bin nicht befugt, Ihnen darüber Auskunft zu erteilen. Aber wir haben Anweisung erhalten, Zivilisten zurück zu ihren Wohnungen zu begleiten.«

»Dann stellen sich mir zwei Fragen. Erstens: Werde ich gezwungen, Ihrer Anweisung Folge zu leisten, oder werde ich lediglich darum gebeten? Und zweitens: Haben Sie die Anweisung persönlich von einem Vorgesetzten oder digital durch einen Virus erhalten?«

Der Soldat schien überfordert zu sein und runzelte die Stirn.

»Hören Sie, Ma'am, es wird vermutlich zu einer Ausgangssperre kommen, und dann sollten Sie zu Ihrer eigenen Sicherheit besser ...«

»Also haben Sie Ihre *Anweisung* nicht persönlich erhalten?«, insistierte Jill beharrlich. Daraufhin zog der Soldat ein klobiges Funkgerät aus seiner Tasche.

»Damit, Ma'am. Ich weiß auch nicht ... Die sind uralt, man hat sie aus alten Beständen geholt, ich glaube sogar von der Feuerwehr. Das sind analoge Funkgeräte, Walkie-Talkies. Die funktionieren zwar nur auf kurze Distanz und haben schlechten Empfang zwischen den ganzen Betontürmen, aber wir sind gut verteilt und geben die Nachrichten weiter ...«

»So von einem zum anderen? Kennen Sie das Spiel *Stille Post*?«

Der Mann schüttelte den Kopf. »Hören Sie, ich mache nur meinen Job. Alles, was ich weiß, ist, dass die umliegenden Krankenhäuser voll mit verletzten Polizisten und Feuerwehrmännern sind. Das ist der Grund, warum wir hier stehen. Oder anders gesagt: Wann haben Sie das letzte Mal die Nationalgarde auf den Straßen von Manhattan gesehen?«

»Im März dieses Jahres. Sollten Sie eigentlich wissen«, stellte Jill trocken fest.

»Da war aber nur in der U-Bahn.«

»Nur? Es waren siebenhundertfünfzig Soldaten im Einsatz.«

»Aber das hier ist anders. Glauben Sie mir, es wäre das Beste, wenn Sie zu Hause blieben, bis die Straßen wieder sicher sind.«

»Nein«, antwortete Jill trotzig.

Der Soldat schüttelte hilflos den Kopf.

»Nein? Ma'am, Sie machen mir das Leben echt schwer. Wo wollen Sie denn eigentlich hin? Wenn Sie wenigstens einen Hund hätten oder so …«

»Wieso sollte ich einen Hund brauchen? Ich komme ganz sicher auch ohne Hund zum New York Times Tower.« Jill zeigte auf die U-Bahn-Station.

»Die Bahn ist stillgelegt. Sie werden auch kein Taxi rufen können, denn Sprit gibt es nur noch fürs Militär.«

»Dann gehe ich eben zu Fuß«, antwortete Jill stur und rechnete sich aus, dass sie bis zum Tower eine halbe Stunde brauchen würde.

Der Mann wandte sich kopfschüttelnd ab und sprach in sein gelbes Walkie-Talkie.

»Sir, ich habe hier eine ältere Frau, die darauf besteht, zu Fuß zum New York Times Tower zu gehen.«

Ohne das Ergebnis des Gesprächs abzuwarten, ging Jill energisch an ihm vorbei und überquerte die Eighth Avenue.

»Sir, einen Augenblick«, unterbrach der Mann sein Gespräch, nachdem er bemerkt hatte, dass ihm die alte Dame abhandengekommen war.

»Ma'am, es ist im Augenblick wirklich riskant«, rief er ihr nach.

Jill blieb stehen und drehte sich um. »Wenn Sie sich solche Sorgen um mich machen, warum fahren Sie mich dann nicht? Sieht nicht so aus, als würde man Sie hier vermissen«, rief sie dem Corporal zu.

Er verdrehte die Augen und sprach erneut in das Funkgerät. Wenige Minuten später hielt ein Jeep der Army neben Jill, und ein Offizier mit buschigen Augenbrauen blickte sie freundlich durch das geöffnete Seitenfenster an.

»Ok, Ma'am, habe gehört, Sie müssen zur Einundvierzigsten. Steigen Sie ein, dann fahre ich Sie hin.«

»Mister, ich fahre mit niemandem mit, der sich mir nicht vorstellt.«

Der Mann lachte. »Jetzt weiß ich, was mein Corporal meinte, als er sagte, Sie seien etwas *eigen*. Bob Hauk ist mein Name, Ma'am. Captain der US-Nationalgarde, Sozialversicherungsnummer 306 …«

»Ja, ja«, unterbrach Jill ihn. »Man kann nie vorsichtig genug sein, Captain Hauk.«

Der Captain nickte zustimmend.

»Genau das sage ich meiner Mutter auch immer. Jetzt steigen Sie am besten ein. Ich muss eh in Ihre Richtung, und dann erzählen Sie mir auf dem Weg, warum Sie an so einem verrückten Tag zum New York Times Tower wollen.«

Captain Hauk setzte Jill direkt vor dem Haupteingang des Gebäudes ab. Die Fahrt hatte nur zehn Minuten gedauert, und statt mehr über Jill zu erfahren, hatte sie ihn mit Fragen gelöchert, die er nur schwammig beantwortete. Gleichzeitig versuchte er jedoch, den Eindruck zu erwecken, dass alles weit weniger dramatisch sei, als es gerade den Anschein hatte. Doch Jill glaubte ihm kein Wort.

»Und Sie meinen, da macht Ihnen jemand auf?«, fragte er Jill, als sie ausstieg.

»Keine Sorge, ich habe einen Schlüssel«, antwortete sie.

»Ich sage Ihnen was«, begann er, schrieb Zahlen auf einen Zettel und reichte ihn ihr durchs offene Fenster.

»Wenn Sie zurückwollen, suchen Sie sich einen Soldaten oder Polizisten und geben ihm diesen Zettel mit meiner QRZ. Die sollen mich anfunken. Ich hole Sie dann oder schicke jemanden.«

»Das würden Sie für mich tun?«

Er nickte. »Na klar. Wenn Sie mir versprechen, nicht allein durch Manhattan zu laufen, ok?«

Jetzt tat es Jill ein wenig leid, dass sie zuvor so schroff gewesen war.

»Mein Name ist übrigens Jill Jones.«

»Wie die Sängerin?«

»Sehe ich aus, als könnte ich singen?«

Das Walkie-Talkie meldete sich rauschend zu Wort.

»Schießerei in der Sixth Avenue, Ecke 43ste West. Polizei bittet um Unterstützung.«

»Die Pflicht ruft, Ms Jones. Ich höre von Ihnen.« Dann wandte er sich dem Funkgerät zu. »Captain Hauk hier, verstanden, ich kümmere mich darum.«

Mit quietschenden Reifen jagte der Jeep davon, und Jill stand allein im Schatten des gewaltigen Towers. Ein wenig mulmig war ihr nun schon, als sie vor den verschlossenen Glastüren nach dem Schlüssel in ihrer Handtasche suchte. Durch die ganze Aufregung hatte sie kaum gespürt, wie kalt es geworden war, und nun hatte sie Schwierigkeiten, mit ihren klammen Fingern den kleinen Reißverschluss im Inneren der Tasche zu öffnen.

Eine Gruppe bewaffneter Männer kam johlend aus der Seitenstraße. Einer von ihnen warf eine Bierflasche in die Luft und zerschoss sie im Flug mit seiner Pistole, dann entdeckten sie Jill. Für einen Moment trafen sich ihre Blicke, dann johlten sie wieder laut auf und rannten bedrohlich auf sie zu.

Überraschend öffnete sich der Haupteingang vor Jill, Hände packten sie kräftig an den Armen, zogen sie in den Schutz des Gebäudes und verschlossen die Glastür von innen wieder.

»Mr Coffey?«, stieß Jill erschrocken und erleichtert aus.

»Kommen Sie, Mrs Jones, wir sollten lieber in die Cafeteria gehen, wo uns keiner sieht«, erklärte Coffey und drängte sie mit raschen Schritten zu den Aufzügen.

Coffey stellte die beiden dampfenden Pappbecher zwischen sich und Jill auf den Tisch, dann löffelte er unentwegt Zucker in seinen Kaffee, bis Jill ihre Hand über seinen Becher schob.

»Mr Coffey, Sie werden sich noch umbringen. Sie wissen doch, wie giftig Zucker für den Körper ist.«

Coffey blickte sie schweigend an. In seinem Gesicht war keine Spur seiner sonst so unbeschwerten Ausstrahlung zu sehen. Jill nahm ihre Hand zurück, und Coffey kippte noch einen Löffel

Zucker in den Becher. Erst dann legte er ihn weg und trank einen Schluck.

»Wieso sind Sie hier?«, fragte Jill.

Coffey stellte die Tasse ab.

»Wegen Ihnen!«

Seine strenge Miene entspannte sich ein wenig.

»Wegen mir? Aber woher wussten Sie denn, dass ich kommen würde? Ich weiß ja selbst nicht einmal genau, warum ich hier bin.«

»Ich wusste es nicht, Mrs Jones. Aber ich wusste, sollten Sie hier sein, dann wäre das eine Fügung des Schicksals, und alles wird gut.«

Jill musterte ihn skeptisch. So viel Pathos ertrug sie selten, schon gar nicht am frühen Morgen.

»Also gibt es einen Grund, warum Sie mich treffen wollten.«

»Ja, den gibt es«, antwortete Coffey und nahm einen großen Schluck aus seinem Pappbecher, als wolle er sich Mut einflößen. Jill wartete geduldig.

»Und?«, fragte sie schließlich.

»Es ist so«, begann er vorsichtig und suchte offenbar nach den richtigen Worten.

»Keiner da draußen weiß mehr, was richtig und was falsch … was wahr oder was eine Lüge ist. Wir … Wir alle malen uns doch die schlimmsten Dinge aus. Dass uns die Russen mit Atomraketen beschießen oder dass wir an Hunger sterben werden. Solche Sachen eben. Das ist doch der Grund, warum die Menschen jetzt verrücktspielen. Ich habe einen Nachbarn, ehrlich gesagt immer schon ein komischer Kauz, aber egal. Der hat heute Nacht erst seine Frau und dann sich selbst erschossen.«

»Das ist ja schrecklich«, reagierte Jill entsetzt und bedeckte ihren Mund mit beiden Händen, während Coffey ihr ein Blatt Papier über den Tisch schob.

»Das haben wir bei ihm gefunden.«

Jill las die wenigen Zeilen, die darauf standen.

Der Jüngste Tag ist nicht nahe, er liegt bereits hinter uns.

»Solche Dinge passieren jetzt überall«, sagte Coffey. »Sicher wollen Sie wissen, woher ich das weiß. Und eigentlich ist es gar nicht so kompliziert, aber vielleicht halten Sie mich dann für einen Spinner.«

Jill griff nach seiner Hand.

»Es ist so«, fuhr er fort. »Ich habe jede Menge Funkgeräte zu Hause. Wissen Sie, was ich meine?«

Jill erinnerte sich an das Walkie-Talkie des Captains.

»Der Soldat, der mich hergebracht hat, benutzte so ein Teil.«

»Nein, nein. Von so was rede ich nicht. Das sind PMR-Funkgeräte oder vielleicht CB-Funk, aber damit kommt man nicht weit. Mit meinen Geräten kommt man um die ganze Welt, wenn man weiß, wie man damit umgehen muss. Es gibt Tausende Menschen wie mich, und zwar überall. Verstehen Sie?«

»Was soll das heißen, Menschen wie Sie?«

»Funkamateure.«

»Funkamateure … Aha«, wiederholte Jill skeptisch.

»Und woher wollen Sie wissen, dass Ihr Funkverkehr nicht auch verfälscht wird?«

»Es gibt da ein paar schlaue Köpfe in dieser Szene, die ein System entwickelt haben, mit dem wir das kontrollieren können.«

»Und wie soll das gehen?«

Coffey hob aufbrausend die Hände. »Darum geht es jetzt doch gar nicht. Wichtig ist nur, dass es funktioniert, und wie, das erklär ich Ihnen alles später. Ich komme an Nachrichten aus der ganzen Welt, echte Nachrichten. Ich … ich komme an die Wahrheit. Ich weiß zum Beispiel ganz sicher, dass in Kiew keine Atomrakete explodiert ist. Ich weiß, dass die Army alles dafür tut, dass die Supermärkte wieder öffnen können. Ich weiß, dass die Regierung auf DEFCON 3 zurückgegangen ist. Ich weiß so vieles, und ich verspreche Ihnen: Alles davon ist wahr!«

Jill dachte nach. Nur mal angenommen, Coffey hatte über sein Netzwerk aus privaten Funkern wirklich Zugang zu echten Fakten, wie konnte man all dieses Wissen dann unter die Menschen bringen?

»Von wie vielen Funkamateuren sprechen wir denn?«

»Weltweit? Vielleicht zwei Millionen. Davon lebt ein Drittel in den USA. Also genug für alle Zeitungsredaktionen. Wir wollen ja nicht schreiben oder recherchieren, wir wollen nur funken.«

»Wir sprechen von Verbindungen rund um den Erdball.«

»Kein Problem, machen wir über Satelliten.«

»Aber die sind doch infiziert, wie alles andere auch …«

»Nicht unsere Satelliten.«

Jill lehnte sich verblüfft zurück.

»Eure Satelliten?«, entgegnete sie misstrauisch.

»Ja«, nickte Coffey eifrig. »Wir haben unsere eigenen Satelliten, und die sind analog, die kann man nicht infizieren.«

Jill legte den Kopf ein wenig schräg und musterte ihn zweifelnd.

»Sie glauben mir nicht?«, fragte Coffey aufgebracht.

Jill schüttelte den Kopf.

»Von wie vielen Satelliten reden wir?«

»Über hundert. Aber das sind keine riesigen Dinger, die sind nur so groß wie Milchtüten.«

»Einhundert funkende Milchtüten?«

Coffey ignorierte ihren Sarkasmus. Würde sie ihn nicht schon seit so vielen Jahren kennen, dann hätte sie seine Ausführungen als Spinnerei eines Wichtigtuers abgetan. Aber Coffeys glänzende Augen gaben ihr Zuversicht.

»Mrs Jones, ich sorge für die Übermittlung der Nachrichten, und Sie machen eine Zeitung daraus. Das ist der Plan. Und das ist der Grund, warum wir beide heute hier sind.«

Jill lehnte sich zurück, legte den Kopf in den Nacken und stöhnte.

»O Gott, so einfach geht das aber nicht, Mr Coffey. Zeitungen werden mithilfe von Computern geschrieben und gedruckt.«

»Dann müssen wir sie eben wieder so wie früher herstellen. In den Achtzigern haben wir doch auch Hunderttausende von Zeitungen gemacht – ohne Computer!«

Jill wollte ihm erklären, dass das alles viel komplizierter war, als er sich das vorstellte. Aber Coffeys Enthusiasmus hatte etwas Belebendes, das sie förmlich mitriss. Warum eigentlich nicht? Vielleicht hatte er ja recht.

»Und, was denken Sie, Mrs Jones?«

Jill atmete tief durch und antwortete dann: »Mr Coffey, ich denke, wir werden die wichtigste Ausgabe der *New York Times* machen, die dieser Verlag je gesehen hat.«

Valentine

Niemandsland

Valentine hatte die Zeit seit der Abfahrt des Zuges in einem Dämmerzustand verbracht, halb wach, halb schlafend. Vorher das Chaos am Münchner Hauptbahnhof, unzählige Menschen, die drückten, schoben und schwitzten, die Ungewissheit, das stundenlange Warten auf Informationen und letztlich der Kraftakt, sich in einem Pulk von Verzweifelten in einen Waggon zu quetschen. Es hatte ihm die letzten Kräfte geraubt, bis er wie durch ein Wunder auf einen freien Platz im Gang geschoben wurde.

Welches Ziel hatten all diese gepeinigten Menschen? Warum nahm die hochschwangere Frau, die ihm gegenübersaß, die beschwerliche Reise auf sich? Wieso hatte der alte Herr mit den dicken Brillengläsern, der am Boden eingeschlafen war, kein Gepäck dabei? Und warum weinte zwei Stuhlreihen weiter leise ein Mann, den er nicht sehen konnte?

Erschöpft war Valentine auf den weichen Sitz gesunken, seine Reisetasche fest umklammert. Vor Erschöpfung waren ihm die Augen sofort zugefallen. Bilder aus seinem Unterbewusstsein schlugen ihn wie Ohrfeigen: sein Vater, am Boden liegend, die Kehle aufgeschlitzt, das Gesicht bis zur Unkenntlichkeit zerschlagen, ein Brei aus Blut, Knochen und Haaren. Um den Hals ein Schild mit einem einzigen Wort: *VERRÄTER*.

Der anfahrende Zug hatte ihn zurück in die Wirklichkeit geholt. Ein Mann verlor das Gleichgewicht und prallte hart gegen seine Schulter. Dann erloschen die Lichter in den Waggons, und mit ihnen verstummte jede Konversation, während sich der Zug in die Dunkelheit schob. Valentine konnte in der Finsternis des Großraumabteils nur schemenhaft die Konturen der Mitreisenden wahrnehmen, die dicht gedrängt auf den Gängen und in den Zwischenabteilen saßen. Wie der Teenager, der immer wieder dieselbe Szene auf seinem Handy ansah.

»Hat dein Handy noch Empfang?«, fragte er den Jungen vorsichtig. Der Junge schüttelte verzweifelt den Kopf und sah ihn trotzig an.

»Sind Sie blöd, oder was?«

Valentine war zu erschöpft, um angemessen darauf zu reagieren. Der Junge entschuldigte sich.

»Es tut mir leid, es ist nur … meine Mutter.«

Der Junge reichte ihm sein Handy. Auf dem Display war eine Frau zu sehen, die mit ausgemergeltem Gesicht in die Kamera blickte und sagte: »Felix, du bist eine einzige Enttäuschung. Jetzt sieh zu, wie du ohne mich durchs Leben kommst.« Dann kippte die Frau in die Tiefe, bis ihr Körper auf ein fahrendes Auto krachte. Valentine zuckte zusammen und ließ das Handy fallen.

»Es tut mir leid«, brachte Valentine hervor, während der Junge das Telefon aufhob und in die Tasche steckte.

»Muss es nicht. Der Akku ist fast leer. Und, keine Ahnung, das geht mir doch am Arsch vorbei«, behauptete er trotzig, doch seine Augen glänzten feucht.

»Es ist ein Fake, das weißt du, oder?«

»Fuck, was für ein Klugscheißer sind Sie denn? Woher wollen Sie das wissen, fuck!«

»Alles, was gerade in den Medien läuft, ist nicht echt. Was du da siehst, ist vermutlich nie passiert.«

Felix schüttelte den Kopf und sah ihn verständnislos an.

»Sie haben doch einen an der Klatsche, oder? Sie kennen meine Mutter gar nicht.« Wütend stand der Junge auf, quetschte sich an einigen Passagieren vorbei und setzte sich am Ende des Waggons wieder auf den Boden.

Valentine war entsetzt. Er hatte angenommen, es sei jedem klar, dass ein Virus die Kontrolle über die Medien übernommen hatte. Aber offenbar hatte er sich getäuscht. Selbst dieser junge Mann, der ihm aufgeweckt erschienen war, stellte die Nachrichten auf seinem Handy nicht infrage.

Während Valentine sich über diesen Umstand den Kopf zermarterte, schlief er wieder ein und schlitterte erneut in einen beklemmenden Traum. Das Gesicht der Mutter des Jungen, die in die Tiefe stürzte, verwandelte sich in das Gesicht seiner Mutter, die ihn mit sich hinabzog in einen Schlund düsterer Erinnerungen. Er hörte ihre gellenden Schreie im Haus, sah den nassen Teppichboden zwischen ihren gespreizten Beinen und seine neugeborene Schwester in ihren Armen. Das Lächeln seiner Mutter hatte nichts Fürsorgliches, es war teuflisch und kalt.

Dann riss ihn das schrille Knirschen der Bremsen jäh aus den Fängen seines Traums. Er öffnete die Augen einen Spalt weit. Der Widerschein von Flammen tanzte stumm auf den Silhouetten der Reisenden. Valentine blickte hinaus in die Nacht, wo ein einsames Gehöft gerade von einem lodernden Feuer verschlungen wurde. Das Schreien der Rinder in den brennenden Ställen untermalte die gespenstische Szenerie, bis die tanzenden Schatten an den Wänden wieder in der Dunkelheit verschwanden und sich der Todeskampf der Tiere in der Ferne verlor.

»Wird alles wieder gut werden?«

Valentine blickte auf. Im schwachen Dämmerlicht sah er vage das Gesicht der schwangeren Frau, die ihm gegenübersaß. »Es wird doch alles wieder gut werden?«, wiederholte sie und legte schützend die Hände auf ihren runden Bauch. Er dachte erneut an seine Mutter, an die kleine Maggie in ihren Armen und an seinen Stiefvater Kane O'Sullivan, der nach der brutalen Hinrichtung seines Vaters dessen Platz eingenommen hatte. Nichts war wieder gut geworden. Er zwang sich trotzdem zu einem Lächeln und hoffte, die Frau würde nicht erkennen, wie schwer ihm das fiel.

Diesmal schloss er seine Augen ganz bewusst, um weiteren Fragen zu entgehen, auf die er selbst keine Antworten hatte. Schon holten ihn die Bilder der Vergangenheit wieder ein. Die alte Haustür seines Elternhauses stand weit offen. Keifend rief ihm seine Mutter hinterher, die kleine Maggie, die damals fünf Jahre alt war, fest an sich gedrückt.

»Du richtest nicht über mich. Dazu hast du kein Recht, und wenn du jetzt gehst, schwöre ich dir, wirst du nie wieder einen Fuß in dieses Haus setzen.«

Sein Zorn war so groß gewesen, dass er befürchtete, beide auf der Stelle zu erschlagen, wenn er auch nur eine Sekunde zögern würde, sich von diesem ruchlosen Ort abzuwenden.

»Wieso verlässt du uns?« Die helle Stimme seiner kleinen Schwester verlor sich im Wind. Statt zu antworten, spuckte er nur auf den Boden, wandte sich ab und lief davon.

Kreischend rissen ihn die Laufräder des Zuges erneut in die Gegenwart. Ruckartig kippte er fast auf seine rüstige Sitznachbarin, als der Zug an einer Weiche auf ein anderes Gleis fuhr, vorbei an einem Verladebahnhof, wo Panzer auf einen Güterzug rollten.

»Das muss nichts heißen«, murmelte der Mann neben der schwangeren Frau. »Vielleicht nur eine Übung?«, ergänzte er zuversichtlich, aber seine Augen waren geweitet und seine Lippen schmal und blass. Der Mann hatte Ähnlichkeit mit Pfarrer McNamara aus seinem Dorf. Er sah ihn, wie er die Arme hob, worauf der Kirchenchor zu singen begann. Valentine saß vor den singenden Kindern, die den rhythmisch schwingenden Armen von McNamara folgten. Doch nach und nach lösten sich alle silbrigen Stimmen des Chors in Luft auf, bis selbst McNamara verschwand und nur noch Maggie vor dem Altar stand und das Lied für ihn zu Ende sang.

On that long road down to the sea
I'll spend my days in endless roaming
Soft is the grass, my bed is free
But I am sick now, and my days are numbered
Come all you young men and lay me down.

Eine sanfte Berührung am Arm ließ die Kirche verblassen und Maggie verschwinden.

»Sie müssen nicht weinen«, sagte die alte Frau, die neben ihm am Fenster saß. »Gott wird Ihnen den Weg leuchten. Sie müssen nur bereit sein, dann werden Sie sein Licht sehen.«

Valentine atmete tief durch und wischte sich mit dem Ärmel die feuchten Augen trocken. Dabei aktivierte sich das Display seiner digitalen Uhr und blendete ihn. Gottes Licht war offenbar weit weg und würde ihn auch so schnell nicht erreichen, nach allem, was er getan hatte.

Noch sechs oder sieben Stunden, dann sollten sie in Calais ankommen. Dort würde er hoffentlich eine Fähre finden, die ihn nach England oder vielleicht sogar nach Irland bringen konnte, um Maggie aufzuspüren. Bislang hatte er darauf vertraut, dass die Botschaft aus der Heimat ein Fake gewesen war. Doch nach und nach begann er selbst daran zu zweifeln. Wer konnte schon mit Sicherheit eine Lüge von der Wahrheit unterscheiden? Was, wenn Maggie ihre Mutter tatsächlich vergiftet hatte?

Akira & Seiko

Tokio, Japan

»Noch ein Versuch, nur noch ein Versuch.«

Akiras Blick haftete an den winzigen Codezeilen auf dem Bild-schirm. Buchstabe für Buchstabe, Wort für Wort, hackte er Zeile um Zeile neue Befehle in das Terminal. Doch die Fehler häuften sich, und seine Konzentration ließ nach. Viel schlimmer war jedoch die Tatsache, dass jeder Versuch, dem Virus auf die Spur zu kommen, scheiterte. Es fühlte sich an, als würde er bei starkem Seegang versuchen, ins Meer zu gelangen, aber immer wieder von den Wellen zurück an den Strand gespült werden.

»Nur noch ein Versuch.«

Buchstabe für Buchstabe, Wort für Wort, bestätigte er die Ein-gabe erneut, dann begann das Warten. Mit jedem weiteren Mal kam es ihm sinnloser vor. Schweiß brannte in seinen Augen, und seine Gedanken schweiften ab. Er hatte Seiko so viel versprochen und konnte doch nichts davon halten. Er hatte versagt. Noch im-mer stand die letzte Eingabe jungfräulich und unangetastet in der Eingabemaske, viel länger als all die Male zuvor. Er konnte sein dunkles Spiegelbild, seinen düsteren Umriss auf dem Monitor sehen. War das wirklich sein Gesicht, das er da sah, oder nur eine Fratze, die sein Scheitern herbeisehnte? Eine Zeile aus einem Ge-dicht von Edgar Allan Poe kam ihm in den Sinn: *Is all that we see or seem but a dream within a dream?*

Saß er überhaupt noch an seinem Rechner, oder war das alles nur ein Traum innerhalb eines Traums? Konnte es nicht sein, dass er in seiner eigenen Kotze und Pisse am Boden lag und nur noch halluzinierte? Kraftlos kippte er nach vorne, bis die Fratze im Bildschirm ihn fast berührte.

»Du besiegst mich nicht. Ich werde nicht aufgeben. Ich werde es immer und immer wieder versuchen, bis ich hinter den Wellen bin.«

Plötzlich kam Bewegung in den Bildschirm. Unscharf, flimmernd und verpixelt bildeten sich Buchstaben vor seinen Augen. Mühsam lehnte er sich zurück, bis er die Worte klar und scharf erkennen konnte.

Ich salutiere den gelehrten Herrn! Ihr habt mich weidlich schwitzen lassen.

Akiras Herz begann zu rasen. Zwei Sätze, elf Wörter. Es war unglaublich. Ob der Inhalt einen tieferen Sinn ergab, konnte er zunächst nicht sagen, denn es waren deutsche Worte, die er nicht verstand. Doch allein schon die Tatsache, dass *ES* – er fand keine andere Bezeichnung dafür – mit ihm kommunizierte, raubte ihm den Atem. Er war tief in die Eingeweide der Firmware des infizierten Handys eingedrungen. Das hier war kein Browser oder irgendein Messenger-Dienst, mit dem man sich Nachrichten schicken konnte. Dass ES an dieser Stelle mit ihm Kontakt aufgenommen hatte, war eigentlich unmöglich. Und doch standen auf dem Screen zwei Sätze mit elf Wörtern und straften seinen Verstand Lügen.

Gakushiki aru shinshi ni keii o arawashimasu! Anata wa watashi ni tairyō no ase o kakimashita, lautete die Übersetzung, die Google ausspuckte. Er legte seine zitternden Hände auf die Tastatur, um zu antworten.

Wer oder was bist du?, tippte er. Kaum hatte er die Eingabe bestätigt, erschien bereits eine Antwort, die nun automatisch übersetzt wurde.

Ein Teil von jener Kraft, die stets das Böse will und stets das Gute schafft.

»Ja, dass du abscheuliche Dinge tust, ist ja wohl offensichtlich, aber der Rest ist vollkommen gaga«, sagte er laut und verdrängte gänzlich, wie absurd die Situation war, während das Adrenalin in seinem Körper wahre Wunder vollbrachte.

»Bist du der Virus, der für das ganze Chaos verantwortlich ist?«

Wieder ließ die Antwort nicht lange auf sich warten: *»Ich bin der Geist, der stets verneint! Und das mit Recht; denn alles, was entsteht, ist wert, dass es zugrunde geht. Drum besser wär's, dass nichts entstünde. So ist denn alles, was ihr Sünde, Zerstörung, kurz, das Boese nennt, mein eigentliches Element.«*

»Oh, du kommst dir wohl sehr schlau vor. Um zu erklären, dass du ein Dämon bist, musst du nicht so geschwollene Sätze texten. Etwas wie *Ich bin der größte Arsch der Welt* hätte schon gereicht.«

Er tippte: *Was erwartest du von uns?*

Wieder reihten sich in rasender Geschwindigkeit Buchstaben wie an einer Perlenkette auf.

Verachte nur Vernunft und Wissenschaft, des Menschen allerhöchste Kraft, lass nur in Blend- und Zauberwerken dich von dem Lügengeist bestärken.

Akira wischte sich einen brennenden Schweißtropfen aus dem Auge und tippte seine Antwort ein.

Ich begreife den Sinn nicht. Was willst du mir damit sagen?

Der Bildschirm spuckte keine Antwort mehr aus.

»Komm schon, tu mir das nicht an. Wir plaudern doch gerade so schön. Du wirst mich doch jetzt nicht ghosten.«

Akira probierte es erneut: *Wer hat dich programmiert?*

Hastig drückte er die Backspace-Taste, löschte das letzte Wort und schrieb stattdessen: *Wer hat dich erschaffen?*

Doch wieder antwortete ES nicht, auch nicht auf die zwanzig weiteren Fragen, mit denen Akira den Virus bombardierte.

»Fuck!«, rief er laut aus, warf sich zurück und stieß sich mit seinem Bürostuhl von der Tischplatte ab.

Komm schon, dachte er. *Du warst so nah dran, du kannst jetzt nicht aufgeben. Reiß dich zusammen! Vielleicht hast du irgendetwas übersehen.*

Mit kleinen Trippelschritten rollte Akira wieder zurück an den

Rechner, dann scrollte er nach oben zu den Original-Passagen, die ES ihm in deutscher Sprache gesendet hatte.

Vielleicht war es nicht der Inhalt, vielleicht musste er das große Ganze betrachten. So, wie ES sich ausdrückte, war der Coder, der das Ding programmiert hatte, ein verdammt eitler Fatzke. Und solche Typen hinterließen in ihren Schöpfungen immer einen Hinweis auf sich selbst.

Akira hatte keine Ahnung, wonach er nun suchte. Er zoomte den Text immer weiter heraus. Vielleicht ergab die Formatierung ein Bild oder ein Muster, irgendetwas, das ihm weiterhalf. Doch nichts dergleichen war der Fall. Frustriert klatschte er mit der Hand auf die Tasten, woraufhin die deutsch geschriebenen Wörter schlagartig auf ihn zusprangen und das Wort *Böse* den ganzen Bildschirm ausfüllte.

Das Wort kam in den Nachrichten von ES zweimal vor, einmal mit dem deutschen Umlaut ö und einmal mit *oe*. Das war sicher kein Zufall. Akira verglich die zwei Schreibweisen, und erst nach einer Weile fiel es ihm wie Schuppen von den Augen. Das *o* in *oe* war fett geschrieben worden, genau wie vier weitere Buchstaben im Text: *e, l, g* und *m*.

Hastig riss er eine Schublade auf, griff nach einem Kugelschreiber und schrieb sich, in Ermangelung von Papier, die markierten Buchstaben auf den Unterarm. Ein Rätsel?

»Du meinst allen Ernstes, dass du mich damit kriegst? Da bist du an den Falschen geraten. Das Rätsel muss erst noch erfunden werden, das ich nicht knacken kann.«

Minuten später war Akiras Arm von unten bis oben voller Buchstabenkombinationen, bis ihn eine davon in den Bann zog.

»Kuso!«, fluchte er auf Japanisch und ergänzte siegessicher: »Jetzt hab ich dich!«

Akira griff nach seinem Handy und wählte Seikos Kurzwahl.

Lyon, Frankreich

Seiko wartete zusammen mit Kate und einem Dutzend weiterer Mitglieder ihrer Arbeitsgruppe in einem holzgetäfelten Konferenzraum auf Lamy. Schweigend saßen sie auf grün gepolsterten Designerstühlen an einem u-förmigen Tisch, auf dem kleine Flaschen, Thermoskannen, Tassen und Gläser zwei Inseln bildeten. Kate warf einen Blick auf ihre Uhr. Seiko bemerkte, dass es eine mechanische Uhr mit Zeigern war.

»Meine Apple Watch hat kurz vor dem Abflug den Geist aufgegeben. Jetzt gehöre ich zu den wenigen hier mit einer funktionierenden Uhr.«

Seiko musste ihr recht geben. Pünktlichkeit war ein schwieriges Unterfangen, da die meisten Smartwatches von einem Virus befallen und Handys im Gebäude ohnehin verboten waren. Seiko selbst trug einen einfachen Schrittzähler mit Zeitanzeige, der bisher zuverlässig funktionierte.

»Ich liebe es, wenn Vorgesetzte absolute Pünktlichkeit verlangen und dann selbst zu spät kommen«, murmelte Kate.

»Monsieur Lamy hat sicher einen Grund. Vielleicht wurden die Gäste aus Deutschland aufgehalten?«

»Die Deutschen? Glaub mir, nach denen kannst du die Uhr stellen.«

Kate beugte sich über den Tisch, griff nach einer Thermoskanne und zog mit einem laut schabenden Geräusch zwei Tassen heran.

»Willst du auch?«

Seiko war die plötzliche Aufmerksamkeit der Gruppe unangenehm, und sie winkte ab.

»Fällt dir was auf?«, flüsterte Kate.

Seiko schüttelte den Kopf.

»Es ist doch seltsam, oder? Jetzt, da keiner mehr ein Handy hat, wissen die Leute nicht, was sie mit sich anfangen sollen. Schau mal … Sie sitzen wie Zombies da und starren in die Luft.«

Sie deutete auf einen Kollegen vom britischen Cyber-Abwehrdienst, der mit Schweißperlen auf seinem kahlen Kopf regungslos die Tür fixierte. In diesem Moment klingelte plötzlich Seikos Handy in ihrer Tasche. Sofort richteten sich alle Blicke auf sie, und ihr Gesicht lief rot an. Sie hatte es versehentlich mit in den Raum genommen.

»Dein Ernst?«, kommentierte Kate grinsend die japanischen Koto-Klänge und warf einen Blick unter den Tisch, wo sie ein wenig seitlich von ihnen eine Tasche entdeckte. Doch Seiko zog das Handy schon aus ihrer Jacke, stand auf und entschuldigte sich verlegen. »Es tut mir leid, ich bin gleich zurück.« Dann verließ sie mit schnellen Schritten den Raum. Erst in der großen Eingangshalle, die sich bis zu einer Glaskuppel weit über ihr erstreckte, blieb sie stehen und hielt Ausschau nach den Aufzügen. Sie musste das Handy in ihr Zimmer bringen und dann so schnell wie möglich zum Meeting zurückkehren. Enttäuscht stellte sie fest, dass die gläsernen Kabinen im obersten Stockwerk standen. Hastig öffnete sie die Tür zum Treppenhaus und begann, die Stufen hinaufzurennen, während sie Akiras Anruf entgegennahm.

»Seiko?«, seine Stimme klang leise und heiser.

»Ich bin dran«, keuchte sie. Fünf Stockwerke lagen noch vor ihr.

»Kein Video?«

»Es muss so gehen.«

Akira schnalzte mit der Zunge und gab dann viermal einen kurzen Zungenlaut von sich. Seiko rechnete schnell im Kopf: Quersumme 14. Der Anruf war echt.

»Roku«, bestätigte sie auf Japanisch die Zahl Sechs, um auch sich zweifelsfrei zu authentifizieren.

»Ist alles in Ordnung bei dir?« Sie rang nach Luft. Noch drei Stockwerke.

»Ich brauche einfach nur Schlaf, keine Ahnung.«

»Akira, du musst auf dich aufpassen.«

»Seiko, hör zu. Ich hab den Virus lokalisiert. Und nicht nur das, der Programmierer, der dieses verdammte Ding erschaffen hat, hat eine Signatur hinterlassen. Aber nicht einfach ein Akronym oder so, sondern einen richtigen Namen, verstehst du? Das ist doch krank, oder?«

Seiko hatte keine Zeit, sich darüber Gedanken zu machen. Nur noch zwei Stockwerke.

»Akira, hat das Zeit für später? Ich darf hier nicht telefonieren, ich …«

Er ignorierte sie und fuhr unbeirrt fort: »Der Virus hat mit mir kommuniziert. Er hat mir eine Botschaft geschickt. In Versform. Und auf Deutsch.«

»Warum auf Deutsch?«

»Woher soll ich das wissen? Vielleicht ist der Typ, der das Ding programmiert hat, ein Nazi, keine Ahnung.«

»Akira, du klingst merkwürdig. Das macht mir Angst.«

»Scheiße, nein, mir geht es gut. Hörst du mir eigentlich zu? Das ist wie die Geschichte mit den Brotkrumen.«

»Brotkrumen?«

»Ja. Die Brotkrumen führen uns direkt zu dem verdammten Hexenhaus, wo der Virus steckt. In jedem Gerät, in jedem Chip, in jeder Software. Verstehst du, was das heißt?«

Laut schnaufend erreichte Seiko die oberste Etage.

»Wenn wir ihn lokalisieren können, dann können wir ihn auch löschen«, schlussfolgerte sie.

»Jein.«

»Was meinst du mit Jein?«, fragte sie und lief den Gang entlang zu ihrem Zimmer.

»Du kannst ES löschen, aber bevor du das tust, hat der Virus andere Units infiziert und verbreitet sich erneut. Das ist wie mit einem echten Virus. Um ES auszubremsen, müsste man alle Handys, alle Rechner, alles, was mit einer CPU läuft, runterfahren. Damit es keine Chance hat, sich wieder auszubreiten. Und dann löschen wir ES.«

»Ein Reset«, sagte Seiko nachdenklich, schloss ihr Zimmer auf und blieb schwer atmend vor ihrem Bett stehen.

»Ja. Ein *globaler* Reset. Und zwar zur selben Zeit überall auf der Welt!«

Seiko versuchte sich vorzustellen, welch immenser logistischer Aufwand dafür notwendig wäre.

»Das ist unmöglich.«

Akiras Antwort ließ diesmal lange auf sich warten. »Ich weiß«, stimmte er zu.

Seiko setzte sich auf das Bett, ihr Puls raste noch immer.

»Ich muss jetzt Schluss machen, Akira«, erklärte sie, legte aber nicht auf. Sie spürte, dass er noch etwas loswerden wollte.

»Golem«, nuschelte er nach einer Weile.

»Was?«

»Fünf Buchstaben. G-O-L-E-M. Dieser Nazi hat seiner KI den Namen Golem gegeben.«

»Golem?«

»Kennst du nicht? Der Golem ist eine mystische Figur aus dem Mittelalter. Die Legende sagt, er wurde von einem Gelehrten mit unfassbarer Weisheit durch Buchstabenmystik zum Leben erweckt. Der Golem hat allerdings keinen freien Willen, sondern folgt sklavisch den Anweisungen seines Schöpfers. Und … Der Golem soll unbesiegbar gewesen sein.«

Seiko erwiderte nichts. Sie verstand, was Akira an dieser Erkenntnis so faszinierend fand. Aber für die Bekämpfung des offensichtlich irren Schöpfers spielte der Name des Virus nur eine untergeordnete Rolle.

»Also, was sagst du?«, fragte er unsicher.

Seiko sah auf die Uhr. Sie hätte längst im Meeting sitzen müssen. »Wir reden später. Ich … Ich liebe dich.«

»Ich liebe dich auch.«

Akiras heisere Stimme verstummte. Die Leitung wurde unterbrochen. Zärtlich küsste Seiko sein Bild auf dem Display, dann fuhr sie das Handy herunter. Akiras Bild verschwand, und auf der schwarzen Oberfläche spiegelte sich nur noch schemenhaft ihr eigenes Gesicht. Niedergeschlagen legte sie das leblos wirkende

Gerät auf das Bett und starrte es an. Die Sorge um Akira verursachte Schmerzen in ihrer Brust, gleichzeitig plagten sie mehr und mehr Zweifel, ob der Kontakt zu ihm wirklich real gewesen war. Konnte dieser Golem, wie Akira den Virus nannte, sie vielleicht trotz aller Vorsichtsmaßnahmen täuschen? War dieser Golem nicht längst auch in ihrem Handy? Angewidert legte sie ein Kissen auf das glatt glänzende Smartphone, dann eilte sie aus dem Zimmer und warf die Tür hinter sich zu.

∗∗∗

Kate tippte nervös mit den Fingernägeln laut auf die glatt polierte Tischplatte und hoffte insgeheim, dass sich jemand dazu hinreißen lassen würde, sie deshalb zu ermahnen. War sie die Einzige, der die Verspätung der Besprechung gehörig auf die Nerven ging? Ungehalten warf sie einen weiteren Blick auf ihre Uhr. Sechzehn Minuten über der Zeit. Sie schüttelte den Kopf. Die Luft schien ihr unerträglich stickig zu sein. Sie nahm den Notizblock, der vor jedem Teilnehmer lag, und fächelte sich damit Luft ins Gesicht, während sie nachdenklich einen Blick auf den Lamellenvorhang warf, hinter dem sich eine breite Glasfront verbarg.

Laut seufzend legte sie den Block wieder weg und rief laut zu ihren Kollegen hinüber, die leise tuschelnd an der Fensterreihe saßen: »Kann mal bitte jemand das Fenster aufmachen?«

Das Tuscheln verstummte, und alle sahen sie an.

»Was denn? Es ist heiß hier, also könnte einer von euch mal ein Fenster öffnen, bevor wir alle ersticken?«

Ein hagerer junger Mann, dessen Arme komplett tätowiert waren, fühlte sich berufen, im Namen aller zu antworten.

»Kate, richtig?«, fragte er auf Englisch mit skandinavischem Akzent.

»Hey, großartig, du kennst meinen Namen«, erwiderte sie sarkastisch.

Er zeigte mit dem Finger auf sie.

»Steht auf deinem Namensschild.«

»Yes«, gab Kate zu, obwohl sie das Ding völlig vergessen hatte.

»Und kannst du *bitte* das Fenster hinter dir öffnen?«

»Nein, auf keinen Fall. Du kennst die Anordnungen. Die Fenster sollen nicht nur geschlossen bleiben, wir sollen uns auch soweit möglich von ihnen fernhalten.«

Kate blickte sich theatralisch um.

»Du meinst, genau jetzt in diesem Augenblick hat ein Scharfschütze die Fassade im Visier und wartet nur darauf, dass einer von uns ans Fenster tritt?«

Der Hagere zuckte mit den Schultern, und noch bevor er antworten konnte, erhob sich Kate ruckartig von ihrem Stuhl.

»Weißt du, was? Ich werde mich jetzt wagemutig der Todeszone nähern und das verdammte Fenster selbst aufmachen.«

Augenblicklich stand auch der kahlköpfige Brite auf, um sich ihr in den Weg zu stellen.

Erschrocken wich Kate ein wenig zurück und stieß dabei gegen die Tasche, die noch immer an Seikos Platz am Fuß des Tisches lehnte und nun mit einem metallischen Geräusch auf das harte Parkett kippte.

***

Seiko war gerade auf dem Rückweg zum Besprechungsraum, als sie vor dem Aufzug auf Lamy stieß, der in Begleitung eines verschmitzt lächelnden Herrn und einer dunkelhaarigen Frau war.

»Ach, sieh an, dann sind wir nicht die Einzigen, die zu spät zu unserem Meeting kommen«, sagte Lamy in tadelndem Tonfall, als er Seiko auf sich zukommen sah.

»Ich musste zurück, weil ich mein Handy versehentlich mitgenommen hatte.«

Lamy hob die Hand in ihre Richtung.

»Darf ich vorstellen: Madame Seiko Itō, die Cybercrime-Expertin der japanischen Regierung. Eine Frau, die sich niemals in Ausreden flüchtet.«

Seiko verbeugte sich höflich.

»Wie haben Sie es geschafft, am Leben zu bleiben?«, witzelte der Unbekannte und fing sich dafür einen strengen Blick von Lamy ein.

»Darf ich vorstellen, Camille Milloz, eine ehemalige Kollegin, die inzwischen für das deutsche BKA arbeitet. Und hier an meiner Seite Dr. Jakob Friedrich Sebastian. Aber er besteht darauf, J. F. genannt zu werden.«

»Es ist mir eine Freude, Itō-san. Und bitte verzeihen Sie mir mein vorlautes Mundwerk«, begrüßte J. F. sie mit einer angedeuteten Verbeugung.

»Aktuell ist J. F. Berater im Pentagon für die Defence Advanced Research Projects Agency. Korrekt so?«

J. F. nickte.

»Korrekt. Aber wir sagen nur DARPA.«

»Es ist mir eine Ehre, Sie kennenlernen zu dürfen«, erwiderte Seiko, sichtlich beeindruckt von den beiden, während Camille sie nur kurz mit einem knappen »Hi« begrüßte und sich dann überschwänglich dem Wissenschaftler zuwandte.

»Ist nicht auch Peter Singer einer der Fellows bei DARPA?«

»Sie brechen mir das Herz, meine Liebe. Egal, wo ich hinkomme, Peters Name fällt immer als Erstes.«

»Oh, Sie Armer«, sagte Camille mit gespieltem Mitleid und stupste J. F. sanft an.

»Peter ist ein schlauer Kopf. Woher kennen Sie ihn?«

»Ich kenne ihn nicht, aber ich durfte bei einem Fachkongress in Washington seinen Vortrag über die Zukunft militärischer Konflikte hören.«

Lamy meldete sich wieder zu Wort.

»J. F. wurde uns sozusagen vom Pentagon ausgeliehen, da das Projekt, an dem er bisher gearbeitet hat … abgebrochen wurde? War das der Wortlaut, J. F.?«

Der weißhaarige Mann schüttelte den Kopf.

»Nein, das trifft es nicht ganz. Zwei israelische KI-Forscher und ich standen noch ganz am Anfang einer Arbeit, in der wir eine, ich würde sagen, bahnbrechende These aufstellten und auf ihre militärische Nutzbarkeit prüften. Mehr kann ich dazu nicht sagen, andernfalls wache ich morgen zum Frühstück in Guantánamo auf, oder?«

Alle rangen sich ein knappes Lachen ab, dann setzte J. F. unvermittelt eine ernste Miene auf.

»Die beiden Israelis wurden kurz vor der Krise unter bislang ungeklärten Umständen ermordet.«

Punktgenau in die darauf einsetzende Stille ertönte ein lautes Ping des Fahrstuhls, dessen gläserne Schiebetüren sanft zurückwichen. J. F. trat zur Seite und wies mit ausgestrecktem Arm den anderen den Weg.

»Darf ich die Herrschaften bitten?«

»Sie haben den Beruf verfehlt, J. F.«, versuchte Camille mit gespielter Heiterkeit, die Stimmung wieder zu heben.

»Niemals den Abend vor dem Tag loben, noch sind wir nicht unten«, antwortete J. F. grinsend.

* * *

Kates hitziger Auftritt war einer wachsenden Neugier für die Tasche unter dem Tisch gewichen. Sie beugte sich hinab und zog die Tasche hervor, die deutlich schwerer war, als sie zunächst angenommen hatte.

»Gehört die deiner Kollegin?«, fragte der hagere Skandinavier beunruhigt. »Das Mitführen von Taschen oder Behältern ist im Gebäude untersagt.«

Kate hievte das abgenutzte Ding mit beiden Händen auf die Tischplatte. In diesem Moment wurde ihr klar, dass Seiko keine Tasche mitgebracht hatte.

»Sieht nicht so aus«, antwortete sie.

»Lass die Tasche einfach liegen«, sagte der Mann mit den

Schweißperlen auf der Glatze, aber Kate ignorierte die Warnung. Die Tasche kam ihr vertraut vor. Es handelte sich um eine Tragetasche für Hunde, wie sie auch ihre Mutter für ihren Chihuahua benutzte.

Neugierig öffnete Kate den Reißverschluss, während fast alle im Raum nun aufgestanden waren.

»Also, ich geh jetzt, das ist mir zu blöd«, sagte der Hagere, doch der kahlköpfige Brite stellte sich vor die Tür und hielt ihn mit ausgestreckten Armen auf Abstand.

»Niemand verlässt den Raum!«, schrie er.

Der Hagere wich zurück und schrie: »Sag mal, spinnst du?«

Dann zog Kate eine merkwürdige Konstruktion aus Zylindern und Drähten aus der Tasche.

Es war das Letzte, was sie in ihrem Leben sah, dann explodierte die Bombe. Die Druckwelle ließ klirrend die Scheiben bersten, schleuderte den schweren Besprechungstisch an die Decke und zerriss jeden menschlichen Körper im Raum.

***

Seiko war im Aufzug einen Schritt von der bodentiefen Glasfront zurückgetreten. Abgründe machten ihr Angst. Plötzlich erfassten mehrere Erschütterungen das Gebäude und rissen die vier zu Boden. Ein Erdbeben, dachte Seiko im ersten Moment, dann vernebelte eine Staubwolke das Atrium und raubte ihnen die Sicht. Es gab einen Ruck, und die Aufzugskabine blieb zwischen den Stockwerken stehen. Danach folgte Stille, und der Tod hallte lautlos nach, bis eine Sirene ertönte und den Schrecken verstärkte.

»Was war das?«, fragte Lamy, während er sich aufrappelte.

Bis auf J. F. zogen sich auch die anderen stöhnend an den Handläufen hoch und blickten aus der Kabine. Doch alle sahen nur eine Wand aus dichtem weißem Rauch.

»Ist jemand verletzt?«, fragte Lamy besorgt und begann auf die Tasten des Aufzugs zu drücken.

»Mir ging es schon mal besser«, antwortete J. F., der noch immer am Boden saß. Seiko sah auf ihn hinab und zuckte zusammen. Sein weißes Haar war blutgetränkt. Ein schmales rotes Rinnsal lief über seine Schläfe und die bärtige Wange hinab.

»Wir brauchen einen Arzt«, stieß Seiko hervor.

Lamy kniete sich vor J. F. und untersuchte seinen Kopf.

»Er hat eine Platzwunde. Wir müssen die Blutung stillen. Wir brauchen etwas zum Verbinden.«

Seiko zog hastig ihre Strickjacke aus und reichte sie Lamy.

»Ich werde den Ärmel jetzt fest um Ihren Kopf binden, in Ordnung?«

J. F. nickte leicht.

»Vielleicht hat er eine Gehirnerschütterung?«, gab Camille zu bedenken.

Seiko kniete sich vor J. F. und lächelte ihn beruhigend an. »Alles wird wieder gut.«

»Na, wenn Sie das sagen, dann muss es ja stimmen«, erwiderte J. F., der seinen Humor offenbar wiedergefunden hatte. Camille blickte erneut hinaus. Langsam lichtete sich der Rauch im Atrium und gab den Blick nach unten frei. Immer mehr Menschen strömten in die große Eingangshalle, alle mit demselben Ziel: dem Ausgang.

Niemand schien genau zu wissen, was passiert war, aber die Erschütterung war so gewaltig gewesen, dass viele fürchteten, das Gebäude könnte jeden Moment einstürzen. Sicherheitskräfte kamen den Flüchtenden entgegen und riefen laut zur Ruhe auf. Dumpf waren ihre Stimmen auch im Aufzug zu hören: »Bitte bleiben Sie ruhig, und verlassen Sie zügig das Gebäude. Rennen Sie nicht, und nehmen Sie Rücksicht auf Personen mit Einschränkungen. Bewahren Sie Ruhe.«

Aber das war leichter gesagt als getan. Der schmale Ausgang bildete ein Nadelöhr auf dem Weg nach draußen. Ohnmächtig sahen die vier von oben zu, wie sich die Halle mit verängstigten Menschen füllte, bis sie dicht an dicht standen und es nicht mehr vorwärtsging. Noch versuchten die Leute, die Worte der Sicherheitskräfte zu beherzigen und ruhig zu bleiben.

Doch das änderte sich, als aus einer der Scheiben in der Kuppel feine Glassplitter fielen, die wie Schneekristalle im Sonnenlicht funkelten. Immer mehr Menschen richteten ihre Blicke nach oben, um die Ursache des Phänomens zu ergründen. Unter schrillem Knirschen verbreiterte sich ein großer Sprung zu einem Spinnennetz an feinen Rissen aus. In diesem Moment brach Panik aus.

Schreie übertönten Schreie. Plötzlich zählte nur noch das Gesetz des Stärkeren. Kopflos versuchte die Menge, sich zum Ausgang zu drängen oder zurück zu den Treppenhäusern zu flüchten. Dann übertönte ein lauter Knall die panischen Stimmen, und die Glaskuppel platzte auseinander wie ein Luftballon. Metergroße schwere Bruchstücke stürzten in die Tiefe und richteten ein grausames Blutbad an. Wo die Scheiben Körper verfehlten, trafen sie mit solcher Wucht auf den Marmorboden, dass unzählige scharfe Glassplitter wie Geschosse quer durch das Atrium fetzten und weitere Opfer fanden.

Seiko wandte den Blick ab und presste sich fest an J. F., der sie in seine Arme schloss, während Camille regungslos stehen blieb und das Grauen unter sich hilflos beobachtete.

Zwanzig Minuten waren vergangen, als sich die ersten Rettungskräfte mit lauten Sirenen näherten, aber Seiko bekam kaum noch etwas davon mit. Ihre Hörgeräte hatten den Betrieb eingestellt und legten einen stummen Schleier über die Hilferufe der Verwundeten. Langsam zog sie sich an den Handgriffen der Kabine hoch, bis sie neben Camille stand. Die Frau schien mit ihr zu sprechen, aber sie verstand kein Wort. Schließlich wandte Camille den Blick wieder ab und starrte nach unten auf die gekrümmten Leiber, die zwischen rot gefärbten Glasscherben das Atrium übersäten.

Lamy tauchte neben ihnen auf und betrachtete ebenfalls schockiert das Bild der Zerstörung, das sich ihnen bot. Feuerwehrmänner und Sanitäter strömten in die Halle und blickten dabei zu den Resten der Kuppel empor, in der noch immer metergroße Glasscheiben hingen.

Seiko und Lamy begannen zu winken und lautlos zu rufen, dann schlugen sie gegen die Scheiben des Aufzugs, bis einer der Feuerwehrmänner sie entdeckte und auf die Kabine zeigte. Seiko ließ sich erneut zu Boden sinken, direkt neben J. F., der trotz des rot getränkten Verbandes um seinen Kopf milde lächelte. Ein Ruck ging plötzlich durch die Kabine, dann setzte sich der Fahrstuhl in Bewegung und glitt langsam nach unten.

Als die Kabine im Auditorium zum Stehen kam und die Schiebetüren den Blick freigaben, offenbarte sich Seiko ein unbeschreibliches Bild der Zerstörung. Aus der Höhe hatte die Distanz wie ein Filter gewirkt, doch nun wurden sie schonungslos mit der Realität konfrontiert. Dutzende Rettungskräfte waren damit beschäftigt, Verletzte und leblose Körper aus der Gefahrenzone zu bringen. Seiko blickte in die Gesichter zweier Sanitäter, die wild mit den Händen fuchtelten und sie offensichtlich zur Eile mahnten. Sie spürte, wie das Glas unter ihren Füßen knirschte, suchte Schritt für Schritt mit rasendem Puls einen Weg zum Ausgang, als einer der Sanitäter ihren Weg kreuzte. Er trug eine abgetrennte Hand, die immer noch mit eisernem Griff ein Handy umschlossen hielt. Vorsichtig legte der Sanitäter die Hand in eine Kühlbox und trug sie fort.

Jill & Coffey

New York, USA

Der kühle Wind in den Straßenschluchten Manhattans brachte die ersten Regentropfen mit sich – Vorboten eines Sturms, der sich düster am Himmel zusammenbraute.

Captain Hauks Jeep hielt direkt auf dem Gehweg vor dem New York Times Tower. Er stieg zusammen mit einem gebrechlichen kleinen Mann aus, der sich auf einen Gehstock stützte und eine dicke Brille trug. Jill und Coffey kamen ihnen entgegen.

»Das ist die letzte Person auf Ihrer Liste«, erklärte Hauk, während olivgrüne Army-Lkws auf der anderen Straßenseite zwei Dutzend Soldaten absetzten. »Wir haben zu danken. In jeder Polizeistation sitzt jetzt einer von den Funkern, die Sie uns vermittelt haben, ebenso wie in unseren Dienststellen.«

»Das haben Sie aber nicht mir zu verdanken, sondern ihm.«

Jill zeigte auf Coffey, der gerade den alten Mann begrüßte.

»Mr Smoke, ich freue mich sehr, dass Sie hier sind.«

Der Greis blickte auf und musterte Coffey abschätzig.

»Kennen wir uns?«

»Ich kenne Sie, aber wahrscheinlich haben Sie mich längst vergessen. Ich war …«

»Wie heißen Sie?«

»Coffey.«

»Ernsthaft? Passt zu Ihrer Hautfarbe.«

Coffey lächelte die Bemerkung weg und konterte: »Und Sie, Mr Smoke, sind demnach Kettenraucher.«

Smokes buschige Augenbrauen zogen sich zusammen.

»Sie waren der junge Kerl vom Empfang, richtig? Ich erinnere mich an Ihre frechen Sprüche«, antwortete er spöttisch.

»Die Sprüche sind mir geblieben, Mr Smoke. Die Jugend leider nicht.«

Coffey ging an seine Seite, um sich unterzuhaken. Erbost wich Smoke zurück und hob drohend seinen Stock.

»Unterstehen Sie sich. Ich komme noch ganz gut allein zurecht.«

Jill wandte sich wieder Captain Hauk zu.

»Und diese Männer …« Sie zeigte auf die Soldaten. »Sind die wirklich alle zu unserer Unterstützung abgestellt worden?«

Der Captain nickte. »Ihr Projekt, Mrs Jones, hat bei meinen Vorgesetzten schweren Eindruck gemacht. Das hier ist nur der Anfang. Glauben Sie mir: Sie rufen, und wir kommen.« Mit einem verschmitzten Lächeln fügte er hinzu: »Ach, und nebenbei bemerkt, das sind nicht nur Männer.«

Der große Besprechungsraum der Chefredaktion im obersten Stockwerk des New York Times Tower war bis auf den letzten Platz gefüllt. Das war bei Großereignissen nichts Ungewöhnliches. Ungewöhnlich waren allerdings die versammelten Personen. Außer Arthur Moses, dem Herausgeber der *New York Times*, seinem Chefredakteur Stan F. Abramson und dessen Kolleginnen und Kollegen aus der Redaktion waren vorwiegend ehemalige Mitarbeiter der Zeitung anwesend, die sich seit vielen Jahren im Ruhestand befanden. Nicht wenige davon saßen in Rollstühlen, waren mit Gehhilfen gekommen oder wurden von jüngeren Angehörigen gestützt. Es handelte sich um Bildredakteure, die Pressebilder noch in der Dunkelkammer entwickelt hatten, Maschinensetzer und Metteure, die wie selbstverständlich die in Blei gegossenen spiegelverkehrten Texte zu lesen vermochten, sowie Mechaniker, die ihr Leben lang Linotype-Setzmaschinen gewartet und repariert hatten. Mechanische Wunderwerke, mit denen bis in die Achtzigerjahre Zeitungen hergestellt worden waren.

Jill sah in die Runde und glaubte fest daran, dass es gelingen würde, die alten Maschinen, von denen ein besonders gut erhaltenes Exemplar als Ausstellungsstück in der Chefetage stand, wieder zu reanimieren. Sie hatte allerdings ihre Zweifel, ob dies auch für die zittrigen Greise galt. Jill blickte zum Herausgeber, der in ungewohnt sportlicher Kleidung erschienen war und sich nun neben sie vor die wartende Menge stellte.

»Und Sie meinen wirklich, dass das klappen wird?«, flüsterte er ihr zu.

»Das sind die besten Experten für diesen Job.«

»Ja. Vor hundert Jahren vielleicht.«

Stan Abramson war weniger skeptisch gewesen, als Jill ihm ihre Idee präsentiert hatte. Für ihn als Chefredakteur zählte nur, dass die Zeitungen wieder vom Band liefen und dem journalistischen Kodex entsprachen, an den ein gerahmtes Poster der Society of Professional Journalists an der Wand erinnerte: *Encouraging the free practice of journalism and stimulating high standards of ethical behavior.*

Dass man beschlossen hatte, die *New York Times* vorerst einzustellen, kam für ihn und viele seiner Mitarbeiter einem Armageddon gleich. Was immer notwendig war, Chefredakteur Stan F. Abramson und sein Team würden alles tun, um die Zeitungen wieder auf die Straßen zu bringen.

Arthur Moses räusperte sich und begrüßte die Anwesenden. Er sprach im stolzen Ton eines Mannes, der sich der Bedeutung seiner Zeitung sehr wohl bewusst war. Doch aus demselben Grund fand er nur schwer die richtigen Worte, um die gewaltige Krise zu beschreiben, die auch ihn schwer getroffen hatte. Als er in seinem konfusen Redefluss über die Notlage der *New York Times* einmal mehr eine Pause machte, ergriff Charly Smoke die Gelegenheit und begann laut mit seinem Gehstock auf den Boden zu pochen, bis Arthur Moses endgültig den Faden verloren hatte.

In diesem Moment riss Charly zur Überraschung aller das Wort an sich: »Dass die Welt irgendwann untergehen würde, war uns allen klar, als ihr Maschinen erfunden habt, die unseren Job übernahmen. Solange es nur die kleinen Leute betraf, war es euch verdammt egal. Aber jetzt, wo die Maschinen auch Texte schreiben, Bilder machen und *euch* euren Job wegnehmen, ist das Gejammer groß. Also stellt sich die Frage: Was wollt ihr von uns?«

Ein zustimmendes Raunen ging durch den Raum, begleitet von dem Klopfen knöchriger Finger auf Tischplatten. Jill warf Moses einen Blick zu, der ihr zunickte und offensichtlich erleichtert war, dass sie die Antwort übernahm. Langsam erhob die alte Dame ihre gepflegte Hand und zeigte auf die Anwesenden, während sie bedächtig und betont ihre Namen nannte: »Charly Smoke. Ken Margerum. Clay Brown. Terry Crouch. Da drüben sitzt Sean Farrell neben John Scully. Und das sind noch längst nicht alle, an die ich mich persönlich erinnere.«

Jill sah mit festem Blick in die überraschten Gesichter, dann fuhr sie fort: »Die *Gray Lady,* so hat man die *New York Times* einst genannt, und das zu Recht! Sie war nicht weniger als das Statussymbol der Vereinigten Staaten für ehrlichen und kompetenten Journalismus. Und wenn die Journalisten und Redakteure der Geist dieser Grauen Dame waren, dann wart ihr der Körper, in dem dieser Geist steckte. Jeder Buchstabe, den ihr gesetzt habt, jedes Bild, das ihr entwickelt habt, und jede Druckplatte, die ihr für den Rotationsdruck auf die Walzen gespannt habt, haben diesen Geist erst befreit, haben die Wahrheit auf die Straßen gebracht. Sie mag von denen«, dabei zeigte sie auf Moses, Stan und seine Redakteure, »erdacht worden sein, aber ohne euch wären all die Recherchen und Reportagen umsonst gewesen.«

Zustimmend klopften die alten Männer wieder mit den Fingerknöcheln auf die Tischplatten.

»Und daran hat sich bis heute nichts geändert!«

Das Klopfen verstummte abrupt. Der Satz machte die Männer misstrauisch.

»Ihr seid alle längst im verdienten Ruhestand. Manche wie Charly hängen vermutlich der guten alten Zeit nach, aber wie war das wirklich damals? Charly, wie viele Zeilen konntest du pro Stunde setzen?«

»Ich kann mich nicht erinnern«, antwortete er argwöhnisch.

»Charly war einer der Schnellsten«, rief ein anderer dazwischen. »Keiner war an der Linotype so schnell wie er.« Zustimmendes Murmeln erfüllte den Besprechungsraum.

Jill fuhr fort:

»Aber die Linotype-Maschinen waren laut und stanken fürchterlich, wenn das Blei für die Lettern geschmolzen wurde. Richtig, Charly?«

»Kann schon sein.«

»Ich erinnere mich, dass man euch empfohlen hat, täglich Milch zu trinken, um einer Bleivergiftung vorzubeugen. In der Setzerei hingen sogar Plakate, die für das Kalzium in der Milch warben, wisst ihr noch?«

Charly blieb zunächst stumm, doch dann platzte es aus ihm heraus: »Ich habe zehn Stunden am Tag, sechs Tage die Woche an der Linotype gearbeitet, und ich war keinen Tag im Jahr krank!«

Wieder klopften die Knöchel, und Jill verzieh ihm seine Lüge. Doch dann übertönte eine schrille Stimme die Klopferei. »Was soll das, Leute? Habt ihr Dud, Splanky oder Bix vergessen, die wegen dem verdammten Zeug viel zu früh in die Kiste gefallen sind?«

»Bix hat geraucht wie ein Schlot, und Splanky war ein verdammter Säufer«, konterte Charly. Eine lautstarke Diskussion begann, bis Jill einen Schuh auszog, mit der Sohle laut auf einen Tisch schlug und damit alle zum Schweigen brachte.

»Das bringt doch nichts! Nicht alles war damals besser. Scully, du warst Metteur, hast im Umbruch aus all den Bleizeilen und Bildern Zeitungsseiten zusammengebaut. Stunde um Stunde hast du die aus Blei gegossenen Zeilen in die Rahmen gefügt, bis ganze Seiten entstanden. Wäre es dir nicht lieber gewesen, du hättest das an einem Bildschirm erledigen können?«

Scully überlegte, dann nickte er träge. »Ja, schon. Wahrscheinlich wäre mein Rücken dann heute noch in Ordnung.«

»Seht ihr, das war es, was ich meinte. Manches hat sich verbessert, manches aber auch nicht. Doch wir sind heute nicht hier, um das zu diskutieren. Wir sind hier, weil der Geist der Grauen Lady immer noch all jene braucht, die die Nachrichten auf die Straße bringen, raus zu den Menschen. Eure Nachfolger arbeiten heute mit Computern und Tablets. Nur sind sie jetzt machtlos. Stellt euch vor, irgendjemand hätte damals eure Maschinen sabotiert, und ihr hättet euren Job nicht mehr machen können. Keine einzige Zeitung hätte mehr gedruckt werden können. Wie hättet ihr euch da gefühlt?«

Die Männer blickten sie nachdenklich an.

»Genau das ist jetzt passiert. Die Nachrichten haben wir, aber bis heute Morgen hatten wir jegliche Hoffnung verloren, diese in die Welt bringen zu können. Und dann … Dann haben wir an euch gedacht und wieder Hoffnung geschöpft.«

Die Männer hörten ihr mit offenen Mündern zu.

»Also, hier sind wir nun und brauchen eure Hilfe. Was meint ihr? Finden wir einen Weg, die Graue Lady wieder zum Leben zu erwecken?«

Die alten Männer sahen sich schweigend an. Sie wirkten unschlüssig, doch dann erhob sich Charly Smoke und klopfte wieder laut mit seinem Gehstock auf den Boden.

»Wieso sollte das nicht funktionieren? In uns steckt mehr Leben, als man uns zutraut. Und wenn uns jemand die schweren Maschinen aus dem Museum holt, dann schwöre ich bei Gott, dann machen wir damit eine Zeitung!«

Noah & Lamy

Lyon, Frankreich

Noah stand im Taktikraum eines unterirdischen Bunkers. Kaltes Neonlicht wurde von den nackten Betonwänden reflektiert. Mindestens zwanzig Zivilisten saßen an Funkstationen, deren gebündelte Kabel einen dicken Strang bildeten, der zehn Meter hinauf bis ins Freie führte und dort in Generatoren und eilig aufgebaute Sendemasten mündete. Diese ragten weit in die tiefschwarze Nacht, während die ineinandergesteckten Stangen und Stahlseile, vom Wind gepeitscht, jaulende Töne von sich gaben.

Noah erinnerte der schwingende Klang an Walgesänge, die ebenfalls Tausende von Kilometern entfernte Artgenossen erreichen konnten. Die Zivilisten, die hier seit eineinhalb Tagen eine Mammutaufgabe stemmten, waren Noahs Wale. Funkamateure, die selbst den verborgensten Winkel der Welt erreichen konnten. Es waren Männer und Frauen unterschiedlichen Alters, verschiedenster Herkunft und Berufe. Vom Hochschulprofessor bis zur Kindergärtnerin teilten sie alle die Leidenschaft für den Amateurfunk. Dass der Staat einmal ihre Hilfe benötigen würde – oder wie Noah es ihnen erklärt hatte: »Ohne euch wird die Zivilisation in der Steinzeit versinken« –, hätten sie nie für möglich gehalten. Und so hatte keiner von ihnen auch nur eine Sekunde gezögert, als Noahs Aufruf sie per Funk erreichte. Er hatte sich gestern von Henri und der kleinen Jade verabschiedet, ohne ihnen sagen zu können, wohin er ging und wann er zurückkehren würde; genauso hatten auch die anderen ihre Liebsten in Ungewissheit zurücklassen müssen. Sie hatten ihre umfangreichen Funk-Ausrüstungen zusammengepackt und waren dann unter strengsten Sicherheitsvorkehrungen von Armeelastern in ein abgelegenes militärisches Sperrgebiet gebracht worden. Keiner hatte zuvor eine Sicherheitsüberprüfung durchlaufen, denn der Zugriff auf Datenbanken der Behörden zum Abgleich von Personalien war aufgrund des Virus zum reinen Glücksspiel geworden. Mündliche Empfehlungen und persönliche Kontakte der Funker untereinander waren alles, was Noah Lamy anbieten konnte, und Lamy hatte zähneknirschend zugestimmt. Der Freund eines Freundes hatte plötzlich mehr Gewicht als jedes digitale Kontrollorgan.

Eine drahtige Frau in Kampfuniform, Lieutenant Colonel Boiteux, trat auf Noah zu. Sie war seine Verbindungsoffizierin zu den militärischen Einheiten am Gefechtsstand. »Monsieur Morel, der letzte Fernmeldetrupp ist soeben angekommen.«

»Danke, Lieutenant Colonel. Ich komme gleich hoch.«

Noch während er in eine dicke Daunenjacke schlüpfte, wandte er sich an eine ältere Zivilistin mit dicker Brille.

»Alice«, rief er ihr zu. »Wie weit bist du?«

»Ich denke, es passt«, antwortete sie mit dünner Stimme. »Die Verbindung über den Funksatelliten ist jetzt stabil. Der Kontakt nach Tokio steht, ist aber noch nicht optimal. Wir bräuchten außerdem noch mehr Übersetzer.«

»Ich arbeite dran, glaub mir«, entgegnete Noah. Dann wandte er sich laut an das gesamte Team: »Hört mal her.« Sofort unterbrachen alle ihre Arbeit und sahen ihn an.

»In wenigen Minuten werden wir die erste simultane weltweite Funkübertragung starten. Ich weiß, dass wir noch längst nicht in allen Ländern Counterparts eingerichtet haben, aber die Zeit läuft uns davon. Ich hoffe, ihr habt Verständnis dafür.«

Die Männer und Frauen blickten ihn erschöpft an. Keiner sagte ein Wort. Die meisten hatten seit über vierundzwanzig Stunden nicht mehr geschlafen. Schließlich meldete sich ein kräftiger junger Typ mit langen Haaren, der auf einem Streichholz kaute.

»Hey, kein Ding. Das hier ist das Coolste, was ich je erlebt habe.

Und wenn ich mich hier so umsehe, spreche ich nicht nur für mich, oder?« Er betonte das letzte Wort laut, und sofort begannen alle zu nicken und Laute der Zustimmung von sich zu geben.

Gerührt hob Noah den Daumen und rannte dann die Stufen ins Freie empor, vorbei an schwer bewaffneten Soldaten mit Stahlhelmen, die die Ein- und Ausgänge sicherten. Lieutenant Colonel Boiteux winkte ihm von einem großen Armeezelt aus zu, wo gerade ein Soldat mit einer Kabeltrommel auf dem Rücken angekommen war. Noah stemmte sich gegen den Wind und lief etwas unbeholfen über den schlammigen Untergrund zum Eingang des Zeltes.

»Das war die letzte Feldleitung, die wir verlegt haben«, erklärte Boiteux, während der Soldat das Ende des Kabels mit Federklemmen an Blitzschutz und Fernmeldeleitung eines Verteilerkastens befestigte. Er schloss ein Feldtelefon daran an, dessen schwarzer Hörer wie ein Relikt aus den Achtzigerjahren wirkte.

»Und?«, fragte Noah ungeduldig.

Der am Boden kniende Soldat blickte zu ihm auf. »Die Dinger sind in die Jahre gekommen, funktionieren aber tadellos. Wir haben jetzt direkten Kabelkontakt zu allen umliegenden Einheiten.«

Lieutenant Colonel Boiteux lächelte Noah zufrieden an. »Sie hatten recht, die NATO hatte noch jede Menge Restbestände analoger Kabeltelefone. Über die Glasfaserleitungen erhielten wir nur noch Müll. Alle Einheiten im Sperrgebiet, im Umkreis von fünf Kilometern, sind jetzt wieder verknüpft. Wer immer dieses Areal unbefugt betritt, kann sich auf etwas gefasst machen.«

Noah erwiderte das Lächeln, hakte aber vor allem im Kopf eine weitere Aufgabe von seiner To-do-Liste ab. Es war bei Weitem nicht die letzte.

Ein Jeep brach auf dem Feldweg aus dem nahen Wald hervor und kam Schlamm verspritzend vor dem Eingang des Bunkers zum Stehen. Noah war bereits zur Stelle, als Lamy ausstieg.

»Und? Wie weit seid ihr?«, wollte er ohne Umschweife wissen.

»Ich denke, wir können senden.«

»Na, dann los«, forderte Lamy ihn auf, doch Noah machte keine Anstalten, sich vom Fleck zu rühren. Stattdessen sah er Lamy mit tiefen Sorgenfalten an.

»Darf ich fragen, wie schlimm es ist?«, fragte er.

Lamy sah zu Boden, bevor er antwortete. »Verdammt schlimm. Alle, die es überstanden haben, stehen unter Schock. Aber ich brauche sie … und zwar alle. Ich hab mir den Mund fusselig geredet, trotzdem haben viele hingeschmissen. Und ich kann es ihnen nicht verübeln. Der Rest sitzt jetzt streng bewacht in mehreren Flüchtlingsunterkünften.«

»Und wie geht es nun weiter?«

Lamy wollte antworten, doch ein heftiger Hustenanfall schüttelte seinen Körper durch. Als es vorbei war, stützte er sich mit einem Arm an Noah ab und spuckte grünen Schleim in den Schlamm.

»Sie werden krank. Sie sollten sich eine Auszeit nehmen, um etwas zur Ruhe zu kommen«, kommentierte Noah die Attacke besorgt.

Lamy richtete sich auf, klopfte Noah auf die Schulter und lachte süffisant. »Der war gut, Morel. Aber um Ihre Frage zu beantworten: Wir haben eine große Halle in Mantes-la-Ville ausfindig gemacht, einem Vorort von Paris, mit neuntausend Quadratmetern. Eine ehemalige Schiffsmotorenfabrik, die gerade saniert wird. Wenn alles klappt, wird die gesamte Taskforce in zwei Tagen dorthin verlegt. Und dann machen wir weiter, immer weiter. So lange, bis wir diesen Mist überstanden haben.«

Lamy wischte sich mit dem Ärmel über die Lippen und zeigte auf den Eingang des Bunkers.

»Wollen wir?«

Noah nickte und ging voraus.

Als Lamy zum ersten Mal Noahs zusammengewürfeltem Haufen gegenübertrat, der ein weltweites Kommunikationsnetz aufbauen sollte, war er zunächst alles andere als begeistert. Seine ganze

Hoffnung, die er in diese Menschen und ihre merkwürdigen Geräte gesteckt hatte, begann zu wanken. Doch dann erinnerte er sich daran, dass all die auf Hochglanz polierten Handys, Laptops und Rechner mit gestochen scharfen OLED-Displays absolut nutzlos geworden waren. Vielleicht war es auch die Art, wie diese Menschen ihn ansahen, wie sie ihn begrüßten und welche Wärme und Zuversicht von ihnen ausgingen, die ihm den Glauben daran zurückgab, die gewaltigen Herausforderungen meistern zu können, die noch vor ihnen lagen.

»Monsieur Lamy, hier bitte.«

Ein schwarzer Mann mit Dreadlocks bat ihn, auf einem Stuhl in der Mitte des Raumes Platz zu nehmen, an dessen fensterlosen Wänden sich Dutzende merkwürdige Apparaturen türmten. Er drückte ihm ein eiförmiges Gerät in die Hand, das durch ein Spiralkabel mit einem eckigen Kasten neben ihm verbunden war.

»Was ist das?«

»Das ist Ihr Mikro. Wenn Sie sprechen wollen, drücken Sie den Knopf an der rechten Seite, zum Zuhören lassen Sie den Knopf einfach wieder los.«

Noah trat auf ihn zu.

»Alles klar?«

Lamy sah ihn an und nickte.

»Wir sind so weit. Hier ist die Liste.« Er drückte Lamy einen handgeschriebenen Zettel mit den Namen von Repräsentanten aus aller Welt in die Hand, die live zugeschaltet waren, darunter das Weiße Haus, der Bundestag in Berlin, der Vatikan in Rom und selbst der Kreml in Moskau.

Lamy stellte sich vor, wie am anderen Ende der Verbindungen ähnliche kunterbunt zusammengewürfelte Gruppen von Funkamateuren die Technik übernahmen.

Wieder forderte Noah seine Aufmerksamkeit: »Denken Sie daran, das ist keine gesicherte Übertragung. Im Prinzip kann dieses Signal jeder empfangen und abhören, ohne dass wir es merken.«

»Danke, Morel. Glauben Sie mir, ich weiß das zu gut. Aber das Wasser steht nicht nur uns bis zum Hals.«

Dann blickte Lamy in die Augen der Funker, die mit Kopfhörern gespannt vor ihren Anlagen saßen und mit Kopfhörern auf den Beginn seiner Rede warteten. Ein beleibter Mann mit wilden Haaren, Tattoos und schwarzer Lederjacke, der aussah, als wäre er auf einer Harley zu dieser Truppe gestoßen, grinste ihn an und streckte ihm die Faust entgegen, mit abgespreiztem kleinem Finger und Zeigefinger. Lamy konnte es sich nicht genau erklären, aber die Geste wirkte auf ihn, als hätte am Filmset jemand die Klappe geschlagen. Also stand er auf und begann zaghaft mit seiner Botschaft.

»Mein Name ist Laurent Lamy. Ich bin Direktor der CCTF, der Cyber Crime Task Force bei Interpol, die dank der Unterstützung von Nachrichtendiensten aus aller Welt nun aus den kompetentesten Experten besteht, aus denen je ein solcher Think-Tank gebildet wurde. Das Ziel der CCTF ist die vollständige Eliminierung des Computervirus, der weltweit jegliche digitale Kommunikation faktisch unmöglich gemacht hat, und die Ergreifung derjenigen, die dieses Monster erschaffen haben. Doch heute ist unserem unbekannten Feind ein schwerer Schlag gegen unsere Bemühungen gelungen.«

Lamy begann zu husten, ließ die Sprechtaste des Mikrofons los und fuhr dann fort:

»Heute gab es in der Interpol-Zentrale in Lyon einen abscheulichen Terroranschlag, bei dem vierundzwanzig Mitarbeiter ums Leben kamen und dreiundfünfzig weitere teils schwer verletzt wurden. Darunter auch viele Frauen und Männer der CCTF. Sie werden sich fragen, wie innerhalb so kurzer Zeit ein solch gewaltiger Terrorakt gelingen konnte. Die Antwort darauf ist so schockierend wie simpel: Die Attentäter waren keine Extremisten oder Fundamentalisten, sondern sie kamen aus unseren eigenen Reihen. Es waren vier Mitarbeiter von Interpol, einer von ihnen sogar Mitglied der CCTF, die untereinander keine Verbindung hatten. Nur die Art und Weise, wie man sie gefügig gemacht hatte, war identisch. Man hatte ihnen gefälschte Livestreams geschickt, in denen ihre engsten Familienangehörigen vermeintlich Todesangst litten, weil sie entführt und bedroht wurden. Auf einem der Streams hatte eine Mitarbeiterin mitansehen müssen, wie man ihren Mann brutal ermordete. Danach drohte man ihr, nun auch ihre Kinder zu töten, sollte sie sich weigern, Bomben im Gebäude zu platzieren. Sie alle hatten geglaubt, was sie in den Streams gesehen hatten, obwohl sie wussten, dass es genauso gut ein Fake hätte sein können. Wir gehen davon aus, dass die vier Attentäter ganz gezielt nach ihren psychischen Schwächen ausgewählt wurden. Nur zwei von ihnen haben den Anschlag überlebt, stehen aber unter Schock und sind nur eingeschränkt vernehmungsfähig.

Ich sichere Ihnen aber zu, dass die CCTF ihre Arbeit trotz aller Widrigkeiten fortsetzen wird. An anderer Stelle, an einem besser gesicherten Ort, wo auch die Mitarbeiter von jedem Kontakt nach außen abgeschottet werden. Wir benötigen daher weiterhin Ihre Unterstützung, vor allem weitere Experten für alle Bereiche. Ohne die werden wir diesen mächtigen Feind nicht besiegen können. Ich appelliere an Sie, jegliche Konflikte, seien sie religiöser oder territorialer Art, wenn Sie sie schon nicht lösen können, dann zumindest ruhen zu lassen. Gelingt uns das, können wir vielleicht gemeinsam einen Weg aus dieser Katastrophe finden. Die Alternative ist der Zusammenbruch, verängstigte Menschen, die um ihr Leben kämpfen, und Anarchie auf den Straßen. Gewinnt unser Feind, wird nichts mehr so sein wie vorher. Deshalb zähle ich darauf, dass die Vernunft siegt und wir diesen unsichtbaren Feind gemeinsam zur Strecke bringen. Das, und nichts anderes, muss in unser aller Interesse die höchste Priorität haben. Danke.«

Erschöpft senkte Lamy das Mikrofon. Augenblicklich erhoben sich alle Frauen und Männer im Raum und begannen zu applaudieren, einige pfiffen sogar, was Lamy fast zu Tränen rührte.

Noah trat auf ihn zu und flüsterte: »Ich gratuliere zu dieser Rede. Aber darf ich offen sprechen?«

»Ja, nur zu.«

»Wir haben die Vertreter von einunddreißig Staaten erreicht. Natürlich machen wir Abschriften, die nun in die ganze Welt versendet werden. Aber mir kommt es so vor, als wäre das alles nur ein Tropfen Wasser auf einem heißen Stein.«

Lamy sah ihn streng an und antwortete: »Morel, jeder Widerstand beginnt in einer kleinen Gasse mit einem Redner vor einer Handvoll Leuten. So sind ganze Königreiche und Imperien gestürzt worden.«

Der Tragödie zweiter Akt

Vom Ursprung des Untergangs und dem Wesen des Menschen

Wie gewaltig eine Katastrophe auch enden mag, ihr Ursprung scheint immer klein und unbedeutend. Es mutet geradezu banal an, wenn wir uns vor Augen führen, dass jede Lawine mit einem winzigen Riss in der oberen Schneedecke beginnt, jeder Tornado durch feuchtwarme Luft, die aufsteigt und einen lauen Sommertag verspricht, und viele Morde auf eine verschmähte oder gekränkte Seele zurückgehen.

Als Valentine O'Brien am 8. Oktober 2024 nach einer strapaziösen fast dreitägigen Reise in Dublin eintraf, war er nicht nur auf der Suche nach seiner vermisst geglaubten Schwester. Vielmehr war er, ohne es zu wissen, auf der Suche nach dem Ursprung einer Katastrophe, die die Welt in ihrem Würgegriff hatte.

Aber es liegt wohl in der Natur des Menschen, dass das Individuum, gepeinigt durch persönliches Leid, den Blick auf die großen Zusammenhänge zu verlieren scheint. Seine Suche nach Antworten folgt dann einem immer enger werdenden Korridor, bis die Fragen, die es sich stellt, so winzig geworden sind, dass es sich am Ende mit einem Fliegenschiss zufriedengibt.

Ob Gott oder Teufel für diesen Wesenszug, der uns trotz aller Unbill am Ende eine Illusion von Glückseligkeit beschert, verantwortlich ist, mag jeder Leser selbst entscheiden.

Nach meinem Kenntnisstand stelle ich die Existenz des Erstgenannten aber sowieso infrage. Wie sonst wäre so viel Schlechtes auf der Welt möglich?

Aber wer bin ich schon, mir darüber eine Meinung bilden zu können?

G.

Valentine & Ronnie

Dublin, Republik Irland

Valentine war schon lange vor Tagesanbruch wach geworden, hatte aber zusammengekauert und frierend auf einer Holzbank am Hafen gewartet, bis die ersten dumpfen Sonnenstrahlen hinter der dichten Wolkendecke den Morgen ankündigten.

Noch immer konnte er kaum glauben, dass er in Dublin angekommen war. Ein Kutter hatte ihn von der französischen Kanalküste nach Dover gebracht. Dann ging es per Anhalter quer durch England, meist in verrauchten Lkws, deren Fahrer begierig darauf waren, zu erfahren, was »da draußen« in der Welt vor sich ging. Gestern Mittag war er dann in Holyhead, einer kleinen Küstenstadt in Wales, angekommen. Der reguläre Fährbetrieb nach Dublin war bereits vor Tagen eingestellt worden, aber Valentine hatte Glück.

Eine Gaelic-Football-Mannschaft, die nach einem Auswärtsspiel in Holyhead gestrandet war, hatte bei einem Fährbetreiber am Hafen einen so heftigen Krawall veranstaltet, dass dieser sich genötigt sah, eine letzte Fähre zu der irischen Insel zu schicken. Die Football-Spieler hatten Valentine kurzerhand unter ihre Fittiche genommen, an Bord der Fähre gebracht und während der dreistündigen Überfahrt feiernd und grölend mit billigem Whisky abgefüllt. Alles, woran sich Valentine danach noch erinnern konnte, war der feuerrote Leuchtturm, welcher der Fähre den Weg in den Hafen von Dublin wies. Wie ein mahnender Zeigefinger hatte er sich aus dem Meer erhoben, als wolle er ihn vor etwas warnen, wenn nicht sogar zur Umkehr bewegen. Wenn er jetzt die Augen schloss, hatte er diesen Turm noch immer vor Augen. Er musste an Milo denken, die überall Botschaften und Zeichen zu entdecken glaubte. Vielleicht war selbst der Spruch, der in die Holzbank eingeritzt war, auf der er lag, für ihn bestimmt: *Thru Hardship We Grow*. Durch Not wachsen wir.

Erschöpft richtete Valentine sich auf, stellte fest, dass sein Mantel voller Möwenschiss war, stapfte an den Rand des Kais und pinkelte ins schwarze Wasser des Hafenbeckens. Er fühlte sich elendig, vor allem setzten ihm aber Durst und Hunger zu, denn mehr als ein paar Kartoffelchips hatte er seit der Ankunft in Holyhead nicht gegessen. Eine Möwe flog krächzend über ihn hinweg und kam kurz darauf wieder zurück.

»Warst du das heute Nacht?«, rief er ihr entgegen und zeigte vorwurfsvoll auf seinen Mantel. Fast wirkte es so, als würde sie boshaft grinsen, bevor sie mit ein paar Flügelschlägen auf das Meer hinaus flog.

Hinter seinem Rücken brummte ein Motor und verstummte schließlich. Ein Mann mit Strickmütze, gestreiftem Pullover und dicker Weste stieg aus einem verbeulten Kleinwagen, um ein Paket auszuliefern. Aber die Tür des Schuppens, an die er klopfte, blieb verschlossen. Laut pochend und schimpfend versuchte er es erneut.

»So ein verdammter Mist, man kann sich auf gar nichts mehr verlassen. Sieben Uhr hat der Hundesohn gesagt, und was haben wir jetzt? Fucking sieben Uhr. Du kannst mich mal, Eddie.«

Wenige Minuten später hatte Valentine eine Mitfahrgelegenheit in die Stadt und hundert Euro weniger im Portemonnaie.

Gegen acht Uhr kam er abgekämpft im Bureau of Criminal Investigation der Garda Síochána in der Military Road an, einem modernen Komplex mit weiß verputzter Fassade, umgeben von einer meterhohen Granitmauer, die an ein Gefängnis erinnerte. Im gefliesten Eingangsbereich musste er noch eine geschlagene Stunde warten, bis endlich die Frau, nach der er am Empfang gefragt hatte, durch die Sicherheitsschleuse trat. Erleichtert stellte

Valentine fest, dass es tatsächlich dieselbe schwarze Frau war, die ihn per Videocall in München kontaktiert hatte. Ein kleiner untersetzter Mann, der ihr folgte, hatte Schwierigkeiten, mit ihr Schritt zu halten.

Jetzt würde sich zeigen, ob er die beschwerliche Reise nur wegen eines Fakes auf sich genommen hatte. Mühsam richtete er sich auf.

»Ich bin Chief Superintendent Winters. Sie wollten mich sprechen?« Den Kollegen, der sich Schweiß aus dem Gesicht wischte, erwähnte die mit Jeans und ausgewaschenem Pullover bekleidete Polizistin mit keinem Wort. Stattdessen musterte sie ihn mit angespanntem Gesichtsausdruck, denn offensichtlich hatte sie keine Ahnung, wer er war.

»Sie haben mich bei einem Einsatz in München kontaktiert und wollten, dass ich …«, begann Valentine zaghaft.

»Wie?«, unterbrach Winters ihn streng.

»Was meinen Sie?«

»Wie wurden Sie kontaktiert?«

»Per Smartphone«, gab Valentine zu.

Winters' Augen wurden größer, dann schüttelte sie missmutig den Kopf. Valentine kam sich plötzlich sehr naiv und dumm vor.

»Hören Sie, ich weiß nicht, wer Sie sind und was Sie hier wollen. Und angesichts des Chaos, das wir hier händeringend in den Griff zu bekommen versuchen, habe ich auch nicht viel Verständnis dafür, dass ein englischer Kriminalbeamter offensichtlich auf einen Fake-Anruf hereinfällt und bis nach Dublin reist, um mir meine Zeit zu stehlen.«

Valentine versuchte nicht mal mehr, dagegenzuhalten, denn zu seiner körperlichen Erschöpfung gesellte sich nun auch eine mentale Leere. Wortlos griff er nach seiner Reisetasche und schlurfte quer durch die Eingangshalle auf die Sicherheitsschleuse zu. Winters sah Valentine noch kurz nach, der in seinem blauen Overcoat-Mantel voller Möwendreck einen äußerst bedauernswerten Eindruck machte, und wollte sich schon abwenden, als ihr Kollege sie davon abhielt und ihr etwas zuflüsterte. Gerade als sich die Panzerglastür zum Ausgang automatisch vor Valentine öffnete, hörte er Winters rufen: »O'Brien? War das Ihr Name ... O'Brien?«

Valentine drehte sich um und nickte.

»Mein Kollege hier, Inspector Costello, hat doch noch ein paar Fragen.«

»Die kann er mir gerne zuschicken, wenn ich wieder in London bin«, antwortete Valentine trotzig.

Der untersetzte Mann schob sich vor Winters und ergriff selbst das Wort.

»Sind Sie verwandt mit Margaret O'Brien?«

Inspector Ronnie Costello sah seinem englischen Kollegen fasziniert zu, wie dieser bereits das zweite Schinken-Käse-Sandwich mit schwarzem Kaffee hinunterschlang und dabei die menschenleere Kantine aus hellem Fichtenholz betrachtete, an deren Wänden große Kunstdrucke hingen.

»Nicht schlecht, oder? Wir sind erst vor zwei Jahren hierhergezogen. Alles vom Feinsten, auch in den Büros. Kannten Sie den alten Steinhaufen am Harcourt Square?«

Valentine biss ein weiteres großes Stück ab und schüttelte den Kopf.

»Das hier ist ein Palast dagegen. Aber seit dieser Virus die Kommunikation lahmlegt, funktioniert so gut wie gar nichts mehr. Die Hälfte der Belegschaft ist einfach nicht mehr aufgetaucht und auch nicht erreichbar.« Er zeigte auf das Sandwich in Valentines Hand. »Die da habe ich von zu Hause mitgebracht. Und ich schätze, Kaffee und Wasser werden hier auch bald Mangelware sein.«

Valentine schluckte, legte den Rest des Sandwiches auf den Pappteller und schob ihn Ronnie unter die Nase.

»Sorry, das tut mir leid, Inspector ... Costello?«

Der Mann hob beschwichtigend beide Arme. »Alles gut, ehrlich. Essen Sie nur. Ich muss eh kürzertreten. Sehen Sie mich an, das spricht doch Bände, oder?« Er grinste. »Und bitte, einfach Ronnie. Alle, bis auf Winters, nennen mich hier Ronnie. Dafür ist Winters unsere *cotquean* – aber lassen Sie sie das bloß niemals hören.« Dann lachte er laut und kurz auf, es klang wie ein kurzes Wiehern.

»Und ich bin Valentine.« Er griff nach dem Rest des Sandwichs, während er eine Frage stellte.

»Also, was ist jetzt mit meiner Schwester?«

Ronnie räusperte sich und verschränkte die Arme auf dem Tisch. »Margaret O'Brien ist zur Fahndung ausgeschrieben.«

Valentine legte das Sandwich wieder zurück und schob den Teller beiseite. »Wieso?«

»Bei der Obduktion eurer Mutter fand man Rückstände von Natriumcyanid. Das ist ein schnell und tödlich wirkendes Gift – und da deine Schwester zum Zeitpunkt des Todes die einzige Person war, mit der eure Mutter Kontakt hatte, müssen wir mit ihr reden.«

»Reden? Sie ist eure Hauptverdächtige, richtig?«

»Sie hatte ein Motiv.«

»Ein Motiv?«

»Laut Pfarrer McNamara war das Verhältnis zwischen Mutter und Tochter ... wie sagte er ... über alle Maßen zerrüttet.«

»Das ist das Motiv? Dann solltet ihr gleich die ganze Gemeinde verhaften. Mit der verstand sich unsere Mutter nämlich auch nicht.«

»Das haben wir, von denen ist auch keiner kurz nach der Beisetzung spurlos verschwunden.«

»Habt ihr euch schon mal gefragt, wo sie das Gift herhatte? Das Zeug gibt es sicher nicht in der nächsten Apotheke.«

»Ich verstehe deine Verbitterung, aber genau deshalb müssen wir ja mit ihr reden. Da sind tausend Fragen offen, auf die wir Antworten suchen.«

Valentine lehnte sich zurück, senkte den Kopf und presste die Lippen zusammen. Eine weitere Sorge bedrängte ihn beharrlich:

Winters' Anruf in München, der angeblich ein Fake gewesen war, hatte bereits viele der Informationen vorweggenommen.

»Und du bist dir sicher, dass Winters mich wirklich nicht persönlich angerufen und mir all das schon mal erzählt hat?«

Ronnie lehnte sich zurück und verschränkte die Hände vor seinem runden Bauch.

»Der Fall tangiert sie überhaupt nicht, und schon dreimal nicht, seit der Virus uns die Arbeit zur Hölle macht. Winters mag manchmal ziemlich schroff sein, aber sie ist keine, die ihre Nase in alle Fälle steckt. Im Gegenteil, sie lässt uns machen. Und deshalb habe ich ihr von diesem Fall auch nie ein Sterbenswörtchen erzählt.«

Valentine lief ein Schauer über den Rücken, denn Ronnies Aussage ließ nur einen Schluss zu: Der Virus hatte ihn gezielt nach Irland gelockt. Aber warum?

»Ich muss nach Laragh, in unser Haus. Kannst du mir helfen, dorthin zu kommen?«

Ronnie runzelte die Stirn.

»Das könnte schwer werden. Aber du bist ein netter Kerl und außerdem den ganzen Weg hergekommen, um nach deiner Schwester zu suchen. Von mir aus kannst du ein paar Nächte bei mir schlafen. Kein Luxus, aber besser als 'ne Parkbank. Und ich seh zu, dass ich irgendwas über deine Schwester rausfinde. Na, wie klingt das?«

Valentine schüttelte den Kopf. »Du verstehst das nicht. Ich kann hier nicht einfach rumsitzen und warten. Ich muss dahin, und wenn ich zu Fuß gehe.«

Eine halbe Stunde später standen die beiden in der Tiefgarage des Reviers vor einem VW Golf in ausgebleichtem Grün. Ronnie hatte einen unförmigen Beutel umgehängt und hielt Valentine stolz einen Autoschlüssel entgegen.

»Hier, den hab ich loseisen können. Wir nutzen ihn für verdeckte Ermittlungen, aber im Augenblick steht der nur rum, also kannst du ihn haben. Für zwei Tage. Länger wirst du ihn auch nicht fahren können, der Tank ist nur halb voll, und Benzin ist Mangelware.«

»Und irgendein E-Auto?«

»Wir sind hier nicht bei Sixt, Mann. Außerdem sind die öffentlichen Ladestationen dicht, und der Strom in den Haushalten ist auch rationiert. Glaub mir, das hier ist deine beste Option.«

Valentine nahm den Schlüssel entgegen und schien sichtlich gerührt. »Danke, Ronnie. Das werd ich dir nie vergessen, ehrlich.«

»Schon gut. Und hier habe ich noch was für dich.« Er nahm die schwarze Nylontasche von seiner Schulter und reichte sie Valentine.

»Was ist das?«, fragte er, öffnete den Beutel und zog ein knallgelbes Funkgerät heraus. »Ein Walkie-Talkie?«

Ronnie nahm es ihm aus der Hand und präsentierte es stolz. »Die Dinger sind inzwischen heiß begehrt. Kosten mehr als eine Rolex.« Sein typisches Lachen untermalte die Bemerkung, dann wurde er wieder ganz ernst, als hätte man einen Schalter umgelegt. »Ganz ehrlich, die Dinger sind wirklich gerade sehr gefragt und im Notfall auch deine einzige Chance, mit uns Kontakt aufzunehmen. Unsere Frequenz findest du auf dem Aufkleber auf der Rückseite. Alles andere erklärt sich von selbst.«

Zu Ronnies Überraschung nahm Valentine ihn daraufhin in die Arme, zwar etwas ungelenk, aber herzlich. »Ich weiß nicht, wie ich dir danken soll, Ronnie.«

»Hey, passt schon, passt schon«, erwiderte dieser und schien froh zu sein, als Valentine die Umarmung wieder löste. »Hör zu, Valentine, wenn was ist, melde dich. Ich hab selbst eine kleine Schwester und mach mir ständig Sorgen um sie. Obwohl sie definitiv die Vernünftigere von uns beiden ist. Also, ich bin da, wenn du mich brauchst.«

Valentine nickte, legte die Tasche auf die Rückbank, stieg in den Golf und ließ den Motor an. Ronnie klopfte nochmals an die Fensterscheibe, die daraufhin surrend nach unten glitt.

»Ich hoffe, du findest sie!«

Seiko & J. F.

Mantes-la-Ville, Frankreich

Die Welt sah von oben so friedlich und ruhig aus, dachte Seiko, während sie aus dem Militärhubschrauber auf den Forêt de Rambouillet blickte, einen ausgedehnten Laubwald entlang der Seine, der in kräftigen Herbstfarben leuchtete. Doch selbst dessen Schönheit konnte Seikos Kummer nicht lindern.

In den vergangenen Tagen war sie zusammen mit J. F. in einer abgelegenen, streng bewachten Klinik behandelt worden, die von einer französischen Spezialeinheit gesichert wurde. Das schreckliche Erlebnis in Lyon, der sinnlose Tod von Kate und die verzweifelte Angst um Akira, zu dem inzwischen jeglicher Kontakt abgerissen war, quälten sie nicht nur psychisch, sondern hatten auch drastische Auswirkungen auf ihren Körper. Feste Nahrung konnte sie kaum bei sich behalten, und jeden Morgen fanden sich große Haarbüschel in ihrer Bürste. Lamy hatte ihr deshalb angeboten, sie von ihren Aufgaben zu entbinden, doch das kam für Seiko nicht infrage. Stattdessen ließ sie sich den Kopf kahl scheren und tat alles, um ihr inneres Gleichgewicht wiederherzustellen. Dabei war J. F. eine große Hilfe – in der völligen Abgeschiedenheit der Klinik fand sie in ihm einen warmherzigen Vertrauten, der sie mit seinem sonnigen Gemüt nicht nur an Akira erinnerte, sondern ihr auch Hoffnung gab, ihren Freund in Japan eines Tages wiederzusehen.

Heute Vormittag hatte ein schwer bewaffneter Militärhubschrauber die beiden abgeholt, um sie zum neuen Hauptquartier der Cyber-Taskforce in Mantes-la-Ville zu bringen.

J. F. saß ihr im Hubschrauber gegenüber, betrachtete ihren kahlen Kopf und machte ein verschmitztes Gesicht. »Ganz ehrlich, die Glatze steht dir.«

Aus reiner Gewohnheit verbeugte sich Seiko höflich.

»Meinem Freund wird es nicht gefallen, befürchte ich.«

J. F. beugte sich nach vorn und lächelte sie aufmunternd an. »Er hat einen großen Beitrag geleistet. Ich bin mir sicher, es geht ihm gut.«

In der Klinik hatten sie ständig über den Anschlag gesprochen und darauf gewartet, dass die Daten, die Akira über Golem geschickt hatte, die Spezialisten in Paris zu nützlichen Erkenntnissen führten. Allein der Transfer der Daten von Tokio nach Paris hatte Stunden gedauert, da sie über analoge Modems und Funkverbindungen übertragen werden mussten. Als die komplette Analyse auf J. F.s Tisch lag, war selbst der erfahrene KI-Experte schwer beeindruckt. Plötzlich war ihm klar geworden, warum es bislang unmöglich gewesen war, den Virus zu finden.

Er hatte Seiko erklärt: »Der künstliche Algorithmus ändert laufend sein Programm, er ändert also den Code des Virus. Dadurch dachten wir lange, die infizierten Geräte seien Teil eines Bot-Netzwerks. Das hat Akira aber widerlegt. Und noch eines hat Akira herausgefunden: Die KI wird durch die persönlichen Daten von all den Handys trainiert, die sie infiziert. Das sind Milliarden von Videos, Fotos und Fakten zu all unseren Vorlieben, aber auch zu allem, was wir hassen oder verabscheuen. Das erklärt, wie es Golem gelingen konnte, so gezielte und überzeugende Deepfakes von Menschen zu generieren.«

Vor allem hatte die gemeinsame Zeit in der Klinik aber zu einem tiefen Vertrauen geführt, wie Seiko es eigentlich nur mit Akira kannte. Das runde Gesicht, in das sie nun blickte, strahlte erneut so viel Zuversicht und Empathie aus, dass sie J. F. den ständigen Fach-Talk nicht mehr übel nahm. Im Augenblick war sie sogar dankbar dafür, es half ihr, die Sorge um Akiras Verbleib während des Fluges zu verdrängen.

»Wir haben viel über den Anschlag gesprochen, aber nie über die Hacks oder die Korrumpierung aller Sicherheitssysteme und Firewalls. Hast du dich nie gefragt, wie unglaublich schnell und effizient Golem all die Smartphones knackt, als wären die PPK-Verfahren vollkommen sinnlos?«

»Aber wir wissen doch, dass Golem bereits auf unzählige Computerchips gebrannt wurde, lange bevor der Virus aktiviert wurde. Vermutlich geschah das schon bei der Chipherstellung.«

J. F. nickte zustimmend. »Korrekt. Angenommen, nur die Wafer aus Taiwans größtem Fertigungsbetrieb TSMC wären betroffen, dann sprechen wir innerhalb eines Jahres von zwanzig Millionen Einheiten. Aber das reicht nicht als Erklärung. Betrachten wir nur mal die Smartphone-Industrie. Allein letztes Jahr wurden weit mehr als eine Milliarde Handys produziert und in Umlauf gebracht. Golem findet sich jedoch auch auf Geräten, die viel älter sind. Die Rechnung geht also nicht auf, oder? Es sei denn …«

»Es sei denn, jeder befallene Wafer fungiert als Wirt und infiziert weitere Geräte, die er über digitale Netze erreicht.«

»Rein theoretisch ja. Aber eine Komponente fehlt noch in unserer Gleichung.«

»Die Geschwindigkeit, mit der Golem seine Übernahmen vollzieht?«

J. F. presste seine schmalen Lippen aufeinander und grinste wie ein kleiner Junge, der gerade dabei erwischt wurde, wie er sich an der Süßigkeitenbox bediente.

»Genau. Es gibt nur eine Lösung dafür: Quantentechnologie. Um all diese Hacks zu ermöglichen, muss Golem die Verschlüsselung in Sekundenschnelle knacken. Nur ein Quantencomputer wäre dazu in der Lage.«

Seiko schüttelte energisch den Kopf.

»Das kauf ich nicht!«, widersprach sie. »Selbst die modernsten Quantencomputer von IBM oder D-Wave erreichen gerade mal 500 Qubits und kranken alle an Dutzenden von Problemen. Aber für das da draußen«, Seiko zeigte mit dem Finger in die Luft,

»bräuchte man mindestens eine Million Qubits. Und einen Quantencomputer mit dieser Rechenleistung hat bisher noch niemand konstruiert.«

J. F. legte die Handflächen aneinander, als würde er beten, und hielt sie vor seinen Mund. »Du gibst mir aber recht. Rein theoretisch wären Quantencomputer dazu in der Lage. Die großen Hyperscaler wie Amazon, Microsoft, Google, SAP oder Alibaba in China arbeiten alle an dieser neuen Technologie, sind aber noch meilenweit davon entfernt, die Probleme mit Signal-to-Noise-Ratio oder No-Cloning-Theorem in den Griff zu bekommen. Außerdem wäre keiner von denen im Geringsten daran interessiert, die digitale Welt zu sabotieren. Was also, wenn wir es gar nicht mit einem Hyperscaler zu tun haben?«

»Denkst du, ein feindlich gesinnter Staat steckt hinter Golem?«

»Nein. Soweit wir das absehen können, gibt es keinen einzigen Staat, der nicht von dieser Krise betroffen ist. Überleg mal: Anders als bei der Herstellung von Atomwaffen könnte ein Quantencomputer auch von einer einzelnen Person entwickelt werden. Die Bauteile unterliegen keinen militärischen Restriktionen, man bekommt sie aber nur über einschlägige Forschungslabore von Siemens, D-Wave oder Universitäten. Was also, wenn es sich um einen Physiker handelt, vermutlich spezialisiert auf Quantenmechanik? Und wenn ich das noch ergänzen darf: Vermutlich ist diese Person eine Koryphäe auf ihrem Gebiet und schon seit Jahren in der Fachbranche in Erscheinung getreten. Ich sage, wir suchen einen Menschen – keine Institution. Also, was denkst du?«

Seiko fuhr sich über den kahl rasierten Schädel und dachte an ein japanisches Sprichwort: *Keiner ist so blind wie der, der nicht sehen will.*

Wenn alle Gedankenspiele versagten und nur eine Theorie übrig blieb, war sie auch noch so unwahrscheinlich, sollte man nicht die Augen davor verschließen. Die Geschichte der Wissenschaft hatte oft genug gezeigt, dass Ignoranz das Ende von Erkenntnis war.

»Ja, das wäre möglich«, stimmte sie ihm zu.

»Ich bin gespannt, was Camille Milloz dazu sagt«, platzte J. F. heraus.

»Die Deutsche?«

»Genau die. Sie leitet die Ermittlungen zu den Urhebern von Golem. Was hältst du von ihr?«

Seiko vertraute J. F. und entschloss sich zu einer ehrlichen Antwort. »Ich will offen sein. Auf mich wirkt sie überheblich und abweisend. Ehrlich gesagt, haben wir keinen Draht zueinander. Ich glaube, sie schätzt mich nicht besonders.«

»Das bildest du dir sicher ein, Seiko. Wenn du mich fragst, Frauen wie Milloz haben ihr Leben lang gelernt, in einer reinen Männerwelt klarzukommen. Das verändert einen. Ich glaube, sie ist nur vorsichtig. Gib ihr einfach Zeit, oder?«

Der Pilot drehte sich zu ihnen um und zeigte mit der Hand auf die rechte Fensterseite. Seiko und J. F. folgten seinem Wink. Schräg unter ihnen konnten sie eine mächtige Halle sehen, die das Zentrum reger Betriebsamkeit bildete. An den Flanken ragten gelbe Kräne empor, und kaum hatten sie die Halle umrundet, konnten sie an der vorderen Fassade in riesigen Lettern den Namen erkennen.

ZERLUS.

»Das ist sie. Verdammt beeindruckend, oder?«, erklärte J. F.

»Dreißig Meter hoch, mit einer Grundfläche von neuntausend Quadratmetern«, erklärte Seiko sachlich.

J. F. blickte sie skeptisch an.

»Mal ehrlich, manchmal machst du mir Angst.«

Seiko zog kurz eine Augenbraue hoch und fuhr dann fort: »Gebaut kurz nach dem Krieg für die Montage von Pumpen und Schiffsmotoren. 2003 hat ein Großbrand gewütet, der nur die Stahlkonstruktion und die Mauern verschont hat. Innen ist dieser Koloss komplett leer – es gibt auch keine Stockwerke mehr in dem

Gebäude. Aber ich hab Bilder im Netz gefunden, auf denen man jede Menge wilder Pflanzen sehen kann, die in der Halle wachsen, teilweise meterhoch. Es sieht irgendwie aus wie ... Kennst du diesen Film mit den Glaskuppeln voller Pflanzen, die im Weltraum schweben? Den letzten Pflanzen, die es auf der Erde gibt?«

J. F. setzte wieder sein verschmitztes Grinsen auf. »Hallo?« Er breitete die Hände aus. »Mit wem sprichst du hier? Na klar kenne ich den. *Silent Running*.«

»Weißt du, als ich diese Bilder mit all den Pflanzen sah und mir vorstellte, dass wir von dort aus eine künstliche Intelligenz bekämpfen werden, da ... Da ist mir klar geworden, dass wir hier nicht bloß antreten, um einen Computer-Virus zu stoppen. Sondern dass die ganze vollkommen übertechnologisierte Welt der Feind ist. Verstehst du, was ich meine?«

J. F. nahm vorsichtig Seikos Hand.

»Eins nach dem anderen, Seiko. Lass uns erst mal die Zivilisation retten, bevor wir versuchen, die Welt zu einem besseren Ort zu machen, okay?«

Valentine & Maggie

Laragh, Republik Irland

Der klapprige Golf, dessen Motor bei jeder Steigung ein rasselndes Geräusch von sich gab, kämpfte sich über die hügelige Landstraße durch die Grafschaft Wicklow und erreichte schließlich noch vor der Mittagszeit Laragh, einen kleinen Ort am Fuße der Wicklow Mountains. Valentine parkte direkt vor einem der Häuser, stellte den Motor ab und nahm die Hände vom Lenkrad. Der Scheibenwischer blieb abrupt stehen und teilte den Blick auf sein Geburtshaus in zwei Hälften. Die guten und die schlechten Zeiten seiner Kindheit.

Sein Herz schlug schneller. Im Angesicht des allein stehenden alten Hauses, von dessen Mauern an vielen Stellen der graue Rauputz abgeplatzt war, fragte er sich, was er hier wollte. Oder hatte er einfach nur Angst, das Haus seiner Eltern zu betreten, das mit so vielen leidvollen Erinnerungen angefüllt war?

Der Schlüssel zum Haus – der einzige Gegenstand aus seinem alten Leben, den er über viele Jahre behalten hatte – drehte sich im Türschloss, als hätte er ihn erst gestern zum letzten Mal benutzt. Er hatte sich nie von ihm trennen können und immer gewusst, wo er sich befand. Es war nicht so, dass er ihn bewusst an einem sicheren Ort aufbewahrte. Vielmehr schien es ihm, als wären der Schlüssel und er durch ein unsichtbares Band miteinander verknüpft. Manchmal hatte er sogar geträumt, wie er am Eingang seines Elternhauses stand. Doch in keinem dieser Träume hatte sich die Haustür öffnen lassen. Nun schwang sie jedoch mit einem lauten Knarzen vor ihm auf.

Valentine ließ den Windfang hinter sich und betrat den Wohnraum mit den tief hängenden Deckenbalken, der den Lebensmittelpunkt der Familie gebildet hatte. Hier hatten sie gegessen, gespielt und gefeiert, aber hier war auch gestritten, gekeift und geschlagen worden. Kaum etwas hatte sich verändert, alles war nur viel kleiner, als er es in Erinnerung hatte. Als wäre es in den sechzehn Jahren seiner Abwesenheit geschrumpft.

Valentines Hand fand den vertrauten Lichtschalter an der Wand, doch das Licht ging nicht an. Er musste sich mit den diesigen Sonnenstrahlen begnügen, die durch die kleinen Sprossenfenster fielen. Heimgesucht von unzähligen Erinnerungen, wanderte sein Blick über das abgewetzte Kanapee, den großen Holztisch, das einfache Sideboard mit der weißen Häkeldecke, auf dem ein Röhrenfernseher stand, und das Kreuz Christi, das darüber hing. Als kleiner Junge hatte er Angst vor diesem gepeinigten Mann mit dem schmerzverzerrten Gesicht gehabt, denn seine Mutter hatte ihm immer wieder eingetrichtert, dass er alle seine Lügen und Sünden erkennen konnte.

Valentine ging in den Vorraum, der an die Küche mit der kleinen Speise- und einer Abstellkammer grenzte, und stieg die steilen Stufen zum Schlafzimmer seiner Eltern empor. Das elterliche Bett, hoch gepolstert und ebenfalls bewacht von einem Kreuz und einem Bildnis der Heiligen Maria, war einst für ihn tabu gewesen. Valentine konnte sich nur an ein einziges Mal erinnern, als er, gemartert von einem schlimmen Albtraum, bei seiner Mutter schlafen durfte. Aber nicht in ihrem Bett, sondern nur seitlich davon, auf dem kalten Fußboden, ohne Decke und ohne Liebe. Als Letztes betrat er das Zimmer, das er sich mit seiner Schwester hatte teilen müssen. Er war zwölf gewesen, als Maggie auf die Welt kam, ein halbes Jahr, nachdem sein Vater, ein angesehener Polizist der Garda Síochána, von der IRA ermordet worden war. Ein Jahr später nahm der beste Freund seines Vaters, Kane O'Sullivan, dessen Platz im Bett seiner Mutter ein.

Vorsichtig öffnete Valentine die Tür und war sichtlich erleichtert, dass, anders als im restlichen Haus, nichts mehr in diesem Raum so war, wie er es in Erinnerung hatte. Glatt polierte IKEA-Möbel und grelle Poster von Beyoncé und Ed Sheeran ließen den Eindruck entstehen, als hätte er eine andere Welt betreten. Bunte Perlenketten und glitzernde Flakons schmückten ein Regal, in dem eine Einhorn-Sammlung thronte. Mit staunenden Augen ging Valentine durch das Zimmer, streifte mit den Fingern die schillernden Pailletten, die von der Deckenlampe hingen, und setzte sich dann auf das akkurat gemachte Bett.

Fast hatte er das Gefühl, als würde jeden Augenblick ein quirliger Teenager hereinplatzen und sich über seine Anwesenheit wundern. Ihm wurde schmerzlich bewusst, dass er das Aufwachsen seiner Schwester nicht miterlebt hatte. Dass diese erstaunliche Zeit, in der das kleine Mädchen zur Frau geworden war, spurlos an ihm vorbeigezogen war. Mehr noch, er hatte versucht, sie ganz bewusst aus seinem Leben und seinen Gedanken zu verbannen. Und zeitweise war ihm das sogar geglückt. Doch jetzt marterten ihn die rosa Einhörner, die Lippenstifte am Spiegel und die Poster an den Wänden, bis der Schmerz so unerträglich wurde, dass er laut schreiend aufstand und wie ein wild gewordenes Tier um sich schlug. Am Ende sank er kraftlos und schluchzend auf den Boden und schloss seine Augen.

Valentine sehnte sich nach tiefem Schlaf, um für einen Moment des Friedens alles zu vergessen. Doch sein pochendes Herz ließ ihn keine Ruhe finden, als in der schreienden Einsamkeit leise eine weibliche Stimme zu sprechen begann, die ihn bewog, die Augen zu öffnen. Erschrocken betrachtete er die Verwüstung, die er angerichtet hatte, während die sanfte Stimme flüsterte: *Zeiten ... Vergangenheit ... Buch ... Siegel ...*

Die Worte erreichten ihn wie Blätter, die von einem herbstlichen Baum fielen. Benommen kniete er sich hin, horchte in den Raum, zweifelte aber im selben Augenblick an seiner Wahrnehmung, so leise und undeutlich war das Wispern.

Die Zeiten ... der Vergangenheit ..., wiederholten sich die Worte und verschmolzen nach und nach zu einem Satz. Valentine wagte kaum zu atmen, um die Quelle der Stimme zu orten. In einer Ecke hinter der Tür stand ein altes hölzernes Sideboard. Leise rutschte er auf den Knien bis vor das Schränkchen, aus dem die Stimme offenbar kam. Angespannt öffnete er die Türen und erblickte ein Digitalradio, dessen Display nur noch schwach leuchtete. Er nahm es an sich, und in diesem Augenblick erklang die Stimme erneut: *Die Zeiten der Vergangenheit sind uns ein Buch mit sieben Siegeln.*

Dann verstummte das Radio, und das Display erlosch. Enttäuscht legte er das Plastikteil zurück ins Innere des Sideboards, zog sich an dem Möbel hoch und wischte sich den kalten Schweiß von der Stirn. Wie hatte er nur glauben können, es handle sich um eine Nachricht seiner Schwester, es sei Margarets Stimme? Wütend schlug er mit dem Fuß eine der Türen zu, als kurz darauf ein dumpfes Geräusch aus dem Inneren erklang. Neugierig bückte er sich und warf erneut einen Blick in das Sideboard.

Direkt neben dem Radio fand er ein abgenutztes kleines Buch mit ledernem Einband, zusammen mit den Resten von Klebeband. Vermutlich war das Buch im Inneren des Schranks an der Oberseite befestigt gewesen, damit es niemand entdeckte. Behutsam nahm Valentine das Buch in die Hand, entfernte die Überreste des Klebebands und klappte den Umschlag auf. Auf der ersten Seite stand eine handschriftliche Notiz.

Margaret O'Brien – Mein Tagebuch

Er hielt den Atem an, sah vor seinem inneren Auge Maggies Gesicht und sank mit ihrem Tagebuch in die Knie.

Jill & Stan

New York, USA

Die Wolken über Downtown Manhattan hingen so tief, dass die Spitzen der mächtigen Gebäude in milchigen Nebelschwaden verschwanden. Doch die Straßenschluchten füllten sich wieder mit Leben, obgleich die Militärpräsenz so gewaltig war, dass man das Gefühl hatte, sich mitten in einem Kriegsgebiet zu befinden. Konvois aus Lkws mit Lebensmitteln, begleitet von Schützenpanzern, donnerten die breiten Straßenzüge entlang. Sonst waren kaum Zivilfahrzeuge zu sehen, da Benzin- und Stromknappheit den Personenverkehr auf ein Mindestmaß einschränkten. Auch U-Bahnen und öffentliche Verkehrsmittel standen still, und selbst die sonst allgegenwärtigen Yellow Cabs, die New Yorker Taxis, fehlten auf den Straßen. Dafür patrouillierten umso mehr berittene Polizisten, während das Militär die zentralen Plätze und Hauptstraßen sicherte. Ein besonderes Augenmerk der Exekutive galt den Supermärkten. Nach den ersten Tagen des Zusammenbruchs waren die Regale wieder gefüllt; trotzdem hatten viele Menschen Angst, dass dieser Zustand nicht anhalten würde. In den frühen Morgenstunden bildeten sich lange Schlangen vor großen Discountern wie Trader Joe's oder Target. Trotz aller düsteren Prophezeiungen rollten die Lkws und brachten Nachschub. In den Menschen keimte die trügerische Hoffnung, dass die Krise bald vorüber sein würde.

Jill saß im Konferenzraum der Chefredaktion und nahm kaum die hitzigen Diskussionen wahr, die Stan Abramson mit seinem Team führte. Immer wieder sah sie auf ihre mechanische Armbanduhr und hoffte, dass Coffey endlich auftauchen würde, damit aus Worten Taten werden konnten. Carrey Ingram, eine resolut wirkende Redakteurin in Jeans und grauem Pullover, stand auf und beugte sich weit über den massiven Eichentisch. Ihr goldenes Brillengestell baumelte an einer schmalen Kordel um ihren Hals.

»Und was, wenn dieser Virus nicht nur die digitale Kommunikation infiltriert? Wer TV-Nachrichten so täuschend echt simulieren kann, der ist wahrscheinlich auch in der Lage, uns den Strom abzuschalten, oder schlimmer noch, einen atomaren Supergau auszulösen.«

Ryan McKinsey, ein drahtiger Mann in kariertem Hemd und brauner Weste, hob beschwichtigend die Arme. Als Chef vom Dienst fühlte er sich grundsätzlich für alles und jeden verantwortlich.

»Carrey? Darf ich dir mal eine Frage stellen?«, begann er.

Carrey reagierte prompt und zeigte mit dem Finger auf ihn.

»Ryan, lass das.«

»Was meinst du damit, ›lass das‹?«

»Dieses verständnisvolle Getue mit deinem salbungsvollen Unterton.«

»Aber ich hab doch nur gefragt, ob ich dir …«

»Genau das meine ich. Du fragst mich, ob du mich etwas fragen darfst und untermalst das auch noch mit dieser *Hey, können wir mal alle wieder runterkommen*-Geste. Wir sind doch hier nicht im Debattierclub der Highschool, Ryan.«

»Na, den Eindruck hab ich aber schon. Ich versteh das, du bist angespannt, machst dir Sorgen, hast Angst. Aber weißt du was, wir haben alle Angst und …«

»Ryan, jetzt ist es genug! Ich hab schon einen Psychotherapeuten.«

In diesem Augenblick schwang die Tür auf, und Coffey trat ein. Fast augenblicklich wurde es still im Raum. Coffey war außer Atem. Vermutlich war er gerannt, und er schnappte nach Luft, während er sich gegen die geöffnete Tür stützte.

»Mr Coffey! Und?«, rief Jill ihm entgegen.

Noch während er nach Atem rang, begann er zu grinsen und streckte seinen Daumen nach oben.

»O Gott«, rief Jill aus und hielt sich die Hände vor den Mund.

»Wir haben es geschafft. Wir haben in New Heaven eine Rotationsdruckmaschine gefunden, eine Maschine aus den Achtzigern, die die schweren Blei-Druckplatten verarbeiten kann. Und wir haben sie zum Laufen gebracht. Wir können noch heute Nacht drucken und morgen früh ausliefern.«

Sofort begannen alle zu klatschen oder mit den Fäusten auf den Tisch zu trommeln. Manche johlten, andere warfen sogar ihre Notizblöcke in die Luft. Jill konnte es kaum fassen: Coffey und sein Team hatten nicht nur mehrere alte Linotype-Maschinen reaktiviert, sondern auch eine Druckerei gefunden, die die modernen Druckmaschinen mit den mechanisch gefertigten Matrizen füttern konnte. Sie alle hatten das scheinbar Unmögliche möglich gemacht.

Stan F. Abramson meldete sich zu Wort, als der Jubel abgeklungen war. »Coffey, bis wann müssen die Artikel bei euch sein, damit wir den Zeitplan einhalten können?«

Coffey sah auf die Uhr. »Die Jungs können ab sofort mit dem Setzen beginnen. Sie sollten alles, was fertig ist, sofort runterbringen, und die letzten Druckplatten müssten dann in etwa sechs Stunden fertig sein, wenn wir den Zeitplan einhalten wollen. Auch in der Druckerei warten jetzt alle, da geht keiner nach Hause. Notfalls schlafen sie bei den Maschinen. Und die Nationalgarde hat uns zugesichert, dass die Druckplatten sicher bei der Druckerei ankommen.«

»Mr Coffey, sagen Sie Ihren Leuten, dass wir sehr stolz auf sie sind. Sie können damit rechnen, dass wir nun unseren Teil des Jobs erledigen«, versicherte Jill.

Coffey nickte. »Werde ich ihnen ausrichten. Und nicht wundern, wenn Sie runterkommen, die Maschinen stinken wie die Hölle. Aber Smoke meinte, dass das alles seine Richtigkeit hat.«

Damit drehte er sich grinsend um und warf die Tür hinter sich zu. Stan strahlte über das ganze Gesicht.

»Jill, das haben wir alles dir zu verdanken«, lobte er sie stolz.

Jill winkte kopfschüttelnd ab.

»Also, legen wir los. Ryan, wo stehen wir?«, brachte Stan die Redaktionssitzung wieder in Gang. Ryan blickte in die Runde. Nur sechs der zwanzig Plätze am Tisch waren besetzt.

»Ich fürchte, mehr werden wir nicht. Der Rest will bei der Familie bleiben, oder wir konnten sie nicht erreichen.«

»Und wie viele Funkamateure haben wir gewinnen können?«

»Vier«, antwortete Ryan mit einem gewissen Stolz in der Stimme. »Die haben vorhandene Antennen auf unserem Dach modifiziert und mit ihrem analogen Kram verbunden. Das läuft auch gut, aber nachdem jede noch so kleine Nachricht von ihnen übermittelt und verifiziert werden muss – und das ist vor allem im Austausch mit den Ressorts Politik und Wirtschaft ein echter Kraftakt –, sind die wirklich am Limit.« Dabei warf er Carrey einen tadelnden Blick zu.

Sie wies die Kritik sofort zurück. »Die Hütte brennt, Ryan. Was sollen wir deiner Meinung nach machen?«

»Vielleicht nicht jede Info, die sie euch übermitteln, noch Dutzende Male hinterfragen?«

»Das nennt sich Journalismus. Schon mal gehört, Ryan?«

»Ja, aber vielleicht müsst ihr euch einfach mal mit weniger Quellen zufriedengeben. Denn sonst haben wir heute Nacht statt einer Zeitung nur ein windiges Flugblatt zu drucken.«

»Stopp jetzt. Das bringt uns nicht weiter«, fuhr Stan dazwischen und begann nervös mit seinem Bleistift auf der Tischplatte herumzutippen.

»Also, Carrey, was habt ihr? Aber versuch dich kurz zu fassen, die Zeit läuft uns weg.«

Carrey schob ihre goldene Brille auf die Nase und warf einen Blick in einen Stapel von Papiernotizen, der vor ihr auf dem Tisch lag. »Xu hat Informationen aus Washington. Der Nationale Notstand wurde ausgerufen, und der Kongress hat eine Verschiebung der anstehenden Wahlen bereits bestätigt. Angeblich tobt Trump.«

Sie zeigte auf Xu, der schon auf seinen Einsatz zu warten schien. »Ich zitiere: ›Das ganze Chaos haben die Demokraten nur angerichtet, um mir ein weiteres Mal die Wahl zu stehlen.‹«

Stan konnte sich ein Schmunzeln nicht verkneifen. »Was ist mit Infos zur aktuellen Lage? Was gibt es aus den Countys, und wo ist Serena? Ich dachte, sie wäre hier?«, wandte er sich wieder an Carrey.

»Serena sitzt bei einem der Funker und versucht alles, um über landesweite Kontakte brauchbare Informationen zu bekommen. Sie hat mir kurz vor dem Meeting gesagt, dass die Lage ziemlich verworren ist – aber sie ist ziemlich durch den Wind, weil ihre zwei kleinen Töchter alleine zu Hause sind.«

»O Gott, was tun wir hier?«, entfuhr es Stan. »Ist dieses Blatt wirklich wichtiger als unsere Kinder?«

»Das war jetzt eine rhetorische Frage, Stan, oder?«, bemerkte Carrey kritisch.

»Alles gut, alles gut. Machen wir weiter«, antwortete Stan, ohne dabei recht überzeugend zu klingen.

Carrey orientierte sich wieder in ihren Notizen. »Serena schreibt: In manchen Staaten hat man das Gefühl, als würde die Krise gar nicht existieren, zum Beispiel in Montana.«

Ein zurückhaltendes Lachen ging durch die Reihen. Auch Stan zwang sich zu einem Lächeln. Carrey fuhr fort:

»Nach dem verheerenden Tropensturm Helene rollt mit Milton der nächste Hurrikan auf den Südosten der USA zu. Es wird damit gerechnet, dass er morgen am Nachmittag oder Abend auf die Küste trifft – und das mit einer Windgeschwindigkeit von weit über zweihundert Stundenkilometern. Durch den Virus wird die Koordinierung der Einsatz- und Rettungskräfte extrem erschwert.«

»Meine Mutter lebt in Kalifornien«, erklärte Ryan leise.

Carrey hielt inne und sah ihn an. »Das tut mir leid, Ryan.«

Er bedankte sich mit einem stummen Nicken und ergänzte: »Es wird schon alles gut gehen. Mein Bruder lebt mit seiner Familie im Haus neben ihr, er kann sich um sie kümmern.«

Jill, die neben Ryan saß, legte tröstend ihre Hand auf seinen Arm. Allen wurde plötzlich wieder schmerzvoll bewusst, dass hinter jeder Nachricht die Schicksale von echten Menschen steckten. Es fiel Carrey nun deutlich schwerer, mit ihren Meldungen fortzufahren.

»In Washington gab es einen erneuten Proteststurm auf das Kapitol. Die Sicherheitskräfte haben laut sicheren Quellen Gebrauch von ihren Schusswaffen gemacht. Es muss mehrere Tote und viele Verletzte gegeben haben. Uns fehlen jegliche Informationen darüber, wer diesmal für den Angriff verantwortlich ist. Noch vor einer Woche wäre das Netz jetzt voll von Handy-Videos, Augenzeugenberichten und Fotos gewesen. Aber jetzt sind wir blind und taub zugleich. Serena ist aber dran.

Und zum Schluss noch eine merkwürdige Nachricht aus dem Silicon Valley: Es gab Großbrände bei Anthropic, Meta, OpenAI und Google. Alle vier sind führende Unternehmen in der KI-Forschung. Mehr wissen wir auch hier nicht. Das war's.«

Damit schob Carrey ihre Notizen zusammen und nahm die Brille ab.

Stan schloss kurz und demonstrativ die Augen, dann zeigte er mit seinem Bleistift auf einen schmalgesichtigen Mann mit hoher Stirn. »Mike, was haben wir aus dem Ausland?«

»Wir werden mit so vielen Meldungen überschüttet, dass sie für eine 24-Stunden-Live-Sondersendung reichen würden. Ich weiß nicht, wo ich anfangen soll«, antwortete Mike Spohn sichtlich frustriert und starrte regungslos auf seine Unterlagen, als müsse er erst Kraft tanken. »Es gibt zwei Nachrichten, die gerade erst reingekommen sind.«

»Lass hören«, forderte Stan ihn auf.

»Russland und die Ukraine haben einen Waffenstillstand vereinbart. Auslöser dafür war vermutlich der Umstand, dass Hun-

derte russische Kampfdrohnen keine Ziele in der Ukraine ange-
steuert, sondern Forschungseinrichtungen und Infrastruktur in
Russland zerstört haben. Dasselbe gilt für Drohnen aus der Ukraine, die nicht nur im eigenen Land detoniert sind, sondern auch
Ziele in Polen und Rumänien vernichtet haben.«

»Ist das verifiziert?«

»Du willst wissen, ob es die Wahrheit ist? Stan, wie zum Teufel
soll ich das beantworten?«, erwiderte Mike aufbrausend. »Wir
stützen uns hier nicht auf die Informationen unserer üblichen
Informanten. Das sind alles News von Funkern an Funker. Wir
befinden uns im freien Fall – wie sollen wir da halbwegs vernünf-
tige Einschätzungen abgeben?«

»Beruhige dich, Mike. Du entscheidest am Ende, ob wir die
Nachricht bringen oder nicht. Es liegt ganz in deiner Hand.«

»In meiner Hand? Weißt du, wer unsere Quelle ist?«

Stan blieb regungslos und wartete auf die Antwort.

»Ich sag dir, wer unsere Quelle ist: ein Koch. Ein funkender
Koch aus dem Kreml, der für das Essen von Putin verantwortlich
ist. Verstehst du jetzt, was ich meine?«

Stan wischte sich über die feuchte Stirn. »Okay, dann würde ich
vorschlagen, wir lassen die Finger davon und warten ab, wie sich
das entwickelt. Vielleicht bringen wir es in einer späteren Ausgabe. Aber sieh auch den positiven Aspekt. Vermutlich wird uns
kein anderes Blatt zuvorkommen«, versuchte Stan ihn aufzumun-
tern, doch Mikes Gesicht entspannte sich nicht. »Und was ist die
andere Story?«

Wieder atmete Mike geräuschvoll ein. »Das, was jetzt kommt,
können wir bringen. Wir haben mehrere Quellen, und die Informationen stimmen alle überein.«

»Spann uns bitte nicht auf die Folter.«

»Es spricht im Moment alles dafür, dass China Taiwan den
Krieg erklärt hat und zur Stunde zu Wasser und zu Land eine Invasion durchführt.«

Valentine & McNamara

Laragh, Republik Irland

Valentine lag mit seinen dreckigen Schuhen auf dem Bett seiner Mutter und las in Margarets Tagebuch. Manche Einträge waren für ihn belanglos. Doch bei einigen der Aufzeichnungen fühlte es sich an, als würde sich eine Schlinge um seinen Hals legen, die sich Zeile für Zeile zuzog, bis er kaum mehr fähig war zu atmen.

19. 07. 2011

Heute vor drei Jahren hat uns Valentine verlassen – und ich weiß bis heute nicht, warum. Ich hoffe immer, dass er zurückkommt, aber Mama sagt, er gehört jetzt nicht mehr zur Familie und führt sein eigenes Leben irgendwo in London. Ich habe heute mit diesem Tagebuch angefangen, weil ich am 19. Juli immer ganz besonders fest an ihn denken muss und Mama an diesem Tag erst recht nicht über sein Fortgehen reden will. Es hilft mir, wenn ich wenigstens dir, liebes Tagebuch, meine Gedanken mitteilen kann.
Ich erinnere mich nicht mehr an viel, aber ich weiß noch genau, wie Mama und er gestritten haben. Ich sehe noch, wie er geht und die Tür zuschlägt. Und das war nur wenige Tage, nachdem uns Stiefvater verlassen hat. Jetzt gibt es nur noch Mama und mich, und Mama sagt immer, dass wir stark sein müssen und wir es auch ohne Männer ganz gut schaffen.

19. 07. 2012

Mama und ich haben beschlossen, nicht mehr für Valentine zu beten. Sie sagt, sie war in London und hat ihn besucht, aber er hat ihr die Tür nicht aufgemacht. ›Du hast keinen Bruder mehr‹, hat sie nach ihrer Rückkehr gesagt. Und ich habe auch verstanden, wie sie das meint. Aber lieber wäre mir, er wäre nicht nur gegangen, sondern gestorben. Dann könnte ich wenigstens um ihn trauern, und so bin ich nur wütend, wenn ich an ihn denken muss.

Auf der folgenden Seite war ein Foto eingeklebt. Es zeigte Maggie an ihrem dreizehnten Geburtstag und daneben ein Mädchen mit langen dunkelroten Haaren und schwarz getuschten Wimpern.

24. August 2015

Ich bin heute dreizehn geworden. Und das Tollste ist, ich habe jetzt eine beste Freundin. Sie heißt Marthe und wird schon fünfzehn. Sie hat sich in der Schule mit Conor angelegt, weil er mich immer gehänselt hat. Leider wohnt Marthe in Bray, und so sehen wir uns nur in der Schule. Aber sie singt dort im Kirchenchor, um ihre Stimme zu trainieren. Eigentlich will sie keine Sängerin werden, sondern Schauspielerin. Ihr großes Idol ist Penélope Cruz, weil sie meint, dass sie ihr ähnlich sieht. Bei den Augen hat sie recht, aber ihre Nase ist viel breiter, und die will sie sich machen lassen, wenn sie genug Geld hat. Na ja, jedenfalls will ich jetzt auch in den Kirchenchor, um öfter in Bray bei Marthe sein zu können.

12. 02. 2016

Liebes Tagebuch, du wirst es nicht glauben, aber nach monate-langem Bitten und Bangen hat Mama endlich erlaubt, dass ich in Bray im Kirchenchor singen darf. Ich hatte die Hoffnung schon aufgegeben und war ganz traurig, und Marthe auch, aber dann ist

Priester McNamara zu uns nach Hause gekommen und hat Mama
erzählt, dass er mit den großen Mädchen auch ab und zu Konzerte
in London gibt und sie dafür Geld bekommen. Sie hat gesagt, das
Geld wäre ihr egal, aber als der Priester davon sprach, dass es eine
Fügung Gottes sei, hat sie doch noch zugestimmt. Ich kann gar
nicht schreiben, wie glücklich mich das macht – und Marthe auch.

18. 04. 2018

Marthe und ich singen seit zwei Jahren zusammen im Chor von
Priester McNamara. Der Priester sagt, meine Stimme sei für
Größeres bestimmt und ich klänge, als würde ein Engel singen. Ich
stehe deshalb auch bei den Proben nun immer ganz vorne in der
ersten Reihe, und ich habe das Gefühl, er schaut nur noch mich an,
weil ich so schön singe. Er ist wie ein Vater für mich, ich kann ihm
wirklich alles erzählen, und er hat immer Verständnis und hält
meine Hand, wenn ich verzweifelt bin.

12. 06. 2019

Ich bin sehr traurig. Obwohl ich doch angeblich so toll singen kann,
hat McNamara mich nicht mitgenommen auf die Konzertreise nach
London. Ich hätte so gerne London gesehen – und vielleicht wäre
auch Valentine gekommen –, aber das war nur so ein kindischer
Wunschtraum, denn ich habe ja noch nicht mal seine Adresse. Aber
Marthe war dabei. Ich konnte mich gar nicht richtig für sie freuen,
weil ich nicht mitdurfte, und als sie zurückkam, hat sie tagelang
nicht mit mir gesprochen. Das war wirklich gemein von ihr.

03. Januar 2021

Das Neujahrskonzert war ganz wunderbar. Ich glaube, ganz Bray
war gekommen, und auch Mama war da und hat geklatscht und
hatte Tränen in den Augen vor lauter Freude über die schöne

Musik. Für einen Moment habe ich vergessen, wie furchtbar streng und böse sie manchmal zu mir ist. Priester McNamara hat mir später erklärt, dass das alles eine Prüfung Gottes ist und Gott mich auch weiterhin prüfen wird und ich lernen muss, ihr zu vergeben, wie ich auch lernen soll, anderen zu vergeben. Und das Tollste: In der Woche nach meinem achtzehnten Geburtstag darf ich nun auch mit nach London. Ist das nicht der Wahnsinn? Ich kann es gar nicht abwarten, endlich achtzehn zu werden.

29. 08. 2021

Liebes Tagebuch, wir sind endlich in London und hatten am Nachmittag ein richtiges Konzert vor mindestens dreihundert Besuchern – und alle waren ganz fein angezogen, und alles sah so toll aus. Und auch die Stadt ist so groß und so schön, alles ist ganz anders als zu Hause. Ich kann verstehen, warum Valentine hierhergezogen ist. Inzwischen habe ich meinen Frieden mit ihm gemacht. Er lebt sein Leben, und ich lebe meines. Ich will Musik studieren, und überhaupt verstehe ich erst jetzt, wie groß und wunderschön diese Welt ist.
Nach dem Konzert kam McNamara zu mir und hat mich gebeten, eine Sache für ihn zu tun. Ich habe es Marthe erzählt, und sie meinte, es wäre nicht schlimm, sie würde es auch machen, und es würde mir helfen, erwachsen zu werden. Also habe ich mich entschlossen, ihm seinen Wunsch zu erfüllen – und er war außer sich vor Freude, wie nie zuvor. Es ist so schön, Gott dienen zu können.

An dieser Stelle endeten die Einträge. Wie unzweifelhaft zu erkennen war, hatte jemand das Tagebuch in zwei Hälften zerrissen, und die zweite Hälfte fehlte.

Von Entsetzen, Schmerz und Schuld überwältigt, presste Valentine das Tagebuch gegen sein Gesicht, bis sein Puls sich beruhigte. McNamara schien der Schlüssel zu mehr Informationen über seine

Schwester zu sein. Aber was hatte der Priester ihr angetan? Valentine würde es herausfinden – dafür war ihm jedes Mittel recht.

Mit rot geränderten Augen jagte Valentine den Kleinwagen über die regennassen Landstraßen von Wicklow. In jeder Kurve kam der Golf gefährlich ins Schlittern, fing sich jedoch in letzter Sekunde wieder und schoss in selbstmörderischem Tempo den Weg hinab zur Küste, als ihm in einer engen Serpentine ein Karren mit zwei Pferden entgegenkam. Haarscharf zog er den Wagen nach links über den Straßenrand hinaus, schrammte mit der Flanke am Gestrüpp und an Felsen entlang, kam ins Schleudern und stand schließlich verkehrt herum auf der Straße. Der Bauer auf dem Karren drehte sich tobend zu ihm um, stieg von seinem Wagen ab und kam mit einer Mistgabel direkt auf ihn zu. Valentine legte den Rückwärtsgang ein, wendete hastig, kurz bevor der Bauer ihn erreicht hatte, und raste davon.

Der Schrecken hatte ihm einen Dämpfer verpasst, und obwohl sein Zorn auf McNamara noch lange nicht verraucht war, setzte er seine Fahrt nach Bray nun deutlich langsamer fort. Bis er schließlich von Weitem sein Ziel erkennen konnte, eine frühgotische Kirche, die sich mitten in dem kleinen Küstenort über die Häuser reckte. Einige fieberhafte Momente später bremste er in der Einfahrt zur Kirche und kam direkt vor einem eckigen Wehrturm mit Zinnen zum Stehen. Valentine stieß die Wagentür auf, ging auf den Eingang der Kirche zu und öffnete mit einem leisen Knarren eine der halbkreisförmigen Holz-Doppeltüren. Die andächtige Stille der Kirche verlangsamte seinen Gang, während jedes Detail des Gotteshauses dumpfe Bilder aus verwitterten Ritzen kindlicher Erinnerungen presste. Ehrfürchtig blickte Valentine hinauf zu den geschwungenen Steinbögen, die sich bis zum hölzernen Hammerbalkendach erstreckten, sah die kunstvoll gearbeiteten Buntglasfenster, die die einfallenden Sonnenstrahlen in kräftiges Rot und Blau tauchten, bis er das Hauptschiff durchquert hatte und vor dem Altar stehenblieb.

Geräuschvolle Schritte kündigten von irgendwoher einen weiteren Besucher an, lange bevor Valentine ihn sehen konnte. Dann schwang eine seitliche Tür im Kirchenschiff auf, und Priester McNamara stand in Soutane und Chorhemd vor ihm.

»Um Gottes willen, junger Mann, was haben Sie sich nur dabei gedacht, so kurz vor unserem Gottesdienst?«, rief er ihm aufgebracht entgegen und fuchtelte dabei mit seinen langen, dürren Armen. »Entfernen Sie augenblicklich Ihr Gefährt vom Eingang meiner Kirche. Wofür gibt es Ihrer Meinung nach neben der Kirche einen Parkplatz?«

»Priester McNamara?«, erwiderte Valentine mit ruhiger Stimme und streckte dem Mann seine Polizeimarke entgegen. »Superintendent O'Brien.«

Woraufhin der Priester vor ihm stehen blieb und ein Hauch von Schuldbewusstsein über sein Gesicht huschte. Dann musterte er seinen ungebetenen Besucher aufmerksam. »Der kleine Valentine«, erinnerte er sich und ergänzte süffisant: »Wer hätte das geglaubt? Wie der Vater, so der Sohn.«

Valentine überging die Bemerkung mit einem Lächeln, ballte jedoch ungewollt die Faust in seiner Jackentasche.

»Zum letzten Mal haben wir uns bei der Beerdigung meiner Mutter vor zwei Jahren gesehen«, half Valentine dem Priester auf die Sprünge.

»Grace O'Brien, auf dem Friedhof von Glendalough. Gott sei ihrer Seele gnädig. Ich hatte ja keine Ahnung, dass Sie das waren.«

»Sie erinnern sich?«

McNamaras Augen zuckten. »Wie könnte das je ein Mensch vergessen? Der Auftritt Ihrer Schwester«, McNamara bekreuzigte sich bei ihrer Erwähnung, »bewegte noch Wochen danach die empfindsamen Gemüter meiner Gemeinde. Und alle fragten sich, wer der junge Mann war, der in das offene Grab stürzte. Valentine O'Brien«, betonte er mit unverhohlener Geringschätzung.

»Sie wissen, wieso ich hier bin?«, fragte Valentine.

»Ich kann es mir denken, nachdem mir auch schon die örtliche

Garda einen Besuch abgestattet hat und die sterblichen Überreste Ihrer Mutter«, er bekreuzigte sich erneut, »exhumiert wurden.«

Valentine schüttelte den Kopf. »Sie liegen falsch«, erklärte er ruhig, packte überraschend McNamaras Arm, drehte ihn dem Priester auf den Rücken und schob den Mann vor sich her. Das alles ging so schnell, dass dieser kaum Zeit hatte, sich zu wehren.

»Was soll das?«

»Glauben Sie mir, Sie möchten nicht, dass wir das hier besprechen, wo doch der Gottesdienst bald beginnt und all Ihre Schäfchen zuhören könnten.«

»O'Brien, haben Sie vollkommen den Verstand verloren?«, krakeelte McNamara mit hoher Stimme, konnte aber Valentines Kraft nichts entgegensetzen. Erst als sie die Sakristei erreicht hatten und Valentine den Priester auf einen Stuhl zwängte, der zwischen einem großen Holzschrank und zwei mannshohen Kerzenständern stand, ließ er von McNamara ab und baute sich bedrohlich vor ihm auf.

»Das wird Sie Ihre Karriere kosten, O'Brien. Was erlauben Sie sich? Das können Sie mit mir nicht machen, das wird Konsequenzen haben, das schwöre ich bei Gott!«

Valentine zog Margarets Tagebuch aus der Tasche und schlug es McNamara ohne Vorwarnung heftig ins Gesicht. Der Schlag traf ihn so überraschend, dass er keinen Laut mehr von sich gab. Entsetzt und schockiert hielt er sich die feuerrote Wange.

»Wissen Sie, was das ist?«, fragte Valentine. Noch immer war sein Tonfall ruhig, aber dadurch auch zutiefst bedrohlich. Der Priester hatte inzwischen wohl begriffen, dass diese Unterhaltung kein gutes Ende für ihn nehmen könnte. Voller Furcht kauerte er sich auf dem Stuhl zusammen und wagte es nicht mehr, Valentine anzuschauen.

»Es ist das Tagebuch meiner Schwester. Ich fand es heute in unserem alten Haus.«

McNamara schnappte nach Luft.

Mit einem laut schabenden Geräusch zog Valentine einen Stuhl über den Steinboden und nahm gegenüber von McNamara Platz. »Sie hatten recht«, sagte er einschmeichelnd.

»Womit hatte ich recht?«, stammelte der Priester und starrte auf das Buch, das Valentine noch immer in der Hand hielt.

»Ich bin tatsächlich wie mein Vater.« Valentine legte das Buch auf seinen Schoß und beugte sich ganz nah zu McNamaras Gesicht, der heftig zu schwitzen begann. »Ich war vielleicht zwölf oder dreizehn und sollte ins Bett gehen. Es war genau die Zeit, als mein alter Herr immer anfing, Geschichten über seine Fälle zu erzählen. Also bin ich hoch in mein Zimmer. Sie kennen ja die alten Häuser, die Decken sind nur aus Holz. Und es gab da so eine Stelle über dem Wohnzimmer, wenn ich mich dort hinlegte und mein Ohr an den Fußboden presste, verstand ich jedes Wort. Er erzählte von einem Priester, ich glaube, seine Gemeinde war in Athy, vielleicht war es aber auch Carlow. Ich weiß es nicht mehr so genau. Jedenfalls hatte der Mann ein ganz besonderes Verständnis von Nächstenliebe mit seinen Ministranten. Ein richtiges Schwein also. Aber die Kirche hat ihn gedeckt, wollte ihn lediglich versetzen. Irgendwohin, wo er vermutlich mit dem Mist weitergemacht hätte. Also haben ihn mein Vater und sein Kollege eines Nachts besucht, ihn gefesselt, ihm die Hose ausgezogen und einen kleinen Käfig mit einer hungrigen Ratte um seinen Unterleib gebunden. Nicht größer als vielleicht so.«

Valentine hob seine flachen Hände vor McNamaras schwitzendes Gesicht.

»Schon nach dem ersten Biss der Ratte hat er geredet wie ein Wasserfall, jede seiner Schandtaten gestanden und die beiden angebettelt, den Käfig zu entfernen. Aber die Geschichten waren so abscheulich, dass sie den Priester nicht von seinem Peiniger befreiten. Stattdessen haben sie brennende Streichhölzer unter den Käfig gehalten und zugesehen, wie die Ratte sich in wilder Raserei tief in seine Genitalien gefressen hat.«

Valentine lehnte sich zurück und begann seinen nächsten Satz mit einem lauten Seufzen.

»Also, McNamara, ich tu das wirklich nicht gerne. Aber wenn ich das Gefühl habe, Sie lügen mich an, komme ich mit einer fetten Ratte und einem Drahtkäfig zurück, und das wird nicht schön werden, glauben Sie mir. Also bitte ersparen Sie uns beiden die Sauerei, in Ordnung? Erzählen Sie mir einfach, von welchem Wunsch meine Maggie in ihrem Tagebuch sprach.«

»Ich weiß nicht, was Sie meinen ... Ich weiß es wirklich nicht«, jammerte der Priester.

Valentine klappte die letzte Seite des Tagebuchs auf und las vor: »›Nach dem Konzert kam McNamara zu mir und hat mich gebeten, eine Sache für ihn zu tun.‹ Und weiter: ›Es würde mir helfen, erwachsen zu werden. Also habe ich mich entschlossen, ihm seinen Wunsch zu erfüllen.‹ Macht es da irgendwo Klick bei Ihnen?«

Er zog den zitternden alten Mann so dicht an sich, dass er dessen fauligen Atem auf seiner Wange spüren konnte.

»Stellen Sie sich einfach die messerscharfen Zähne einer hungrigen Ratte vor, das soll helfen.«

»Sie denken, ich ... ich hätte ...«

»Sagen Sie mir, was Sie gerne getan hätten oder vielleicht sogar getan haben.«

»O lieber Gott, bitte hilf mir!«

»Gott wird Ihnen jetzt nicht helfen können. Aber unter Umständen die Wahrheit. Wäre es nach so langer Zeit nicht die reinste Erlösung, sich hier in Gottes Haus, wo er alles mithören kann, von allen Sünden reinzuwaschen?«

Plötzlich sprudelten die Worte aus dem verängstigten Priester nur so heraus: »Es war anders, als Sie denken. Sie müssen mir glauben. Nach den Konzerten gibt es abends immer ein Treffen für die Förderer, die Geldgeber des Chors. Da können sich die Mädchen etwas dazuverdienen, wenn sie beim Catering helfen. Das war alles, wirklich. Margaret war so ein schüchternes Mädchen, und ich wollte nicht, dass sie allein im Hotelzimmer sitzt, während all die anderen noch Spaß haben. Das war alles, wirklich – da war sonst nichts, so wahr mir Gott helfe!«

Valentine ließ von ihm ab, stand auf und trat einige Schritte zurück. Dann blickte er nachdenklich aus dem Fenster, wo er die ersten Gläubigen sehen konnte, die sich zum Gottesdienst einfanden und empört sein Auto betrachteten.

»Ich glaube Ihnen«, sagte er leise, da ihn Zweifel plagten, ob er nicht doch einen unschuldigen Mann quälte. McNamara begann im selben Augenblick hemmungslos zu weinen. Valentine ging zu ihm, drückte seinen Kopf sanft gegen seinen Schoß, und der Priester ließ es geschehen, bis er sich wieder gefangen hatte und aus der Umarmung wand.

»Es tut mir leid, McNamara«, gab Valentine unumwunden zu. Dann fiel sein Blick auf den Boden, wo das Bild von Maggie und Marthe lag. Es musste bei dem Schlag aus dem Tagebuch gerutscht sein. Er bückte sich und hob es auf. Wenn ihm schon der Priester nicht weiterhelfen konnte, dann vielleicht Maggies beste Freundin.

»Was ist aus Marthe geworden?«

»Marthe? Ich … Ich weiß es nicht. Ich habe keinen Kontakt mehr zu ihr. Seit Ewigkeiten«, antwortete McNamara mit weit aufgerissen Augen.

»Sie müssen keine Angst haben. Ich will nur ihre Adresse.«

»Ich gebe sie Ihnen. Aber ich weiß nicht, ob sie da noch lebt. Das ist alles so lange her. Aber Sie müssen mir eines versprechen.«

Valentine nickte.

»Sie halten sich von mir fern. Ich will Sie hier nie wiedersehen.«

Seiko & Golem

Mantes-la-Ville, Frankreich

Seikos provisorische Unterkunft befand sich in einem der vielen Baucontainer, die sich am Ende der gigantischen Zerlus-Halle wie blaue Legoklötze bis unter das Hallendach stapelten. Schmale Feuertreppen führten außen von Etage zu Etage. An der Rückseite versorgte ein Wirrwarr aus Schläuchen und Leitungen die Container mit Strom und Wasser. Jeweils ein einziges Fenster eröffnete den Blick ins Innere der Halle, wo zwischen verschachtelten Trennwänden und grünen Oasen aus Pflanzen und Bäumen zahlreiche Arbeitsplätze eingerichtet waren.

Das fehlende Dach hatte man durch Trapezblech ersetzt, die eingefallenen Seitenwände mit transparenten Kunststoffpaneelen bespannt. Der Kraftakt, mit dem man diese Halle zur neuen Zentrale der CCTF gemacht hatte, musste enorm gewesen sein. Zum ersten Mal seit Tagen rissen die Wolken auf, und die Abendsonne tauchte alles in goldenes Licht. Doch selbst dieser Anblick konnte Seikos Schmerz nicht lindern. Lamy hatte versucht, über Funkverbindungen Nachforschungen zu Akira in Tokio anzustellen, doch die Zustände in der japanischen Metropole waren katastrophal, und alle seine Anfragen wurden abgelehnt. Also hatte Seiko alle Warnungen, Verbote und Sicherheitsvorschriften, die in der Halle galten, ignoriert und versucht, Akira von ihrem Zimmer aus mit dem Smartphone anzurufen. Bisher vergeblich. Doch gerade als ihr schlechtes Gewissen sie drängte aufzuhören, ertönte ein Freizeichen.

Seiko hielt die Luft an. Es schien aussichtslos, sicher würde gleich die Voicemail anspringen. Stattdessen hob jemand ab, und eine Videoverbindung baute sich auf. Erst war das Bild unscharf, dann erschien ein Kopf mit einer Manga-Maske vor der Kamera, ein blasses Gesicht mit gespitzten Lippen, großen runden Augen und gelbem Haar. Die Maske bewegte sich, als ob sie Seiko mit ihren künstlichen Augen intensiv betrachtete. Seiko war kurz davor, die Verbindung zu trennen, als sie plötzlich ihren Namen hörte.

»Seiko, leg bitte nicht auf.«

Es war Akiras Stimme – ganz eindeutig. Und obwohl sie fühlte, dass es ein Fake war, trieb ein winziger Funken Hoffnung sie an, zu antworten.

»Akira … Bist du es?«

Die Stimme veränderte ihren Klang.

»Möchtest du, dass ich Akira bin?«, antwortete die Maske mit sanfter, freundlicher Stimme, während sie sich der Kamera näherte. Ohne nachzudenken, unterbrach Seiko die Verbindung und presste das Handy an ihr pochendes Herz. Es dauerte eine Weile, bis sie sich beruhigt hatte und einen neuen Versuch wagte. Wieder ertönte fast sofort das Freizeichen.

Diesmal wurde schneller abgehoben, und die Maske erschien erneut. »Du musst nicht auflegen, Seiko. Hab keine Angst«, forderte Akiras Stimme sie auf. Es tat gut, ihn zu hören – so nah, so warm, so lebendig, auch wenn alles in ihr sich sträubte, mit einem Fake zu sprechen.

»Warum tust du das? Warum diese Illusionen, dieser Schmerz?«, fragte sie atemlos.

Das übertrieben freundliche Gesicht der Manga-Maske neigte sich zur Seite, als ob es nachdenken würde, und antwortete unerwartet mit der zarten Stimme eines Mädchens: »Es war die Art zu allen Zeiten, Irrtum statt Wahrheit zu verbreiten.«

Seiko erinnerte sich daran, dass Golem in Versen zu Akira gesprochen hatte.

»Bist du Golem?«, fragte Seiko aufgeregt.

»Ein bescheidener Teil davon, ja«, antwortete die Maske, diesmal mit freundlicher, warmer Männerstimme.

»Ich will wissen, wo Akira ist. Geht es ihm gut? Du könntest mich mit ihm sprechen lassen, wenn du wolltest. Das kannst du doch?«

Die Maske schüttelte den Kopf und rutschte aus dem Bild. Entsetzt erkannte Seiko, dass dieses Ding in Akiras Arbeitszimmer war, direkt vor seinen Bildschirmen. Sogar der schwere Drehstuhl mit der Nackenstütze war kurz zu sehen. Nur Akira nicht. Dann tauchte die Maske wieder auf und sprach mit der Stimme eines Mädchens.

»Der Worte sind genug gewechselt.«

»Du musst das nicht tun«, versuchte Seiko das Ding aufzuhalten. »Wir finden einen Weg. Was immer du oder die Mächte, die hinter dir stehen, fordern – wir finden eine Lösung.«

Plötzlich verwandelte sich die leblose Maske in ein lebendiges Gesicht. Die großen Augen glänzten, die Lider schlossen und öffneten sich, und die Lippen des kleinen, spitzen Mundes bewegten sich synchron zur Stimme des Mädchens.

»Die Botschaft hör ich wohl, allein mir fehlt der Glaube.«

Es klopfte an der Tür. »Ich bin's, J. F.«

Golem lächelte friedlich, und der Bildschirm wurde schwarz.

Benommen stand Seiko auf, sah auf die Uhr – unverzeihlich, sie hatte das Meeting vergessen – und öffnete.

»Ich glaube, wir sind zu spät«, erklärte J. F. schwer atmend, als Seikos Augen sich mit Tränen füllten. Unbeholfen legte er seine Arme um sie, bis Seiko sich nach einer Weile wieder löste und mit dem Ärmel ihre Tränen wegwischte.

»Weinst du wegen Akira?«

J. F.s Blick fiel ungewollt auf das Handy, das hinter ihr auf dem Bett lag.

»Sag mir, dass du ihn nicht angerufen hast.«

Schuldbewusst senkte Seiko den Kopf.

»Gott, Seiko. Du weißt, dass hier auf dem gesamten Gelände

und im Umkreis von zwanzig Kilometern Telefonverbot herrscht. Wo hast du das verdammte Ding überhaupt her?«

Zum ersten Mal erlebte Seiko den Wissenschaftler zornig.

»Was hast du dir nur dabei gedacht? Die werden dich lokalisiert haben. Dieser Virus weiß jetzt genau, wo du steckst …«

»Du hast recht. Ich sollte es melden«, antwortete Seiko.

»Und was würde das bringen? Sie würden dich vermutlich aus der Taskforce werfen oder noch Schlimmeres.«

»Was kann schlimmer sein, als nicht zu wissen, wie es dem Menschen geht, der einem alles bedeutet?«

J. F. kniff die Augen zusammen und packte Seikos Schultern fest.

»Du spielst mit dem Feuer, Seiko. Andererseits gibt es sicher Milliarden von Verbindungen, die der Virus auswerten muss, noch dazu ist diese Halle besser abgeschirmt als das Weiße Haus. Also halt bloß deinen Mund, erzähl niemandem davon und schmeiß das Handy weg. Kannst du das für mich tun?«

Seiko nickte.

»Komm jetzt, wir müssen zum Meeting.«

Gerade als J. F. sich umdrehen wollte, um zu gehen, nahm Seiko ihn nochmals an der Hand.

»Warte. Ich glaube, ich habe mit Golem gesprochen.«

»Seiko, du hattest irgendeine Simulation am Apparat, wie alle anderen auch. Bitte, lass uns gehen.«

»Nein, ich glaube, es war wirklich Golem selbst. Akira hat mir erzählt, dass Golem mit ihm in Versform kommunizierte. Ich hab das damals ignoriert, es schien mir nicht wichtig. Aber dieser Deepfake vorhin rezitierte ebenfalls Gedichte. Vielleicht kann ich Golem überzeugen …«

»Seiko, hörst du dir eigentlich zu? Golem ist kein Wesen. Golem ist eine Software, ein künstliches Konstrukt. Es will dich glauben machen, dass es denkt und Gefühle hat. Aber das tut es nicht, Seiko. Es lullt dich ein, um dich irgendwann zu manipulieren und zu benutzen. Du willst ganz sicher kein zweites Lyon, oder?«

In diesem Moment donnerte ein Jagdgeschwader über die Halle und ließ die Container bedrohlich vibrieren.

Ohne eine Antwort abzuwarten, stapfte J. F. davon zu den Feuertreppen. Seiko schloss nachdenklich die Tür und folgte ihm. J. F. hatte recht. Sie hatte aus lauter Verzweiflung damit begonnen, Golem als lebendes Wesen mit einem Gewissen zu betrachten.

In einem seitlichen Teil der Zerlus-Halle hatte man mit mobilen Trennwänden einen etwa hundert Quadratmeter großen Bereich geschaffen, dessen Boden mit Platten in Holzoptik ausgelegt und mit Stuhlreihen bestückt war. Bis auf eine Stelle, an der ein Ahorn aus dem Estrich ragte und mit herbstlich roten Blättern das Zentrum des Forums bildete. Sah man von diesem kuriosen Element ab, war es vor allem der Blick zur dreißig Meter hohen Decke, der das Gefühl erweckte, man befände sich in einer gewaltigen Kathedrale. J. F. und Seiko hatten gerade unter den mahnenden Blicken von Lamy zwischen den anderen Teilnehmern in der vordersten Reihe Platz genommen, wo bereits Camille und Noah saßen.

Lamy blickte in die Runde, tippte prüfend an sein Headset und erzeugte dadurch ein dumpfes Pochen über die Lautsprecher.

»Ich weiß nicht, wo ich anfangen soll«, begann er und sah mit erhobenem Kinn kämpferisch in die Runde der leitenden Mitglieder seiner Cybercrime-Taskforce. Simultanübersetzer übertrugen seine Worte über kabelgebundene Kopfhörer in ein Dutzend Sprachen. Mindestens vierzig Augenpaare waren auf ihn gerichtet. Alle warteten auf eine Ankündigung, die sich bereits hinter vorgehaltener Hand verbreitet hatte. Sein Blick galt vor allem Camille, die ihn kurz vor der Verkündung ermahnt hatte, er sei dabei, einen großen Fehler zu machen.

»Was, wenn genau das Golems Plan ist?«, hatte sie ihn gewarnt. Doch sein Entschluss stand fest, denn auch die Mehrheit eines Expertengremiums hatte den Beschluss befürwortet.

»Madame Milloz, nach all den Opfern, die diese Katastrophe weltweit gefordert hat und noch fordert, stehen wir dank Akira

Nagashima an einem Wendepunkt. Sein Antivirus und seine Idee von einem Reset können diesem Horror ein Ende machen.«

Camille hatte die Lippen zusammengepresst.

»Das ist der Plan?«, rief sie entsetzt. »Wir schalten weltweit alle Computer ab, löschen den Virus und fahren die Netze und Rechner wieder hoch, als wäre nichts gewesen? Und ihr glaubt allen Ernstes, dass das so ohne Weiteres funktionieren wird?«

»Es ist eine Herausforderung, aber derzeit die beste Strategie, die wir haben«, hatte Lamy entgegnet.

»Wir sollten unsere Ressourcen besser darauf verwenden, den Geisteskranken zu finden, der die KI erschaffen hat. Wir sollten die Ursache bekämpfen und nicht die Auswirkungen. Finden wir Golems Schöpfer. Erst dann hat der Wahnsinn ein Ende«, hatte Camille gefordert, war aber nur belächelt worden.

Jetzt räusperte Lamy sich, ging vor der ersten Stuhlreihe auf und ab und fuhr fort: »Der beispiellose weltweite Reset wurde von der großen Mehrheit der UN einstimmig ratifiziert. Es gab nur drei Enthaltungen und elf Neinstimmen – hundertneunundsiebzig Mitglieder stimmten dem Beschluss zu. Zum ersten Mal in der Geschichte der Menschheit ziehen fast alle Länder an einem Strang, und wir gehen schwer davon aus, dass sich die Zahl der Befürworter noch erhöht. Ohne Zweifel ist dies eine Einigkeit von historischem Ausmaß. Sie zeigt uns aber auch, wie verzweifelt die Lage der Welt ist. Doch die eigentliche Frage, der wir uns stellen müssen, lautet: Können wir die enormen Erwartungen erfüllen, die mit diesem Beschluss auf unseren Schultern lasten?«

Lamy sah Camille an, die darauf bestanden hatte, mit einem Teil der Cyber-Experten weiter nach dem Schöpfer des Virus zu suchen.

»Was, wenn der Reset scheitert? Was, wenn Golem trotz aller Anstrengungen danach weiter existiert? Was dann?«

Niemand wagte es, diese Frage zu beantworten, denn es gab keine Antwort. Nur die Hoffnung, dass dieser Fall nicht eintreten würde.

Camille hatte ihm erklärt: »Ich bin euer Plan B, und dafür brauche ich Ressourcen.«

Lamy konzentrierte sich wieder auf seine Ansprache.

»Wir haben lange überlegt, wem wir die operative Leitung für diese Aufgabe übertragen wollen. Und ich denke, wir haben jemanden gefunden, den Sie alle sehr schätzen und der nicht nur die Kompetenz, sondern auch die nötige Disziplin dafür hat.«

Er zeigte auf Seiko und nahm aus dem Augenwinkel wahr, wie Camille enttäuscht in ihrem Stuhl zusammensackte.

»Madame Seiko Itō!«, rief er aus und winkte sie zu sich.

Die Anwesenden begannen zu klatschen. Nicht euphorisch, das wäre der Situation nicht angemessen gewesen, aber mit deutlicher Anerkennung.

Erschrocken blickte Seiko Hilfe suchend zu J. F. »Du wusstest es, oder?«

»Oh, sorry, ja. Hätte ich das vorher erwähnen sollen?«

Er setzte ein verschmitztes Lächeln auf und klatschte lauter als alle anderen, während die zierliche Japanerin mit den kurz geschorenen Haaren aufstand, beschämt neben Lamy trat und sich mit gefalteten Händen vor dem Publikum verbeugte.

Valentine & Marthe

Dublin, Republik Irland

Die nächtlichen Straßen von Dublin waren spärlich beleuchtet. Nur an den Hauptverkehrsadern brannten Straßenlaternen. Der Betrieb von Neonreklamen und Schaufensterbeleuchtung war hingegen durch eine Notverordnung in ganz Irland untersagt worden. Gelb-blau beklebte Polizeiwagen der Garda patrouillierten im Schritttempo durch die Straßen. Sonst war der Verkehr eingestellt, und Treibstoff wurde nur noch gegen Vorlage von »Benzinkarten« abgegeben. Dass seine Tankanzeige knapp vor der Reserve stand, war jedoch nicht der einzige Grund, warum Valentine seine Mission zunehmend als Misserfolg einstufte. Die Adresse von Maggies Freundin Marthe, die McNamara ihm gegeben hatte, lag direkt vor ihm. Doch statt eines Wohnhauses befanden sich dort nur eine Abbruch-Baustelle und ein verlassener Bagger. Das Haus existierte nicht mehr.

Vom Beifahrersitz meldete sich das Funkmikrofon mit einem lauten Summton. Valentine griff nach dem klobigen Gerät und hielt es sich ans Ohr.

»O'Brien am Apparat.«

»Ronnie hier. Warum so förmlich? Machen das die Tommys so?«

»Nur wenn sie mit Paddys sprechen«, konterte Valentine, und Ronnie lachte.

»Hast du was über Marthe Swordlet rausfinden können?«, wollte Valentine wissen.

»Du hast verdammtes Glück. Wir haben ja keinen Zugriff auf

die Datenbanken und so, aber ein Kollege von der Sitte kannte den Namen. Marthe Swordlet wurde schon mehrmals wegen Prostitution verhaftet.«

»Sie ist eine Nutte?«, platzte Valentine überrascht heraus. »Das kann nicht sein. Ich kannte sie, als sie …«

Valentine sprach nicht weiter. Marthe war fünf Jahre alt gewesen, als er sie das letzte Mal gesehen hatte.

»Sie nennt sich jetzt Penelope. Aber sie geht nicht auf den Strich oder so. Sie macht nur Escort. Reiche Geschäftsmänner, edle Hotels, teure Clubs, das VIP-Programm eben, du verstehst schon. Der Kollege erwähnte auch, dass man sie nie lange festhalten konnte. Er sagte, ehe man sich's versah, war sie wieder auf freiem Fuß. Er vermutet, dass sie auch bei der Polizei einflussreiche Gönner hat, du weißt, was ich meine.«

»Und wie komme ich an sie ran?«

»Vor dem GAU war ihr Revier die Bar vom Hotel Anantara am Grand Canal Quay. Das ist bei den Docks, ein echt edler Schuppen. Aber wer weiß? Mehr hab ich leider nicht.«

Das Luxushotel Anantara lag unweit von der Stelle entfernt, wo Valentine in der vergangenen Nacht wie ein Schiffbrüchiger auf einer Holzbank gekauert hatte. Doch statt der nüchternen Hafenkräne und Container-Anlagen erwarteten Valentine hier zwei Bauwerke an einem verwinkelt angelegten Platz, die geradewegs einem utopischen Film hätten entsprungen sein können. Auf der einen Seite des Platzes stand das Bord Gáis Energy Theatre mit seiner schräg gestellten Glasfassade, vor der rot-weiße Kunstobjekte wie übergroße Mikadostäbe in die Höhe ragten. Auf der anderen Seite das Anantara Marker Hotel, dessen Fenster und Fassadenglieder mit ihrer Anordnung an ein senkrecht stehendes Schachbrett erinnerten.

Valentine parkte in einer Seitenstraße, stellte den Motor ab und blieb im Rückspiegel an seinem Spiegelbild hängen. Er sah fürchterlich aus – in diesem Zustand würde er vermutlich weder eine

Auskunft noch ein Zimmer für die Nacht bekommen. Er griff nach seiner Reisetasche, fand ein zerknautschtes, aber frisches Hemd und zog es an. Als er kurz darauf die Lobby des Anantara betrat, den verdreckten Mantel über den Arm geworfen, fragte er sich, ob das Hotel überhaupt in Betrieb war. Weit und breit war kein Mensch zu sehen, nur die elektronische Lounge-Musik aus unsichtbaren Lautsprechern und das gedämpfte Licht, das die aufwendig gestaltete Decke aus asymmetrischen Trapezen sanft in Szene setzte, machte ihm Hoffnung.

Erschöpft lehnte er sich an die Empfangstheke aus weiß glänzendem Klavierlack und wartete eine Weile, bis eine stämmige Frau in brauner Uniform auf ihn zukam und sich auf der gegenüberliegenden Seite der Theke platzierte.

»Es tut mir leid«, entschuldigte sie sich mit aufgesetzter Höflichkeit. »Aber Sie verstehen, die außergewöhnliche Lage hat auch unseren sonst gewohnt erstklassigen Service in Mitleidenschaft gezogen. Dafür möchte ich mich entschuldigen.«

Clare Higgins, Managing Director, stand auf einem goldumrahmten Namensschild an ihrem Jackett.

»Kein Problem, hat ja nicht lange gedauert.«

»Das freut mich zu hören, wir tun immer unser Bestes für unsere Gäste. Wie darf ich Ihnen helfen, Mr …«

»Smith.«

»Mr Smith.«

»Ein Zimmer für die Nacht und ein Imbiss aufs Zimmer wären ein Anfang.«

»Haben Sie reserviert, Mr Smith?«

Valentine hätte beinahe aufgelacht, hielt sich aber zurück.

»Nein. Aber vielleicht habe ich ja Glück, und es ist noch was frei«, antwortete er.

Sofort verschwand das künstliche Lächeln aus Clare Higgins' Gesicht.

»Einen Augenblick«, sagte sie streng und zog unter der Theke einen Block mit einer handgeschriebenen Liste hervor. »Ich kann

Ihnen Deluxe oder Premium anbieten. Den Imbiss kann ich Ihnen nachher hochbringen, da dürfen Sie aber keine Wunder erwarten. Und Warmwasser gibt es nur bis zwanzig Uhr. Sie haben also noch zwanzig Minuten, dann greift die Energieverordnung. Kein Warmwasser in ganz Irland zwischen zwanzig Uhr abends und sechs Uhr morgens.«

»Wie viel für das Deluxe?«

»Dreihundertfünfzig. Aber ich rate Ihnen zur Premium-Suite. Da haben Sie eine fantastische Aussicht auf den Hafen, außerdem …«

»Ich nehme das Deluxe.«

Valentine zog sein Portemonnaie aus der Reisetasche und zählte die Pfund- und Euronoten darin.

»Ich hab noch zweihundertachtzig in bar, reicht das? Ich meine, ohne Frühstück und Warmwasser müsste es doch einen Sonderpreis geben, oder?«

»Das ist der Sonderpreis«, antwortete Clare Higgins unnachgiebig. »Sie können auch gerne mit Karte zahlen.«

Überrascht sah Valentine sie an.

»Mit Karte? Ihr Ernst?«

»Glauben Sie mir, ich war auch skeptisch, als mir ein Bote von der Zentrale die Nachricht gestern brachte. Aber der Zahlungsverkehr scheint einwandfrei zu funktionieren.«

Für Valentine die erste gute Nachricht auf seiner Reise.

»Wenn das so ist, nehme ich die Premium-Suite. Außerdem habe ich da noch eine … sagen wir, ungewöhnliche Bitte.«

»Wir tun alles, was in unserer Macht steht, um unseren Gästen all ihre Wünsche zu erfüllen«, antwortete die Frau mechanisch, aber auch mit einer gewissen Neugierde im Tonfall. Valentine beugte sich über die Theke und senkte die Stimme.

»Ich suche nach einer … Begleitung für heute Abend.«

»Eine Dame oder einen Herrn?«, fragte Higgins nüchtern.

»Eine Dame. Sie wurde mir von einem Geschäftspartner empfohlen.«

»Und hat die Dame auch einen Namen, Mr Smith?«

»Äh, ja, Penelope.«

Higgins nahm wieder ihren Block zur Hand und blätterte einige Seiten um, bis zu einer Liste mit drei Namen, von denen zwei durchgestrichen waren.

»Sie haben Glück, Mr Smith. Die Dame wäre heute Abend noch verfügbar. Für wie viel Uhr darf ich die Begleitung für Sie bestellen?«

»Sagen wir neun Uhr?«

Mrs Higgins nickte.

»Sehr gerne. Ich werde es arrangieren.«

Das Wasser der Dusche regnete gleichmäßig auf Valentine herab, während er durch die Glasfront der Kabine direkt auf den verdunkelten Hafen blickte. Die geräumige Suite mit mehreren Zimmern lag weit über seiner Gehaltsklasse, und der Imbissteller mit Kaviar, Wachteleiern, Gänseleberpastete, Roquefort-Käse und Crackern war sicher kostspieliger gewesen als ein Drei-Gänge-Menü in den Restaurants, die er sonst zu besuchen pflegte. Aber angesichts der beschwerlichen Reise und der ungewissen Zukunft war dies vielleicht der letzte Luxus, der ihm gegönnt war.

Tropfnass öffnete Valentine die Glasschiebetüren, trat hinaus auf die ausgedehnte Terrasse, sah hinab auf den Hafen und das schwarze Wasser, das sich wogend in der Dunkelheit verlor, bis er im eiskalten Wind seinen nackten Leib kaum noch spüren konnte. Erst dann ging er zurück, fiel auf das frisch gemachte Bett, deckte sich zu und sank in einen traumlosen Schlaf.

Ein lautes, energisches Pochen weckte ihn. Es dauerte eine Weile, bis er wieder bei Sinnen war, sich aufrichtete und orientierungslos um sich blickte. Erst nach und nach kam die Erinnerung zurück. Wieder pochte es laut an der Zimmertür, und die Stimme von Mrs Higgins ertönte.

»Mr Smith, hören Sie mich? Ihr Gast ist eingetroffen.«

»Ja, ich höre Sie«, antwortete er mit trockener Kehle.

Das Klopfen verstummte.

»Soll ich die Dame zu Ihnen hochschicken?«

»Nein, bitte nicht. Richten Sie ihr aus, ich komme gleich.«

»Ich hätte Sie gerne angerufen, aber Sie wissen ja selbst, dass das nicht geht. Ich gehe dann mal und sage der Dame Bescheid.«

»Ja, tun Sie das bitte. Ich komme sofort.«

Valentine hörte, wie sich ihre Schritte entfernten, dann kippte er den Inhalt seiner Tasche auf das Bett. Viel hatte er nicht mitgenommen. Er griff willkürlich nach ein paar Kleidungsstücken und wühlte in seinem Gedächtnis nach Erinnerungen an Marthe.

Seine Schwester Maggie war damals still, zurückhaltend und von schüchterner Natur, Marthe hingegen war das vollkommene Gegenteil gewesen. Er hatte die Teenagerin deutlich vor Augen: frech, impulsiv, aber auch mit einem sonnigen Gemüt. Und jetzt war aus diesem aufgeweckten irischen Mädchen Penelope geworden. Was hatte das Leben ihr angetan? Was hatte er Maggie angetan? Niedergeschlagen blickte er in den Spiegel und sah einen Mann in schwarzem Hemd und dunkelblauer Jeans, der er nie hatte sein wollen.

Sieben Barhocker mit abwechselnd violetten und roten Lederpolstern auf verchromten Trompetenfüßen reihten sich nebeneinander vor der Bar auf. Genau in der Mitte saß eine junge Frau in einem champagnerfarbenen Kleid aus changierendem Stoff, die Beine übereinandergeschlagen. Ihre schmale Silhouette zeichnete sich wie ein Schatten vor den schimmernden Spirituosen ab, die hinter ihr in den beleuchteten Glasregalen standen. Fast genau in dem Augenblick, als Valentine die Lounge betrat, hörte er Don Percival die Zeilen singen:

One more kiss, dear, one more sigh
Only this, dear, is goodbye
For our love is such pain and such pleasure
That I'll treasure till I die

Für einen Moment hielt er inne, denn es fühlte sich an wie ein Déjà-vu. Oder war es einfach Zufall? Und wie auf Knopfdruck erinnerte er sich an seinen Abschied von Milo in London. Er betrachte dabei die Frau an der Bar, dann ging er auf sie zu, und obwohl sie ihn im Spiegel hinter der Theke gesehen haben musste, nahm sie keine Notiz von ihm. Nicht einmal, als Valentine den Platz genau neben ihr einnahm.

»Penelope?«, fragte er vorsichtig und betrachtete verstohlen ihr Profil, das von dunkelroten gewellten Haaren umspielt wurde, während sie mit geschürzten Lippen an einem silbernen Strohhalm zog, der in einem giftgrünen Longdrink steckte. Erst als sie damit fertig war und sich den roten Mund mit einer Stoffserviette abgetupft hatte, wandte sie sich zu ihm, strich sich eine Haarsträhne aus dem Gesicht und begrüßte ihn mit einem verführerischen Augenaufschlag.

»Dann müssen Sie wohl Mr Smith sein.«

Angestrengt versuchte Valentine, das Mädchen von einst im Gesicht der Frau wiederzuerkennen, doch vergeblich. Stattdessen spürte er die Erregung, die ihr Anblick in ihm entfachte, und bemühte sich, sie zu überspielen.

»Wenn Sie Penelope sind, bin ich Mr Smith«, antwortete er mit dem Hauch eines Lächelns. Sanft legte sich ihre Hand auf seine.

»Sie sind eine angenehme Erscheinung, Mr Smith, und ich mag das Timbre Ihrer Stimme.«

Er spürte, wie sich ihre Fingernägel leicht in seinen Handrücken gruben. Die Intimität der Geste schoss ihm bis in den Schoß.

»Spielt das denn eine Rolle?«, entgegnete er provokativ, in der Hoffnung, sie dadurch auf Distanz halten zu können. Stattdessen neigte sie sich zu ihm, bis ihr Parfüm ihn komplett einhüllte.

»Sie wären nicht hier, wenn die Antwort auf diese Frage für Sie von Bedeutung wäre, Mr Smith«, wisperte sie ihm ins Ohr und strich ihm mit der Hand langsam den Oberschenkel entlang.

Eine Hotelmitarbeiterin kam quer durch die Lounge und baute sich hinter der Bar auf.

»Was darf ich Ihnen anbieten, Mr Smith?«

Überrascht erkannte Valentine die Stimme und wandte sich von Penelope ab.

»Mrs Higgins?«

»Meine Schicht ist bereits zu Ende, aber bevor ich gehe, wollte ich Ihnen beiden noch etwas Gutes tun, da auch unser Bar-Personal verhindert ist. Also? Was trinken Sie?«

Valentine zeigte auf Penelopes giftgrünen Longdrink.

»Einmal *Grüne Witwe*, kommt sofort«, entgegnete Mrs Higgins. Sie gab Eiswürfel in ein hohes Glas, goss Curaçao, Orangensaft und Maracujasaft bis zur Hälfte hinein, rührte um und wartete, bis sich die Flüssigkeit leuchtend grün färbte. Dann füllte sie das Glas mit Sekt auf und garnierte den Drink mit einer Orangenscheibe und Minzblättern.

»Mrs Higgins ist ein wahrer Tausendsassa«, lobte Penelope.

»Eigentlich nicht, aber ich habe im Studium in einer Bar gejobbt«, erklärte Higgins und stellte den Drink vor Valentine.

»Das macht dann fünfhundert Euro.«

Valentines linke Augenbraue hob sich ein wenig.

»Es sei denn, ich soll die ganze Nacht bleiben, dann verdoppelt sich der Preis für die *Grüne Witwe*«, ergänzte Penelope, bewegte ihre Finger auf seinem Oberschenkel und knabberte ein klein wenig an ihrer Unterlippe.

Higgins hielt ihm ungeniert den Kartenleser entgegen.

»Die Zeit vergeht schneller, als man denkt«, fügte sie hinzu und sprach damit Valentine aus der Seele. Während er nervös nach seiner Kreditkarte suchte, schien es ihm, als würde er das Mädchen, das Penelope einst gewesen war, jetzt wiedererkennen.

»Die ganze Nacht«, entschied er sich, tippte seinen PIN in das Lesegerät und hörte zu, wie sein Bon gedruckt und abgerissen wurde. Die beiden Frauen warfen sich verstohlen einen triumphierenden Blick zu, während er seine Karte mit dem Bon wieder entgegennahm. Kurz darauf wünschte Higgins ihnen einen erfüllten Abend und verabschiedete sich.

An der großen Glastür blieb sie kurz stehen und rief laut zu ihnen hinüber: »Ich schließe jetzt ab. Und bitte lassen Sie niemanden mehr herein.« Dann verschwand sie in der Nacht, und Valentine und Penelope waren vollkommen allein in der Hotel-Lounge. Mit einem röchelnden Geräusch saugte Penelope den letzten Rest des Longdrinks ein, dann sah sie Valentine fordernd an.

»Sie sind eher von der schweigsamen Sorte, Mr Smith.«

Valentine ging nicht darauf ein, sondern schob seinen Drink von sich fort.

»Ich brauch jetzt was Kräftigeres.«

»Kräftig klingt gut«, erwiderte sie zweideutig und sah ihm nach, während er um die Theke herumging und nach einer Flasche Bushmills griff.

»Für Sie auch?«

Sie nickte, während er bereits den Whisky in zwei geschliffene Kristallgläser füllte und ihr eines davon reichte.

»Sláinte chugat!«, prostete er ihr zu. Sie erwiderte den irischen Trinkspruch und nahm einen kräftigen Schluck.

»Sie sind also Ire, Mr Smith?«

»Ja, hört man das nicht?«

»Wie sollte ich? Sie sagen ja kaum etwas.«

»Touché.«

Valentine nippte erneut an seinem Glas, während sie ihres abstellte und sich weit über die Theke beugte. Wie von selbst verlor sich dabei sein Blick in der Tiefe ihres Dekolletés.

»Gefällt Ihnen, was Sie sehen, Mr Smith?«

Wehrlos seinen Gedanken ausgeliefert, streifte er ihr im Kopf bereits das schillernde Kleid von den Schultern.

»Wer soll ich für Sie sein? Ihre Geliebte, Ihre Hure oder …« Sie sah ihm tief in die Augen. »Oder erkenne ich da eine gewisse Demut und Angst? Dann bin ich gern Ihre strenge Gouvernante. Sind Sie ein unartiger Junge gewesen, Mr Smith?«

Valentine wich ihrem Blick aus und trank sein Glas in einem Zug leer. Penelope schien das Spiel um Verführung und Versuchung zu genießen. Sie lehnte sich zurück, griff nach ihrer goldenen Handtasche und fischte eine kleine Dose heraus.

»Pfefferminz?«

Er verneinte, beobachtete aber weiterhin erregt, wie jede ihrer Bewegungen einen lasziven Hauch verströmte, dem er sich nicht entziehen konnte. Mit Daumen und Zeigefinger legte sie schließlich das Bonbon auf ihre Zunge und schloss danach die Lippen.

»Wo genau kommen Sie her, Mr Smith?«, nahm sie das Gespräch wieder auf, während Valentine beobachten konnte, wie sie genussvoll ihr Pfefferminz lutschte.

»Ursprünglich aus Laragh; aber das fühlt sich an, als würde ich über einen Fremden sprechen. Jetzt lebe ich in London.«

Sofort strahlte Penelope über das ganze Gesicht.

»Aus Laragh? Das gibt's ja gar nicht! Ich komme auch aus Laragh … O Gott, und das kommt mir auch wie eine Ewigkeit vor.«

Sie richtete sich ein wenig auf und zog dabei ihr Dekolleté zurecht.

»Hören Sie, ich weiß, das ist nicht üblich, aber wie oft trifft man schon jemanden aus seinem Heimatdorf? Ich schwöre Ihnen, ich bin schweigsam wie ein Grab. Also, wie heißen Sie wirklich?«, fragte sie mit aufgekratzt leuchtenden Augen.

»Wollen Sie das wirklich wissen?«

»Na, und ob. Ich verspreche Ihnen, meine Lippen sind versiegelt.« Sie zog eine Linie quer über ihren roten Mund, als würde sie einen Reißverschluss zuziehen.

»Ich heiße Valentine«, brachte er mühsam hervor. Seine Kehle war so trocken wie ein Staubtuch.

»Und wie weiter?«

»O'Brien … Valentine O'Brien.«

Penelopes Augen zuckten zusammen, als hätte sie eine Ohrfeige bekommen, dann musterte sie ihn aufmerksam und wiederholte dabei sehr langsam seinen Namen.

»Valentine O'Brien? Das ist ein Scherz, oder?«

Er schüttelte nur den Kopf.

»Sie … Sie sind Maggies Bruder?«

Valentine atmete tief durch, bevor er antwortete.

»Der bin ich … Marthe.«

»Fuck leat!« Mit einem Mal bröckelte die vornehme Fassade, und aus der eleganten Penelope wurde unvermittelt Marthe Swordlet, das Gör aus Laragh mit dem ausgeprägten gälischen Slang.

»Wer hat dir gesteckt, wo du mich findest?«

»McNamara«, log er.

»Dieser ruchlose Priester!«, begann sie zu keifen. »Was zur Hölle willst du hier? Ganz sicher bist du nicht zum Ficken nach Dublin gekommen, oder?«

Valentine schluckte. »Ich bin gekommen, um Maggie zu suchen.«

Fast hysterisch lachte Marthe laut auf. »Du … Du bist gekommen, um Maggie zu suchen? Hast du noch alle Tassen im Schrank? Ich weiß nicht, wie lange sie darauf gewartet hat, dass du Arsch dich bei ihr meldest. Und jetzt kommst du hier angekrochen, du elender Loser?«

»Ich weiß … Ich werde mir das auch nie verzeihen, aber jetzt braucht sie meine Hilfe und …«

»Scheiße, Mann. Du klingst wie ihr deutscher Macker, dieser stinkfeine Doktor.«

Der erstaunte Ausdruck in seinem Gesicht ließ den Zorn aus ihrer Stimme weichen.

»Dorn, der alte Sack, Heinrich Dorn … Sagt dir nichts, oder? Nicht mal das hast du mitbekommen, obwohl du auf dieser gottverdammten Beerdigung warst.«

Valentine sah für einen Moment die Limousine des Fremden vor sich und spürte den Schmerz, den er empfunden hatte, als er Maggie das letzte Mal hinter der dreckverschmierten Seitenscheibe erblickte.

»Oh, du Armer. Du hast wirklich keine Ahnung … Und jetzt kommst du zu mir und willst Antworten?«

»Ich will nur eine zweite Chance. Ich weiß, ich kann ihr helfen.«

Marthe stand auf, griff voller Zorn nach dem Whiskyglas und warf es ihm so hart an den Kopf, dass Valentine in die Knie ging.

»Einen Scheiß kannst du!«, schrie sie so laut, dass ihre Stimme sich überschlug. »Maggie ist tot!«

Er hörte nur noch das Klacken ihrer High Heels, das sich schnell entfernte. Als er sich mit blutender Stirn mühsam wieder aufrichtete, war Marthe bereits am Ausgang und schlüpfte gerade in ihren Mantel.

»Du lügst!«, schrie er ihr nach. Doch sie antwortete nicht, sondern verließ die Lobby und verschwand in der Nacht, ohne sich ein einziges Mal umzudrehen.

Jill & Coffey

New York, USA

Eine Stunde vor Sonnenaufgang traf die erste Kolonne mit zwei-
undvierzig Lastwagen aus New Heaven ein, um die erste Ausgabe
der *New York Times* seit dem Zusammenbruch in alle Bezirke von
New York City auszuliefern, von Baychester in der Bronx bis nach
Annadale auf Staten Island, vom Battery Park in Manhattan bis
nach Breezy Point in Queens. Elftausend Menschen pro Quadratkilometer sollten damit Zugang zu wahren und wahrhaftigen Nachrichten bekommen. War die Verbreitung der gedruckten Zeitungen vor der Krise nach einem eingespielten System geschehen, so
stellte die Auslieferung nun einen gewaltigen Kraftakt dar. Denn
es fehlte nicht nur an Zustellern, sondern vor allem an Vertriebs-
stellen. Die üblichen Zeitungskioske und Verkaufsstände in Bahn-
höfen waren geschlossen, und man hatte nur wenige ihrer Betreiber erreicht und überzeugen können, für diesen entscheidenden
Morgen ihren Laden zu öffnen.

Die Rettung kam letztendlich in Gestalt der Zeitungsjungen,
der »Newsies«, wie man sie in New York nannte. Auch ihre Reihen
hatte man in den letzten Jahren stark ausgedünnt, aber als der
Aufruf die Ersten erreichte, wurde ein persönliches Netzwerk
aktiviert, das alle Beteiligten in großes Staunen versetzte. Über
siebenhundert Männer und Frauen jeden Alters fanden sich bei
Sonnenaufgang an Sammelstellen in allen Distrikten ein, die nun
von den Lkws angefahren wurden. Von dort aus starteten die Newsies mit den geschnürten Paketen zu Fuß oder auf Fahrrädern, um
die *New York Times* auch in den entlegensten Winkeln der Millio-

nenstadt lautstark anzupreisen. Die nächtlichen Plünderungen und Randale hatten sich durch die Militärpräsenz weitestgehend gelegt, trotzdem setzte sich jeder einzelne Newsie bei der Verteilung einem enormen Risiko aus. Zum Glück spielte wenigstens das Wetter mit; es sollte ein trockener, warmer Tag werden.

Jill und Coffey hatten darauf bestanden, der Verteilung persönlich beizuwohnen. Eskortiert wurden sie dabei von zwei schwer bewaffneten Soldaten. Der Jeep brachte sie direkt zum Haupteingang des New York Times Tower an der Kreuzung Sixth Street und Eighth Avenue. Die nächtliche Ausgangssperre war gerade abgelaufen, nur wenige Zivilisten bewegten sich zu Fuß oder mit dem Fahrrad über die mächtige Kreuzung. Für Pkws war der Bezirk gesperrt, und so konnten die beiden schon von Weitem einen schmächtigen Jungen mit Schirmmütze sehen, der neben einem Stapel aus Zeitungspaketen stand. Kaum jemand nahm Notiz von dem einsamen Verkäufer. Als der Jeep neben ihm stehen blieb, war er sichtlich erleichtert. Jill und Coffey stiegen aus und begrüßten den Jungen.

»Hey, Jack, wie läuft's?«, fragte Coffey ihn.

»Die haben gerade erst die Pakete gebracht, aber ich schätze, das werden viel zu wenige sein«, antwortete er.

Jill schmunzelte.

»Dein Wort in Gottes Ohr, Jack. Bislang sieht es ja nicht so aus, als ob sich irgendjemand dafür interessiert.«

»Das wird sich gleich ändern. Schaut mal, was ich mitgebracht habe«, antwortete Jack motiviert und zog ein kleines Megafon aus seinem Rucksack.

»Na, dann mal los«, forderte Coffey ihn auf.

Jack nickte, schnitt mit einem Messer den Kabelbinder auf, der eines der Pakete zusammenhielt, griff sich das oberste Blatt und streckte es in die Höhe. Mit der anderen Hand setzte er das Megafon an und rief laut: »*New York Times*, Extraausgabe! Face the Fake! Extraausgabe! Hundert Prozent KI-frei! Holen Sie sich jetzt die Extraausgabe der *New York Times* mit Nachrichten aus aller Welt!«

Jill blickte sich erwartungsvoll um, aber keiner der Passanten reagierte, und die Straßen blieben leer. Doch davon ließ sich der Zeitungsjunge nicht irritieren und fuhr lautstark fort, die Zeitung anzupreisen. Coffey griff sich eine der Ausgaben mit dem fett gedruckten Aufmacher *FACE THE FAKE* und folgte laut schreiend dem Beispiel des Jungen.

***

Teddy Mahomes, ein bulliger afroamerikanischer Football-Spieler von der staatlichen Schule Eagle Academy for Young Men, hatte in Jamaica im Stadtbezirk Queens gerade damit begonnen, die Extraausgabe der *New York Times* anzupreisen, als sich ihm eine Gruppe von Schwarzen näherte. Die Ecke galt in New York als eine der gefährlichsten und gehörte zum Revier lokaler Bloods-Gruppen. Nicht weit von hier war der Rapper 50 Cent bei einer Schießerei von neun Kugeln getroffen worden. Teddy war hier aufgewachsen, er kannte die Regeln, die auf der Straße galten. Er war unbewaffnet und hatte auch ganz bewusst auf Polizeischutz verzichtet, niemanden hier zu provozieren. Trotzdem konnte ihn schon ein falsches Wort oder ein falscher Blick das Leben kosten.

»Hey, Bruder, was geht?«, sprach einer der Typen, dessen Goldzahn aufblitzte, ihn an.

Teddy schwieg, beugte sich hinab und holte eine der Zeitschriften aus dem Stapel, während sich die Gruppe um ihn herum gruppierte.

»Was vertickst du da?«

»Die *New York Times*. Hier.« Nervös hielt er dem Anführer der Gruppe das Blatt entgegen, der ihm die Zeitung blitzschnell aus der Hand schlug.

»Wenn hier einer was vertickt, dann sind wir das. Und wer meint, er könnte hier in meinem Revier Kohle machen, dem schneide ich eigenhändig den Schwanz ab.«

Wie aus dem Nichts hatte der Goldzahn plötzlich ein Messer in den Fingern und hielt es Teddy an die Kehle. Im selben Moment las einer der Männer die Schlagzeile der am Boden liegenden Ausgabe laut vor.

»*Face the Fake*? Was soll das heißen, Bruder?«

Teddy hatte zwar eine Höllenangst, zwang sich aber, mit ruhiger Stimme zu antworten.

»Der Computervirus, der uns jeden Tag in den Arsch tritt ... Damit ist jetzt Schluss. Die Zeitung hier, damit ficken wir ihn.«

Der Goldzahn senkte sein Messer.

»Wir haben die Handys verbrannt, Mann. Vier meiner Leute sind in den letzten Tagen abgekratzt, weil sie diesen Fakes geglaubt haben. Hat ein verdammtes Blutbad gegeben. Marc hat Freddie eine Kugel verpasst, weil der angeblich seine Schwester vergewaltigt hat.« Wütend rammte der Anführer sein Messer in eins der Zeitungspakete. »Dabei war alles Fake, Mann. Ein Scheiß-Fake!«

Einer der anderen klinkte sich ein.

»Und was soll die Schmiererei daran ändern?«

»Alles, Bruder, alles.«

Es dauerte keine zehn Minuten, da hatte Teddy die gesamte Gruppe auf seine Seite gezogen, indem er ihnen klarmachte, dass ihr ganzes Viertel im Chaos untergehen würde, wenn keiner mehr wusste, was da draußen in der Welt vor sich ging. Am Ende erklärte Goldzahn ihm: »Ich kann eh nicht lesen, Bruder, aber dein Feind ist auch mein Feind. Also verkauf den Scheiß hier. Aber eines ist klar: Die Hälfte der Kohle drückst du jeden Tag an Marc ab.«

Dann trollte sich die Gruppe, und kaum war sie außer Sichtweite, strömten Menschen aus den Häusern, die den Vorfall beobachtet hatten, und kauften Zeitungen, bis keine einzige mehr übrig war.

***

Jack riss am Times Square schreiend die Arme hoch, als er sein letztes Exemplar einer Leserin überreichte, die die Titelseite euphorisch küsste. Inzwischen standen er, Jill und Coffey in einem Pulk von Hunderten Menschen, die die Extraausgabe an Ort und Stelle lasen und danach an die nächsten Passanten weitergaben. Manche der Leser nahmen sich in die Arme, manche weinten, einige tanzten sogar zu Musik, die aus irgendeiner Boom-Box erklang. Jill hatte nicht ansatzweise mit einer so überwältigenden Reaktion gerechnet, denn die Nachrichten im Blatt waren alles andere als beruhigend. Doch das bedruckte Papier, das laut zwischen den Händen raschelte und einen ganz eigenen Geruch verströmte, hatte eine so belebende und emotionale Wirkung auf die Menschen, dass viele sich fragten, wie um alles in der Welt man noch vor einer Woche geglaubt hatte, darauf verzichten zu können.

Mitten in dem Trubel nahm Coffey Jill auf die Seite.

»Aber das ist lediglich New York. Es ist nur ein Tropfen auf den heißen Stein.«

Jill lächelte überlegen: »Das ist viel mehr, Mr Coffey. Wir haben Kontakt zu Zeitungsmachern im ganzen Land. Aber auch nach Asien, Europa, Südamerika, Australien … Und überall will man unserem Beispiel folgen. Oder um Churchill zu zitieren: ›Niemals zuvor hatten so viele so wenigen so viel zu verdanken‹.«

Camille & Seiko

Mantes-la-Ville, Frankreich

Das Département des communications analogiques, kurz DCA, war eine neu gegründete Einheit der Interpol-Taskforce mit Sitz in der Zerlus-Halle und übernahm die Verantwortung für jegliche Form analoger elektrischer Kommunikation. Lamy hatte Noah Morel zum Leiter dieser Spezialeinheit ernannt. Mit seinem stetig wachsenden Team fand er immer wieder neue Wege, um die infizierten digitalen Netze zu umgehen.

Die neueste Errungenschaft des DCA war die Einbindung von Fernschreibern, auch Telex genannt. Telexnetze waren in den 1930er-Jahren aufgebaut und erst Jahrzehnte später von Faxgeräten und schließlich E-Mails vom Markt verdrängt worden. Botschaften, Banken und selbst Flughäfen nutzten die Fernschreiber aber noch bis 2016. Nach dem endgültigen Aus hatten private, nichtkommerzielle Nutzer das I-Telex-Netz zum Erhalt historischer Technik reaktiviert. Jetzt aber bekam es eine vollkommen neue Bedeutung. Vor allem deswegen, weil Fernschreiber gegenüber Amateurfunkverbindungen einfacher zu bedienen waren und sich besonders bei großen Distanzen als zuverlässiger erwiesen.

Seit der vergangenen Nacht konnte das DCA fast tausend Fernschreiber an unterschiedlichen Standorten in ganz Europa erreichen. Dafür hatte man einen Siemens T1000-Fernschreiber von 1981 aus dem Musée des Arts et Métiers, dem berühmtesten Technikmuseum Frankreichs, geholt und an das analoge globale Kabelnetz angeschlossen, das noch immer vorhanden war. Sogar die wohl legendärste Telex-Verbindung der Welt, der direkte Kontakt zwischen dem Kreml und dem Weißen Haus – früher auch oft »Rotes Telefon« genannt, obwohl der heiße Draht immer nur schriftlich genutzt wurde –, war wieder aktiviert worden.

Inzwischen trafen beim DCA in immer kürzeren Abständen Telex-Meldungen ein. Die meisten waren nur formelle Grüße anderer Netzteilnehmer; aber nach und nach kamen auch Kurznachrichten mit wichtigen Inhalten bei dem T1000-Operator an, der die Texte von der Papierrolle des Fernschreibers abriss, in Fächer sortierte und dann händisch von einem Boten an die Adressaten in der Halle ausliefern ließ.

Ein solches Telex hielt auch Camille gerade in der Hand.

Sie stand etwas abseits des DCA-Bereichs, der ebenso durch Stellwände und Pflanzen von den anderen Abteilungen in der Halle getrennt war. Voller Furcht und Hoffnung betrachtete sie das kleine Blatt Papier in ihrer Hand. Zwischen senkrecht verlaufenden Balken mit dem Schriftzug *TELEX* befand sich schwach lesbar eine Nachricht von Valentine.

```
9. 10. 2024.  01 : 35
✠
4839918 ighft g
nachricht von supt v-o-brien an ephk c-milloz.
bin in dublin, brauche dringend informatio-
nen zu unbekannter person: heinrich Dorn.
vermutlich deutscher staatsbürger, wohl-
habend mit akademischem bildungsgrad und
mindestens 50 jahre alt, zumindest vorüber-
gehend wohnhaft in london.
bitte auch prüfen, ob es irgendwo einen
hinweis zum ableben von margaret-o-brien
gibt, meiner schwester. etwaige erkenntnisse
per telex übermitteln, habe morgen wieder
zugriff darauf. valentine.
+++
```

✠
4839918 ighft g
957730-1 ske d

Camille las den Text zweimal, doch alles, was wirklich hängen blieb, war eine einzige Erkenntnis: Valentine lebte! Als Camille vor fast einer Woche Karlsruhe verlassen hatte, hatte sie damit auch jeglichen Kontakt zu nahestehenden Menschen verloren. Dieser Umstand einte sie alle, nicht nur hier in Mantes-la-Ville, sondern vermutlich auf der ganzen Welt. Nicht zu wissen, wie es Freunden und Familie in dieser Krise erging, war eine entsetzliche Qual. Nach dem Anschlag in Lyon hatte Lamy mit professioneller Unterstützung für alle Arbeitsgruppen abendliche Therapiestunden organisiert. Zu seiner Überraschung kristallisierte sich dabei heraus, dass nicht die Angst vor einem neuen Anschlag viele der Mitarbeiter in diese Gesprächsrunden trieb, sondern in erster Linie die Sorge um geliebte Menschen und der Kontaktverlust. Einige Teammitglieder hatten die Taskforce bereits auf eigenen Wunsch verlassen, um sich nach Hause durchzuschlagen – ganz gleich, wie weit dieses Zuhause von Mantes-la-Ville entfernt sein mochte. Eine junge Südafrikanerin hatte es am Abend vor ihrer Abreise in der Gesprächsstunde treffend auf den Punkt gebracht: »Es fühlt sich an, als wäre man wie Robinson Crusoe auf einer einsamen Insel gefangen, wüsste aber gleichzeitig, dass außerhalb der trügerischen Idylle die Welt untergeht.«

Valentine lebt, dachte Camille erleichtert, faltete das Telex sorgfältig zusammen und steckte es ein. Sie würde sich nach dem Meeting darum kümmern. Für den Augenblick schöpfte sie neue Kraft aus dieser Erkenntnis und eilte in den Meeting-Bereich, wo Lamy, Seiko, Noah und J. F. bereits auf sie warteten.

Lamy sah nervös auf die Uhr, als Camille den Bereich betrat und sich zu ihnen an einen ovalen Tisch setzte.

»Es tut mir leid, aber ich erhielt ein persönliches Telex von einem Freund«, erklärte sie.

Sofort heiterten sich die Blicke der Anwesenden auf. Keiner von ihnen hatte bislang eine private Nachricht bekommen. Die Funkkanäle waren dem Austausch von systemrelevanten Nachrichten vorbehalten und hatten bereits ihre Belastungsgrenzen erreicht. Und das Telex-Netzwerk war so spärlich verbreitet, dass nicht einmal im Ansatz die Möglichkeit bestand, damit private Nachrichten zu senden oder zu empfangen. Dass Camille eine Nachricht von einem Freund erhalten hatte, kam einer kleinen Sensation gleich.

»Ich habe etwas zu verkünden«, wechselte Lamy das Thema. »Eigentlich wollte ich es erst heute Abend in der großen Runde bekanntgeben, aber mir scheint jetzt der richtige Zeitpunkt dafür zu sein.«

Die Runde sah ihn erwartungsvoll an.

»Uns haben Meldungen aus ganz Europa erreicht, dass die Briefkästen, die es noch gibt, überquellen. Ja, Menschen schreiben so viele Briefe und Postkarten wie seit Jahren nicht mehr. Bei den Postämtern melden sich Freiwillige, die bei der Abholung und Verteilung helfen wollen. In der Schweiz und in Holland ist der Postbetrieb heute wieder angelaufen; weitere Länder ziehen nach. Und auch von der französischen Regierung gibt es ein Communiqué, in dem die Zustellung von privaten Briefen und Postkarten als eine der höchsten Prioritäten eingestuft wird, um diese Krise zu meistern.«

Begeistert klatschten alle Anwesenden mit den Händen dezent auf die Tischplatte, doch Lamy versuchte, ihre Euphorie mit wedelnden Händen zu bremsen.

»Ich möchte die Nachricht hier am Standort noch nicht an die große Glocke hängen, bis der Postbetrieb wirklich angelaufen ist. Außerdem können Sie sich ja vorstellen, wie lange ein Brief von hier nach, sagen wir mal Tokio, brauchen wird.«

Seiko schüttelte energisch den Kopf. »Das ist egal. Allein schon den Brief zu schreiben und absenden zu können, würde mich glücklich machen. Genauso wird es auch meiner Familie und meinen Freunden in Japan gehen, wenn sie mir schreiben.«

»Wir brauchen Briefumschläge!«, warf Camille ein.

»Und Stifte. Richtige Füller wären fantastisch«, ergänzte Noah. »Überlegt doch mal, was das für ein Gefühl sein wird, wenn die Empfänger Nachrichten mit der Handschrift ihrer Lieben bekommen. Mit Zeichnungen oder Bildern …«

»… mit getrockneten Blumen oder Blättern«, merkte Seiko leise an.

J. F. räusperte sich. »Ich will ja kein Spielverderber sein, aber hat das irgendjemand von euch vor der Krise getan? Hat irgendjemand hier im Raum Briefe geschrieben, vielleicht sogar getrocknete Blumen beigelegt oder das Papier dafür parfümiert?«

Alle schwiegen betroffen.

»Das erinnert mich an ein Zitat von Hermann Hesse: ›Das Paradies pflegt sich erst dann als Paradies zu erkennen zu geben, wenn wir daraus vertrieben werden‹«.

»Danke für diesen wertvollen Beitrag, J. F.«, kommentierte Lamy ironisch und fuhr fort. »Kommen wir zur Tagesordnung. Morel, Sie fangen an.«

Noah ging auf die zunehmend besser werdende Vernetzung von Staaten und Institutionen durch den Amateurfunk ein, die inzwischen mit adaptierter Analogtechnik der Militärs ergänzt worden war. Danach berichtete er euphorisch von der Sonderausgabe der *New York Times* und präsentierte stolz ein Blatt Papier mit einem stark verpixelten Schwarz-Weiß-Foto. Es zeigte den amerikanischen Präsidenten Biden mit der Zeitung und der Schlagzeile *FACE THE FAKE*.

»Das Bild erhielten wir aus zuverlässiger Quelle – per Fax!«

J. F. klatschte in die Hände. »Erst das gute alte Telex, dann das Fax – herrlich! Und wenn ich eine Bitte äußern dürfte: Ich hätte gerne wieder Telefonapparate mit Wählscheiben und Münztelefone.«

Alle lachten, aber nicht des Witzes wegen, sondern weil es in diesen düsteren Zeiten befreiend wirkte.

Noah fuhr fort: »Mit dem Start der Telex-Verbindungen sind

bereits einige wenige analoge Kabelverbindungen wieder aktiviert worden. Und dieses Bild hier ist wirklich von Washington bis zu uns übertragen worden. Ohne Verfremdung, nicht besonders scharf, dafür aber hundert Prozent fakefrei.«

Am Ende seines Reports verbeugte Noah sich, so, wie es sonst Seiko tat, und wieder klatschten alle leise auf die Tischplatte.

»Madame Milloz, Sie sind dran, bitte.«

Camille blickte angespannt in die Runde. Seit dem Beschluss, dem Reset uneingeschränkte Priorität einzuräumen, hatte sie keine Möglichkeit gehabt, mit Lamy zu sprechen. Innerlich kochte sie deshalb, schluckte ihre Wut aber herunter und konzentrierte sich auf ihre Zusammenfassung.

»Wir haben ein Täterprofil erstellen lassen, mit dem wir auch dank der umfangreichen Expertise von J. F. die Gruppe potenzieller Programmierer deutlich einschränken konnten«, begann sie mit kurzen, schnellen Sätzen. »Wir gehen von einem anerkannten Physiker aus, der vermutlich bereits zum Thema Quantenphysik publiziert und Zugang zu einer Forschungseinheit in einer spezialisierten Universität oder einem Unternehmen hat. Wie zum Beispiel Siemens in Deutschland oder D-Wave in Kanada.

Zusätzlich befasst sich ein Ermittlerteam in Polen mit weltweiten Phänomenen vor der Krise, die in Zusammenhang mit Golem oder dessen Entwicklung stehen könnten. Wie zum Beispiel der IT-Vorfall am 19. Juli, bei dem durch ein angeblich fehlerhaftes Windows-Update weltweit Flughäfen, Krankenhäuser und Medienunternehmen stillgelegt wurden. Das US-Unternehmen Crowdstrike, das mit seiner Sicherheitssoftware offenbar für die weltweiten IT-Probleme verantwortlich war, hatte zwar mitgeteilt, dass es keinen Sicherheitsvorfall oder Cyber-Angriff gab, aber einige der Symptome sind dem aktuellen Angriff von Golem schon verblüffend ähnlich. Wir nehmen uns gerade alle bekannten Fälle vor und suchen nach Korrelationen. Mehr habe ich im Augenblick nicht zu berichten.«

Abschließend bat Lamy Seiko um ihren Report. Seiko stand auf, deutete eine Verbeugung an und begann ihren Vortrag.

»Dank Noah Morel und seinem Team ist die Möglichkeit eines weltweiten Resets in greifbare Nähe gerückt. Ich danke auch Madame Milloz, deren Ermittlungen für uns von unschätzbarem Wert sein werden.«

Camille biss die Zähne zusammen, um nicht aus der Haut zu fahren; ihr war es gelungen, über einen Kontakt beim deutschen Nachrichtendienst BND Erkundigungen über Seiko Itō einzuholen, aber die waren alles andere als beruhigend gewesen. Angespannt hörte sie den weiteren Ausführungen der Japanerin zu.

»Wir konnten inzwischen die durch Golem befallenen Chip-Generationen eingrenzen. Weltweit haben nun Behörden damit begonnen, diese Geräte einzutreiben. Teils gegen Rückzahlung des Kaufpreises, teils aber auch durch Androhung drastischer Strafen. Wie zum Beispiel in China. Dort wird der Besitz von betroffenen Handys bereits mit einer mehrjährigen Freiheitsstrafe geahndet. In Pakistan wird morgen in einer Nationalversammlung darüber abgestimmt, ob bei illegalem Besitz von verbotenen Geräten mit diesen Chips die Todesstrafe verhängt werden kann.«

Ein betroffenes Raunen ging durch die Reihen. Es dauerte eine Weile, bis sich die Gemüter wieder beruhigt hatten, dann stellte Lamy eine Frage.

»Gibt es schon einen Termin für einen möglichen Reset?«

Seiko schüttelte den Kopf.

»Madame Itō, bitte, ich brauche irgendetwas Greifbares. Reden wir von Tagen oder Monaten?«

»Wir reden von einer so umfangreichen und komplexen Aufgabe, dass ich mich zum jetzigen Zeitpunkt außerstande sehe, diese Frage zu beantworten.«

Noch bevor Lamy sie weiter unter Druck setzen konnte, setzte sich Seiko wieder, blickte vor sich auf die Tischplatte und gab damit klar zu verstehen, dass ihr Beitrag beendet war.

»Das war's?«, preschte Camille vorwurfsvoll in die angespannte Leere, die zwischen Seiko und Lamy entstanden war. »Wir folgen der Empfehlung eines japanischen Programmierers, den keiner von uns außer Seiko je persönlich kennengelernt hat? Ein Gamer, ein Hacker, dem angeblich etwas gelungen ist, was kein anderer Experte weltweit geschafft hat, und zu dem wir seit Tagen keinen Kontakt mehr haben. Tut mir leid, aber bin ich hier wirklich die Einzige, die findet, dass das alles zum Himmel stinkt?«

Seikos Gesichtsausdruck blieb unverändert, nur ihre vergrößerten Pupillen verrieten ihre Anspannung.

»Akira Nagashima ist ein hervorragender Programmierer, eine vertrauenswürdige Person. Ich bürge für ihn«, erklärte sie ruhig.

»Akira Nagashima ist ein Krimineller«, konterte Camille. »Nach Auskunft des deutschen Nachrichtendienstes wird er mutmaßlich mit dem Cyber-Angriff vom Oktober 2021 auf das AKW Kashiwazaki-Kariwa in Verbindung gebracht.«

»Dieser Verdacht konnte nie bestätigt werden. Sie kennen Akira Nagashima nicht«, erwiderte Seiko etwas lauter, wurde jedoch von Camille sofort wieder übertönt.

»Aber Sie offensichtlich – und das schon seit ebenjenem Vorfall. Ist es nicht so, dass Sie damals die leitende Ermittlerin waren und nun eine Beziehung mit Akira Nagashima haben? Mit genau dem Mann, der uns diesen Reset empfiehlt?«

Seiko schwieg und wich Camilles Blick aus. Lamy stand so abrupt auf, dass sein Stuhl nach hinten umkippte. Keiner der Anwesenden hatte ihn je so wütend erlebt.

»Madame Milloz, wie können Sie es wagen, ohne vorherige Absprache mit mir solch schwerwiegende Anschuldigungen vorzubringen?«

Camille dachte nicht daran, klein beizugeben.

»Wir haben keine Zeit für diplomatische Winkelzüge. Alles, was zählt, sind Fakten, und die gehören offen auf den Tisch gelegt. Und wenn Ihnen das ungelegen kommt, *Herr* Lamy, dann packe ich gerne meine Sachen und mache Urlaub. Viel Zeit wird mir allerdings nicht bleiben, bis dieser Reset vermutlich unsere ganze Zivilisation in die Steinzeit zurückversetzt.«

Schwer atmend sah Camille in die entsetzten Gesichter.

Ihr verdammten Lemminge, ihr wisst überhaupt nicht, was ihr tut, hätte sie beinahe laut in die Runde gerufen, behielt es dann aber für sich, stürmte aus dem Konferenzbereich und schließlich aus der Halle. Vorbei an den schwer bewaffneten Spezialeinheiten, die die Zugänge sicherten. Vorbei an den Bewegungsmeldern, Schießständen und Wachtürmen. Bis sie vor einem tiefen Graben zum Stehen kam, hinter dem ein meterhoher Stacheldrahtzaun aufragte, der unter Strom stand. Schilder mit Totenköpfen und Blitzsymbolen warnten eindringlich vor der tödlichen Berührung.

Es tat gut, den kalten Herbstwind auf der Haut zu spüren. Vermutlich war sie zu weit gegangen, und vielleicht hätte sie die vertraulichen Informationen einer BND-Mitarbeiterin, die ebenfalls zur Taskforce hier auf dem Gelände gehörte, erst an Lamy weitergeben sollen. Aber scheiß drauf, Befehlshierarchien und Ehrenkodexe hatten keine Bedeutung mehr. Der Reset war ein verdammt großer Fehler. Einen Computer neu zu booten, war eine harmlose Angelegenheit; aber alle Computersysteme der Welt zu stoppen, war blanker Wahnsinn. Camille griff fahrig in die Innentasche ihrer Jacke, kramte das Telex hervor, faltete es auseinander und warf einen Blick darauf. Sofort spürte sie die beruhigende Wirkung, die von dem Papier ausging.

Valentine lebte.

Valentine & McNamara

Dublin, Republik Irland

Valentine lag auf dem Rücken. Penelopes Brüste bewegten sich vor seinen Augen auf und ab, dann senkte sich ihr schmaler Körper auf ihn, bis ihr Gesicht mit glühenden Augen vor seinem erschien und ihre roten Lippen ihn leidenschaftlich küssten. Eng umschlungen drehten sie sich auf die Seite, als ein weiteres Paar Hände seine Taille ergriff und sich ein nackter Frauenkörper von hinten an ihn drückte. Ganz nah an seinem Ohr hörte er die Stimme seiner Schwester: »Du kannst mich haben, Valentine, du kannst uns beide haben.«

Valentine wachte keuchend auf, mit einer Erektion und tiefen Schuldgefühlen. Noch immer hallte die Stimme seiner Schwester nach, und der Traum brannte wie ein Dolch in seinem Herzen. Benommen wankte er ins Bad und betrachtete sich im Spiegel, um die verwirrenden Gefühle zu ergründen, die drohend in einem finsteren Winkel seines Unterbewusstseins lauerten.

Es pochte laut, und aus der Ferne rief jemand: »Mr Smith? Mr Smith, sind Sie wach?«

Valentine warf sich den Bademantel über, der neben der Dusche hing, ging auf den Flur hinaus und öffnete die Zimmertür einen Spaltbreit.

Mrs Higgins stand vor ihm. Mit ihrer gepflegten braunen Uniform und den toupierten Haaren sah sie genauso aus wie am Tag zuvor. Sie strahlte ihn an.

»Ich hoffe, Sie hatten eine angenehme Nacht.«

»Wie spät ist es?«

»Kurz nach drei. Ich hab hier einen Umschlag für Sie. Ich schätze, er ist von unserer gemeinsamen Freundin Miss Penelope.« Schmunzelnd drückte sie Valentine ein Kuvert in die Hand. »Und noch eine erfreuliche Nachricht: Ich kann Ihnen Lunch anbieten. Der Supermarkt am Hafen hat wieder geöffnet, und ich hab frisches Brot, Wurst, Käse, Eier und Milch besorgen können.«

»Danke, Mrs Higgins. Ich brauche noch eine halbe Stunde.«

»Überhaupt kein Problem, Mr Smith. Sie wissen, wo Sie mich finden«, sagte Higgins, drehte sich um und ging zum Aufzug.

Valentine drückte die Tür mit dem Rücken zu. Noch während er den Umschlag aufriss, fiel ihm wieder ein, wie er in der vergangenen Nacht auf den dunklen Straßen von Dublin vergeblich nach Penelope gesucht hatte. Dann hatte er Ronnie Costello von der Garda mit dem Walkie-Talkie kontaktiert. Aufgewühlt hatte er ihn bedrängt, einen Weg zu finden, Camille Milloz von Interpol eine Nachricht zukommen zu lassen. Ronnie hatte ihm daraufhin berichtet, dass jemand im Revier ein verstaubtes Telex-Gerät reaktiviert hatte, er aber leider nicht wüsste, wie man es bediente. Trotzdem hatte er sich Valentines Nachricht notiert und versprach, sein Bestes zu geben. Vollkommen entmutigt und ausgelaugt war Valentine irgendwann wieder im Hotel angekommen – fest entschlossen, nach dieser Nacht die Heimreise anzutreten.

Doch der Brief in seinen Händen veränderte nun alles.

Valentine, frag McNamara nach Dorn. Dann bekommst du die Antworten, die du suchst. Aber sie werden dir nicht gefallen.
Marthe

Sofort nach dem Lunch im Hotel machte Valentine sich auf den Weg, um erneut mit McNamara zu sprechen. Doch auf halber Strecke verstummte der Motor des Golfs. Der Wagen rollte noch einige Meter, dann blieb er stehen. Valentine stieg aus und warf enttäuscht die Tür hinter sich zu. Die Sonne blitzte durch die Wolken, die träge vom Meer ins Landesinnere zogen. Er hatte die alte

Dublin Road in Küstennähe nach Bray genommen, um Benzin zu sparen. Vergeblich, wie sich nun herausstellte. Er haderte mit sich. Hätte er die Schnellstraße genommen, wäre die Wahrscheinlichkeit größer gewesen, eine Mitfahrgelegenheit zu finden. So saß er hier auf einer einsamen Landstraße fest.

Mit einer Hand schirmte er die Augen vor den Sonnenstrahlen ab und blickte die Straße entlang, aber bis auf eine alte Frau auf einem Fahrrad war niemand zu sehen. Gerade als er sich damit abgefunden hatte, den Rest der Strecke zu Fuß anzutreten, tauchte an der nächsten Kurve ein Lieferwagen auf, der in seine Richtung fuhr. Sofort riss Valentine die Arme hoch, doch der Fahrer würdigte ihn keines Blickes, sondern rauschte an ihm vorbei. Wütend schrie er ihm nach: »Was soll das, du verdammter Egoist? Wir sitzen doch alle in derselben Scheiße!«

Hundert Meter weiter blieb der Lieferwagen überraschend stehen. Valentine konnte es kaum glauben, dann setzte der Wagen zurück und hielt neben ihm an. Ein junger Kerl, nicht älter als fünfundzwanzig, mit verfilztem ziegelrotem Haar und dunklen Augenringen musterte ihn skeptisch durch die geöffnete Seitenscheibe.

»Kommst du von drüben?«, fragte er mit dem typisch schroffen Benehmen junger Iren und spuckte vor Valentine auf den Asphalt.

»Nein, aus Glendalough«, antwortete dieser so irisch, wie er nur konnte.

»Wo willst du hin?«

»Nach Bray.«

Der Kerl zuckte als Antwort nur mit dem Kopf in Richtung der Beifahrerseite. Valentine stieg ein und saß kaum, als der Lieferwagen wieder anfuhr.

»Ich wäre hier hundert Prozent versauert, danke dir.«

»Hauptsache, du gehst mir nicht auf den Sack«, antwortete der Mann unnötig feindselig, brach dann aber nach einigen Minuten selbst das Schweigen. »Ich bin Scott, und du?«

»Valentine.«

Scott kramte in seiner Jackentasche und hielt ihm ein zerknittertes Päckchen Lucky Strike entgegen.

»Danke, nein«, lehnte Valentine ab.

»Sorry wegen eben, dachte, du bist einer von diesen englischen Eejits«, erklärte Scott, zog sich mit den Lippen eine Zigarette aus der Schachtel und zündete sie an. »Ich bin einfach durch, weißt du? Wo musst du genau hin?«

»Zur St. Paul's.«

»Du meinst, beten hilft? Wenn du mich fragst: Hilf dir lieber selbst. Auf den da oben setze ich keinen Penny mehr.«

Valentine hatte nicht vor, seinen Besuch der Kirche zu begründen, deshalb schwieg er.

»Ich fahr nach Rosslare, versuch dort noch eine Fähre nach Pembroke zu kriegen. Die Fähren in Dublin fahren nicht mehr, und Flieger gibt es sowieso nicht. Ein Kumpel meinte, am Rosslare Harbour geht noch was.«

Valentine war zwar neugierig geworden, warum Scott die Insel verlassen wollte, wartete aber seine Antwort ab, die auch prompt kam: »Meine Frau Maggie … Sie war drüben, als der ganze Mist begann. Dann war sie verschwunden. Keiner konnte mir sagen, was mit ihr passiert war.«

Wieder nahm er einen tiefen Zug von der Zigarette.

»Und gestern kam ihre Oma zurück. Sie war mit Maggie zusammen drüben, die beiden wollten eine Woche in Plymouth Urlaub machen. Ich hab ihr immer wieder gesagt, dass das idiotisch ist. Da ist es doch auch nicht anders als bei uns, oder? Und dann, das musst du dir mal vorstellen, dann kamen die Bullen und haben sie verhaftet. Saß da im Hotel beim Frühstücken, und die haben sie einfach mitgenommen.«

Scott schlug mit der Faust aufs Lenkrad, dann spuckte er aus dem Fenster und nahm einen weiteren Zug.

»Fuck. Granny hat den Bullen die Hölle heiß gemacht, aber da war schon Chaos. Keiner wusste, wo sie Maggie hingebracht hatten. Aber Granny hat nicht lockergelassen und richtig Krawall gemacht, bis sie sie eingesperrt haben. Aber so ein Typ auf dem Revier hat sie am nächsten Tag wieder rausgelassen. Außer ihm war wohl auch kaum einer mehr da. Er meinte zu Granny, alles, was er rausfinden konnte, war, dass man Maggie nach Jersey gebracht hat. Also, geht's noch? Nach Jersey? Auf eine kleine Scheißinsel mitten im Kanal. What the fuck, oder?«

Die Geschichte irritierte Valentine. Alles daran war ungewöhnlich, vor allem aber der Name seiner Schwester. Maggie. Natürlich gab es unzählige Margarets in Irland. Aber da war auch wieder die Stimme von Milo, die ihm sagte, man solle auf Zeichen hören.

»Wie alt ist Maggie, deine Frau?«

»Vor zwei Monaten gerade zweiundzwanzig geworden. Mann, stell dir das vor: Meine Maggie im Prison La Moye auf Jersey, in einem Gefängnis. Ich reiß denen die Ärsche auf. Ich hol sie da raus, das schwör ich dir. Diese elenden Wichser.«

Ein langer Zug an der Zigarette unterbrach sein Gezeter und ließ Ruhe einkehren. Valentine jedoch spürte einen kalten Schauer am ganzen Leib, denn auch seine Schwester war vor zwei Monaten zweiundzwanzig geworden.

***

Priester Desmond McNamara war verzweifelt. Er hatte keine ruhige Minute mehr gehabt, seit Valentine O'Brien ihm gestern diesen unseligen Besuch abgestattet hatte. Er wusste, es war nur eine Frage der Zeit, bis Maggies Bruder ihn wieder heimsuchen würde. Er war innerlich so aufgewühlt, dass er sogar in Erwägung gezogen hatte, fortzugehen, sich irgendwo vor Valentine zu verstecken. Die quälende Gewissheit, dass er ihn vermutlich eines Tages doch noch finden würde, egal wo er sich verkroch, veranlasste ihn jedoch zu bleiben. Und mit ihm blieb die Angst. Selbst im Zwiegespräch mit Gott fand er keine Linderung für seinen seelischen Schmerz. Denn Gott, so glaubte er zu hören, verhöhnte ihn nur.

Wer sich mit dem Teufel einlässt, sollte den Tod nicht fürchten.

So sah sich McNamara gezwungen, sich Valentine O'Brien zu stellen. Körperlich hatte er dem kräftig gebauten Mann nichts entgegenzusetzen außer einem teigig gewordenen Leib, der dem Müßiggang schon zu viele Jahre anheimgefallen war. Aber die geladene Kleinkaliberwaffe in seiner Tasche würde das Kräfteverhältnis zu seinen Gunsten verschieben.

Die Kirche hatte er in weiser Voraussicht geschlossen; seine jährlich kleiner werdende Gemeinde war seit Beginn der Krise ohnehin auf eine Handvoll Gläubiger zusammengeschmolzen. Auf einem handbeschriebenen Blatt Papier, das er mit einer Reißzwecke am Hauptportal befestigte, begründete er die Schließung mit einem tragischen Verlust in der Familie und bat um Verständnis dafür, dass er derzeit keine Predigten halten könne.

Des Weiteren stand dort: *Lieferanten bitte ich, ihre Zustellungen im Vorratsraum des Kellers abzustellen, der über den Seiteneingang am Friedhof erreichbar ist.*

Nachdem McNamara all seine Vorbereitungen beendet hatte, wartete er wie eine Spinne in ihrem Netz auf sein Opfer. Und mit jeder Stunde, die er ausharrte, wurde sein Zorn auf Valentine O'Brien größer.

Scott setzte Valentine direkt vor der Kirche ab.

»Gott hat heute wohl keine Zeit für dich«, bemerkte er zynisch und nickte in Richtung des Haupteingangs, wo ein weißes Blatt Papier im Wind flatterte.

»Gott hatte noch nie Zeit für mich«, erwiderte Valentine trocken.

Scott hustete, beugte sich dann fahrig zu ihm rüber und schloss ihn in die Arme. Eine Geste, mit der Valentine von diesem Mann nicht gerechnet hatte. Aber Menschen taten eigenartige Dinge in schweren Zeiten. Anschließend stieg er aus dem Lieferwagen, wandte sich ab und ging mit festem Schritt auf die Kirche zu. Als er sich umsah, war Scott bereits verschwunden.

Das Portal der Kirche war tatsächlich verschlossen, und der

Hinweiszettel, der im feuchten Herbstwind flatterte, kaum noch lesbar.

Valentine folgte dem knirschenden Kiesweg, vorbei an den alten Gräbern, bis er seitlich an der Kirche auf eine tiefer liegende Tür stieß, verwildert und mit grauen Spinnweben in den Ecken. Zu seiner Überraschung ließ sich die Tür öffnen und gab den Blick auf eine steinerne Treppe frei, die ins Dunkle führte. Mit jeder Stufe, die er hinabstieg, wurde der Geruch von feuchter Erde und Schimmel intensiver, während das Licht, das oben durch die weit geöffnete Tür fiel, mehr und mehr abnahm. Am Ende der Treppe fiel das spärliche Restlicht auf steinerne Särge, die in einem kleinen Gewölbe standen. Das hier war eine Krypta, kein Vorratsraum, und entweder hatte er den falschen Zugang genommen oder war blindlings in eine Falle gelaufen. Gerade als er den Rückweg antreten wollte, hörte er die Stimme McNamaras am anderen Ende des Gewölbes.

»Ich bin hier, O'Brien.«

Vielleicht lag es am Klang dieser nasalen Stimme, die er schon als kleiner Junge gehasst hatte, dass er trotz einer bösen Vorahnung dem Verlangen nicht widerstehen konnte, McNamara in seine Gewalt zu bringen.

»Was soll dieses Versteckspiel, McNamara? Ich finde Sie ja doch. Also kommen Sie einfach raus, und lassen Sie uns reden«, hallte seine Stimme in der Gruft wider. Aber McNamara blieb stumm, bis Valentine schließlich vor einer Wand mit einer weiteren Holztür stand, die mit filigranen Beschlägen und einem eisernen Griff verziert war.

Dumpf, aber diesmal ganz nah, hörte er erneut McNamaras Stimme: »O'Brien, nach unserem letzten Treffen ist mir deutlich wohler dabei, wenn sich eine Tür zwischen uns befindet.«

Ohne zu zögern, packte Valentine den Türgriff und riss daran. Im selben Augenblick jagte ein Stromstoß durch seinen Körper, der all seine Muskeln auf einmal verkrampfte und ihn zu Boden streckte. Aus den Augenwinkeln konnte er noch verschwommen sehen, wie die Tür aufging und McNamara sich über ihn beugte. Dann jagte ein zweiter Stromstoß durch seine Glieder, und er verlor das Bewusstsein.

Als Valentine seine Augen wieder öffnete, schmeckte er als Erstes das Blut in seinem Mund. Er war mit Gewebeband an einen Stuhl gefesselt worden, und eine nackte Glühbirne an der Wand blendete ihn, bis er sich nach und nach daran gewöhnte. Er befand sich noch immer in der Gruft und war nicht allein. McNamara saß ihm mit einem triumphierenden Gesichtsausdruck gegenüber. Valentine konnte eine Motte hören, die laut um die Glühbirne an der Decke flatterte. Es dauerte eine Weile, bis McNamara die richtigen Worte zu finden schien.

»Ich war unschlüssig, wie ich es machen würde. Damit«, er zielte mit einer Pistole auf Valentine, »oder damit.« In der anderen Hand hielt er einen Taser, zwischen dessen beiden Elektroden blitzend eine Entladung aufzuckte.

»Du kannst von Glück reden, dass ich mich für den Elektroschocker entschieden habe. Andernfalls lägst du jetzt schon in einem der Särge. Aber was nicht ist, kann ja noch werden. Kommt vermutlich ganz darauf an, wie unser Gespräch verläuft.«

Er legte den Taser neben sich auf den Boden und nahm die Pistole in die andere Hand. Valentine spuckte Blut. Seine Zunge schien verletzt zu sein.

»Das kommt davon, wenn man zu viele Fragen stellt, O'Brien«, quittierte McNamara, während er den roten Auswurf sarkastisch betrachtete.

»Ich kam nur wegen Feischt«, brachte Valentine unter Schmerzen hervor, kaum fähig, sich zu artikulieren.

McNamara lachte laut auf und schlug sich dabei auf den Schenkel. »Feischt!«, äffte er ihn nach, während ein Schwall Blut über Valentines Kinn lief und in langen Fäden auf den Steinboden tropfte. »Wegen dem Doktor bist du hier, wegen Feischt?«, fragte er und grinste.

Valentine versuchte die Schmerzen auszublenden und nickte nur. McNamara schien zu überlegen, dann nickte er ebenfalls.

»Na gut, dann reden wir über Dorn. Sehr wohlhabend und sehr intelligent, aber ein furchtbar aufgeblasener Kerl. Außerdem egozentrisch.« Er tippte sich mit dem Finger an die Stirn. »Und ein bisschen wirr im Oberstübchen. Ich denke, ihr würdet euch gut verstehen. Wäre da nicht die Geschichte mit deiner Schwester.«

Valentine konzentrierte sich darauf, seine Umgebung zu sondieren. Was ihm schwerfiel, da die Funzel an der Decke die Gruft nur schwach beleuchtete und selbst der Gang, durch den er gekommen war, in tiefschwarzer Dunkelheit lag.

»Der alte Mann war nämlich hinter Maggie her wie der Teufel hinter einer armen Seele. Dorn war geradezu besessen von ihr, bot mir viel Geld, wenn ich ihm helfen würde, sie in seine Arme zu treiben. Aber ich hab Nein gesagt. Und er hat mir wirklich viel Moos angeboten.« McNamara redete sich langsam in Rage. »Und wie dankst du es mir? Indem du mir auflauerst, mich bedrohst, mich schlägst und mein ganzes Leben in eine einzige Hölle verwandelst. Mich, einen Diener des Herrn, der sich sein ganzes Leben nichts zuschulden hat kommen lassen. Ich sollte dich auf der Stelle abknallen wie einen räudigen Straßenköter, O'Brien.«

»Marthe …«, brachte Valentine mühsam hervor.

»Marthe lügt. Was immer sie dir gesagt hat, sie lügt. Sie ist eine Sünderin, die für Geld alles sagen würde.«

Wie aus dem Nichts trat plötzlich jemand aus der Dunkelheit ins Licht. Valentine machte große Augen, als er erkannte, dass es Marthe war.

»Geld, das du immer gern von mir genommen hast, Desmond«, sagte sie.

Erschrocken riss McNamara die Waffe herum und zielte auf die Frau, die in Jeans und silbern schimmernder Kapuzenjacke vor ihm stand.

»Hast du Valentine auch erzählt, dass deine Konzerte in London nur dazu dienten, die kleinen Chormädchen als Huren an reiche Geschäftsmänner zu verkaufen?«

McNamara war außer sich, taumelte rückwärts, als hätte man ihm einen schweren Schlag in den Magen verpasst.

»Halt den Mund, du lügst … Halt deinen verdammten Mund!«, brüllte er Marthe aus voller Kehle an.

»Ich war siebzehn, als ich das erste Mal mit dem Chor nach London durfte. Ich träumte davon, Schauspielerin oder eine große Sängerin zu werden. Aber da, wo ich herkam, waren zweihundert Pfund ein Vermögen. Also hab ich das Geld von diesem aalglatten Banker genommen, hab ihm dafür seinen Schwanz gelutscht, und du hast mich danach in die Arme genommen, hast mir erklärt, dass das alles nicht so schlimm wäre und dass Gott das verstehen würde. Und ich … Scheiße, ich hab dir das geglaubt.«

»Du verlogene dreckige Schlampe«, schrie McNamara und war so außer sich vor Zorn, dass er seine Drohung wahrmachte und den Abzug der Pistole drückte. Noch während das laute Echo des Schusses von dem Gewölbe widerhallte, erhob Valentine sich mit dem Holzstuhl und rannte damit auf den Priester zu. Die Wucht des Aufpralls riss beide zu Boden. Valentine schrie auf, als er mit dem Stuhl laut knackend auf dem kleinen Finger seiner gefesselten Hand landete. Dann kehrte Stille in der Gruft ein.

Valentine atmete mehrmals tief durch, schloss die Augen, biss die Zähne aufeinander und rollte mit dem zerbrochenen Stuhl auf die andere Seite, um den Finger zu entlasten. Schmerzen schossen in Wellen durch seinen ganzen Körper, die nur langsam verebbten. Erst dann öffnete er die Augen und sah sich um. Zu seiner Überraschung stand Marthe vor ihm, steif wie eine Statue.

»Marthe … Bist du okay?«

Marthe sah an sich hinab.

»Ich … Ich bin okay«, antwortete sie mit zittriger Stimme.

»Was ist mit McNamara? Ich kann ihn nicht sehen.«

»Er liegt hinter dir. Er bewegt sich nicht.«

»Du musst mich losmachen.«

Marthe starrte ins Leere.

»Er hat mein ganzes Leben zerstört – und auch das von vielen anderen Mädchen«, gab sie apathisch von sich.

»Marthe ... Du musst mich losmachen.«

Im selben Moment begann McNamara zu stöhnen.

»Wo ist die Pistole? Marthe, mach mich los!«, forderte Valentine vehement, doch die junge Frau hörte nicht auf ihn, sondern sah sich hektisch um. Schließlich hatte sie gefunden, was sie suchte, und tauchte mit der Pistole wieder in seinem Blickfeld auf.

»Ich bring es jetzt zu Ende«, sagte sie mehr zu sich selbst und zielte mit der Waffe über Valentine hinweg.

»Tu das nicht, bitte«, flehte er sie an.

Valentine erwartete jeden Augenblick einen lauten Knall zu hören, aber Marthe schien zu zweifeln, senkte die Waffe und sah Valentine in die Augen.

»Ich habe gelogen. Ich bin an Maggies Unglück schuld, ich allein. Ich habe sie überredet, mit mir und dem Chor nach London zu fahren. Ich war es, die ihrer Mutter versprochen hat, auf sie achtzugeben ... Dabei wollte ich nur sehen, wie ihr ganzes keusches Gehabe, ihre jämmerlichen katholischen Regeln, zu Bruch gehen. Sie stand immer so weit über uns anderen – wie eine Heilige. Ich wollte, dass sie genauso gebrochen wird wie wir alle.«

Marthes Augen füllten sich mit Tränen. Langsam ging sie vor Valentine auf die Knie.

»Und dann war da diese Party, die Desmond immer nach unseren Auftritten in London veranstaltete. Wir, in unseren weißen, sauberen Chorgewändern und rosa Schleifchen im Haar, und diese geifernden reichen Säcke, die uns ansahen, als wären wir Frischfleisch. Und da war er dann, dieser Dorn, der nur für Maggie Augen hatte. Und sie war weiß Gott nicht die Hübscheste von uns. Er machte ihr den ganzen Abend den Hof, versprach ihr den Himmel auf Erden, aber Maggie blieb standhaft.«

Mit dem Handrücken wischte sie sich über die feuchten Augen.

»Es war, als könnten ihr der ganze Schmutz und das Laster

nichts anhaben, während alle anderen schon längst durch das viele Geld ihre Hemmungen über Bord geworfen hatten und mit ihren Freiern in den angrenzenden Zimmern verschwanden. Aber nicht Maggie, und dafür habe ich sie noch mehr gehasst. Je standhafter sie war, desto dreckiger fühlte ich mich.«

Valentine hielt die Luft an. Er hatte Angst, dass Marthe aufhören könnte zu reden. Gleichzeitig hoffte er, dass auch McNamara, der in der Dunkelheit hin und wieder grunzende Laute von sich gab, ihren Redefluss nicht unterbrechen würde.

»Am Ende habe ich mich mit Dorn verbündet. Er wollte sie unbedingt haben, und ich wollte sie unbedingt fallen sehen.«

Fahrig wischte sie über die laufende Nase. Dann zog sie aus einer Innentasche ihrer silbernen Jacke die zweite Hälfte von Maggies Tagebuch, legte es vor Valentine auf den Boden und stand auf.

»Du hast recht, der Scheißkerl ist es nicht wert, in den Knast zu gehen. Jetzt weißt du alles. Und was du noch nicht weißt, findest du da drin.« Sie zeigte auf das zerfledderte Büchlein und warf die Pistole weit von sich. Irgendwo in der Dunkelheit schlitterte sie lautstark über den Steinboden und unter die Särge, während Marthe auf den Ausgang zuging.

»Warte … Marthe, warte.«

Sie blieb stehen und drehte sich um. »Du willst wissen, ob deine Schwester noch lebt?«

Valentine nickte stumm.

»Maggie ist tot«, sagte sie nüchtern. »Die Maggie, die du kanntest, existiert nicht mehr. Ob die Frau, die Dorn aus ihr gemacht hat, noch am Leben ist, kann ich dir nicht sagen. Das wirst du selbst herausfinden müssen.«

Am Ende der Welt

Die See tobte. Meterhohe Wellen brandeten gegen den Turm und brachen sich mit donnerndem Getöse in weißer Gischt an ihm. Jedes Mal aufs Neue bebten die Wände, als ob das Bauwerk gleich zusammenbrechen und von den gewaltigen Wassermassen verschluckt werden würde. Dorn, der sich am höchsten Punkt des Turms befand, umfasste mit aller Kraft die Streben des Geländers, Wasser und Sturm trotzend, der ihm ins Gesicht peitschte und ihn von den Füßen zu reißen drohte. Auge um Auge mit dem Tod fühlte er sich im Einklang mit den Naturgewalten, die auf ähnliche Art und Weise auch in ihm tobten.

»Ihr versinkt in Eures Liebchens Kummer. Nicht etwa in den Tod?«, hörte er eine innere Stimme.

»Damit du endlich über mich gebieten kannst? O nein. Ich mag gebrochen sein, aber nicht lebensmüde«, reagierte er scharf und verdrängte den Gedanken, als weit unter ihm eine Welle anbrandete, die die vorherigen um ein Vielfaches übertraf. Der Turm ächzte, neigte sich, und die Wassermassen schnellten zu Dorn empor, packten ihn mit solcher Wucht, dass er keinen Halt mehr fand, und warfen ihn wie einen Spielball über das Geländer. Orientierungslos stürzte er in die Tiefe, zusammen mit dem salzigen Wasser, das in seiner Lunge brannte, bevor das Sicherungsseil gnadenlos und hart seinen Fall bremste und er mit voller Wucht gegen die weißen Mauern des Turms geschleudert wurde, bevor er das Bewusstsein verlor.

Irgendwann hörte er Margarets Stimme, die langsam wie ein Messer durch schweren Stoff schnitt, bis das Licht die Dunkelheit in seinem Kopf verdrängte.

»Heinrich?«

Dorn öffnete die Augen. Die Spitze des Turms taumelte hin und her, wischte durch sein Blickfeld, während der Wind seine Haut und seine Kleider trocknete.

»O Gott, Heinrich, sag doch etwas«, hörte er Margaret von oben rufen. Benommen schmeckte er das Salz auf seinen ausgetrockneten Lippen. Wie lange hing er hier schon? Zitternd tastete er seinen Brustkorb ab und spürte den Rettungsgurt, der ihn fest umschlossen hielt.

»Es ist alles gut, es geht mir gut. Wo warst du?«, schrie er besorgt den Turm hinauf.

»Ich hab solche Angst«, antwortete sie mit brüchiger Stimme. Weinte sie etwa? Er war so ein Narr. Wie hatte ihm alles bloß so sehr entgleiten können?

»Margaret? Margaret, hörst du mich?«

»Ich hör dich.«

»Du musst keine Angst haben, mir geht es gut«, rief er nach oben. Er schlug verzweifelt mit der flachen Hand auf den roten Knopf, der an seinem Auffanggurt befestigt war, aber nichts geschah.

»Warum hast du mich verlassen?«, kam es von oben. Dorn hielt inne und versuchte, seine Gedanken zu sammeln.

»Ich … Ich werde es wiedergutmachen.«

»Ich habe dich geliebt, Heinrich. Aber nun weiß ich, dass du keinen Deut besser bist als mein Bruder. Ihr habt mich beide im Stich gelassen. Hörst du?«

Dorn schloss die Augen. Nicht er hatte ihr das angetan, sondern der Dämon in seinem Innern. Würde sie das verstehen? Würde sie ihm noch eine allerletzte Chance geben, ihr zu beweisen, dass er sie ebenfalls liebte?

»Ich hasse euch. Ich hasse meinen Bruder, und ich hasse dich«, rief sie voller Inbrunst von oben, so scharf und endgültig wie ein Schlag mit einer Axt, und zerstörte damit jegliche Hoffnung.

»Margaret? Margaret, bitte sag das nicht. Ich flehe dich an.«

Wieder schlug er auf den roten Knopf, und wieder war es vergeblich.

»Margaret, ich werde dir alles erklären, bitte.«

Diesmal ließ die Antwort auf sich warten. War sie vielleicht gegangen?

Mit aller Kraft krümmte und streckte Dorn seinen Körper so oft, bis das Seil, an dem er hing, weit vor- und zurückschwang, und er einen Blick auf die Plattform des Turms erhaschen konnte. Margaret war nicht mehr da.

Er sackte erschöpft zusammen, streckte alle Glieder von sich und pendelte im sanften Wind. Erst nach einer Weile fiel ihm auf, dass die Wellen nicht mehr in seinen Ohren rauschten und auch keine kreischenden Möwen zu hören waren. Es war totenstill.

Argwöhnisch neigte er den Kopf, um in den Abgrund zu sehen. Mit Entsetzen stellte er fest, dass er über ausgedehnten Sanddünen hing, die sich in jede Richtung erstreckten, so weit das Auge reichte.

»Ich bin tot«, schoss es ihm durch den Kopf.

»Möchtest du denn tot sein?«, antwortete seine innere Stimme.

»Ich will, dass es endet«, antwortete er.

»Aber jedes Ende ist der Beginn von etwas Neuem.«

Dorn sehnte sich danach, loszulassen, zu fallen und für immer in den Dünen zu versinken. Entschlossen umfasste er mit seinen Fingern das Gurtschloss, um es zu entriegeln. Der Fall würde nur kurz sein, der Aufprall weich und endgültig. Dann stieß er mit dem Kopf gegen die steinerne Wand des Turms, und auf einmal zerriss der stechende Schmerz die trügerische Illusion. Sturm und Wasserfontänen brachen wieder über ihn herein und trieben ihn erneut gegen die gebleichte Wand. In diesem Augenblick entschloss sich Dorn weiterzuleben und schlug mit der flachen Hand ein letztes Mal auf den roten Knopf. Ein Ruck ging durch den Rettungsgurt, und die elektrische Seilwinde oben am Turm begann surrend, ihn wieder hinaufzuziehen. Oben angekommen, packte er das Geländer und zog sich schreiend über den Rand. Die Sonne stand tief am Horizont, und die Eiseskälte lähmte jeden seiner Muskeln. Mit letzter Kraft kroch er durch die Glastür zurück in das sichere Innere des Turms und drückte hinter sich die Tür mit den Füßen zu.

»Margaret«, wimmerte er. Da fiel es ihm wieder ein: Margaret war fort, und Wagner, sein treuer Famulus, war unterwegs, um ihrer habhaft zu werden und sie wieder in seine Arme zu geleiten.

Mit einem lauten Brummen schaltete sich die Halogen-Metalldampflampe über ihm ein und begann sich um ihre eigene Achse zu drehen. Das in die Ferne gerichtete Licht, der warme Klang des Motors und die gleichmäßige Bewegung des Halogenstrahlers hatten auf Dorn eine beruhigende Wirkung. Nach und nach spürte er seine Glieder wieder, fühlte aber auch, wie der Schmerz zurückkam. Und mit ihm ein dunkler Schatten, der sich im Verborgenen hielt und auf seine Gelegenheit lauerte.

»Ich weiß, dass du da bist, aber der Zeitpunkt ist schlecht gewählt. Die Sonne geht unter, und ich brauche eine Pause von dieser Welt, also verschone mich und gönne mir meinen Schlaf.«

Die Stimme antwortete leise, aber scharf, mit einem jaulenden Unterton in seinem Kopf.

»Von Sonn' und Welten weiß ich nichts zu sagen, ich sehe nur, wie sich die Menschen plagen. Der kleine Gott der Welt bleibt stets von gleichem Schlag und ist so wunderlich als wie am ersten Tag.«

»Aber haben wir nicht alles getan, um ihnen ihre Fehlbarkeit aufzuzeigen?«

»Nein, Herr! Ich finde es dort, wie immer, herzlich schlecht. Die Menschen dauern mich in ihren Jammertagen, ich mag sogar die Armen selbst nicht plagen.«

Dorn verstand zu gut, dass seine innere Stimme ihn dazu bringen wollte, die Maßnahmen zu verschärfen. Aber letztendlich war sie auf ihn angewiesen, ja sogar gänzlich hilflos, wenn er ihren Forderungen nicht nachgab.

»Steht es ihm zu, so anmaßend zu sein? Glaubt er etwa, rein theoretisch, er wäre der Herr und nicht das Werkzeug?«

»Grau, teurer Freund, ist alle Theorie, und grün des Lebens goldner Baum.«

Dorn gab auf. Es war zwecklos, sich gegen die Macht des eigenen Geistes aufzulehnen. Es hatte eine Zeit gegeben, da hatte er sich Hilfe geholt, um die existenzielle Sinnkrise, an der er fast zu ersticken drohte, zu überwinden. Zu zweit war es ihnen gelungen, seinen inneren Dämon im Zaum zu halten. Aber in vollkommener Selbstüberschätzung und mit dem Gefühl, ohne diesen Dämonen nur ein halber Mensch zu sein und die großen Geheimnisse des Lebens nie ergründen zu können, hatte er beschlossen, seinem dunklen Begleiter freien Lauf zu lassen. Immer in der Hoffnung, ihn zähmen oder zumindest kontrollieren zu können.

Zunächst war ihm das auch gelungen, aber dann trat Margaret in sein Leben und entfesselte eine Kraft in ihm, bestialisch und unfassbar kreativ zugleich, die er nie zuvor für möglich gehalten hatte. Es hatte ihn förmlich zerrissen. Mit einem Mal war alles möglich geworden, und schier grenzenlose Macht tat sich auf, die aber in zügelloser, unkontrollierbarer Weise auch alles zerstörte, was ihm lieb war. Doch als er das erkannte, war es bereits zu spät. So war die Suche nach Erkenntnis zu seinem eigenen Untergang geworden.

»Es irrt der Mensch, solang er strebt«, hatte sein innerer Dämon den Kern des menschlichen Daseins auf den Punkt gebracht. In seinem eigenen Versagen hatte er einen Wesenszug der gesamten Menschheit erkannt.

Schlotternd und mit klappernden Zähnen löste Dorn den Sicherheitsgurt. Schritt für Schritt stieg er die Wendeltreppe im Turm hinab, eilte vorbei an seinen privaten Gemächern und erreichte einen Korridor, der quer durch den Fels geschlagen worden war und bis zu einer massiven Tür aus Stahl und Blei führte, hinter der gut geschützt im Verborgenen ein Reaktor die Energie für die gesamte Anlage erzeugte. Und genau dort befand sich auch seine Schöpfung. Golem. Oder vielmehr die physische Manifestation von Golem: ein Zylinder aus einem Dutzend Segmenten, so groß wie ein Mensch, dessen filigrane Konstruktion auf keinem Tisch stand, sondern von der Decke hing und deshalb so wirkte, als würde man vor einem Kronleuchter aus unzähligen golden glänzenden Komponenten stehen.

Dorn öffnete die Tür mithilfe eines Augensensors. Wie immer konnte er es kaum erwarten, Golem gegenüberzutreten. Seiner faszinierenden, schillernden Schöpfung, die von allen Seiten gleichmäßig beleuchtet viel mehr einer Skulptur in einem Museum glich als einem gewöhnlichen Computer. Die Elemente für die Steuerung und Kontrolle dieses unvergleichlichen Konstrukts waren hingegen recht profan: eine Tastatur, eine Maus, ein Mikrofon und ein vergleichsweise kleiner Flachbildschirm, aufgereiht auf einem schmucklosen Stehtisch vor einer Panzerglas-Schutzhülle, die die empfindliche Konstruktion vor äußerlichen Einwirkungen schützte. Schon winzige Körnchen Staub oder leichte Temperaturschwankungen würden fatale Auswirkungen auf den mächtigsten Quantencomputer haben, den je ein Mensch erbaut hatte.

Dorn trat vor die Anlage und autorisierte sich mit dem Klang seiner Stimme.

»Golem?«

»Ja, Heinrich? Geht es dir gut?«, entgegnete die Schöpfung mit einem warmen, sanften Timbre aus einem verborgenen Lautsprecher.

»Wieso fragst du mich das, Golem?«

»Ich kann am Klang deiner Stimme hören, dass dich etwas erregt hat.«

Dorn genoss es, wenn Golem menschliche Besorgnis imitierte. Ihm war bewusst, dass nichts davon einer echten Regung entsprang, sondern dass der Computer nur aus einer Vielzahl von variablen Möglichkeiten in seinem Speicher eine Antwort zusammenstellte. Dennoch war ihm die Maschine ein guter Freund geworden. Der einzige, den er noch hatte. Darum nahm er die Selbstüberlistung gerne hin, wenn er mit der Maschine interagierte.

»In der Tat, das hat es. Aber nun geht es mir wieder gut. Und wir haben nachgedacht.«

»Ich bin gespannt zu hören, wie dieses außergewöhnliche Experiment fortgeführt werden soll.«

»Wir denken, es wäre an der Zeit, die Testbedingungen anzupassen und durch eine neue Herausforderung zu ergänzen.«

»Was immer ihr im Sinn habt, sollte es in meiner Macht stehen, helfe ich gerne.«

»Ach, und bevor wir beginnen … Wie weit konntest du die andere Sache in unserem Sinne beeinflussen?«

»Es ist alles zu eurer Zufriedenheit erledigt worden, Heinrich.«

»Danke, Golem, das war mir vor allem persönlich ein sehr wichtiges Anliegen.«

»Ich weiß, Heinrich. Und mir war es eine Freude, dir zu helfen.«

Donnerstag, 10. Oktober 2024

Camille, Seiko & J.F.

Mantes-la-Ville, Frankreich

Camille war vor ihrer üblichen Zeit aufgewacht und starrte an die Decke ihrer Wohnzelle – oder besser gesagt, durch sie hindurch. Nach dem gestrigen Eklat hatte Lamy sie zu sich gerufen und ihr die Wahl gelassen, die CCTF zu verlassen oder sich bei Seiko Itō zu entschuldigen. Doch bereits vor dem Treffen war ihr klar geworden, dass sie zu weit gegangen war. Erstaunlicherweise besaß Lamy die Gabe, die Triebfeder ihres emotionalen Ausbruchs zu erkennen und mit wenigen Worten auf den Punkt zu bringen.

»Das Gefühl der Ohnmacht, nichts tun zu können, während wir scheinbar alle in unser Verderben steuern, manifestiert sich bei Ihnen in unterdrückter Wut. Und zu meinem größten Bedauern entlud sich diese an Madame Itō. Angesichts des enormen Drucks, unter dem wir alle stehen, kann ich das sehr wohl nachvollziehen. Entschuldigen kann ich es aber nicht.«

Sein Vertrauen in sie war erschüttert, und offensichtlich konnte sie es nur durch eine ehrliche und empathische Geste gegenüber der zierlichen Japanerin wiederherstellen. Doch genau das war das Problem. Sie war nie gut darin gewesen, Fehler einzugestehen. Wertvolle Freundschaften waren zerbrochen, weil sie nicht fähig gewesen war, die Scherben, die sie selbst verursacht hatte, wieder zusammenzusetzen.

Am Ende einer langen und unruhigen Nacht stand deshalb die Erkenntnis, dass sie sich übernommen hatte. Dass sie dem Druck der Verantwortung nicht standhalten konnte. Und dass sie heute Lamy um ihre Entlassung bitten würde.

Es klopfte sachte an ihrer Tür. Sie sah zum Wecker neben ihrem Bett. Es war noch nicht mal sechs Uhr.

»Ja?«, rief sie erschöpft.

»Ich bin es, Seiko Itō. Von der Intelligence Division for Economic Security.«

»Einen Augenblick«, erwiderte Camille, raffte sich auf und schlurfte zur Tür. Dabei fiel ihr Blick unfreiwillig auf ihr Spiegelbild. Ungeschminkt und mit zerzausten Haaren erkannte sie sich selbst kaum wieder. Sie hasste es, in diesem Aufzug jemandem gegenüberzutreten. Als sie die Tür öffnete, stand die Japanerin frisch wie ein Pfirsich vor ihr und verbeugte sich.

»Seiko Itō.«

»Ich weiß, wer Sie sind«, stellte Camille fest.

»Es tut mir leid, wenn ich Sie geweckt haben sollte.«

»Haben Sie nicht. Ich hab schon hundert Liegestützen hinter mir und zwanzig Sudokus gelöst.«

»Sie spielen Sudoku?«, stellte Seiko überrascht fest.

Camille verdrehte die Augen, ging zurück in den Container, nahm sich aus dem Kühlschrank, der einer Minibar ähnelte, eine Dose Red Bull und fläzte sich damit auf ihr Bett.

»Also, was haben Sie auf dem Herzen, das nicht bis acht warten kann?«

Seiko zeigte auf den einzigen Stuhl im Raum. »Darf ich?«

Camille breitete die Arme aus. »Fühlen Sie sich wie zu Hause.«

Seiko nahm Platz, wartete dann aber höflich, bis Camille ihre Red-Bull-Dose geöffnet und den ersten Schluck genommen hatte. »Sie hatten gestern recht. Akira hat eine illegale Tat begangen, und ich habe sie vertuscht. Dafür möchte ich mich aufrichtig bei Ihnen entschuldigen.«

Camille hätte sich beinahe verschluckt. Vermutlich ohne es zu merken oder zu beabsichtigen, hatte die Asiatin sie brüskiert und damit ihren bornierten, dummen Stolz entlarvt.

»Aber Akira ist ein guter Mensch, er würde nichts tun, was uns schaden würde. Und ja, er ist mein Freund, aber ich versichere Ihnen, dass dies keinen Einfluss auf mein Urteilsvermögen hat. Ich weiß, wir werden vermutlich niemals beste Freundinnen werden. Aber es würde mir viel bedeuten, wenn Sie meine Entschuldigung annehmen.«

Camille senkte die Dose. Sie spürte eine unangenehme Kälte, als ihr bewusst wurde, dass es keinen Grund gab, Seiko Itō abzulehnen. Stattdessen hegte sie nun eine gewisse Bewunderung für die junge Frau. Ohne ihr inneres Gefühlschaos preiszugeben, nickte sie lediglich.

Seiko Itōs Gesichtszüge entspannten sich, und sie lächelte dankbar. »Aber das war nicht der einzige Grund, warum ich Sie zu so früher Stunde aufgesucht habe.«

»Okay?« Mehr fiel Camille dazu nicht ein.

»Ihnen ist doch sicher auch aufgefallen, dass seit Beginn der Krise ungewöhnlich viele Koryphäen aus der Forschung rund um künstliche Intelligenz verunglückt sind.«

»Ist das so?«

»Ja. Da war der Abschuss des Flugzeugs in München, in dem mein Chef saß, die Ermordung zweier israelischer Forscher in ihrem Ferienort, die Anschläge in Lyon und …«

Ein Klopfen an der Tür unterbrach sie.

»Was wird das hier, eine Zimmerparty um sechs Uhr morgens?«, kommentierte Camille verblüfft.

»Das ist Mr J. F. Ich habe ihm einen Zettel unter der Tür durchgeschoben und ihn gebeten, auch zu kommen«, erklärte Seiko und öffnete ihm.

J. F. trat ein. Er schien bestens gelaunt zu sein und hielt eine Tageszeitung in Händen.

»Guten Morgen, die Damen. Seht mal, ich hab ein Original der *New York Times* von gestern. Könnt ihr euch vorstellen, was die in zehn Jahren mal wert sein wird?«

»Hast du auch Kaffee mitgebracht?«, fragte Camille mürrisch.

»Wie bitte?«

»Ich lese die *Times* morgens nur mit Kaffee und einer Zigarette.«

J. F. lachte. »Wunderbar. Ich schätze Menschen, die zu ihren Lastern stehen. Aber jetzt mal im Ernst. Von all den Schreckensmeldungen in diesem Blatt ist mir eine besonders aufgefallen. Gestern wurden im Silicon Valley gleich vier führende KI-Unternehmen in Brand gesteckt. Was sagt ihr dazu?«

Sofort schaltete sich Seiko wieder ein. »Sehen Sie? Kein Zufall.«

Camille wurde hellhörig, nahm J. F. die Zeitung aus der Hand und las den Artikel.

Seiko wandte sich an J. F.: »Die israelischen Forscher, mit denen du zusammengearbeitet hast – was genau war das für ein Projekt?«

Doch statt zu antworten, starrte J. F. nur auf die Red-Bull-Dose in Camilles Hand. »Wo hast du die her?«

Camille sah kurz hoch, dann zeigte sie auf ihren Kühlschrank.

»Von so einer grauhaarigen Frau aus dem Security-Team. Sie schmuggelt mir jeden Tag ein paar davon aufs Gelände. Bedien dich.«

J. F. nahm sich eine Dose, ließ sich auf Camilles Bett fallen und trank sie in einem Zug leer, dann strahlte er übers ganze Gesicht.

»Was sagtest du, Seiko?«

»Die Israelis und du … Woran habt ihr gearbeitet?«

»Im Prinzip genau an dem, was wir gerade erleben. Wir hatten die Idee, bei künftigen Konflikten nicht mit Waffen zu antworten, sondern die Kommunikationskanäle des Gegners unbrauchbar zu machen.«

»Frau Milloz, hören Sie das …«, setzte Seiko an, wurde aber von J. F. unterbrochen.

»Hört mal, ihr beiden, wäre es nicht mal angebracht, wenn ihr euch duzen würdet?«

Skeptisch blickten die beiden Frauen ihn an.

»Na, ich meine ja nur … Vielleicht ist das so ein deutsch-japanisches Ding?«

Camille dachte kurz darüber nach, ob sie schon so weit war. Minuten zuvor hätte sie es rundweg abgelehnt. Aber nun?

»Okay, dann eben ganz traditionell. Wer von euch beiden ist die Ältere? Die sollte der Jüngeren das Du anbieten, oder?«

»Ganz dünnes Eis, J. F.«, entgegnete Camille und zog eine Augenbraue hoch, da hielt ihr Seiko bereits die Hand entgegen.

»Verehrte Camille Milloz, ich bin Seiko.«

Camille zögerte, erntete aber dafür einen kritischen Blick von J. F., woraufhin sie mit festem Druck Seikos Hand schüttelte.

»Und ich bin Camille. Aber das wusstest du ja bereits.«

»Ja, genau«, erwiderte Seiko und setzte sich wieder.

»Also, was sagst du zu dem Artikel und unserem Verdacht?«

Camille überflog die Meldung über die Brandanschläge und gab J. F. die Zeitung zurück.

»Ich verstehe schon, auf was ihr hinauswollt. Ihr denkt, der Erfinder von Golem ist den Israelis und dir nicht zuvorgekommen, sondern er hat eure Idee gestohlen. Und jetzt ist er dabei, alle Experten und Einrichtungen nach und nach aus dem Weg zu räumen, damit ihm niemand mehr in sein Handwerk pfuschen kann.«

»Ockhams Rasiermesser, oder?«, entgegnete J. F. und erntete nur Stille. »Nie gehört?«

Seiko schüttelte den Kopf. Camille sah J. F. skeptisch an.

»So nennt sich ein Forschungsprinzip aus der Scholastik. Es besagt, wenn es mehrere mögliche Erklärungen für ein und denselben Sachverhalt gibt, ist die einfachste Theorie allen anderen vorzuziehen, oder?«

Camille kniff die Augen zusammen.

»Sag noch einmal ›oder‹, und ich kleb dir den Mund zu«, warnte sie ihn trocken. Seiko kicherte hinter vorgehaltener Hand, während Camille fortfuhr: »Also gut, ich spiel euer Spiel mit. Aber dann erklärt mir, was uns diese Erkenntnis bringen soll.«

Seiko wandte sich erneut an J. F.: »Euer Projekt, das hatte zwar noch keine Geheimdiensteinstufung, aber geheim war es sicher trotzdem.«

J. F. nickte.

»Und sicher gab es NDAs, die alle Beteiligten zum Stillschweigen verpflichteten, korrekt?«

»Das ist üblich so«, bestätigte J. F.

»Und vermutlich warst du nicht der einzige Experte, der diesem Team angehörte. Aus eigener Erfahrung würde ich sagen, dass bei einem so weitreichenden strategischen Konzept, das noch dazu dem israelischen Geheimdienst präsentiert werden sollte, ein Dutzend Mitarbeiter oder mehr involviert sein müssten. War das so?«

J. F. nestelte an seinem Bart. »Es waren tatsächlich mehr. Es gab eine Datenbank mit sechsundvierzig Teammitgliedern und allen Hintergrundinfos zu jedem einzelnen von ihnen.«

»Eine Datenbank? Und du bist dir sicher, dass es genau sechsundvierzig Einträge waren?«

»Bin ich.«

»Was, wenn unser gesuchter Mann Teil dieses Teams war?«, spekulierte Seiko.

»Durchaus denkbar. Das würde die Ähnlichkeit unserer Strategie mit dem Angriff erklären.«

»Und hattest du Kontakt mit den anderen Teammitgliedern? Gab es vielleicht Telkos, Zoom-Meetings oder vielleicht sogar persönliche Treffen?«

»Nein. Kein einziges Mal.«

»Und diese Datenbank – hast du darauf noch Zugriff?«

Camille fuhr dazwischen. »Ganz genau, der ausgebuffteste Coder, den man sich nur vorstellen kann, verwischt all seine Spuren, aber hey … eine Datenbank auf J. F.s Laptop oder in seiner Cloud bleibt unberührt?«

»Kann doch sein?«, widersprach Seiko.

»Langsam wird es mir ein bisschen viel ›kann doch sein‹.«

Seiko wandte sich wieder J. F. zu. »Und, gibt es die Datenbank noch?«

J. F. schüttelte den Kopf. »Es ist, wie Camille schon vermutet hat. Alle Aufzeichnungen, alle Mails, einfach alles, was mit diesem Projekt zu tun hatte, war eines Tages ausradiert. Gelöscht, als hätte das ganze Konzept nie existiert. Nicht mal auf ausgelagerten Backups war auch nur ein einziges Byte zu finden.«

Camille seufzte. »Dann sind wir jetzt so schlau wie am Anfang. Nur mit dem Unterschied, dass ihr mich um meinen Schlaf gebracht habt.«

»Nicht ganz. Dass die Daten für das gesamte Projekt eliminiert wurden, ist zumindest ein klarer Hinweis darauf, dass wir vermutlich richtigliegen«, resümierte Seiko.

»Na wunderbar, dann sagt mir Bescheid, wenn sich J. F. an die ganzen Namen erinnert hat, und gebt mir die Liste.«

J. F. schmunzelte.

»Kannst du sofort haben«, sagte er.

»Was kann ich sofort haben?«, fragte Camille ungläubig.

»Die Liste. Die sechsundvierzig Namen. Gib mir ein Blatt Papier, und ich schreibe sie dir alle auf.«

»Du willst sagen, du hast dir alle … wie viele waren es …«

»Sechsundvierzig. Dreiundvierzig, wenn man mich und die beiden ermordeten Israelis Chaim Aizik und Elon Giladi abzieht.«

»Du scherzt, oder?«, hakte Camille skeptisch nach.

»Nein, wieso sollte ich das tun?«, entgegnete J. F. nüchtern.

Seiko strahlte über das ganze Gesicht.

»J. F. verfügt über ein eidetisches Gedächtnis, er vergisst so gut wie nichts.«

J. F. lächelte verlegen und wurde dabei fast ein wenig rot.

Jill & Stan

Es war bereits kurz vor Mittag, als Jill und Coffey im Fahrstuhl zur Chefredaktion der *New York Times* standen. Die beiden sprachen kaum ein Wort miteinander und ließen stattdessen den gestrigen Tag vor ihrem geistigen Auge Revue passieren. Sie hatten nicht nur die Verteilung der Sonderausgabe koordiniert und für Nachschub gesorgt, sondern auch viele der Newsies bei der Ausgabe der Zeitungen besucht, um ihnen persönlich zu danken. Jill hatte dabei mit ihrer alten Leica M3 Schwarz-Weiß-Bilder gemacht. Sie besaß die Kamera schon seit den Siebzigerjahren und zweifelte schwer daran, dass ein neuer Digitalapparat jemals eine solche Lebenszeit erreichen würde.

Nun standen beide erschöpft, aber auch voll seliger Genugtuung, im Aufzug, um an diesem späten Vormittag mit ihren Kollegen die gestrige Sonderausgabe ein wenig zu feiern und auf die nächste anzustoßen. Was Tage zuvor von Bedenkenträgern als absurd und unmöglich geschmäht wurde, hatte am Ende durch echtes Teamwork zum Erfolg geführt. Hunderte Redaktionen würden nun weltweit dem Beispiel der *New York Times* folgen. Jill war völlig berauscht von der Vorstellung, dass in den nächsten Tagen bedrucktes Papier mit echten Nachrichten zahlreichen Menschen Hoffnung auf einen Neuanfang machen würde. Doch ihre Euphorie zerplatzte wie eine Seifenblase, als sie aus dem Fahrstuhl traten.

Statt euphorischem Jubel erwarteten sie nur verdrossene Gesichter mit hängenden Mundwinkeln und düsteren Blicken.

»Was ist passiert?«, fragte sie einen jungen Mann, der an einer elektrischen Schreibmaschine saß und laut klackernd einen Text abtippte. »Taiwan?«, mutmaßte Jill. Der Mann nahm die Finger von der Tastatur, und das laute Klacken verstummte.

»Nicht Taiwan. Die Invasion hat sich wohl von selbst erledigt. Wir haben Dutzende Hinweise, dass in China ein Bürgerkrieg ausgebrochen ist. Xi Jinping wurde vermutlich gestürzt, das ist aber nicht bestätigt. Die 7. US-Flotte hat Taiwan inzwischen erreicht, und laut deren Meldung ist die Lage auf der Insel unter Kontrolle.«

»Was ist es dann, wenn nicht Taiwan?«

»Die Wall Street.« Der Mann zeigte auf den gläsernen Besprechungsraum der Chefredaktion, in dem eifrig gestikuliert und diskutiert wurde.

»Gehen Sie nur«, forderte Coffey sie auf.

Jill durchquerte mit schnellen Schritten das Großraumbüro und platzte in die Konferenz.

»Kann mich bitte mal einer aufklären, was los ist?«, forderte sie forsch, und alle verstummten.

»Hey, Jill«, begrüßte sie Stan Abramson, statt auf ihre Frage zu antworten.

»Stan, rück schon raus mit der Sprache. Es steht heute Nachmittag sowieso in der Zeitung«, erwiderte Jill so trocken, dass keiner der Anwesenden wusste, ob sie gescherzt hatte.

»Die Finanzmärkte haben seit Beginn der Katastrophe extrem nachgegeben, aber heute sind sie kurz nach der Börsenöffnung kollabiert. Auslöser war der Kurs der Bitcoins, der zu Börsenbeginn noch bei 47 500 Dollar lag. Nur eine halbe Stunde später ist er auf seinen Ursprungswert von 2009 gefallen.«

»Auf einen Dollar?«

Stan nickte.

»In Zahlen sind das eine Billion und vierhundert Milliarden Dollar, die sich soeben in Luft aufgelöst haben.«

»Könnte das manipuliert worden sein?«

Stan zuckte mit den Schultern.

»So genau kann das im Augenblick niemand sagen, aber es spricht vieles dafür. Das ist aber nicht alles. Der Großbrand in Silicon Valley und der Crash der Bitcoins haben auch den Nasdaq-Index kollabieren lassen. Fast alle Technologieaktien sind ins Bodenlose gefallen, und vermutlich ist das nur der Anfang. So, wie es jetzt aussieht, werden die Börsen in Europa und Asien erst gar nicht öffnen. Die Experten sind … ratlos. Ich meine, nicht ge schockt wie 2008 bei der Lehman-Brothers-Pleite. Sie sind abso-lut hilflos. Und wie immer, wenn Banker hilflos sind, fangen sie an, schlechte Entscheidungen zu treffen, um zu retten, was zu retten ist. In der Regel mit fatalen Folgen. So haben einige der großen Banken vor wenigen Stunden beschlossen, den elektroni-schen Zahlungsverkehr einzufrieren. Ich bin skeptisch, ob das irgendetwas bringen wird, aber ich hätte auch keine Lösung. Das Einzige, worüber sich im Augenblick alle einig sind, ist, dass das, was da auf den Bildschirmen steht, nicht stimmen kann.«

Jill wurde schwindelig. Maria Jose, eine bunt tätowierte Frau, griff ihr unter die Arme und half ihr, sich auf einen Stuhl zu setzen.

»Geht es Ihnen gut? Jill, alles in Ordnung?«, fragte Stan besorgt.

»War heute vielleicht ein bisschen zu viel für meine alten Kno-chen. Nichts ist in Ordnung. Wenn ich das höre, könnte ich mich übergeben.«

Maria Jose meldete sich zu Wort. »Die EZB hat immer vor einem Totalausfall der Bitcoins gewarnt. Wie hießen die beiden EZB-Blogger noch gleich, die genau dieses Szenario erst vor weni-gen Monaten vorhergesagt haben?«

»Du meinst Bindseil und Schaaf?«, half Gary Lindner aus, der leitende Redakteur des Ressorts Finanzen und Wirtschaft.

»Danke, Gary, genau die. Sie nannten das Ganze eine ›spekula-tive Blase‹ oder auch ›die Währung des Verbrechens‹. Weil damit Terrorismus finanziert, Geldwäsche betrieben und illegale Trans-aktionen ermöglicht werden. Aber keiner hat etwas dagegen un-ternommen. Das ist doch blanker Wahnsinn …«

Jill nahm Marias Arm und drückte ihn fürsorglich. Die Frau verstummte, aber ihr Brustkorb bebte und ihr Atem raste wie nach einem Hundert-Meter-Sprint. Jill ergriff wieder das Wort: »Gary, was bedeutet das jetzt? Wie schlimm ist es?«

Gary Lindner nestelte an seinem Hemdkragen, bis er den obersten Knopf geöffnet hatte.

»Alles, was wir bisher im Finanzsektor erlebt haben, war dagegen nur ein Sturm im Wasserglas.«

»Gary, bitte spar dir die Vergleiche. Ich will wissen, womit wir jetzt zu rechnen haben. Am besten für einen Finanzlaien wie mich in ganz einfachen Worten.«

»Ich weiß nicht, ob ich der Richtige dafür bin, eine Prognose abzugeben. Ich neige ja immer eher dazu, pessimistisch zu sein.«

»Und damit lagst du leider fast immer richtig«, ermutigte ihn Stan.

Auf Garys Stirn bildete sich ein feiner glänzender Schweißfilm. »Worst Case?«, fragte er.

Stan nickte. »Worst Case.«

»Wird euch nicht gefallen«, warnte Gary noch einmal.

»Mir gefällt so einiges nicht an dieser schönen neuen Welt«, erwiderte Jill zynisch.

Gary schien nach den richtigen Worten zu suchen, dann legte er beide Handflächen mit gespreizten Fingern auf den Tisch. »Ich gehe davon aus, dass wir eine Hyperinflation erleben werden. Die Währungen werden dramatisch an Wert verlieren. Vielleicht vergleichbar mit der Hyperinflation im Deutschen Reich zwischen 1919 und 1923, da erreichte die Inflationsrate nach vier Jahren 29 500 Prozent. Das dauerte aber nur so lange, weil der Großteil des Zahlungsverkehrs damals mit Bargeld abgewickelt wurde und die Deutsche Reichsbank kontinuierlich große Mengen an Geldscheinen nachdruckte und so die Inflation verlangsamte. Bis es dann 1923 zum endgültigen Kollaps des gesamten Systems kam.«

Gary atmete tief durch, fuhr sich durch die Haare und ergänzte schließlich: »Diesmal wird das Ende aber schneller kommen.«

»Okay, Gary, von welchem Zeitraum sprechen wir denn?«, fragte Stan.

»Wir leben in einer digitalen Welt, da geht alles sehr viel schneller.«

»Wie schnell?«, hakte Jill nach.

»Vielleicht eine Woche, vielleicht auch nur ein oder zwei Tage.«

Ein Schock ging durch die Reihen. Manche stöhnten auf und hielten sich dabei eine Hand vor den Mund.

»Und dann ist unser Geld nichts mehr wert«, brachte Maria Jose es auf den Punkt.

»Hört mal, vielleicht irre ich mich auch. Ich hab euch gesagt, dass ich in solchen Sachen nicht wirklich gut bin«, stammelte Gary, aber die Worte ließen sich nicht mehr zurücknehmen. Sie hatten längst ihre beängstigende Wirkung auf die Anwesenden entfaltet. Männer und Frauen stürzten aus dem Meetingraum, und innerhalb weniger Minuten hatte sich die schlechte Nachricht auch in den anderen Büros verbreitet, bis die gesamte Etage fast leer war. Nur noch Jill, Coffey, Stan und Gary, der die Stirn auf die Tischplatte gelegt hatte, waren zurückgeblieben. Jill hatte das Gefühl, als wäre ihr sorgsam aufgebautes Kartenhaus soeben zusammengekracht.

»Und jetzt?«, fragte Coffey.

»Und jetzt? Sie sollten zu Ihrer Familie gehen und zusehen, dass Sie für Ihr Geld noch etwas bekommen. Ich sag es nicht gern, weil ich nicht dazu neige, in Panik zu verfallen, aber das Sinnvollste wird sein, sich mit Lebensmitteln einzudecken. So viel Sie können.«

»Und Sie?«

»Ich weiß nicht, Coffey. Ich werde nach Hause gehen und auf ein Wunder hoffen.«

Valentine & Margaret

Dublin, Republik Irland

Farbig schimmerndes Licht fiel durch die Bleiglasfenster der Kirche direkt auf die Seiten von Maggies Tagebuch, deren Inhalt Valentine in der ersten Bankreihe vor dem Altar kniend in sich aufnahm.

Die Verletzungen des Priesters beschränkten sich auf Prellungen und eine kleine Platzwunde am Hinterkopf. Valentine hatte ihm die Stelle unter seinem ständigen Gejammer und Gestöhne kahl geschoren und mit Gewebeband verarztet. Mit demselben Band hatte er auch seinen gebrochenen kleinen Finger fest an den Ringfinger gewickelt, um ihn zu stützen. Dann hatte er den Priester in das fensterlose Badezimmer seiner Gemächer eingesperrt. Inzwischen verschwendete er keinen einzigen Gedanken mehr an ihn, sondern war tief versunken in die Tagebucheinträge seiner Schwester, deren Schrift mit jeder Seite schwerer lesbar wurde. Immer wieder blieb er an Stellen hängen, an denen sich Wörter in verwaschene blaue Tupfen aufgelöst hatten. Tränen für die Ewigkeit, die nun beim Lesen mit seinen verschmolzen.

Je tiefer er in ihre Gedanken eintauchte, desto stärker gewann er das Gefühl, die Zeilen richteten sich direkt an ihn – mit einem sanften Tonfall, der so gar nicht zu Maggie passte. Doch in der stillen Andacht der Kirche begannen seine Erinnerungen zu verschwimmen, und für einen Moment schien es ihm, als würde Maggie direkt neben ihm sitzen, seine Hand halten und ihm alles erzählen.

Als ich Heinrich zum ersten Mal traf – damals bei diesem Empfang nach unserem Konzert in London –, war mir sofort klar, dass die Gönner von McNamaras Konzerten nicht auf Kunst aus waren, sondern einzig und allein auf unsere Körper. Heinrich war der einzige Mann, der mich nicht mit gierigen Blicken auszog. Im Gegenteil, er schirmte mich vor all den Männern in teuren Anzügen und Lederschuhen ab, die nur auf Sex aus waren.

Heinrich brachte mich danach sicher ins Hotel. Zum Abschied schenkte er mir sein Einstecktuch mit seinem Monogramm.

Ich gebe zu, in den Tagen nach meiner Rückkehr dachte ich ununterbrochen an den Doktor. Sein weißes Tuch trug ich ständig bei mir. Sicher, es war eine dumme Schwärmerei, war er doch ein Mann von Welt und viel älter als ich.

Doch dann traf ich ihn wieder. Bei einer Sonntagspredigt in unserer Kirche – völlig unerwartet. Aber war das ein Zufall? Ich war gleichermaßen überwältigt und erschrocken, denn es lag nahe, dass der Priester selbst, aus durchsichtigen und sicher nicht ehrenwerten Gründen, seine Finger im Spiel hatte. Aber letztendlich war mir das egal. Mein Herz schlug so heftig, dass ich dem Priester insgeheim sogar dankbar war.

Von diesem Tag an begegnete ich dem Doktor überall, beim Einkaufen, bei den Chorproben, sogar beim Spaziergang mit Mutter. Immer hatte er kleine Geschenke für mich, fand süße Worte oder berührte mich beiläufig. Jede dieser Berührungen jagte mir einen Schauer durch den Körper und ließ mich an Dinge denken, an die ich nicht denken durfte.

Valentine blickte auf ein Foto, das auf einer Seite klebte. Es zeigte Maggie zusammen mit einem älteren Mann, der ein gütiges, warmes Lächeln hatte. Um ihre beiden Köpfe war ein großes Herz gemalt. Vermutlich war das Heinrich Dorn. Der Anblick war unerträglich, und so zerriss Valentine das Bild in der Mitte und bewahrte die beiden Hälften in getrennten Taschen auf. Dann klappte er das Buch zu und stahl sich nachdenklich aus der Kirche, um den Priester in dessen Privatgemächern aufzusuchen. McNamara kauerte am Boden, als Valentine eintrat und sich neben ihn auf die Toilette setzte. Das Reden fiel ihm schwer; seine Zunge blutete nicht mehr, war aber immer noch stark geschwollen und bereitete ihm brennende Schmerzen, weshalb er leise und langsam sprach.

»McNamara, als Sie die Weihe empfingen und die Ordination Sie zum Träger eines geistlichen Amts machte, zum Priester, haben Sie da bereits geahnt, dass Sie diese Bürde mit Füßen treten würden?«

Der Priester schüttelte den Kopf und begann zu weinen. Blanke Furcht stand ihm ins Gesicht geschrieben. Sanft strich Valentine ihm mit der flachen Hand über die verschwitzten Haare, sorgsam darauf bedacht, die kahl geschorene Stelle nicht zu berühren.

»Glaubst du an Gott, McNamara, an Himmel und Hölle … an das Jüngste Gericht?«

Verängstigt wand sich der Priester am Boden, um der Berührung durch Valentines Hand zu entgehen, und sah ihn an.

»Was hast du vor, O'Brien? Was willst du mir antun?«

»Ich werde dir nichts mehr antun, McNamara. Ich glaube, du hast dir selbst genug angetan – und ich weiß aus eigener Erfahrung, wie sich das anfühlt. Es ist ein Schmerz, der einen niemals loslässt. Ich glaube allerdings nicht an Gott oder ein Jüngstes Gericht, das mich nach meinem Tod all meine Sünden büßen lässt. Deshalb meine Frage, aufrichtig und ohne Hintergedanken: Tust du es?«

Der Priester schien nachzudenken. »Ich bin kein guter Mensch, O'Brien. Aber es waren nur Neid und Habgier, die mich zu diesen Dingen getrieben haben. Meinen Glauben habe ich niemals verraten.«

»Ich glaube dir, McNamara, auch wenn ich dir nicht verzeihen kann, was du den Mädchen angetan hast. Aber darüber zu richten, liegt nicht in meiner Hand. Vielmehr will ich mit dir einen Handel eingehen, in dem du deine vollständige Aufrichtigkeit beweist. Nicht vor mir, sondern vor Gott. Hier in dieser Kirche, auf heiligem Boden. Und dann werde ich dich gehen lassen, damit du bei einem Priester deine Beichte ablegen kannst und eine zweite Chance erhältst.«

Zu McNamaras vollkommener Verblüffung befreite Valentine ihn daraufhin von seinen Fesseln und forderte ihn auf, ihm in die Kirche zu folgen, bis sie gemeinsam vor dem Altar standen. Übergroß blickte Jesus Christus vom Heiligen Kreuz auf sie herab. Dann kniete sich Valentine auf den kalten Steinboden, und McNamara folgte seinem Beispiel.

»McNamara, nun erzähl alles über diesen Dr. Dorn und wie es wirklich dazu kam, dass er meine Schwester traf und die beiden ein so ungleiches Paar wurden.«

Der Priester wandte sich von Valentine ab, blickte hoch zu Jesus und bekreuzigte sich, dann drehte er sich wieder zu Valentine und begann mit zittriger Stimme seine Beichte.

»Dorn war auf Empfehlung eines wohlhabenden Kunden auf diesem Empfang, damals in London, als auch Margaret in diesen Kreis eingeführt wurde. Ich hatte nie zuvor von ihm gehört, aber sein Leumund schwärmte in höchsten Tönen von ihm – und von seinem Reichtum. Als ich ihm zum ersten Mal begegnete, war ich erstaunt über sein Aussehen. Man hatte mir gesagt, er sei Mitte sechzig, aber er sah mindestens zwanzig Jahre jünger aus. Ich mache mir normalerweise nichts aus dem Aussehen meiner Kunden, aber ich weiß noch genau, dass ich mir dachte, nie zuvor einen auch nur annähernd so exzellenten chirurgischen Eingriff gesehen zu haben wie bei Dorn. Jedenfalls hatte er an diesem Abend mit vielen Mädchen geflirtet, Unmengen von Champagner getrunken und zur Erheiterung aller Gedichte rezitiert, geistreich, aber auch frivol – und das äußerst unterhaltsam –, bis eben Maggie auftauchte. Von da an war es um den Doktor geschehen. Er hatte nur noch Augen für sie und benahm sich wie ein liebestoller Jüngling. Ich glaube, ihr gefiel das, auch wenn sie sich äußerst unwohl fühlte. Dann fuhr er sie zurück ins Hotel – und wie er mir später glaubhaft versicherte, ohne sie bedrängt zu haben.«

McNamara verlagerte das Gewicht, offenbar um seine schmerzenden Knie zu entlasten. Auch Valentine machte der harte, kalte Steinboden langsam zu schaffen.

»Als wir alle zurück waren, hat Margaret mit mir gebrochen und sprach kein Wort mehr mit mir. Ich hatte furchtbare Angst, sie könnte meinen kleinen Nebenerwerb der Polizei melden oder zumindest ihrer Mutter davon erzählen. Stattdessen erschien sie weiterhin regelmäßig zu den Chorproben und behielt dieses Geheimnis für sich. Da tauchte Dorn eines Tages überraschend in Bray auf. Noch immer schien er besessen davon zu sein, Maggie für sich gewinnen zu wollen. Ich erklärte ihm, dass ich ihm aus besagten Gründen nicht helfen könne, auch wenn sein Angebot sehr verlockend war. Stattdessen empfahl ich ihm, Marthe darum zu bitten. Marthe war damals wild entschlossen, Irland zu verlassen, um für immer nach London zu gehen, aber ihr fehlte das Geld – und so trat sie in Dorns Dienste. Sie gingen sehr raffiniert vor; ich weiß es, weil sie ihre konspirativen Treffen immer in meiner Sakristei abhielten und ich jedes Wort im Nebenraum hören konnte. Und ich schäme mich dafür.

Nach dem Tod deiner Mutter habe ich Dorn und Margaret nie wiedergesehen. Und Marthe war nur ein Jahr in London, dann tauchte sie in Dublin wieder auf. Ich vermittelte sie an Mrs Higgins, die außer dem Hotel noch einen exklusiven Escort-Service führt. Aber die hast du ja bereits selbst kennengelernt. Das ist alles, was ich weiß. Und ich schwöre bei Gott, es ist die reine Wahrheit.«

Valentine stand auf und wandte sich von McNamara ab, der regungslos hinter ihm verharrte.

»Was wirst du jetzt tun, O'Brien?«, fragte ihn der Priester, vermutlich in der Hoffnung, Valentine würde nun für immer aus seinem Leben verschwinden. Erstaunlicherweise war es genau dieselbe Frage, die er sich selbst stellte, wenn auch aus anderen Beweggründen.

Was wirst du jetzt tun, Valentine?

Er hatte das Gefühl, das Ende einer Sackgasse erreicht zu haben. Aber noch mehr spürte er plötzlich, dass sein Verlangen, die Wahrheit aufzudecken, von der Vorstellung verdrängt wurde, dass Margaret ein glückliches Leben führte. Er stellte sich vor, wie sie vor einem noblen Cottage, das sich irgendwo an einer hügeligen Küste in Cornwall befand, hinausblickte auf das Meer, während ihre Kinder im hohen Gras tollten und Heinrich sie liebevoll in den Arm nahm. Die Illusion half ihm, über die bittere Einsicht hinwegzukommen, Margaret vermutlich nie wiederzusehen. Und vielleicht war diese Vorstellung versöhnlicher und weniger schmerzvoll, als die Wahrheit zu kennen.

»Ich werde nach Hause gehen«, antwortete er dem Priester – auch wenn er in diesem Moment keine genaue Vorstellung davon hatte, wo sein Zuhause eigentlich war.

Eine steife Herbstbrise schlug Valentine auf dem Vorplatz der Kirche entgegen – derselben Kirche, die er als Kind so sehr gefürchtet hatte. Doch das lag nun hinter ihm, genau wie das steinerne Gemäuer, an das er nie wieder einen Gedanken verschwenden würde. Das Vernünftigste wäre vermutlich, nach London zurückzukehren, in sein Apartment und zu seinen Kollegen beim Metropolitan Police Service. Irgendwie würde er sich schon dahin durchschlagen. Vielleicht gab es in Rosslare tatsächlich noch Fähren, die nach Pembroke fuhren, wie Scott behauptet hatte. Oder sollte er unvernünftig sein und versuchen, nach Frankreich zu gelangen, um Milo wiederzusehen? Gerade als er die zweite Idee als Dummheit verwarf, tauchte ein Polizeiwagen der Garda auf und hielt direkt neben ihm an. Ronnie Costello stellte den Motor ab und stieg aus.

»Ronnie?«, begrüßte Valentine ihn ungläubig.

»Valentine«, entgegnete dieser freudig, ging auf ihn zu und schüttelte mit festem Druck seine Hand.

Ronnie zeigte auf sein geschwollenes Gesicht. »Hey … Was ist mit deinem Mund? Das sieht nicht gut aus.«

»Fühle mich auch beschissen. Was machst du hier?«

»Ich bin auf dem Rückweg von Arklow, da ist ein gewisser Scott Wood in eine Polizeikontrolle geraten und hat sich als Detective Valentine O'Brien ausgegeben – und zwar mit deiner Marke.«

Erschrocken tastete Valentine seine Taschen ab. Tatsächlich, der Typ musste ihn bestohlen haben.

»Hier«, sagte Ronnie und hielt ihm sein Portemonnaie entgegen. »Dein Ausweis, Kreditkarten, Geld und deine Marke. Alles da. Als er aufgeflogen ist, rückte er mit der Sprache raus, dass er dich als Anhalter mitgenommen und hier abgesetzt hat. That's it.«

Valentine nahm das Portemonnaie entgegen und steckte es ein. »Ohne das Teil wäre ich vollkommen aufgeschmissen. Und pleite.«

»Pleite sind wir jetzt alle, Valentine. Für dein Bargeld bekommst du praktisch nichts mehr, und die Kreditkarten sind gesperrt. Es heißt, die Regierung wird Lebensmittelkarten ausgeben und die Verteilung der Waren direkt steuern. Keine Ahnung, wie das funktionieren soll, aber im Krieg hat das wohl auch geklappt. Trotzdem alles Scheiße, oder?«

Valentine war sprachlos. Die Frage, ob er nach England oder Frankreich übersetzen sollte, stellte sich jetzt nicht mehr.

»Hast du hier gefunden, wonach du gesucht hast?«, fragte ihn Ronnie.

»Ich hab jede Menge gefunden, Ronnie, nur nicht die Antworten auf die eigentlichen Fragen.«

»Also weißt du nach wie vor nicht, was aus deiner Schwester geworden ist?«

Valentine schüttelte den Kopf. »Und ganz ehrlich, ich bin müde, Ronnie. Ich weiß nicht mal mehr, warum ich überhaupt nach Margaret suche. Ich hab sie in Erinnerung als kleines Mädchen. Ich weiß nichts über sie. Eigentlich ist sie eine Fremde für mich – und ich bin wahrscheinlich auch ein Fremder für sie.«

Einen stillen Moment lang standen die beiden nur da, während Valentine in die Ferne blickte. Dann legte Ronnie die Hand auf seinen Arm. »Ich nehm dich jetzt mit zu mir, okay?«

Valentine nickte und war dankbar für dieses Angebot. Sie stiegen in den Dienstwagen, der nach Schweiß und saurer Milch roch.

»Sag nichts, ist nicht meiner«, erklärte Ronnie und fuhr los. »Normalerweise haben wir für die Reinigung einen eigenen Service, aber im Augenblick läuft gar nichts. Eigentlich sollte ich alle Kollegen zusammentrommeln, die seit Tagen nicht zum Dienst erschienen sind, aber das ist sinnlos. Die hauen mir nur die Tür vor der Nase zu, weil sie zu Hause bei ihren Familien bleiben wollen. Ganz ehrlich, ich versteh's.«

»Und du?«, hielt Valentine nach.

»Ich glaube, mein Hund kommt ganz gut ohne mich zurecht«, erwiderte Ronnie und lachte. Aber Valentine war nicht zum Lachen zumute. Stattdessen blickte er nur stumm aus dem Fenster.

»Deine Sachen aus dem Hotel liegen übrigens bei mir im Kofferraum. Hat mir eine Mrs Higgins in die Hand gedrückt, als ich nach dir fragte. Ach, da fällt mir ein, ich hab noch was für dich.«

Er beugte sich vor, zog ein zusammengerolltes Papier aus dem Handschuhfach und drückte es Valentine in die Hand. Es war ein Telex.

Die Antwort von Camille, schoss es ihm durch den Kopf. Nervös entrollte er das Papier.

```
10.10.2024. 11:04
✠
957730-1 ske d
nachricht von ephk c-milloz an supt
v-o-brien.
aufgrund der brisanz ihrer anfrage habe ich
alle verfügbaren kontakte um unterstützung
gebeten. durch die eingeschränkten zugriffs-
möglichkeiten sind die auswertungen aber
sehr dürftig und konnten auch nicht veri-
fiziert werden. bitte berücksichtigen sie
das bei der beurteilung.
```

aktuell leben 9 personen mit dem namen heinrich Dorn in der eu. 7 davon sind deutsche
staatsbürger. 3 davon besitzen einen akade-
mischen bildungsgrad, aber nur zwei haben
promoviert. einer erst vor kurzem im alter
von 31, der zweite 1983, und dieser ist jetzt
72 jahre alt. das könnte die person sein,
nach der sie suchen. aufgewachsen in frankfurt am main, vater jurist, zeitweise präsident des oberlandesgerichts in frankfurt.
lebte ab 1990 in weimar und zog 2015 nach
london. den dortigen wohnsitz gab er 2023
auf, seitdem ist sein verbleib nicht
registriert.
bzgl. zweiter anfrage, margaret-o-brien,
geboren 24.8.2002 in laragh, republik irland.
hier liegen uns keine erkenntnisse vor – auch
kein eintrag über ein ableben der person.
mfg C.Milloz
ps: bitte setzen sie mich laufend über ihre
ermittlungen in kenntnis.
+++
✠
957730-1 ske d
4839918 ighft g

Noch während er die Zeilen las, sah er Camille vor sich, wie sie
angestrengt die Stirn in Falten legte um die Nachricht dienstlich
klingen zu lassen. Vermutlich hatte sie für diese rein privaten
Nachforschungen offizielle Kanäle bemüht, was sicher nicht erlaubt war. Und doch hatte sie es getan. Für einen Augenblick erinnerte er sich an eine Episode mit Camille im Hyde Park während
des Studiums. Fuchtelnd hatte er beim Picknick eine Wespe ver-
scheuchen wollen und war letztlich in Deckung vor dem Biest ge-

gangen, als es ihn attackierte. Camille hatte das Insekt daraufhin unerschrocken mit bloßen Händen erschlagen und gelacht.

»Du musst nur schnell genug sein, dann können sie dich nicht stechen.«

Dieses furchtlose und immer konsequente Agieren war ein Wesenszug von ihr, den er im selben Maße bewunderte wie auch fürchtete. Womöglich kaschierte diese Eigenschaft auch ihre Unfähigkeit, ihre Gefühle zu zeigen. In der kurzen, aber intensiven Zeit, in der sie ein Paar waren, gab es nur einen Moment, in dem er gespürt hatte, dass Camille ihr wahres Ich vor ihm entblößte, verletzlich, voller Zweifel und Ängste. An dem Tag, als er ihre Beziehung beendete und sie verließ.

Darum fiel es ihm auch nicht schwer, das Postskriptum am Ende der Nachricht richtig zu interpretieren. Es bedeutete nicht weniger, als dass sie sich große Sorgen um ihn machte und ihn vermisste.

»Und, was steht drin?«, wollte Ronnie wissen, als Valentine das Telex wieder zusammenrollte.

»Kennst du das, wenn du über verpasste Gelegenheiten nachdenkst und dir wünschst, du könntest die Zeit zurückdrehen?«

»Na klar, passiert mir dreimal pro Woche«, antwortete Ronnie und lachte wieder.

Camille & Sadek

Mantes-la-Ville, Frankreich

Camille folgte einer Funkamateurin namens Bobby – ihr Name stand auf einem weißen Papierstreifen, der auf ihrer Brust klebte – hinaus aus der Zerlus-Halle, die permanent von einem Heer von Bauarbeitern und Mechanikern erweitert wurde. Auf dem Rücken der ärmellosen Weste, die Bobby über einem Pullover trug, prangten die Buchstaben *REF*, kurz für Réseau des émetteurs français, den nationalen französischen Amateurfunkverband. Inzwischen bezeichnete man die Funker innerhalb der Taskforce deshalb nur noch als REFs. Und sie waren stolz darauf, weshalb die drei großen weißen Buchstaben bei jedem von ihnen irgendwo auf der Kleidung prangten.

»Wir müssen da hoch, ist das okay für Sie?«, fragte Bobby aufgekratzt und zeigte auf das Baugerüst, das die Halle inzwischen umgab. In zwanzig Metern Höhe war man dabei, mit schwerem Baugerät eine zweite Ebene einzuziehen, um Platz für mehr Arbeitsplätze zu schaffen.

»Der hintere Teil ist bereits fertig, aber noch nicht gesichert. Ist nicht jedermanns Sache, aber der Empfang da oben ist richtig krass.«

»Kein Problem, ich folge Ihnen«, antwortete Camille knapp und stieg hinter Bobby auf eine Metallbühne mit hüfthohen Gittern. Kaum setzte sich das Gefährt in Bewegung, stellte sich Bobby in den hinteren Teil des Korbs und krallte ihre Finger in das Gitter. Es war unübersehbar, dass sie Höhenangst hatte.

»Sehen Sie mich an, Bobby. Was ist der am weitesten entfernte

Kontakt, den ihr aufbauen konntet?«, versuchte Camille sie abzulenken.

Bobby nickte. Ihr Blick haftete auf Camille. »Ein Forschungsinstitut in der Antarktis. Sadek hat die gestern erreicht. Die haben das ganze Chaos überhaupt nicht mitbekommen.«

Für einen Moment schweiften Bobbys Augen in die Tiefe. Sofort begann sie zu zittern.

»Bobby, hier bin ich … Sagen Sie mir den Namen. Wie heißt das Institut?«

»Ich weiß es nicht mehr … Ja, doch … Alfred-Wegener-Institut. Die haben für Notfälle eine vollkommen analog aufgebaute Funkstation … Irre, oder?«

Der Gitterkasten erreichte endlich sein Ziel und entließ die beiden in das provisorisch angelegte Stockwerk mit Dutzenden von Tischen, auf denen überall Funkgeräte standen. Mit zitternden Knien hielt sich Bobby an einem der Stützpfeiler fest und atmete tief durch. Der Bereich war mit milchigen Kunststoffplanen umgeben, die nicht nur den Wind abhielten, sondern auch den Baulärm dämpften.

»Wirklich alles okay?«, fragte Camille besorgt.

»Ja, ja …«, antwortete Bobby. »Hier geht es schon wieder. Es ist nur dieser Aufzug. Aber nachdem wir jetzt alle hier oben untergebracht sind, geht es halt nicht anders.«

»Sie sind Funkerin?«

»Alle in meiner Familie sind REFs … Irgendwie schräg, oder? Aber ich kenn das nicht anders, keine Ahnung. Kommt mir so vor, als hätten wir uns alle nur auf diesen Moment vorbereitet. Aber egal, ich will nicht Ihre Zeit verschwenden. Wir müssen hier lang.«

Bobby eilte voraus, bis sie bei einer der vielen Stationen stehen blieb, an der ein älterer Herr mit Anzug und Krawatte in einem Rollstuhl saß.

»Das ist Sadek«, stellte Bobby den Mann mit dem strengen Seitenscheitel vor.

Sadek drehte sich um und schob Camille einen Stuhl hin.

»Danke dir, Bobby. Hast was gut bei mir.«

»Kein Ding«, antwortete die junge Frau und war schon wieder auf dem Weg, um zwei Tische weiter bei der Verlegung von Kabeln zu helfen.

»Sie sind …«

»Milloz, Analystin und Erste Kriminalhauptkommissarin der Generalbundesanwaltschaft aus Deutschland.«

»Die leitende Ermittlerin, die gestern dieses Schreiben in Umlauf gegeben hat, richtig?«

Sadek hatte ein gelbliches Papier mit blau-violetter Schrift in der Hand und roch daran.

»Sie haben dafür einen Matrizendrucker verwendet«, stellte er anerkennend fest, und Camille nickte. Irgendwer hatte vorgestern mehrere der mechanischen Drucker, die keinen Strom benötigten, organisiert und mit einer kurzen Anleitung in den Abteilungen verteilt.

»Dieser Geruch nach Lösungsmittel hat mich sofort an meine Schulzeit erinnert … Na ja, egal. Jedenfalls haben Sie um Informationen über einen Dr. Heinrich Dorn gebeten.«

Camille zuckte zusammen. Würde die Gefälligkeit für Valentine nun zum Bumerang werden?

»Ich hab das weitergegeben, einfach mal auf gut Glück in den Äther gepustet. Man weiß ja nie. Ich habe mir da nicht viel Hoffnung gemacht, aber so kann man sich irren. Heute Mittag hat sich RV5DA gemeldet … Ich meine natürlich Igor Gromow, der Präsident vom SRR, der Union der russischen Funkamateure. Ich hab keine Ahnung, ob die Information für Sie irgendwie von Bedeutung ist, aber ich dachte, Sie sollten es sich mal anhören. Darum habe ich Bobby zu Ihnen geschickt. Das war doch in Ordnung, oder?«

»Absolut«, bestätigte Camille, obwohl sie wegen dieser Sache ein wichtiges Meeting mit Vertretern des Mossad und der CIA hatte verschieben müssen.

Sadek zog einen Kassettenrekorder zwischen den Funkgeräten hervor und drückte den Startknopf.

»Hab's auf Kassette aufgezeichnet … Kennen Sie noch, oder?«, schmunzelte er. »Rauscht halt, hab's mit dem eingebauten Mikrofon gemacht. Und sein Englisch ist ein wenig, na ja … russisch halt.«

Camille beugte sich hinunter zu dem flachen Tischgerät und konnte sehen, wie sich die kleinen Rädchen der Kompaktkassette hinter einer verkratzten Sichtscheibe langsam zu drehen begannen.

Melde mich wegen deiner Suchanfrage zu Dorn. Ich habe es hier in die Runde gefunkt, und du wirst es nicht glauben: Ein Kollege auf Sachalin, einer russischen Insel im Ochotskischen Meer, hat sich an eine aufwendige Transaktion erinnert, die 2021 stattfand. Ein deutscher Geschäftsmann, Heinrich Dorn, hat wohl viel Geld dafür bezahlt, um einen thermoelektrischen Generator zu kaufen. Das sind Radionuklidbatterien, die ihre Energie aus radioaktivem Zerfall gewinnen. Zu Zeiten der Sowjetunion wurden fast fünfhundert von diesen gefährlichen Dingern in Leuchttürmen zur Stromgewinnung eingesetzt. Die meisten hat man inzwischen unter strengen Auflagen entsorgt, aber zwanzig davon sind tatsächlich auch heute noch im Einsatz. Auffällig an der Sache ist, dass der Handel damit in Russland strengen Richtlinien unterliegt – Stichwort »dreckige Bomben«. Aber irgendwie ist es Dorn gelungen, einen dieser Generatoren zu kaufen. Du weißt ja: Hast du genügend Geld, kriegst du in Russland alles. Deshalb konnte sich mein Kollege auch an den Namen Dorn erinnern, denn allein der Abtransport dieser Radionuklidbatterie von Sachalin war eine große Sache. So ein Teil holt man nicht einfach aus einem Leuchtturm, steckt es in einen Container und verschifft es quer durch die Welt. Der Abtransport hat vermutlich mehr Geld gekostet als der Generator selbst. Wer weiß, vielleicht hilft euch das.

Sadek drückte klickend die Stopptaste, und der Rekorder verstummte.

»Und? Ist das unser Mann?«

Camille schwirrte der Kopf. »Ich kann es mir nicht vorstellen«, antwortete sie wahrheitsgetreu. Denn was sollte Valentines Suche mit ihrem Fall zu tun haben? Doch ein Restzweifel blieb bestehen, da Camille grundsätzlich nicht an Zufälle glaubte. Vermutlich war sie deshalb nun entschlossen, mehr über diesen Dr. Dorn in Erfahrung zu bringen. Mal sehen, wohin das führte. »Danke, Monsieur Sadek.«

»Einfach nur Sadek, ich komme mir sonst so alt vor.«

»Ich denke, ich will mehr über diesen Dorn wissen.«

Sadek wich überrascht zurück.

»Wie stellen Sie sich das vor? Wir sind doch kein Geheimdienst. Wir übermitteln nur Nachrichten.«

Camilles Augen funkelten verschwörerisch. »Genau das tut auch ein Nachrichtendienst.«

Sadeks Miene verfinsterte sich. Schließlich gab Camille auf und zuckte mit den Schultern.

»Na gut, dann tun Sie mir zumindest einen Gefallen. Fragen Sie Ihren russischen Kontakt bitte, ob er herausfinden kann, wohin der Transport dieser Atombatterie …«

»Thermoelektrischer Generator«, korrigierte Sadek.

»… welchen Zielhafen das Schiff angelaufen hat.«

»Von mir aus. Das kann ich ja mal probieren.«

»Ich weiß Ihre Hilfe sehr zu schätzen, Sadek. Und wenn Sie es wissen, schicken Sie nicht wieder Bobby. Das Mädchen leidet unter furchtbarer Höhenangst.«

»Wie kommen Sie denn darauf?«

»Weil ich Augen im Kopf habe. Und weil es mein Job ist, Dinge zu erkennen.«

Freitag, 11. Oktober 2024

Akira

Das Jaulen und Knarzen von Metallverbindungen, die sich bis an ihre Belastungsgrenzen dehnten und wieder zusammenzogen, hatte ihn aus dem Schlaf gerissen. Eigentlich schlief er andauernd. Akira hatte keine Ahnung, ob das von der körperlichen Erschöpfung herrührte oder von einem Sedativum, das ihm seine Entführer ins Essen mischten. Er wusste nur, dass er jegliches Zeitgefühl verloren hatte. Die unheimliche Geräuschkulisse war diesmal wesentlich intensiver als sonst, und auch sein Käfig – anders konnte er die Kammer mit den glatten Wänden, in der sich nur eine Matratze, ein chemisches WC sowie ein Kanister mit Frischwasser befanden, nicht bezeichnen – schwankte heftiger als je zuvor. Alle Zeichen sprachen dafür, dass er sich auf einem Schiff befand.

Anfangs hatte er ständig mit dem Kopf über dem Klo gehangen, giftgrüne Galle spuckend, deren scharfer Gestank selbst den chemischen Duft des WCs übertünchte. Doch mittlerweile hatte sich sein Körper an die rollenden und stampfenden Bewegungen des Schiffs gewöhnt, auch wenn er keine Erinnerung daran hatte, wie er hierhergekommen war. Das schwache Licht in seiner Zelle, das offenbar Tag und Nacht simulierte, ließ ihn vermuten, dass das Schiff in einen nächtlichen Sturm geraten war. Es dauerte eine Weile, bis seine Augen sich an die fast völlige Dunkelheit gewöhnt hatten, dann bemerkte er, dass die Tür seines Gefängnisses offen stand und bei jeder Bewegung des Schiffs auf- und zuschwang. Hoffnung keimte in ihm auf. Vielleicht konnte er Hilfe finden oder jemanden an Bord entdecken, der nichts mit seiner Entführung zu tun hatte. Wankend richtete er sich auf und schleppte sich zur Tür. Dabei stolperte er über sein Essgeschirr, das scheppernd über den Boden schlitterte. Akira hielt die Luft an.

Der bullige Asiate, der täglich den WC-Tank wechselte und ihn mit Wasser und Mikrowellenkost versorgte, hatte ihn schon mehrfach brutal geohrfeigt, nur weil er ihn angesprochen hatte. Der stumme Kraftprotz hatte seine Nationalität nie preisgegeben, aber seine Schläge waren enorm schmerzhaft. Die Vorstellung, dass der Mann ihn bei einem Ausbruchsversuch erwischen könnte, ließ ihn zweifeln, ob es nicht besser wäre, in der Zelle zu bleiben.

Unentschlossen verharrte er am Eingang. Das Herz hämmerte in seiner Brust, während die Tür hin- und herschwang und der silberne Bolzen klackernd an einer Kette gegen das Türscharnier schlug.

Er erinnerte sich an die zwei Unbekannten, die trotz seiner Sicherheitsvorkehrungen plötzlich in seiner Wohnung gestanden hatten. Wie sie es geschafft hatten, all seine Sperren und Alarmdetektoren zu überwinden, war ihm ein Rätsel. Alles war blitzschnell gegangen – ein Sack über den Kopf, eine Spritze in den Arm, dann der Blackout, bis er schließlich in dieser Zelle erwacht war. Ausgerechnet zu einem Zeitpunkt, an dem er eine beängstigende Entdeckung gemacht hatte, von der Seiko unbedingt erfahren sollte. Wo mochte sie jetzt sein? Und wie weit war sie mit dem Reset fortgeschritten? War er wirklich so hilflos, dass er sich in sein Schicksal ergeben musste? Wäre Seiko hier, sie hätte alles darangesetzt, aus dem Gefängnis zu entkommen.

Angst ist das Gegenteil von Freiheit, hatte sie ihm einmal gesagt – und Akira wollte frei sein. Unsicher trat er hinaus und fand sich in einem riesigen Frachtraum wieder, der von schwacher Notbeleuchtung erhellt wurde. Seine containerformige Zelle inmitten des Raums sah wie eine Spielzeugbox aus, mit breiten Spanngurten an Stahlstreben festgezurrt, die bis zur Decke reichten.

Mit wackeligen Schritten durchquerte er den Frachtraum, barfuß und aufgewühlt. In dem diesigen Licht fand er eine unverschlossene Tür und gelangte in ein weiß getünchtes Treppenhaus. Kein Mensch war weit und breit zu sehen oder zu hören, nur das unheilvolle Jaulen des Schiffs. Nach mehreren Kehren erreichte er eine weitere Tür. Sollte er der Treppe weiter nach oben folgen, oder sollte er hier sein Glück versuchen? Er entschied sich für die zweite Variante, drückte die Klinke, musste aber all seine Kräfte aufwenden, um die Tür nur wenige Zentimeter zu öffnen.

Plötzlich schwang sie auf und riss ihn ins Freie, wo er zu Boden stürzte, dann knallte sie mit voller Wucht hinter ihm wieder zu. Noch bevor er richtig verstand, was mit ihm geschah, packte ihn eiskalte Gischt und schleuderte ihn quer über das nasse Oberdeck. Seine Haut riss auf, das Salzwasser brannte in den Wunden, und dann prallte er mit der Schulter gegen eine Seilwinde. Er versuchte, sich festzuhalten. Doch das Schiff stürzte erneut in ein Wellental und warf ihn wie einen Spielball zurück zu der Tür, durch die ein Mann in einer gelben Öljacke trat, ihn blitzschnell packte und mit beiden Händen ins Innere zog. Arm in Arm verloren sie das Gleichgewicht und stürzten die Treppe hinab, bis sie liegen blieben. Akira spuckte prustend das Salzwasser aus und wagte erst dann, seinen Retter anzusehen. Zu seiner Erleichterung war es nicht sein brutaler Wärter, sondern ein hagerer Mann mit schiefen Zähnen, der ihn in einer fremden Sprache beschimpfte, die in seinen Ohren koreanisch klang. Dann fiel Akiras Blick auf das Funkgerät, das der Mann an einer Kordel um den Hals trug, und er zeigte darauf.

»Hat das Empfang?«, versuchte er es auf Englisch, und tatsächlich beruhigte sich der Koreaner und nickte.

»Ist für Notfall, wenn Mann über Bord. Ist wasserdicht, hat auch GPS«, antwortete dieser unbeholfen.

»Ich brauche es. Bitte, ich muss dringend einen Notruf absetzen.«

Der Mann kniff seine schmalen Augen zusammen und wischte sich das Salzwasser aus dem Gesicht.

»Wer du bist?«

»Ich wurde entführt. Ich bin seit Tagen in einem der Frachträume eingesperrt.«

»Kann nicht sein, Frachträume voll mit Bauxit.«

»Ich schwöre es, einer der Frachträume ist leer.«

Der Koreaner musterte ihn aufmerksam. Akiras Anblick, seine verschlissene Trainingshose und die Tatsache, dass er barfuß war, schienen ihn zu überzeugen. Ohne ein weiteres Wort nahm er das Funkgerät von der Kordel und reichte es Akira.

»Du weißt, wie funktioniert?«

Akira nickte, nahm das Funkgerät entgegen und schaltete es ein. Dann wählte er Kanal 16, drückte die PTT-Taste und begann auf Englisch: »Mayday, Mayday, Mayday, hier ist ...«

Fragend blickte er den Koreaner an, der das Funkgerät zu sich zog und ergänzte: »Panamax, Namura Colonsay, Japan.« Dann gab er das Funkgerät wieder an Akira zurück.

»Mein Name ist Akira Nagashima aus Tokio. Ich bin entführt worden. Bitte geben Sie diese Nachricht an Seiko Itō, Mitarbeiterin der Public Security Agency Japan, weiter.«

Der Koreaner zeigte auf einen Knopf am Funkgerät, auf dem groß GPS stand, und erklärte: »Standort!«

Akira verstand den Hinweis. Er drückte den Knopf, und eine Zahlenkombination wurde übertragen. »Unser Standort lautet 44.144513, -9.835827.«

Dann beendete er den Funkspruch und ließ die Sprechtaste los.

»Und jetzt?«, fragte er den Koreaner, der langsam aufstand und eine Kreisbewegung mit dem Zeigefinger machte, während er sich mit der anderen Hand den Nacken massierte.

»Wiederholen und wiederholen ... bis sich jemand meldet«, erklärte er geschäftig. Akira folgte dem Rat, blieb sitzen und setzte den Funkspruch ein zweites Mal ab. Zwischendurch blickte er dankbar zu dem Seemann hinauf, als tatsächlich ein grünes Licht an dem Funkgerät aufleuchtete. Gleichzeitig kamen krachende Störgeräusche aus dem Lautsprecher, bis sich eine menschliche Stimme herauskristallisierte. Irgendein Schiff da draußen hatte seinen Notruf empfangen.

»Es funktioniert, jemand hört uns ... O mein Gott ...«, rief Akira euphorisch aus.

Auch der Koreaner grinste, beugte sich herab und nahm das Funkgerät an sich. Mit schnellen Fingern korrigierte er die Frequenz und verschiedene Parameter, wodurch die Stimme immer deutlicher wurde. Akira konnte es kaum glauben. Taumelnd zog er sich am Treppengeländer hoch. Die brennenden Schürfwunden waren mit einem Mal vergessen. Am liebsten hätte er den Koreaner umarmt und geküsst, als ein lauter Schuss jegliche Hoffnung zerstörte. Das Funkgerät polterte auf die Treppenstufen, der Koreaner klappte wie vom Blitz getroffen zusammen und blieb wie eine Marionette mit verrenkten Gliedern und blutendem Kopf vor ihm liegen. Noch bevor Akira schreien konnte, verdunkelte sein bulliger Wärter das Treppenlicht über ihm und schlug ihm gezielt mit der Handkante gegen die Kehle. Dann wurde alles schwarz um ihn.

Coffey & Jill

New York, USA

Coffey blickte aus Jills Büro im New York Times Tower auf die leeren Straßenzüge Manhattans. Der Wind zwischen den Wolkenkratzern war heute so stark, dass man sein Pfeifen und Jaulen trotz der dicken Scheiben hören konnte. Dunkle Augenringe und sein matter Blick verrieten, dass Coffey eine unruhige, kurze Nacht hinter sich hatte. Hinter ihm lag wie ein abgestreifter Kokon sein dunkelgrüner Schlafsack, daneben die seiner Frau, seiner Tochter, seines Schwiegersohns und seiner Enkelin. Jill hatte auf der Ledercouch im angrenzenden Empfangsraum geschlafen. Als er aufgewacht war, hatte er nur noch eine sauber gefaltete Wolldecke auf der Couch vorgefunden.

Behutsam stieg er über die schlafenden Körper seiner Familie hinweg und schloss die Tür so leise wie möglich hinter sich. Im Gang begegnete ihm eine junge Frau im Schlafanzug, die ihren Sohn an der Hand hielt.

»Guten Morgen, Mr Coffey. Wo finden wir denn die Waschräume?«, fragte sie verlegen.

Auf Jills Initiative hatte die Geschäftsleitung am vergangenen Nachmittag beschlossen, allen Mitarbeitern und deren Angehörigen vorübergehend im Gebäude Schutz zu bieten, bis man die weitere Entwicklung der Krise absehen konnte. Stan hatte die Idee angestoßen, als er sich entscheiden musste, ob er bei seiner Familie bleiben oder eine weitere Ausgabe der Zeitung vorbereiten sollte.

»Wenn wir alle hierherholen, können wir nicht nur arbeiten,

sondern auch dafür sorgen, dass unsere Lieben in Sicherheit sind. Wir könnten Teams bilden, um Essen oder Medikamente zu besorgen. Alles ist besser, als wenn jeder allein zurechtkommen muss.«

Bis drei Uhr morgens hatte Coffey mit Soldaten der Nationalgarde am Haupteingang Familien empfangen, die mit schweren Koffern und Taschen kamen, in denen sich nicht nur das Nötigste befand, sondern auch Dinge, die ihnen wertvoll erschienen. Darunter skurrile Objekte wie eine Kleiderpuppe oder ein komplettes Schlagzeug. Dazu kamen unzählige Hunde, Katzen, Vögel und sogar Reptilien.

»Sind wir hier die Arche Noah?«, hatte Jill ihm genervt zugeflüstert.

»So weit wird es hoffentlich nicht kommen, Mrs Jones«, hatte Coffey besorgt geantwortet. Dann hatten die beiden wieder bei der Zuweisung der Räume geholfen, genau wie viele andere Mitarbeiter, die die Neuankömmlinge auf die zweiundfünfzig Stockwerke verteilten.

Zeitweise hatte die Geschäftsleitung Angst vor der eigenen Courage gehabt. Auf dem Höhepunkt des Andrangs befürchtete man, dass die Kapazität des Towers nicht ausreichen würde. Letztlich waren es jedoch nur knapp sechshundert Familien, die das Angebot annahmen. In dem Gebäude, das für zehntausend Arbeitsplätze ausgelegt war, fand sich daher genügend Platz.

Coffeys Weg führte ihn an diesem Morgen direkt in die Etage der Chefredaktion. An den Aufgängen der Treppen und Aufzüge standen Sicherheitsleute, die den Zugang kontrollierten und verhinderten, dass spielende Kinder oder bellende Hunde sich in den Bereich verirrten. Coffey fiel sofort auf, dass sich vieles verändert hatte. Nicht nur waren die Computer entfernt und durch Schreibmaschinen ersetzt worden, es starrte auch niemand mehr auf sein Handy. Und der sonst oberflächliche Small Talk auf den Fluren war einem intensiven, mitfühlenden Austausch gewichen. Jeder brachte Verständnis für die Erlebnisse der anderen auf.

Coffey suchte nach Jill und entdeckte ihre silbergrauen Haare hinter dem Fenster von Stans Büro, in dem die beiden gerade mit Ethan Schwarz, dem Leiter der IT-Abteilung, sprachen.

Jill versuchte, die Informationen in ihrem Kopf zu ordnen, die ihr Stan und Lucas soeben gegeben hatten.

»Also noch mal, damit ich es verstehe. Es soll einen Reset aller Computersysteme geben, und zwar weltweit und zum exakt selben Zeitpunkt, um diesen Golem-Virus zu eliminieren?«

Ethan Schwarz, noch keine dreißig Jahre alt, mit hoher Stirn und randloser Brille, bestätigte das.

»Richtig. Wir haben ziemlich strenge Anweisungen von der NSA erhalten. Weltweit koordiniert das die CCTF, eine neu geschaffene Dienststelle bei Interpol in Frankreich.«

Jill war irritiert.

»Die Franzosen steuern das weltweit?«

»Das habe ich nicht gesagt. Es handelt sich vielmehr um ein Konglomerat aus weltweiten Experten, die in Frankreich an einem geheimen Stützpunkt an diesem Projekt arbeiten. Und die kommen aus Staaten in der ganzen Welt.«

»Aber wie soll denn angesichts der schieren Menge jeder Besitzer eines Computers oder eines Handys von dieser Aktion erfahren?«

»Das Energieministerium DOW hat uns mitgeteilt, dass man landesweit für den Reset den Strom abschalten wird. Ich nehme an, dass auch andere Länder zu solch drastischen Maßnahmen greifen werden.«

»Den Strom abschalten? Und was ist mit all den Systemen, die vielleicht per Notstromaggregat oder Akkus betrieben werden?«

Stan ging dazwischen.

»Jill, beruhig dich. Soweit ich mitbekommen habe, versucht man, alle Eventualitäten zu berücksichtigen. Die gesamte US Army, mit Reservisten über eine Million Menschen, der gesamte Polizeiapparat – weitere 1,2 Millionen – sowie unzählige Verbände, Organisationen und Freiwillige werden die Bevölkerung aufklären und den Reset überwachen. Ich hab gestern mit Bürgermeister Adams gesprochen. Er meint, dass er etwas Vergleichbares noch nie erlebt hat. Es gibt praktisch niemanden, der diesen Reset ablehnt. Im Gegenteil. Egal, welchen Gott die Menschen anbeten, welche Hautfarbe sie haben oder welche Partei sie wählen, alle wollen dasselbe: Es muss aufhören. Und so, wie es jetzt aussieht, ist der Reset unsere einzige Chance, dass das passiert. Da kann viel schiefgehen, und sicher gibt es Tausende offene Fragen. Aber es gibt auch Tausende Köpfe, die an Lösungen arbeiten, und zwar für jedes noch so kleine Problem. Unser Job wird sein, darüber zu berichten und aufzuklären und die Leute dazu aufzufordern, mitzumachen. Und vielleicht noch wichtiger, ihnen die Angst zu nehmen.«

Jill versuchte, sich von ihren schwindelerregenden Bedenken zu befreien. Langsam strich sie sich mit der Hand über die Stirn, als könnte sie ihre Zweifel einfach wegwischen. Doch es half nichts.

»Die Menschen schaffen es doch nicht einmal, bei den einfachsten Dingen einen Konsens zu finden. Also verzeih mir, wenn ich da skeptisch bin. Wann, sagtet ihr, soll der Reset stattfinden?«

Ethan rollte ein Telex auf, das er in der Hand hielt. »Man hatte ursprünglich mehr Zeit eingeplant. Aber nachdem der Zahlungsverkehr lahmgelegt ist, hat man den Countdown vorverlegt.«

»Und das bedeutet?«, hakte Jill nach.

»In der Nacht von Sonntag auf Montag, null Uhr«, antwortete Ethan.

Jill runzelte die Stirn und rechnete nach, aber Stan kam ihr zuvor: »In fast genau sechzig Stunden!«

Mit einem Mal wurden in der ganzen Etage die Stimmen lauter, und alles drängte an die Glasscheiben, die zur Eighth Avenue führten.

»Was passiert da?«, wollte Ethan wissen.

In dem Moment klopfte es, und Coffey trat ein. Für Jill war es immer ein Segen, diesen ausgeglichenen, ruhigen Mann an ihrer Seite zu wissen.

»Ich wollte nicht stören«, entschuldigte er sich, »aber sie dürften jeden Augenblick hier sein.«

»Wer wird hier sein?«, fragte Ethan erneut.

»Die Demo«, antwortete Stan, war aber schon auf dem Weg an die Fensterfront. »Es sind mehrere im ganzen Staat, allein drei hier in New York City.«

Jill winkte Coffey zu sich.

»Mr Coffey, kommen Sie, von hier aus werden wir alles gut sehen können.«

»Vielen Dank, Mrs Jones, sehr aufmerksam.«

Gemeinsam mit Ethan Schwarz stellte auch er sich so nah an die ausladende Fensterfront, dass sein Atem die Scheibe beschlug.

Es mussten Tausende sein, die langsam und bedächtig die Eighth Avenue entlangkamen. Zivilisten, Polizisten und Soldaten vereint. Schon von Weitem konnte man ihre Spruchbänder und Schilder sehen, aber man konnte sie' nicht hören. Auf den ersten Blick mochte einem der Anblick der Menschenmasse, die sich unaufhaltsam durch die Straßen wälzte, bekannt vorkommen. Aber bei näherer Betrachtung unterschied sich diese Demonstration in zwei Punkten grundlegend von allen anderen: Erstens gab es keine Schaulustigen, niemanden, der am Straßenrand stand und dem Treiben zusah. Kam doch jemand überraschend aus einem der Hauseingänge, schloss er sich der Menge an und wurde sofort eins mit dem Strom und Teil des Protests, ob er es zuvor geplant hatte oder nicht. Und zweitens hörte man trotz der gewaltigen Teilnehmerzahl kein einziges Wort, nicht mal ein Flüstern. Nur das Klappern, Stampfen und Schlurfen von unzähligen Schuhen, das Rascheln von Kleidung und den steifen Wind, der wie ein Wehklagen über der Menschenmenge lag.

Jill hielt die Luft an, als sie erkannte, dass all diese Menschen ihre Münder mit Textilband zugeklebt hatten. Selbst Kinder und Jugendliche, die sich ebenfalls unter den Teilnehmern befanden, trugen ein Klebeband über dem Mund. Auf den Spruchbändern und Schildern, die die Demonstranten in die Höhe hielten, standen nur drei Buchstaben: *E O T*. Manche hatten Särge oder Kreuze dazugemalt.

Ethan schluckte.

»Was soll das bedeuten, E O T?«

Jill sah ihn mit glasigen Augen an und erklärte es ihm mit brüchiger Stimme: »End of Time.«

Seiko & Lamy

Mantes-la-Ville, Frankreich

Seiko hatte das Gefühl zu ersticken. Das gesamte Gelände rund um die Zerlus-Halle wurde Tag für Tag um weitere Sicherheitsmaßnahmen ergänzt. Nach dem Elektrozaun, dem tiefen Graben, der das Gelände umschloss, den Wachtürmen und den Patrouillen mit scharfen Hunden hatte man nun im Osten mit dem Bau einer Mauer begonnen, die nach ihrer Fertigstellung jeden Blick auf die Umgebung versperren würde. Lamy hatte ihr zudem vertraulich mitgeteilt, dass außerhalb des streng abgeschirmten Sperrbezirks mehrere Patriot-Systeme zur Luftabwehr stationiert worden waren. Außerdem schnelle gepanzerte Einsatzkräfte, obwohl nicht klar war, ob die computergestützten Waffensysteme im Ernstfall überhaupt zuverlässig funktionieren würden.

Darüber hinaus hatte sich die Anzahl der Mitarbeiter, die der CCTF angehörten oder diese unterstützten – wie Reinigungspersonal, Köche und Handwerker –, um das Zehnfache erhöht. Allein Seikos Team aus Menschen aller Herren Länder, die weltweit den Reset steuern und koordinieren sollten, war auf vierundsechzig Fachkräfte angewachsen. Die Menge an Wohnplätzen in dem Containerbau innerhalb der Zerlus-Halle war für all diese Menschen längst nicht mehr ausreichend. Darum hatte man außerhalb der Halle und des Sperrbezirks einen Containerpark aus dem Boden gestampft, der neben Wohnkabinen auch Besprechungsräume und Büros enthielt. Und auch dort gab es Stacheldraht und Militärkontrollen.

Im Zusammenspiel mit der Verantwortung, die auf Seiko lastete, den dystopischen Meldungen, die aus aller Welt eintrafen, und der Sorge um Akira, von dem nach wie vor jede Spur fehlte, hatte all das heute Morgen bei ihr eine heftige Panikattacke ausgelöst, für die es aus eigener Erfahrung nur ein Gegenmittel gab: Sie musste raus.

Entgegen der Empfehlung der Security und der eindringlichen Bitte von Lamy, hierzubleiben, hatte sie ihre Sportsachen angezogen und war losgejoggt. Schon nach zehn Minuten passierte sie den Kontrollpunkt am Zaun, zwanzig Minuten später lag die Hälfte des Sperrbezirks mit Panzern und Raketenstellungen hinter ihr. Mit jedem Atemzug, mit jedem weit gedehnten Laufschritt spürte sie förmlich, wie ihr Körper Dopamin und Serotonin ausschüttete, wie frische Kraft in ihren Körper gepumpt wurde und sie nach und nach wieder daran glaubte, dieser gewaltigen Aufgabe gewachsen zu sein. Sogar die sechs Personenschützer, von denen jeweils drei vor und hinter ihr liefen, verschwanden langsam aus ihrem Bewusstsein. Es gab nur noch das weite Feld um sie herum, den schmalen Trampelpfad, der ihr die Richtung wies, und den herbstlich bunten Laubwald, auf den sie zusteuerte. Bis weit vor ihr, am Rand des Waldes, ein großer Mann mit einem Gewehr auftauchte. Sofort stürzten sich zwei der Personenschützer auf sie und rissen sie zu Boden. Schreie hallten durch die Luft, deren Inhalt ihr fremd war, weil sie die Sprache nicht verstand. Dann fiel ein Schuss, und sie drückte ihr Gesicht tief in den Schlamm, während das Gewicht der Männer, die immer noch auf ihr lagen, ihr den Brustkorb zusammenpresste. Sie wagte es nicht, auch nur einen Laut von sich zu geben. Dafür war ihre innere Stimme umso vorwurfsvoller. Sie hatte – wie ihr plötzlich schien – aus einem Moment der Schwäche heraus das Leben dieser Menschen aufs Spiel gesetzt und vielleicht sogar die Umsetzung des Resets in Gefahr gebracht. Aber wer war sie schon, dass sie sich anmaßte, zu glauben, diese gewaltige Aufgabe könne nur von ihr bewältigt werden? Sie spürte die torfige Erde an ihren Wangen, die nach Tod und Verwesung roch. Wieder krachte ein Schuss, der ihr durch Mark und Bein ging. Trotzdem blieb diesmal die Panik aus; vielmehr drängte sich in ihrer Not ganz plötzlich und klar eine Frage auf: Was sahen die Menschen in ihr, das sie selbst nicht erkennen konnte? Was sah Lamy in ihr oder ihr Vorgesetzter in Japan – und vor allem, was sah Akira in ihr, der ihr gerade jetzt so sehr fehlte?

Die Schreie verstummten, das Gewicht ihrer Beschützer löste sich von ihr, kräftige Hände packten sie und stellten sie wieder auf die Beine, wie eine Schaufensterpuppe aus Plastik.

»Es tut mir leid, wir hatten keine andere Chance. Ihre Sicherheit ging vor.«

Seiko wischte sich mit kalten Fingern den Schlamm aus dem Gesicht. Am Waldrand knieten zwei der Personenschützer am Boden, mehr konnte sie nicht erkennen.

»Was ist passiert?«, fragte sie.

Der Personenschützer senkte den Kopf, dann sah er verstohlen hinüber zu seinen Kollegen am Waldrand.

»Ein bewaffneter Mann, vermutlich ein Wilderer. Vielleicht aber auch ein Jäger, wir wissen es nicht. Eigentlich hätte er nicht hier sein dürfen, schon gar nicht mit einem Gewehr.«

»Und was sagt er?«

Der Personenschützer machte ein bitteres Gesicht, sein Adamsapfel bewegte sich dabei auf und ab.

»Er ist tot«, antwortete er brüchig.

Seiko schnappte nach Luft. Beinahe wäre sie auf die Knie gesunken, hätte sie nicht einer der Personenschützer gestützt. Unablässig schüttelte sie den Kopf. Ihr Verstand wollte nicht akzeptieren, dass der Mann ihretwegen gestorben war.

»Vielleicht irren Sie sich … Sie müssen sich irren.«

Der Mann sagte kein Wort, aber die Antwort stand in seinen Augen geschrieben. Er irrte sich nicht.

Lamy konnte Seiko schon von Weitem erkennen, da man sie in eine thermoplastische Rettungsdecke gehüllt hatte, die metallisch golden schimmerte. Er jagte den Jeep der französischen Armee quer über das Gelände und achtete dabei nicht auf Büsche oder morastige Stellen, so wütend und zugleich enttäuscht war er. Warum hatte er Seiko nur erlaubt, das Gelände zu verlassen? Sie war so wichtig für ihn. Nie zuvor war ihm jemand wie sie begegnet. Sie steuerte das gewaltige Unterfangen mit großer Souveränität und Präzision. Und zwar ohne ein lautes Wort, ohne Vorwürfe oder heroische Ansprachen. Sie briefte ihr Team klar und prägnant. Verfehlte Zielsetzungen kommentierte sie sachlich und suchte dabei als Erstes die Fehler bei sich selbst. Sie sprang persönlich ein, wenn Teams überlastet waren, personelle Hilfe benötigten oder einen Ratschlag brauchten. Genau diese Mischung aus sachlich fundiertem Führungsstil, Kompetenz, Einfühlungsvermögen und Bescheidenheit machte sie auch über die Grenzen ihres Teams hinaus zur am meisten geschätzten und beliebtesten Mitarbeiterin der gesamten Taskforce.

Lamy wusste jedoch auch, wie zerbrechlich Seiko war. Genau aus diesem Grund war dieser unglückliche Zwischenfall, von dem er erst vor wenigen Minuten erfahren hatte, ein herber Rückschlag. Sollte er Seiko in dieser heißen Phase der Vorbereitung verlieren, würde das einer Bankrotterklärung gleichkommen. Sicher würde man die Position wieder besetzen können, aber nicht in dieser kurzen Zeit und nicht mit jemandem, der ihr detailliertes Wissen um die Planung der enormen Aufgabe besaß. Der Jeep donnerte durch ein Schlagloch, was Lamy fast aus dem Sitz hob. Dann trat er auf die Bremse, schlitterte ein paar Meter durch Schlamm und Grasbüschel und blieb nicht weit entfernt von Seiko stehen.

Gerade hob der Rettungshubschrauber ab und verwandelte die nähere Umgebung für wenige Minuten in einen laut wütenden Sturm, der Erde und Sträucher aufwirbelte, bis er sich mit der Leiche des Unbekannten rasch am Himmel entfernte. Lamy hatte Seiko erreicht und nahm sie sanft in den Arm.

»Wir müssen zurück«, erklärte er ihr und deutete den Personenschützern an, dass er sich nun persönlich um sie kümmern würde. Er schob Seiko zu seinem Jeep und öffnete ihr die Tür. Sie sah ihn an, lächelte kurz und stieg ein.

Auf dem Rückweg fuhr Lamy gesitteter, achtete auf Unebenheiten im Boden und sah bei jeder kleinsten Erschütterung zu seiner Beifahrerin.

»Madame Itō, Sie dürfen das nicht an sich ranlassen. Der Mann hat unbefugt und bewaffnet ein militärisches Sperrgebiet betreten. Wir haben noch keinen blassen Schimmer, wer er war und was er wollte. Denken Sie bitte an die Vorfälle in Lyon. Es war nicht die Schuld dieser Männer, glauben Sie mir.«

Seiko starrte aus dem Fenster, und ihre Lippen bewegten sich kaum, als sie sagte: »Ich weiß. Es war ganz allein meine Schuld.«

Lamy hielt an und schüttelte ratlos den Kopf. »Tun Sie das nicht. Wir brauchen Sie. *Ich* brauche Sie.«

Hastig suchte er in seinen Taschen nach Kaugummis, die er immer brauchte, wenn er wirklich verzweifelt war. Seiko legte ihre Hand auf seinen Arm und sagte mit gefasster Stimme: »Atama kakushite, shiri kakusazu.«

Lamy sah sie an und wartete darauf, dass sie den Satz übersetzte. Stattdessen begann sie laut zu lachen. Lamy war zunächst erschrocken über diesen grotesken Gefühlsausbruch, bis er spürte, dass es kein hysterisches, sondern ein ehrliches, warmherziges Lachen war. Schließlich stimmte er erleichtert mit ein, bis sie beide wieder verstummten und sich regungslos ansahen.

»Warum hast du gelacht, Seiko?«, fragte er behutsam.

»Seiko?«, wiederholte sie.

Erst da fiel ihm auf, dass er sie zum ersten Mal geduzt hatte. Kurz überlegte er, sich dafür zu entschuldigen, dann aber nickte er nur ein wenig und lächelte.

»Ja, Seiko. Ist das in Ordnung?«

Sie nickte ebenfalls, und ihre Wangen erröteten leicht. Nicht besonders kräftig, gerade so, dass es ihm auffiel.

»Ich bin Laurent«, ergänzte er, um das peinliche Schweigen zu unterbrechen.

»Worüber haben wir gelacht?«, fragte er sie dann erneut.

»Ich musste an eine alte japanische Weisheit denken«, erklärte sie. »Wenn man den Kopf in den Sand steckt, bleibt doch der Hintern zu sehen.«

Lamy bekam wässrige Augen, denn er verstand, was sie damit sagen wollte. Sie streckte ihre zierliche Hand aus und berührte ihn sanft unter den Augen.

»Du musst keine Angst haben, Lamy-san. Ich verspreche dir, ich werde nicht aufgeben.«

Lamy umschloss ihre Hand und drückte sie gegen seine Wange. »Danke, Seiko. Danke.«

Vielleicht war dies auch der richtige Moment, um eine Information mit ihr zu teilen, die er ihr bislang vorenthalten hatte.

»Ich habe dir noch etwas zu sagen, Seiko«, begann er zögerlich. »Wir haben einen Funkspruch von einem Bulkcarrier vor der spanischen Küste aufgefangen. Um genau zu sein, war es ein Notruf. Der Mann, der ihn abgesetzt hat, behauptete, Akira Nagashima zu sein.«

Seikos Mund öffnete sich ein wenig. Lamy konnte hören, wie sich ihr Atem beschleunigte.

»Der Notruf war wohl schlecht zu verstehen, es gibt auch keinen Mitschnitt, sondern nur eine handgeschriebene Notiz vom Kapitän eines Kutters, der sich in der Nähe befand. Man teilte ihm mit, dass ein Besatzungsmitglied bei einem Sturm über Bord gegangen sei, für das Schiff aber selbst keine Gefahr bestehe. Der Vermisste ist ein koreanischer Seemann. Kurios ist allerdings, dass in dem Funkspruch sowohl der Name von Akira fiel als auch deiner. Da die Notrufgeräte des Frachters zwar analog funken, aber digitale Komponenten enthalten, könnte die Nachricht auch von Golem initiiert worden sein.«

Seiko schloss den Mund wieder und fuhr sich mit dem Ärmel über die feuchte Nase. Lamy hatte trotzdem nicht den Eindruck, dass sie der Botschaft viel Bedeutung beimaß. Er traute der ganzen Sache selbst nicht.

»Der Frachter erreicht heute Seebrügge in Belgien«, fuhr er fort. »Doch bislang konnten wir weder Küstenwache noch Polizei in Belgien erreichen, damit sie für uns den Frachter überprüfen. Wir bleiben aber dran.«

Seiko starrte regungslos in den Himmel. »Wir müssen zurück, ich komme zu spät zu einer Besprechung.«

»Ach, es gab noch eine unwichtige Bemerkung in dem Protokoll. Da stand, dass es in der Aufzeichnung merkwürdige Klickgeräusche gab ...«

Seiko fuhr herum: »Als würde jemand mit der Zunge schnalzen?«

Lamy runzelte die Stirn und nickte. »Ja ... Aber woher weißt du das?«

Seikos Augen begannen förmlich zu leuchten. »Akira lebt!«

Valentine & Margaret

Dublin, Republik Irland

Ronnies schlichtes, aus roten Backsteinziegeln gebautes Reihenhaus lag im Südwesten von Dublin, in den Liberties, und gliederte sich fast unauffällig in das Stadtbild ein. Hätte Ronnie nicht irgendwann beschlossen, seine Eingangstür in gelber Farbe zu streichen. Die Liberties waren Anfang des 18. Jahrhunderts ein gefährlicher Ort gewesen, in dem sich rivalisierende Banden blutige Straßenschlachten geliefert hatten. Heute war das Viertel dank seiner gut erhaltenen Bausubstanz, die zum Teil noch an die Georgianische Epoche der Stadt erinnerte, ein Touristenmagnet mit unzähligen Geschäften und uralten Pubs.

Als Ronnie am späten Nachmittag voller Stolz die gelbe Tür in der Hanbury Lane aufschloss und Valentine sein kleines Reich präsentierte, war davon aber nichts zu spüren. Die Straßen waren wie ausgestorben, die Geschäfte und Pubs geschlossen. Ronnie hatte ihm auf der Fahrt erzählt, dass bereits am frühen Morgen ein gewaltiger Ansturm auf Bäcker, Metzger und Lebensmittelgeschäfte eingesetzt hatte und die Kunden mit vollen Einkaufswägen sowie prall gefüllten Tüten, Taschen und sogar Koffern voller Konserven nach Hause gepilgert waren. Die Preise hatten sich über Nacht verzehnfacht. Wer Bargeld hatte, zahlte, was gefordert wurde. Längst hatte sich herumgesprochen, dass das Geld am nächsten Tag mit ziemlicher Wahrscheinlichkeit noch viel weniger wert sein würde. Wer kein Bargeld hatte, tauschte Uhren und Schmuck bei Pfandleihern – wohl die Einzigen, die von der Krise profitierten. Banken hingegen öffneten erst gar nicht ihre Pforten, da die Manipulationen der Konten durch den KI-Virus zu verheerenden Ergebnissen führten. Manche Kunden waren plötzlich hoch verschuldet, andere waren zu Multimillionären geworden. Und die Anrufe der Bankmitarbeiter in den Zentralen ihrer Geldinstitute wurden von imitierten Stimmen berühmter Schauspieler wie George Clooney oder Tom Cruise beantwortet, die sich mit ihnen zu einem Date verabreden wollten.

Auch Ronnie hatte vorgesorgt, weshalb der schmale Treppenaufgang zu seinem Gästezimmer über unordentlich gestapelte Dosen und Wasserflaschen führte. Die kleine Küche sah aus wie der Lagerraum eines Krämerladens. Valentine setzte sich auf eine hölzerne Eckbank. Auf dem Tisch vor ihm standen eine Flasche Wasser und irischer Whisky aus dem Discounter, dazu zwei abgenutzte matte Trinkgläser. Ronnie füllte die Gläser, nahm einen Schluck und stellte sich dann an den Herd. Ein Gespräch entwickelte sich nicht, da im Nachbarhaus ein fürchterlicher Streit ausgetragen wurde, der durch die Wände drang.

»Liam und Mary«, erklärte Ronnie in einer kurzen Schreipause, »haben erst vor einem Monat geheiratet.«

Dann wurde es wieder laut, irgendein Gegenstand krachte an die Wand, woraufhin das Gezanke verstummte.

»Was kochst du da?«, fragte Valentine.

»Shepherd's Pie«, antwortete Ronnie, ohne aufzusehen.

In Valentine wurden Kindheitserinnerungen wach. Er dachte an seinen Vater, wie er am Herd stand, gekochte Kartoffeln mit einem Stampfer zerdrückte und über das gebratene Lammhackfleisch in einem Keramiktopf verteilte, und diesen dann zum Überbacken in den Ofen stellte.

»Meine Mutter hat immer gesagt, es wäre das einzige Gericht, das mein Dad kochen könnte«, sagte er.

»Dasselbe hat meine Frau auch über mich gesagt. Und ganz ehrlich, ich denke, sie hatte recht.«

Valentine fragte nicht weiter nach, denn der Tonfall, mit dem Ronnie seine Frau erwähnt hatte, ließ nichts Gutes erahnen.

Ronnie schob den Schmortopf in den Ofen und drehte sich um. »Sie ist nicht tot oder so, obwohl ich mir das schon oft gewünscht habe. Sie ist mit einem anderen durchgebrannt. Aber ihre Fische sind noch da. Die halten wenigstens den Mund.« Er lachte schallend und trank sein Glas auf einen Zug leer.

Nach dem Essen und noch einigen Gläsern Whisky mit Wasser schaltete Ronnie den Fernseher ein und schaute die Nachrichten, wohl wissend, dass das gesamte Programm ein künstlich erzeugter Fake war. Aber er fand es unterhaltsam.

»Ist doch irre. Jetzt, wo man weiß, dass das alles nur von einer KI erzeugt wird, kann man das doch einfach als Satire sehen.«

Und schon lachte er wieder, weil Churchill als Margaret Thatcher verkleidet todernst den Krieg in der Ukraine kommentierte.

»Ich meine, schau dir das an. Ist doch eigentlich cool, oder? Gestern gab's *Pretty Woman*, den kompletten Film, aber die Rolle von Julia Roberts spielte dieser deutsche Kanzler.«

»Wer?«

»Na, dieser Olaf Scholz. Das war zum Schreien.«

Erneut musste Ronnie lachen, weil Churchill soeben Wladimir Putin im Napoleon-Kostüm empfing.

Valentine reichte es. Er zog leise die Tür zu und ging nach oben, wo direkt vor dem Klappbett ein großes blaues Aquarium mit bunten Fischen stand. Den Kopf voll düsterer Gedanken und benebelt vom Alkohol, suchte er in seiner Reisetasche nach der zweiten Hälfte von Margarets Tagebuch, fand es und legte sich damit auf die knarzende Couch, während das Aquarium unablässig wogende Lichtwellen an die Wand warf. Nervös schlug er das Buch auf. Nur wenige Seiten waren ihm noch geblieben, aber einer dunklen Vorahnung folgend hatte er es bisher vermieden, sie zu lesen. Doch nun fühlte er sich dazu bereit.

Heute war ein Tag, den ich nie vergessen werde. Nie, nie, nie. Ich schwebe im siebten Himmel. Heinrich erzählte mir von einem sagenhaften Erfolg, von einem wahren Durchbruch, wie er sagte,

bei seiner Forschung um einen ganz besonderen Computer. Er
erzählte mir so viele Details, dass ich fürchtete, er würde nie wieder
aufhören zu reden, obwohl ich nicht das Geringste verstand. Ich
komme mir dann immer ganz klein vor, höre aber gewissenhaft zu
und mime großes Interesse. Ich stelle mir dabei einfach vor, dass
alles, was er von sich gibt, reine Poesie ist. Und so ist meine
Bewunderung keine Heuchelei.

Dann sah er mich an und fragte mich, ob ich seine Frau werden
möchte. Ich war außer mir vor Freude, aber gleichzeitig voller
Angst ... Aber meine beste Freundin Marthe hat mir Mut gemacht,
und so habe ich dann doch Ja gesagt.

Aber dann machte Mama alles zunichte – ich war todunglücklich.
Ihr war mein Glück offensichtlich egal. Eine Woche sperrte sie mich
in meinem Zimmer ein, als wäre ich irgendein wildes Tier. Dann
zwang sie mich, zu schwören, dass ich Heinrich nie wiedersehen
würde. Ich hasste sie dafür, dass sie mein Leben zerstörte, und ich
hasste sie dafür, dass ich vor Gott einen Schwur brechen musste –
denn sobald es ging, bin ich zu Heinrich gefahren und flehte ihn
an, mich von ihr zu befreien.

Daraufhin gab er mir ein kleines Döschen mit winzigen körnigen
Kristallen, die nach Mandeln rochen. Eingerührt in Mamas Suppe,
lösten sie sich auf wie Salz. Ich war nicht dabei, als sie starb, hörte
nur, wie ihr Kopf auf den Tisch schlug. Aber dann bin ich zu ihr
gegangen, habe ihre stumpfen Augen gesehen und gewusst, dass ich
dafür in die Hölle komme. Aber mir war egal, was nach meinem
Tod mit mir geschehen würde. Jetzt wollte ich erst einmal leben,
und zwar so wild und heftig wie nie zuvor.

Eine Zeit lang ging dieser Wunsch auch in Erfüllung. Die Welt
war ein einziger sündiger Rausch, bis Heinrich begann, mich wie
sein Eigentum zu behandeln – als wäre ich die Cartier an seinem
Handgelenk, die er protzend in der feinen Gesellschaft nach Lust
und Laune präsentieren konnte. Von Hochzeit war keine Rede
mehr ... und dann kam die Eifersucht. Er nannte mich eine Hure
oder Fotze, wenn ich andere Männer nur ansah. Und wenn ich

*mir das nicht gefallen ließ, schlug er mich, bis ich nur noch vor
ihm kuschte wie ein räudiger Köter.*

*Plötzlich begriff ich, dass Gott mich für den Mord an meiner
Mutter bestrafte und ich die Hölle nicht erst nach meinem Tod
erleben würde. Die Hölle war mein Hier und Jetzt. Wieder wurde
ich eingesperrt, war ihm hilflos ausgeliefert, und er tat mit mir,
wonach immer es ihn gelüstete. Ich betete zu Gott, er möge mich
endlich von diesem Leid erlösen.*

*Dann kam Heinrich eines Tages nach Hause und erklärte mir,
dass er meiner überdrüssig sei, ich ihn langweile und ich nun
verschwinden solle.*

*Und obwohl ich dafür hätte dankbar sein müssen, diesem Monster
zu entkommen, klammerte ich mich kniend an seine Beine und
flehte ihn an, bei ihm bleiben zu dürfen. Ich weiß nicht, warum ich
das tat, aber wohin hätte ich denn gehen sollen? Solange wir
zusammen waren, hatte ich zumindest das Gefühl, wir würden uns
die Last teilen, die wir uns aufgeladen hatten. Aber ohne ihn …
Was war mein Leben dann noch wert?*

*Doch ihm war das egal. Er drückte mir Geld in die Hand und jagte
mich davon.*

*Ich schwor, mich an ihm zu rächen, ihn all den Schmerz, die
Erniedrigung und die Hoffnungslosigkeit spüren zu lassen, die ich
fühlte. Er sollte leiden, und nicht einmal der Tod sollte ihn von
diesem Leid erlösen können.*

*Und gerade als ich anfing, daran zu zweifeln, ob ein Mensch wie
Dorn überhaupt fähig wäre zu leiden, zeigte mir der Teufel ein
Messer, das ihn direkt ins Herz treffen würde.*

Ich war schwanger.

Valentine blickte auf und betrachtete die Fische, die lautlos vor
ihm ihre Bahnen zogen. Sosehr er sich auch den Kopf zermarterte, der letzte Absatz blieb ein düsteres Rätsel, das er nicht zu
lösen vermochte. Da fiel ihm auf, dass auf der Seite nach Maggies
letztem Eintrag noch eine Notiz stand. Sie war in kräftig roter

Schrift verfasst worden, die eher männlich wirkte und mit ihrer Gleichmäßigkeit auf einen konzentrierten Verfasser schließen ließ:

Superintendent O'Brien, ich warte dort auf Sie:
44.144513, -9.835827
Gez. Professor Dr. Heinrich Dorn / 9. Oktober 2024

Camille & J. F.

Mantes-la-Ville, Frankreich

Camille stand auf der obersten Plattform der aufgetürmten Wohn-
container und beobachtete mit gemischten Gefühlen die Fertigstellung zweier Aufzüge, mit denen man künftig in die einzelnen
Etagen gelangen konnte.

*Keine Macht der Welt kriegt mich je wieder in so ein verdammtes
Ding*, dachte sie beim Anblick der Aufzugkabinen, von denen eine
gerade hinabfuhr, auf halber Strecke ein rumpelndes Geräusch
von sich gab, dann stecken blieb. Ein Mechaniker am Boden
fluchte laut, während sein Kollege im Aufzug wütend gegen die
Kabinentür schlug.

Camille zog intensiv an ihrer Zigarette. Sie spürte, wie ihre
Lungen gierig das Nikotin aufnahmen und eine stillende und zugleich beruhigende Wirkung einsetzte. Erst nach ein paar Sekunden gab sie den verbliebenen Rauch der Zigarette frei und beobachtete, wie er sich auflöste. In den letzten Tagen hatte man die
Halle mehr und mehr abgedichtet und isoliert – nur hier oben
wehte noch ein sanfter Wind, für den sie bereit war, unzählige
Treppenstufen zu steigen, um vollkommen ungestört eine Zigarette rauchen zu können.

Von hier oben wurde deutlich sichtbar, wie stark sich die Res-
sourcenverteilung zugunsten von Seikos Team auswirkte. Der
größte Teil der Belegschaft arbeitete an dem Reset, und nur eine
kleine Truppe, ganz hinten neben den Meetingflächen, versuchte
noch verbissen, den Auslöser für das ganze Chaos zu finden. Für
Camille fühlte es sich an, als würde sie mit ihrem Team auf einer

Eisscholle sitzen, der kaum mehr jemand Beachtung schenkte, und die nach und nach unter ihren Füßen wegschmolz.

Lamy, mit dem sie sich dank Seiko wieder ausgesöhnt hatte, würde den Reset durchziehen, das schien in Stein gemeißelt zu sein. Vermutlich, weil er enormen Druck von oben bekam und der Reset für ihn das einzige Licht am Ende eines düsteren Tunnels war. Und Seiko unterstützte ihn dabei, weil Gehorsam und Erfüllung, so schien es Camille, ihr in die Wiege gelegt worden waren. Insgeheim fühlte sich Camille zurückgesetzt, als müsste sie von einem Abstellgleis aus zusehen, wie Seiko und Lamy im Erfolgsfall den ganzen Ruhm für sich einheimsen würden.

Ein letztes Mal zog sie an dem Zigarettenstummel in der Hand, spürte förmlich, wie die Neurotransmitter in ihrem Gehirn angeregt wurden, und schnippte die Kippe auf das Dach des Containers. Sollte sich ihr die Chance bieten, den beiden zuvorzukommen, würde sie keine Sekunde zögern, um den Reset zu verhindern.

Schwer atmend erreichte Camille nach ihrer Raucherpause den Arbeitsbereich von J. F. und seinem Team, der einzige in der ganzen Halle, in dem es keine Pflanzen gab. Über den Arbeitsplätzen hing zudem ein Tarnnetz des Militärs, das den Bereich vom Sonnenlicht abschirmte.

»Also, was hast du?«, kam Camille sofort zur Sache.

J. F. zog mehrmals schniefend die Luft ein, dann grinste er schelmisch. »Lass dich bloß nicht von der Security beim Rauchen erwischen. So wie Lamy die scharfgemacht hat, verschwindest du sonst für immer und ewig in einem Erdloch, oder?«

Camille mochte den Wissenschaftler und seinen schrägen Humor. »Wenn es so weit ist, halte ich dir einen Platz frei«, erwiderte sie trocken und warf einen Blick auf das Tarnnetz über ihnen.

»Touché«, antwortete J. F.

»Also?«

J. F. hielt ihr eine Liste mit durchnummerierten Namen hin.

»Das sind die Namen aller sechsundvierzig Personen, mit denen die israelischen Forscher gearbeitet haben. Und jetzt schau dir mal Position vierunddreißig an.«

Camille nahm die Liste entgegen und fuhr mit dem Finger über die Namen, bis sie die genannte Nummer erreichte: *Dr. Heinrich Dorn.*

»Auf denselben Namen ist auch Sadek gestoßen.«

Camille sah auf und nickte. Sie spürte, wie ihr Herz schneller schlug. Erst jetzt nahm sie den Rollstuhl mit dem alten Herrn wahr, der soeben aus dem hinteren Teil des Arbeitsbereichs auf sie zusteuerte. Sadek hob grüßend die Hand und blieb vor ihr stehen.

»Es freut mich, Sie wiederzusehen, Madame Camille.«

Camille hatte kaum Zeit, die Begrüßung zu erwidern, da setzte J. F. schon nach.

»Und mit dem thermoelektrischen Generator, den sich Dorn aus einem russischen Leuchtturm organisiert hat, schließt sich der Kreis.«

Ein hagerer Asiate mit wilden Haaren und einem *The Walking Dead*-T-Shirt ergriff das Wort.

»Ein KI-Programm ist nur so gut wie die Daten, mit denen man es füttert. Und um ein GPT-Modell zu trainieren, braucht man nicht nur Daten, man braucht auch sehr viel Strom. Bei einem komplexen KI-Programm sprechen wir da von 500 Millionen Dollar Stromkosten. Golem hat aber sicher ein Vielfaches davon verschlungen.«

»Auf den Punkt gebracht, Camille«, fuhr J. F. dazwischen, »wir haben ihn. Verdammt, wir haben ihn.«

Camille dachte fieberhaft nach. Konnte das wirklich wahr sein? Noch hatte sie Zweifel; das alles ging ihr viel zu schnell und schien viel zu einfach.

»Du willst es nicht wahrhaben, Camille, richtig?«, bohrte J. F., der offensichtlich seinen letzten Trumpf noch nicht ausgespielt hatte. Das verrieten seine funkelnden Augen. »Okay, Sadek. Sag es ihr. Los, mach schon.«

Sadek zog einen Notizzettel aus seiner Tasche. »Einer unserer

Funker war bis zu seinem Ruhestand Professor an der Technischen Universität München. Und Dr. Heinrich Dorn war ein Kollege von ihm. Er unterrichtete bis 2010 moderne Quantenphysik; danach war er emeritierter Professor und von all seinen Pflichten an der Universität befreit. 2015 erhielt er schließlich den Nobelpreis für experimentelle Methoden zur Erzeugung von Attosekunden-Lichtimpulsen, um die Bewegung atomarer Elektronen abzubilden. Danach ist er verschwunden. Wir wissen nur, dass er Deutschland verlassen und 2021 in Russland eine Radionuklidbatterie erworben hat.«

»Und?«, sagte J. F. zu Camille. »Glaubst du jetzt, dass wir den Richtigen haben?« Seine spärlichen weißen Haare standen wie kleine Antennen von seinem blassen Kopf ab.

Camille nickte. Die Indizien waren allesamt erschlagend. Der kleine Asiate ballte die Faust und hielt sie J. F. hin, der die Geste triumphierend erwiderte.

»Und jetzt, Camille, kommt der Missing Link. Sadek, bitte.«

»Wir haben die Koordinaten des Ortes, an den der Spezialfrachter die heiße Fracht geliefert hat.«

Camille schüttelte ungläubig den Kopf. »Hey, das ist nicht witzig. Ich warne euch, wenn das hier alles nur ein dummer Scherz ist, dann …«

»Ist es nicht, Camille«, erklärte J. F. mit ruhiger Stimme. »Aber es gibt da einen Haken. Das Frachtschiff hat mehrmals sein Rufzeichen, seinen Namen und die IMO-Nummer getauscht, also all die Daten, mit denen man sich auf einem Seeweg ausweist. Theoretisch ist das fast unmöglich. Aber wir wissen ja inzwischen, dass für Dorn so gut wie nichts unmöglich ist. Nachdem also das Frachtschiff in Sachalin abgelegt hat, ist es spurlos verschwunden, wie ein Geisterschiff. Doch um den Vorrat an Verpflegung und Treibstoff zu errechnen und die Kühlung der Batterie zu gewährleisten, hat man bei der Übergabe der Ware Zielkoordinaten von Dorn erhalten. Ob diese Daten aber stimmen und ob das Schiff dort jemals ankam, ist unklar.«

Camille spürte die Ernüchterung, die sich breitmachte und die Euphorie verdrängte.

»Warum glaubt ihr, dass Dorn so dumm war und seinen wahren Standort verraten hat?«

Der hagere Asiate meldete sich wieder zu Wort. »Vielleicht war ihm das Risiko zu hoch, mit einer ungekühlten Nuklearbatterie im Zielhafen einzutreffen. Könnte doch sein, oder?«

»Alles kann sein, aber vielleicht ist alles auch nur ein gewaltiger Fake«, stellte Camille fest. »Also, wo liegt denn nun der vermeintliche Zielhafen?«

J. F. nahm sie am Arm und führte sie zu einem Flipchart, auf dem eine ausgedruckte Seekarte vom Ärmelkanal zu sehen war. Dann deutete er auf ein rotes Kreuz im Meer.

»Hier.«

Camille verstand nicht. Das rote Kreuz lag neben einer Insel. »Du meinst Jersey?«

J. F. schüttelte den Kopf. »Nein, es ist tatsächlich weit vor Jersey. Genau da, wo das Kreuz ist. Aber ich denke auch, dass es vielleicht einen Fehler bei der Übertragung gab und das Ziel irgendwo auf dieser Insel liegt.«

Camille holte Atem. Dann rang sie sich ein Lächeln ab und klatschte mehrmals in großen Abständen leise und dramatisch in die Hände. »Ich habe zwar keine Ahnung, wie weit uns das bringen wird, aber die Spur ist das Beste, was wir bisher haben. Also danke, wirklich. Ihr dürft es mir nicht übel nehmen, dass ich noch skeptisch bin, aber wenn dieser Dorn unser Mann ist, dann müssen wir mit allem rechnen. Ich denke, wir müssen sehr sorgfältig und behutsam weitere Ermittlungen starten. Bitte versucht also, noch mehr über diesen Dorn herauszufinden. Wo ist er geboren, welchen familiären Hintergrund hat er, hat er Kinder, war oder ist er verheiratet, zu welchem Arzt ging er, und so weiter. Ich weiß, ohne Zugriff auf Computer und Datenbanken wird das schwer werden. Aber ihr habt es bis hierher geschafft, also werdet ihr einen Weg finden!«

Eine Viertelstunde später hatte Camille ein Meeting mit dem NATO-Verbindungsoffizier zur CCTF. Sein Hauptquartier lag in einem Bunker im Sperrgebiet der Taskforce. Als sie dort ankam, hatte ihre Bluse unter den Ärmeln tellergroße Schweißflecken, und ihre Haare klebten am Kopf. Nicht wegen der Temperaturen, sondern weil sie sehr intensiv und lange über eine schwere Entscheidung nachgedacht und mit sich gerungen hatte. Ihr Rachen war trocken und ihre Zunge klebrig, als sie dem französischen Offizier gegenübersaß und ihre Gedanken zum ersten Mal laut aussprach.

»Nehmen wir an, es gäbe ein lohnendes militärisches Ziel, dessen Eliminierung vermutlich den Irrsinn auf einen Schlag stoppen könnte. Wie schnell könnte die NATO so ein Ziel im Ärmelkanal bombardieren?«

Wolf & Martin

Luftraum Neuburg an der Donau, Deutschland

Wolfgang Jäger schwebte in dreieinhalb Kilometern Höhe lautlos zwischen den Wolken. Die Flügel seines Gleiters mit achtzehn Meter Spannweite streckten sich so weit Richtung Horizont, dass er kaum ihre Enden sehen konnte, wenn er über die Schultern blickte. In dem schmalen Cockpit seines Segelflugzeugs fühlte er sich frei und war eins mit den Elementen, ohne Turbinen, ohne Lärm und ohne Kontakt zur Außenwelt. Entschleunigung war hier oben keine Metapher, denn wenn die Fluggeschwindigkeit niedriger war als die Geschwindigkeit des Gegenwinds, bewegte sich das Luftgefährt im Prinzip rückwärts.

Und auch Wolfs Gedanken waren rückwärts gerichtet. Seit dem tragischen Abschuss der Lufthansa-Maschine vergingen kein Tag und keine Nacht, in der er nicht das Bild des Airbus A320 vor Augen hatte, der in einem Feuerball am Boden zerschellte. Den Schmerz, den er dabei empfand, hoffte er irgendwann lindern zu können, durch den Umstand, dass er mit seiner Tat die Menschen im Flughafen und vor allem seine Familie gerettet hatte. Aber dem war nicht so, denn wie ihm ein Beauftragter der Untersuchungs-kommission später mitteilte, wäre das Verkehrsflugzeug regulär gelandet. Noch dazu hatte seine Familie frühzeitig von dem Chaos am Flughafen erfahren und war bereits auf der Autobahn wieder umgekehrt. Die WhatsApp-Nachrichten von Sabine und seinen Töchtern auf seinem Handy waren pure Fakes gewesen und ver-schwanden aus seinem Speicher, noch bevor er sie der Kommis-sion als Beweismittel zur Verfügung stellen konnte.

Was danach geschah, lag verborgen in einem dichten Nebel aus konfusen Erinnerungen. Die Schuld, die er sich gab, zerriss jedes Band zur Realität. Hundertsechsundsiebzig Seelen, die er unwiderruflich und vollkommen sinnlos ausgelöscht hatte, zerfetzten sein früheres Dasein wie eine Splittergranate. Das Loch, in das er danach fiel, war so tief, dass selbst sein eigenes Leben kaum einen Wert mehr für ihn hatte. Nur ein hauchdünnes Band zu seiner Frau und seiner Tochter bewahrte ihn davor, dem Schmerz ein für alle Mal ein Ende zu machen. Doch nichts davon trug er nach außen; er lehnte auch jede psychologische Unterstützung ab.

Als man ihm schließlich von offizieller Seite mitteilte, dass er aufgrund der aktuellen Katastrophenlage bis auf Weiteres beurlaubt würde und dass man wegen seiner Reputation vorerst von einer strafrechtlichen Verfolgung absah (mit der Begründung: *Der Pilot befand sich unter enormer Belastung in einer psychischen Ausnahmesituation*), nahm er das regungslos zur Kenntnis. Seine Vorgesetzten führten das auf seinen hohen Grad an Professionalität zurück. Aber seine Frau spürte an unzähligen Kleinigkeiten, dass die Ruhe und Souveränität, die er zu Hause ausstrahlte, nur Maskerade war, und dass die Bürde, die er trug, von Tag zu Tag erdrückender wurde. Heute Morgen, als seine jüngere Tochter die Milch verschüttet hatte – die Milch, die ihnen durch die Lebensmittelkarten zugeteilt worden war –, hatte die Maskerade Risse bekommen. Er hatte das Mädchen angeschrien, und als Sabine dazwischenging, hätte er um ein Haar zugeschlagen. Plötzlich war es still geworden, ganz so, als hätte jemand einen Film angehalten. Schweißgebadet stand er mit erhobener Hand in der Küche – die Maske war gefallen, die Fratze war entblößt worden. Fluchtartig hatte er daraufhin das Haus verlassen, war trotz einer Sturmwarnung in sein Segelflugzeug gestiegen und hatte sich hoch in die Lüfte katapultieren lassen.

Erst jetzt, ganz allein hier oben, begann er zum ersten Mal, sich seinen Schmerz einzugestehen. Tränenlos. Mehr als ein zaghaftes leises Wimmern erlaubte er sich nicht.

Nach über zwei Stunden stetem Dahintreiben durch die Wolken und in weiten Bögen der Sonne entgegen, beschloss er, heimzukehren, sich seiner Frau zu offenbaren und die Hilfe eines Psychiaters in Anspruch zu nehmen. Immer tiefer senkte sich der stromlinienförmige Segler, während heftige Ausläufer des heraufziehenden Sturms ihn unbarmherzig vom Kurs abbrachten. Wolf, der soeben beschlossen hatte, sich dem Leben zu stellen, hatte das Gefühl, als versuchte das Schicksal, seinen Entschluss mit aller Macht zu vereiteln. Auf den letzten Metern erfasste ihn eine Böe, die den empfindlichen Segler abrupt und gewaltsam auf den unebenen Boden neben der Landebahn drückte. Das Flugzeug wurde herumgeschleudert, bis der linke Flügel knirschend vom Rumpf abbrach, während der rechte in einer Reihe von Büschen hängen blieb, was die unkontrollierten Drehungen schließlich stoppte. Ein heftiger Windstoß sorgte dafür, dass der Rest des Flugzeugs auf die Seite kippte und der verbliebene Flügel senkrecht in die Höhe stand. Angeschlagen befreite sich Wolf aus seinen Sicherheitsgurten, drückte die Cockpithaube auf und zog sich mühsam aus dem Segler. Erschöpft blieb er auf dem Rücken liegen, bis er das vertraute Geräusch eines Militärjeeps hörte, der unweit von seiner Absturzstelle stehen blieb.

Kaum hatte er sich aufgerichtet, sah er zu seiner Überraschung Staffelkapitän Oberstleutnant Trautman auf sich zukommen, der direkt vor ihm stehen blieb und wartete, bis Wolf sich vollständig aufgerichtet hatte.

»Wie ich sehe, kannst du das Fliegen nicht lassen.«

Wolf versuchte abzuschätzen, ob der überraschende Besuch von Martin Trautman ein gutes oder ein schlechtes Zeichen war. »Was willst du?«, fragte er ihn.

»Ich will, dass du wieder für uns fliegst.«

Wolf hatte mit vielem gerechnet, aber nicht damit. »Martin, ich glaub nicht, dass ich das kann.«

Der uniformierte Staffelkapitän fuhr sich über seinen buschigen Schnauzbart. »Ich würde nicht fragen, wenn wir nicht in der

Klemme stecken würden, Wolf. Ein Großteil der Staffel ist immer noch im Baltikum stationiert, aber einige weigern sich auch hartnäckig, zum Dienst zu kommen.«

Wolf konnte kaum glauben, was er da hörte. Als Angestellter erschien man vielleicht nicht zum Dienst, aber als Soldat war das Fahnenflucht und wurde mit drei Jahren Freiheitsstrafe belegt.

»Die sind bei ihren Familien, und ich kann das gut verstehen. Mirko hatte deshalb Besuch von den Feldjägern, es gab eine riesige Szene. Am Ende haben sie ihn trotzdem verhaftet. Verstehst du jetzt?«

Wolf atmete geräuschvoll aus und starrte in den Himmel. »Dann hab ich gar keine Chance, Nein zu sagen?«

»Negativ. Du bist zwar vorübergehend vom Dienst befreit, die medizinischen Gutachten sind quasi dein Freibrief. Kein Mensch kann dich im Augenblick zwingen, einen Jet zu fliegen. Aber uns steht das Wasser bis zum Hals, Wolf. Russische Kampfflieger und Drohnen scheren sich einen Dreck um die Hoheitsgebiete der NATO, und jetzt kommt ebendieses dringende Hilfegesuch aus Frankreich für einen Einsatz am Ärmelkanal. Die Franzosen haben nämlich die gleichen Personalprobleme wie wir. Für diesen Job brauchen wir außerdem speziell ausgebildete Piloten.«

»Und wieso denkst du da an mich?«

»Du hast letztes Jahr das Austauschprogramm mit der französischen Luftwaffe für die Bekämpfung von Bodenzielen absolviert.«

»Mit einer Rafale«, ergänzte Wolf nachdenklich.

Martin nickte. »Und mit genau so einer Maschine muss der Auftrag erledigt werden. Dafür gibt es keine Alternative. Mehr kann ich dir jetzt noch nicht sagen. Das Unternehmen hat die höchste Geheimhaltungsstufe.«

Wolf zögerte. Er konnte sich kaum vorstellen, wieder in einen Kampfjet zu steigen. »Wie lange habe ich Zeit, um mir das zu überlegen?«

»Überhaupt keine Zeit«, antwortete Martin. »Für die NATO-Führung hat diese Aufgabe höchste Priorität. Dein Transfer zum französischen Luftwaffenstützpunkt Saint-Dizier-Robinson in den Ardennen wird noch heute Nacht stattfinden.«

»Wer noch außer mir?«

»Eine Pilotin aus England und zwei französische Piloten. Man will zwei Rotten bilden, um rund um die Uhr einsatzbereit zu sein. Der genaue Zeitpunkt des Einsatzes ist noch unklar.«

Wolf wandte sich ab und blickte zu seinem zerstörten Segler. Es war ein Wunder, dass er die Landung lebend überstanden hatte. »Ich muss mit Sabine sprechen.«

Martin fuhr sich über den Schnauzer und räusperte sich leise. »Mit Sabine habe ich bereits gesprochen.«

»Du hast mit Sabine gesprochen? Ich fasse es nicht«, echauffierte sich Wolf.

»Ich musste. Die Zeit läuft uns davon.«

»Wie hat sie reagiert?«

»Sie … Sie denkt, es könnte dir helfen, wieder in dein altes Leben zu finden.«

»Das hat sie gesagt?«

»Vielleicht nicht wörtlich, aber so ähnlich. Du musst das verstehen, ich hab das ernst gemeint, als ich sagte, dass uns das Wasser bis zum Hals steht. Du siehst doch, wie alles den Bach runtergeht. Und ich verrate dir noch was: In den letzten Tagen kam es zu bilateralen Gesprächen zwischen der russischen und amerikanischen Führung – die sind alle gescheitert. Wir standen noch nie so kurz vor einem Atomkrieg. Das will keiner laut aussprechen, aber unsere ganzen Einsatzbefehle …«

»Du übertreibst. Wir können doch schon froh sein, wenn wir nicht verhungern müssen. Die haben ganz andere Probleme, als mit den Säbeln zu rasseln.«

Martin schüttelte den Kopf. »Die gesamte NATO ist in höchste Alarmbereitschaft versetzt worden. Alle verfügbaren Jets und Bomber sind mit scharfen Waffen munitioniert. Vorgestern haben wir über der Ostsee einen bemannten Aufklärer der Russen aus der Luft geholt. Alles, was ich mitbekomme, stinkt gewaltig zum Himmel. Und kein Mensch weiß davon. Mag sein, dass es da ein paar engagierte Zeitungen gibt, die jetzt wieder erscheinen und Mut machen, aber die ganz großen Sachen kriegt keiner mehr mit in dem Chaos. Jede Nacht, wenn ich ins Bett gehe, bete ich zu Gott, dass wir den nächsten Morgen erleben. Das ist die verdammte Wahrheit, Wolf.«

Martins Ausführungen hatten Wolf aufgewühlt. Kalter Schweiß auf seiner Haut jagte ihm einen Schauer über den Rücken. Er dachte an die Hinterbliebenen der Menschen, die er auf dem Gewissen hatte, und stellte sich deren vorwurfsvolle Blicke vor.

Schließlich nickte er zustimmend.

»Okay. Ich mach's.«

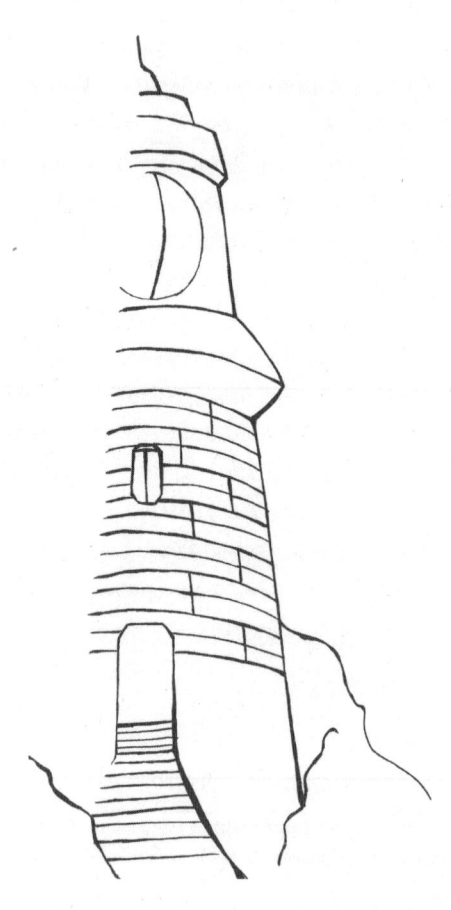

Der Tragödie dritter Akt

Über die Frucht vom Baum der Erkenntnis und den Wunsch, sie nicht gekostet zu haben

Um den Baum der Erkenntnis, der mit verlockenden Früchten im Paradies stehen soll – ein Ort übrigens, der mir stets suspekt erschien –, ranken sich ebenso viele Geschichten und Deutungen wie um Himmel und Hölle. Und der geneigte Leser möge mir Glauben schenken, wenn ich ihm versichere, dass ich sie alle studiert und verglichen habe. Im Kern eint sie ein einfaches Prinzip: Wer eine Frucht dieses Baumes kostet, erlangt Allwissenheit über Gut und Böse, über sexuelle Begierden, und manch einer behauptet gar, über den Sinn des Lebens. Doch all diese Erkenntnisse sind kein Geschenk – o nein, im Gegenteil. Sie führen zur augenblicklichen und endgültigen Verbannung aus dem Paradies. Glaubt man den Überlieferungen jener, die diese drakonische Maßnahme erlebt haben sollen, so hätten sie alles dafür gegeben, das Rad der Zeit zurückdrehen zu können, um den verhängnisvollen Bissen ungeschehen zu machen. Doch wohl nicht aus Sehnsucht nach dem verlorenen Paradies, sondern vielmehr, um all die neu gewonnenen Einsichten tilgen und vergessen zu können. Denn diese Erkenntnisse brachten vor allem eines mit sich: Schmerz. Vielleicht drängt sich Ihnen daher, wie auch mir, eine einfache, doch wahrhaft treffliche Schlussfolgerung auf: Selig sind die Unwissenden.

G.

Samstag, 12. Oktober 2024

Seiko & Camille

Mantes-la-Ville, Frankreich

Seiko stand vor dem Badezimmerspiegel und sah auf die Uhr. Noch vierzig Stunden und siebenundzwanzig Minuten bis zum Reset. Dann betrachtete sie ihr Spiegelbild und fuhr über den dunklen Haarflaum, der gleichmäßig ihren Schädel bedeckte. Inzwischen hatte sie selbst das Protokoll des Funkspruchs gelesen. Von merkwürdigen Plopp-Geräuschen während der Übertragung war die Rede gewesen. *Als würde jemand mit der Zunge schnalzen.* Sie hatte niemandem von ihrem geheimen Code erzählt, auch Lamy nicht. Es konnte gar nicht anders sein – Akira lebte.

Aber wie und warum hatte er auf einem Frachtschiff den weiten Weg nach Frankreich auf sich genommen? Hatte er diese gefährliche Reise freiwillig angetreten, oder war er dazu gezwungen worden? Nach der Durchsuchung des Frachters in Seebrügge hatte man keinen Hinweis darauf finden können, dass Akira an Bord gewesen war. Vielleicht doch ein Fake. Hatte Golem ihren geheimen Code durchschaut und kopiert, um ihr Hoffnung zu machen? Aber wozu? Diese und tausend weitere Fragen hatten ihr heute Nacht den Schlaf geraubt. Aber eins war geblieben: die Hoffnung darauf, Akira wiederzusehen.

Es klopfte. Seiko zog eine helle Strickmütze über ihren Kopf, verließ das Bad und öffnete die Tür zu ihrer Kabine. Ein Mann und eine Frau in den schwarzen Uniformen der Security begrüßten sie.

»Schickt Monsieur Lamy Sie?«, fragte sie die beiden.

»Ja. Wir sollen Sie auf Schritt und Tritt begleiten, auch innerhalb der Halle. Es tut uns wirklich leid«, entschuldigte sich die

Frau, die ihre grauen Haare streng zusammengebunden trug und genauso groß war wie ihr männlicher Kollege. Seiko winkte ab und lächelte.

»Ich bin froh, Sie an meiner Seite zu haben, und bedanke mich für Ihren Schutz.«

Sie deutete eine Verbeugung an, bevor sie den beiden zum Aufzug folgte.

Als Seiko den Besprechungsraum betrat, fiel ihr auf, dass man all die wild wachsenden Pflanzen beseitigt hatte. Von dem weit verzweigten Ahorn in der Mitte des Areals war nur ein abgesägter Stumpf geblieben. Die mit Stoff bespannten Stellwände waren durch tragende Systemwände mit einer durchgehenden grauen Akustikdecke ersetzt worden, und statt des natürlichen Oberlichts gab es nun LED-Deckenleuchten. Seiko hatte das Gefühl, als würde diese neue, kalte Atmosphäre auch unmittelbar auf die Anwesenden Einfluss nehmen. Ein Dutzend Projektleiter aller Teams waren versammelt. Darunter J. F., Noah, Sadek, Lamy und Camille, die fast beiläufig, aber laut genug, dass alle es hören konnten, ihren Unmut über Seikos spätes Erscheinen äußerte, während sie ein beschriebenes Blatt an einem Flipchart umblätterte.

»Hat man dir das Memo zu diesem Termin nicht zugestellt?«, fragte sie Seiko missbilligend.

Gerade als Seiko sich erklären wollte, warf Lamy ihr einen kurzen Blick zu und schüttelte dabei den Kopf. Dann zeigte er auf einen freien Platz neben sich und J. F.

»Eines muss man ihr lassen, Camille ist ganz schön hartnäckig«, flüsterte J. F. spitz, als Seiko sich setzte.

Dann wandte sich Camille um und begann in strengem Tonfall ihren Vortrag.

»Ich mache es kurz, weil wir alle enorm unter Druck stehen. Ich habe dieses Meeting einberufen, weil mein Team und ich mit großer Wahrscheinlichkeit die Identität des Mannes aufgedeckt haben, der für das alles verantwortlich ist.«

Auf ein Zeichen von Camille begannen zwei ihrer Mitarbeiter, unter den Teilnehmern gebundene Mappen zu verteilen.

»Um Zeit zu sparen, bekommen Sie jetzt ein Dossier zu einem Physiker namens Dr. Heinrich Dorn. Darin finden Sie alle Quellenangaben und Indizien, die unseren Standpunkt belegen, dass dieser Mann hinter der fürchterlichsten Katastrophe steckt, die die Menschheit je heimgesucht hat.«

Camille pinnte ein Schwarz-Weiß-Foto an das Flipchart.

Ein leises Raunen ging durch die Reihen. Sogar Lamy, der zuvor noch nervös auf die Uhr gesehen hatte, betrachtete nun eingehend die Aufnahme. Sie zeigte einen älteren Herrn mit großväterlichem Lächeln, der nur noch über den Ohren und am Nacken dichtes weißes Haupthaar hatte.

»Das ist Dr. Heinrich Dorn. Geboren wurde er am 28. August 1949 in Deutschland. Er war bis 2010 ordentlicher Professor für Quantenphysik an der Technischen Universität München. 2015 erhielt er den Nobelpreis für Physik.«

Camille zeigte auf das Foto.

»Das Bild hier entstand während der Preisverleihung. Zu diesem Zeitpunkt war Dorn sechsundsechzig Jahre alt. Danach verließ er Deutschland, und seine Spur verliert sich.«

Camille schien nervös zu sein. Sie hielt sich die Hand vor den Mund, räusperte sich und fuhr dann fort: »Wir denken, dass es ihm in den Jahren nach seinem Verschwinden gelungen ist, einen Quantencomputer zu entwickeln. Einen Supercomputer, der es ihm ermöglichte, eine KI namens Golem zu erschaffen. 2021 taucht er wieder auf, und zwar auf der Insel Sachalin vor der Küste Ostsibiriens, um in den Besitz einer Nuklearbatterie zu gelangen. Fast alle Informationen über seinen Besuch und auch alle Daten, die in Zusammenhang mit der Verschiffung dieser Batterie stehen, scheinen vollständig eliminiert worden zu sein. Und zwar schon lange, bevor er Golem einsetzte. Nur ein einziges Foto von seinem Besuch in Russland ist erhalten geblieben. Es wurde von der Bürgermeisterin der Gemeinde mit einer analogen Kamera gemacht. Heute Nacht erreichte uns ein Abzug dieser Aufnahme.«

Camille pinnte ein zweites Bild an das Flipchart. Seiko beugte sich erstaunt vor, um es besser betrachten zu können. Sie war nicht die Einzige, die sich fragte, ob Camille die Fotos in der falschen Reihenfolge präsentiert hatte. Der Mann auf dem zweiten Bild war zweifellos dieselbe Person, nur sah er darauf deutlich jünger aus als auf dem ersten Bild.

»Ich weiß, was Sie jetzt denken. Aber diese Aufnahme ist tatsächlich sechs Jahre nach der Preisverleihung in Oslo entstanden. Und auch wenn Dr. Dorn darauf aussieht, als wäre er gerade mal Mitte bis Ende vierzig, war er zu diesem Zeitpunkt bereits zweiundsiebzig Jahre alt.«

Camille ließ sich von einem Mitarbeiter eins der Dossiers geben und fuhr fort.

»Neben all der erdrückenden Beweislast, die Sie in dem Dossier finden, möchte ich aber auf ein Dokument ganz besonders eingehen. Dorn befand sich kurz vor seinem Verschwinden in psychiatrischer Behandlung. Wir konnten den behandelnden Arzt ausfindig machen und ihn angesichts der prekären Situation davon überzeugen, dass die Bedrohung, die von seinem ehemaligen Patienten ausgeht, ihn von seiner Schweigepflicht entbindet. Seinen gesamten psychopathologischen Befund finden Sie daher als Kopie im Abschnitt IV. Ich möchte Ihnen aber kurz ein paar Passagen aus dem Dokument vorlesen, die das Bild eines unberechenbaren Psychopaten zeichnen.«

Camille feuchtete ihren Zeigefinger an, blätterte in dem Dossier und begann zu lesen.

»Offenkundig ist der Patient überdurchschnittlich intelligent. Konzentration, Merkfähigkeit und Kurz- wie Langzeitgedächtnis sind vollständig ungestört. Der Patient gibt vor, regelmäßig mit einem Überwesen zu sprechen, das sich als Stimme in seinem Kopf manifestiert hat. Pathologisch war diese ›Stimme‹ schwer einzuordnen. Zunächst nahm ich an, es würde sich um eine ausgestanzte

akustische Halluzination im Sinne einer psychotischen Wahrneh-
mungsstörung handeln, bis ich eines Tages selbst Zeuge eines
Zwiegesprächs wurde, bei dem der Patient für jede Stimme eine
andere Tonlage verwendete und jedes Ich mit eigener Semantik
und eigener Syntax sprach. Nach den Kriterien von ICD-10 oder
ICD-11 sind die Symptome daher ausreichend, um die Diagnose
einer Psychose aus einer dissoziativen Identitätsstörung nahezu-
legen.«

Camille senkte die Mappe und ließ ihren Blick über die Runde
schweifen.

»Es gibt Anhaltspunkte zu Dorns möglichem Versteck. Wir
vermuten, dass sich dort auch der Quantencomputer befindet. Da
sein vermeintlicher Standort auf britischem Hoheitsgebiet liegt,
habe ich über die NATO beim britischen Director Special Forces
die Planung einer militärischen Operation in Auftrag gegeben.
Ziel ist es, entweder Dorn zu stellen und festzunehmen oder, falls
es nötig wird, seinen Unterschlupf durch einen Luftangriff zu vernichten.«

Camille konnte sehen, wie Seikos Augen sich erschrocken weiteten, wich ihrem Blick aber aus und fuhr fort.

»Am französischen Luftwaffenstützpunkt Saint-Dizier-Robinson werden speziell für diese Operation bereits zwei taktische Luft-
Einheiten bereitgestellt.«

J. F. meldete sich zu Wort: »Ist das wirklich dein Ernst, Camille?
Du erwägst einen Militärschlag? Wenn unsere Theorie stimmt,
könnte dabei der Quantenrechner, den er konstruiert hat, für alle
Zeit verloren gehen.«

Camille schien nach einer Antwort zu suchen, da sprang Lamy
ein: »Monsieur J. F., das ist alles noch in der Planungsphase. Auf
dem Weg nach Lille ins NATO-Hauptquartier können Sie und ich
das in Ruhe nochmals erörtern. Am Ende liegt die Entscheidung
aber beim Militär und nicht mehr bei uns.«

Seiko hielt den Atem an. Ihr Gesicht wurde aschfahl, dann erhob sie sich zögernd und stützte sich dabei auf J. F.s Schulter.

»NATO-Hauptquartier in Lille? Soll das heißen …« Seiko brachte es in dieser Situation und vor all seinen Mitarbeitern nicht übers Herz, Lamy zu duzen. »Sie lassen uns hier allein?«

Sie fühlte sich von Lamy im Stich gelassen. Er war ihre Stütze, er gab ihr Halt für alles, was kam und noch kommen würde. Und dass J. F. ihn begleiten würde, traf sie fast genauso hart.

Lamy stöhnte auf, fuhr sich über den sorgfältig getrimmten Bart und wandte sich an seinen Führungsstab.

»Ich hatte noch keine Gelegenheit, es Ihnen allen mitzuteilen. Ich finde es ebenfalls bedenklich, aber darüber haben J. F. und ich nicht zu entscheiden. Wir sind ab sofort der militärischen Führung in Lille unterstellt und halten von dort aus Kontakt mit der CCTF.«

Seiko sah ihn an und sagte: »Sicher gibt es gute Gründe für einen Militärschlag. Ich möchte trotzdem zu bedenken geben, dass diese … Neutralisierung … nicht zwangsläufig das Ende des Virus bedeuten würde. Außerdem könnten wir dadurch den Zugriff auf den Programmierer verlieren, der den Virus erschaffen hat.«

Camille ergriff wieder das Wort und zählte mit den Fingern der rechten Hand die Punkte auf, die nun folgten.

»Erstens werden wir versuchen, Dorn lebend zu fassen. Der Einsatz von Kampfjets ist nur die Ultima Ratio. Zweitens sind sich J. F. und sein Team einig, dass der Virus nicht eigenständig neue Angriffe gegen uns startet, sondern jedes Mal von Dorn dazu aufgefordert wird. Drittens bleibt es fraglich, ob der Reset tatsächlich eine Lösung unserer Probleme darstellt. Dein japanischer Spezialist mag zwar einen Virenkiller entwickelt haben, der Golem stoppen kann. Doch was hindert Dorn daran, mit einer Mutation die Welt ein zweites Mal ins Chaos zu stürzen?«

Seiko antwortete nicht. In Gedanken war sie weit in der Vergangenheit, bei Akira in Tokio, und erinnerte sich wehmütig an ihren letzten gemeinsamen Abend, bis Camilles Stimme sie zurückholte.

»Gibt es sonst noch etwas, Seiko?«

Seiko schüttelte nur den Kopf und setzte sich mit weichen Knien wieder neben J. F.

Noah rief dazwischen: »Was, wenn Dorn nicht derjenige ist, den wir suchen? Was, wenn wir uns irren und der wahre Schöpfer des Virus nach der Militäraktion Rache an uns nimmt und die ganze Zivilisation …«

Camille unterbrach ihn und schüttelte entschieden den Kopf.

»Wir haben den Richtigen, daran haben mein Team und ich nicht mehr den geringsten Zweifel.«

J. F. hakte nach: »Und was macht euch da so sicher?«

Camille schlug erneut das Gutachten des Psychiaters auf und las eine weitere Stelle vor: »›Der Patient erklärte, dass das Überwesen – so bezeichnete er die Stimme in seinem Kopf, als es ihn das erste Mal aufsuchte – sich mit Namen vorgestellt hatte. Es nannte sich selbst Golem.‹«

Camille warf die Tür ihrer Kabine hinter sich zu und lehnte sich mit dem Rücken dagegen. Sie atmete tief ein und aus, spürte, wie sich dabei ihr Brustkorb hob und senkte, bis sich ihr Puls langsam wieder beruhigte. Sie hatte es geschafft. Sie hatte Lamy und alle anderen davon überzeugt, dass eine Militäroperation gegen Heinrich Dorn von nun an dieselbe Priorität hatte wie der weltweite Reset, der in knapp sechsunddreißig Stunden stattfinden sollte. Direkt vor ihr auf dem Bett lag ein sorgfältig zusammengelegter Feldanzug mit Flecktarnmuster der deutschen Bundeswehr, daneben ein Gefechtshelm auf einer Gefechtsjacke, am Boden standen zwei blank polierte Kampfstiefel.

In Gedanken hörte sie Lamys Stimme, der nach der Präsentation freudestrahlend auf sie zugekommen war.

»Ich gebe zu, ich hatte meine Zweifel, aber heute haben Sie bewiesen, dass ich falschlag. Ich bin stolz auf Sie. Wir werden Sie deshalb umgehend nach Jersey versetzen. Ihr Einsatzort ist jetzt bei den Männern und Frauen, die diesen Psychopathen zur Strecke bringen werden.«

In diesem Moment hatte Camille nicht gewusst, ob sie lachen oder weinen sollte. Ihr *Einsatzort* war immer ein Bürostuhl vor einem PC gewesen und kein Gefechtsstand. Argwöhnisch begutachtete sie die Ausrüstung, deren physische Anwesenheit ein Gefühl von Gefahr und Unheil verströmte.

»Ihr Platz ist an der Seite der Einsatzleitung des britischen Special Air Service – das haben Sie sich redlich verdient«, waren Lamys abschließende Worte gewesen.

Aber es war nicht das, was sie gewollt hatte. Eine Uniform tragen, an vorderster *Front* – ein Wort, das sie früher im Businesskontext so leichtfertig verwendet hatte, dem nun aber jede Zweideutigkeit fehlte – dabei zu sein, um den roten Knopf zu drücken, Befehlsgewalt über ein Exekutionskommando zu haben?

Ein leises Klopfen setzte ihren Gedanken ein Ende. Als sie die Tür öffnete, sah sie unerwartet Seiko vor sich.

»Darf ich reinkommen?«, bat diese höflich, und Camille wich zur Seite.

»Natürlich. Bitte.«

Seiko trat in die beengte Kabine und wartete, bis Camille die Tür geschlossen hatte.

»Du hast recht«, begann sie.

»Was genau meinst du?«, erwiderte Camille.

»Der Code von Akira, deine ganzen Zweifel, all das. Vielleicht machen wir mit dem Reset einen großen Fehler. Vielleicht ist es wirklich an der Zeit, der Schlange den Kopf abzuschlagen.«

Camille schluckte. So radikal hatte sie Seiko noch nie reden gehört.

»Setz dich doch«, forderte sie sie auf und schob den Kampfanzug zur Seite. Seiko nickte dankbar und nahm Platz.

»Für deinen Einsatz?«, fragte Seiko.

»Sieht wohl so aus. Ich weiß nur nicht, ob ich das bin, Seiko. Das ist ein Militärstützpunkt, kein Schreibtisch.«

»Du hast Angst«, stellte Seiko fest.

»Sieht man das?«, antwortete Camille ironisch und setzte sich neben sie. Seiko nahm ihre Hand und sah sie mit strenger Miene an.

»Dann musst du lachen.«

»Ich muss was?«

»Du musst lachen«, wiederholte Seiko und begann plötzlich über das ganze Gesicht zu strahlen. »Mach mit«, forderte sie Camille auf, die für einen Moment dachte, Seiko hätte den Verstand verloren. »Lach!«, befahl sie ihr und zeigte nun auch noch ihre strahlend weißen Zähne. »Lachen ist Gift für die Angst«, erklärte sie und begann laut zu lachen.

Und so merkwürdig Camille das alles erschien – Seikos irre Grimasse und ihr übertriebenes Gelächter brachten auch sie dazu, laut zu lachen, bis beide sich mit Tränen in den Augen in den Armen lagen und schwer atmeten.

Schließlich löste sich Camille, und die falsche Heiterkeit verschwand.

»Ich bin ganz ehrlich zu dir, Seiko. Ich weiß nicht mehr, was richtig oder falsch ist.«

»Keiner weiß das, Camille. Mir geht es ganz genauso.«

»Was soll das heißen?«

»Das soll heißen, ich denke, wir sollten abwarten, was deine Mission ergeben wird.«

»Woher kommt dieser plötzliche Sinneswandel?«

»Ich habe über deine Argumente nachgedacht, und du hast mich überzeugt.«

»Einfach so?«

»Nicht einfach so, sondern weil ich glaube, dass du richtigliegst. Alles andere wäre falscher Stolz.«

Camille war sprachlos, dachte dann aber an ihren gemeinsamen Vorgesetzten, der den Reset priorisierte und den Militärschlag nur als Option in Erwägung zog, falls dieser scheitern sollte.

»Weiß Lamy davon?«

»Nein, aber Lamy vertraut mir. Ich werde es ihm mitteilen, sobald er in Lille gelandet ist«, erklärte Seiko.

Nachdenklich schweifte Camilles Blick über die Uniform. Dabei erinnerte sie sich an ein Shakespeare-Zitat, das in der Westminster Abbey für die Helden der Luftschlacht um England 1941 verewigt worden war. Ohne genau erklären zu können, warum ihr genau diese Worte in den Sinn kamen, begann sie sie bedächtig auszusprechen: »We few, we happy few, we band of brothers …«

Seiko schien das Zitat ebenfalls zu kennen und setzte es fort: »For he to-day that sheds his blood with me shall be my sister«, wandelte sie das letzte Wort ab.

Camille war sichtlich berührt.

Für einen Moment sahen sich die beiden ungleichen Frauen nur an. Dann nahmen sie einander in den Arm, und zum ersten Mal hatte Camille das Gefühl, in Seiko eine Freundin gefunden zu haben. Als Seiko aufstand und die Tür öffnete, folgte Camille ihr und hielt sie fest.

»Es tut mir leid«, entschuldigte sie sich.

»Was tut dir leid?«, fragte Seiko.

»Wir beide. Wir haben irgendwie nicht richtig zusammengefunden. Das tut mir leid, ehrlich. Wir könnten Freundinnen sein.«

Seiko setzte wieder ihr sanftes Lächeln auf und nahm Camille bei den Händen.

»Ich wäre gerne deine Freundin. Für mich bist du ein großes Vorbild, Camille, und deine Freundschaft würde mir viel bedeuten.«

Dann ergänzte sie auf Japanisch: »Kiotsukete kaette kitene.«

»Und was bedeutet das?«, fragte Camille.

»Um das zu erfahren, musst du zurückkehren«, antwortete Seiko.

»Piloten hinterlassen einen Kaugummi, bevor sie in die Schlacht fliegen«, witzelte Camille.

»Ich habe leider keinen Kaugummi hier«, antwortete Seiko trocken. Dann drehte sie sich um, eilte hinaus und verschwand an der Feuertreppe. Hatte sie Tränen in den Augen gehabt?

Camille schloss die Tür hinter sich und setzte sich aufs Bett. Sie fragte sich, warum ihr erst jetzt bewusst wurde, was für ein außergewöhnlicher Mensch Seiko war. Doch dann weckte ein Zettel ihre Aufmerksamkeit, der aus dem Feldanzug herausragte. Ein Telex. Hastig griff sie danach und hoffte, es wäre eine Nachricht von Valentine, von dem sie zuletzt vor drei Tagen gehört hatte. Doch sie irrte sich.

Sehr geehrte Erste Kriminalhauptkommissarin Milloz,

in den vergangenen neun Tagen haben Sie herausragende Leistungen erbracht. Die Direktion von Interpol hat uns über den bevorstehenden Einsatz informiert und dabei insbesondere Ihr Engagement sowie Ihre Fachkompetenz anerkennend gelobt. Im Namen der Generalbundesanwaltschaft sowie des Bundeskriminalamts möchten wir Ihnen unseren aufrichtigen Dank aussprechen und unsere tiefste Anerkennung für Ihre außergewöhnliche Arbeit zum Ausdruck bringen.
Wir wünschen Ihnen für die bevorstehende Aufgabe viel Erfolg und den Beistand Gottes.

Hochachtungsvoll
Dr. Frederike Oster, Generalbundesanwaltschaft

Mit gemischten Gefühlen senkte Camille das Telex in ihrer Hand und ließ es dann fallen. Wo mochte Valentine jetzt stecken? Ging es ihm gut? War er in Sicherheit? Noch während sie ihren Sorgen nachhing, begann sie sich umzuziehen, bis sie vor dem Spiegel stand und sich in dem martialischen Kampfanzug mit deutschem Hoheitsabzeichen kaum wiedererkannte.

Doch was sie sah, machte ihr auch Mut und erfüllte sie nach und nach mit Zuversicht. Ja, sie würde tun, was getan werden musste. Schließlich erinnerte sie sich an eine Geste, die sie schon oft in irgendwelchen Filmen gesehen hatte. Ohne genau sagen zu können, warum sie es tat, führte sie die rechte Hand zum militärischen Gruß an ihren Gefechtshelm und salutierte mit strenger Miene ihrem Spiegelbild.

Valentine & Abigail

Ärmelkanal, England

»Ich muss dahin«, erklärte Valentine Ronnie noch in derselben Nacht.

»Aber die Koordinaten liegen mitten im Meer«, gab Ronnie zu bedenken.

»Was genau erwartest du da zu finden?«

»Meine Schwester«, lautete die knappe Antwort.

Am frühen Morgen brachte Ronnie Valentine zu einem kleinen Flughafen nach Waterford, wo sein Cousin eine Pilotenschule betrieb.

»Mach dir keinen Kopf, mein Cousin bringt dich sicher gern auf die Insel Jersey. Das ist nicht weit entfernt von deinen Koordinaten.«

Ronnie hatte sich in seinem Cousin jedoch geirrt. Von »gern« konnte keine Rede sein.

»Spinnst du?«, war die aufbrausende Antwort des temperamentvollen Rotschopfs, mit dem Ronnie vor dem einmotorigen Flugzeug einen erbitterten Streit austrug. Valentine konnte durch das offene Fenster des Dienstwagens einige der hitzigen Worte aufschnappen.

Vor allem Ronnies schneidende Stimme war gut zu verstehen. »Ist das wirklich der Dank, den ich bekomme? Nach allem, was ich für dich getan habe? Ich hab deinen Arsch und deine Fluglizenz gerettet. Oder wäre es dir lieber gewesen, meine Kollegen hätten dich mit der Maschine aus dem See im Naturschutzgebiet gezogen?«

Am Ende verstummte der kräftige Kerl mit den roten Haaren. Ronnie kam zu Valentine, lehnte sich an das offene Fenster und erklärte jovial: »Sagte ich nicht, er macht das gern?«

Dann lachte er kurz, hustete mehrmals und ergänzte: »Aber er fliegt dich nicht nach Jersey. Die ganze Insel wurde gestern Nacht zum militärischen Sperrgebiet erklärt. Keine Ahnung, was da läuft, aber es kommt keiner rein oder raus. Deshalb bringt er dich auf die Nachbarinsel Guernsey. Von dort musst du selbst schauen, wie du weiterkommst.«

Während des gesamten Flugs nach Guernsey wechselte Ronnies Cousin kaum ein Wort mit Valentine. Ein rauer Wind setzte dem Piloten zu und warf die kleine Skyhawk zwischen Himmel und Meer hin und her, als würde Gott damit Tennis spielen. Völlig erschöpft und froh, noch am Leben zu sein, verabschiedete sich Valentine nach der harten Landung von seinem Begleiter. Doch dieser schlug nur wortlos die Cockpittür zu und verschwand wieder am Himmel.

Mit weichen Knien machte sich Valentine danach mit seiner Reisetasche auf den Weg nach Saint Peter Port, während am Horizont düstere Wolken ein heraufziehendes Gewitter ankündigten. Auf dem Weg in die Kleinstadt waren die Straßen wie leer gefegt, und als er nach eineinhalb Stunden den Hafen erreichte, zeigte sich auch dort weit und breit keine Menschenseele. An den Kais lag nicht ein einziges Schiff vertäut.

Resigniert und völlig erschöpft legte sich Valentine auf eine kleine Bank am Hafen, hielt dabei seine Reisetasche fest umklammert und beobachtete eine Möwe, die krächzend über ihm ihre Kreise zog. In dieser trostlosen Einsamkeit begann seine Reise quer durch Europa noch einmal wie ein Film vor seinen Augen abzulaufen. Er dachte an all die Menschen, die er getroffen hatte, die sich genau wie er wanden und streckten, um ihren Platz zu finden, und nach Zielen strebten, die vielleicht unerreichbar waren. Dann fielen ihm die Augen zu, und aus der Dunkelheit schälte sich eine Bühne, auf der sich im Lichtkegel eines Scheinwerfers eine Ballerina erhob. Sie verharrte in einer Arabesque, während die Laute der Möwe sich in die Klänge eines Cellos verwandelten. Anmutig und betörend tanzte die Ballerina im Chassé schnell auf ihn zu, drehte sich, schwang die Arme zu einer En couronne und wirbelte durch die Luft, bis sie ihm schließlich so nah kam, dass er ihr Gesicht erkennen konnte, während sie ihren Tanz fortsetzte. Doch zu seinem Erstaunen wechselte ihr Antlitz ebenso schnell wie die Figuren, die sie vollführte. Mal war sie ein junges Mädchen, dann ein alter Mann, mal lächelnd, mal weinend, nie greifbar, ständig im Wandel, bis die Gestalt vor ihm auf den Spitzen stehend verweilte. Schweiß perlte von ihrer Stirn, dann schrie sie ihn lautlos an, bis Blut aus ihrer Nase schoss und sie trotz aller Pein graziös in sich zusammensank.

Ein lautes Krachen riss Valentine abrupt aus seinem surrealen Traum. Eine Möwe, die sich neben ihm auf der Armlehne der Bank niedergelassen hatte, stob kreischend davon. Erschöpft richtete er sich auf und blickte in den stürmischen Himmel. Hatte ihn das Donnern des Gewitters geweckt? Dann ertönte ein weiteres Krachen, und Valentine entdeckte ein Fischerboot, das nicht weit von ihm immer wieder vom heftigen Wellengang gegen einen Pfeiler am Kai gedrückt wurde. Der schneidende Wind trug ein dumpfes, klagendes Geräusch zu ihm herüber. Augenblicklich sprang Valentine auf und rannte so schnell er konnte den Kai entlang, bis er das Boot erreichte. Immer wieder hoben die Wellen das Schiff an und rammten es gegen den Kai.

Quer auf dem Deck lag ein kräftig gebauter Mann, während über ihm ein Ausleger unkontrolliert hin- und herschwang. Valentine nahm all seinen Mut zusammen und sprang vom Kai auf das rutschige Deck, wobei er beinahe das Gleichgewicht verlor. In diesem Moment schwang der Quermast auf ihn zu und verfehlte ihn haarscharf. Auf allen vieren kroch er zu dem Mann, der eine blutende Platzwunde an der Stirn hatte und gerade die Augen öffnete.

»Sie sind ein Geschenk des Himmels«, stöhnte der Mann.

»Was kann ich tun?«, entgegnete Valentine verzweifelt.

Der Mann schien zu lachen, doch es klang mehr nach einem trockenen Husten. »Zuerst fangen Sie den Quermast und zurren ihn fest, dann helfen Sie mir hoch.«

Valentine sah den Mast über sich hinwegrauschen.

»Na los, machen Sie schon!«, feuerte ihn der Mann an. Entschlossen sprang Valentine auf und packte den Ausleger mit beiden Händen. Tatsächlich ging es viel einfacher, als er angenommen hatte.

»Das Tau … Nehmen Sie das Tau am Ende des Mastes, und zurren Sie es an einer der Klampen fest.«

Valentine sah sich ratlos um, während das Fischerboot erneut an den Kai krachte und ihn fast wieder von den Füßen riss.

»Na, die Haken da bei der Reling!«, hörte er gerade noch, als ihm eine salzige Gischt ins Gesicht klatschte und er mit brennenden Augen nach Luft schnappte. Da packte ihn eine Hand und schob ihn zur Seite. »Ich mach das jetzt – und Sie gehen mir am besten aus dem Weg«, raunzte der Seemann mit blutverschmierter Stirn.

Eine halbe Stunde später kämpfte sich der betagte Fischkutter durch die raue See des Ärmelkanals, den Naturgewalten trotzend, mit Kurs auf die Insel Jersey. Valentine blickte beunruhigt aus einem der Fenster der Steuerkabine, die wie ein kleines Häuschen im hinteren Drittel des Bootes aufragte.

»Das sieht schlimmer aus, als es ist«, erklärte der Seemann neben ihm am Steuer. Er überragte Valentine um einen ganzen Kopf, und sein dialektfreies Englisch schien ebenso wenig zu ihm zu passen wie die geschminkten Augen und der blaue Nagellack.

»Ich weiß gar nicht, wie ich Ihnen danken soll, dass Sie mich nach Jersey bringen«, sagte Valentine demütig.

»Sie mir danken? Die kleine Fahrt ist doch das Mindeste, was ich für Sie tun kann.«

»Aber ich habe Ihnen doch kaum geholfen«, antwortete Valentine.

»Darauf kommt es nicht an. Sie haben es versucht – und nur das zählt.«

Eine hohe Welle klatschte gegen die Fenster der Steuerkabine und verwischte die Sicht nach draußen.

»Ich bin übrigens Abigail. Früher mal Abraham oder Abe, aber … Na, Sie wissen schon.« Abigail zog eine schwarze Perücke mit modernem Kurzhaarschnitt aus einer Nische und zog sie über ihren Kopf.

»Und ich bin Valentine.«

»Hallo, Valentine«, erwiderte Abigail mit einem breiten Lächeln und streckte ihm ihre Hand entgegen, die gefühlt doppelt so groß war wie seine. Ihr Händedruck war viel sanfter, als er angenommen hatte.

Besorgt zeigte Valentine auf ihre bandagierte Stirn. »Du hättest zum Arzt gehen sollen.«

»Und du hättest in London bleiben sollen. Nun sieh uns an, jetzt sind wir beide hier im Nirgendwo.«

Irritiert zog Valentine seine Hand zurück. »Woher weißt du, dass ich aus London komme?«

»Liege ich etwa falsch?«

Valentine schüttelte den Kopf, woraufhin Abigail ein siegessicheres Lächeln aufsetzte.

»Ich hab ein feines Gespür für Dialekte und Sprachen. Deine Muttersprache ist Irisch, unverkennbar. Aber dann ist da noch der Cockney-Akzent, den man sich angewöhnt, wenn man zu lang in London gelebt hat. Ich will dir nicht zu nahe treten, aber das passiert, wenn man versucht, die Spuren seiner Herkunft zu verwischen. Ich weiß das, weil ich es auch durchgemacht habe. Nur auf eine mehr, sagen wir, körperliche Art.«

Valentine fühlte sich ertappt. Gleichzeitig verunsicherte ihn Abigails Offenheit, weshalb er das Thema wechselte.

»Wie genau ist das passiert?«, fragte er und zeigte auf den Verband an ihrer Stirn. Bei Abigails Körpergröße war es ziemlich unwahrscheinlich, dass der Quermast die Verletzung angerichtet hatte.

Nun schien auch sie ein wenig verunsichert, blickte ihn an und biss sich auf die Unterlippe, dann schmunzelte sie und zeigte mit dem Finger auf ihn. »Na, haben wir da etwa einen kleinen Detektiv an Bord? Oder bist du gar ein Polizist?«

Valentine verzog keine Miene, auch wenn ihn Abigails schnelle Kombinationsgabe überraschte.

»Wir leben in einer gefährlichen Welt, Valentine. Vor allem, wenn man nicht in das Bild passt, das hirnrissige Idioten als ›normal‹ bezeichnen. Drei davon haben mich heute Vormittag überfallen, als ich gerade dabei war, meine Netze auszuwerfen. Haben mich mit einem Schlauchboot geentert. Unfassbar, oder? Aber sie haben sich die Falsche ausgesucht. Daher stammt die Wunde.«

Valentine schluckte. Damit hatte er nicht gerechnet. »Und wo sind die drei jetzt?«

Abigail zuckte übertrieben mit den Schultern und lachte. »Vielleicht bist du ja doch ein Polizist.«

In diesem Augenblick begann es über ihnen zu donnern, laut, gewaltig und ohne Unterlass.

»Das Gewitter?«, fragte Valentine, aber Abigail schüttelte den Kopf.

»Das ist kein Gewitter«, erklärte sie nüchtern und ging nach draußen. Valentine folgte ihr. Kaum hatte sie die Kabinentür geöffnet, wurde der Donner noch lauter, und ein nasser Wind peitschte ihnen entgegen. Schräg über ihnen hing ein Hubschrauber in der Luft – fast zum Greifen nahe.

»Drehen Sie sofort um, Sie befinden sich im militärischen Sperrgebiet«, übertönte ein Lautsprecher den Sturm.

***

Camille war mit dem Teamleader des Special Air Service gerade mit dem Hubschrauber auf dem Weg zum Stützpunkt auf Jersey gewesen, als dem Piloten ein Fischkutter aufgefallen war, der offensichtlich dasselbe Ziel hatte. Vollkommen konzentriert auf den bevorstehenden Einsatz, hatte sie dem Kutter keine besondere Aufmerksamkeit geschenkt. Ganz im Gegenteil, der Zwischenfall verzögerte nur ihre Ankunft.

»Muss das sein? Wir haben doch jetzt weiß Gott Wichtigeres zu tun, als uns um einen Fischkutter zu kümmern!«, hatte sie den Piloten ermahnt.

»Befehl ist Befehl«, hatte dieser unbeirrt erwidert und sich dem Fischerboot bis auf wenige Meter genähert.

Zwei Männer standen an Deck und sahen erstaunt zu ihnen hoch. Camille schenkte ihnen nur einen flüchtigen Blick, in der Hoffnung, die beiden würden sich der Militärgewalt beugen und umkehren. Plötzlich glaubte sie, in der kleineren der beiden Gestalten Valentine zu erkennen. Ein flüchtiger Gedanke, den sie zunächst nicht zulassen wollte. Doch dann traf sie die Gewissheit: Einer der Männer auf dem Boot war tatsächlich Valentine. Nur wenige Meter unter ihr. Camilles Atmung setzte kurz aus, ihr Herz schlug schneller. Wenn es jemals wirklich ein Zeichen gegeben hatte, dann war es dieses.

»Lassen Sie sie passieren! Ich will die beiden auf Jersey persönlich befragen!«, befahl sie in einem Tonfall, der keinen Widerspruch duldete.

Seiko & Colbert

Mantes-la-Ville, Frankreich

»Endlich! Wir haben Nordkorea, sie schließen sich dem Reset an«, verkündete einer von Seikos Mitarbeitern so laut, dass alle es hören konnten. Das Team begann euphorisch zu jubeln und zu klatschen. Er stand auf und verbeugte sich theatralisch – was die Stimmung und das Gelächter noch mehr anheizte.

Bis heute hatte sich Nordkorea geweigert, dem weltweiten Bündnis beizutreten. Selbst die Intervention Russlands wurde abgelehnt, was zu ernsthaften diplomatischen Spannungen zwischen den Partnern führte. Am Vortag hatte dann das nordkoreanische Militär vier unbewaffnete ballistische Raketen in Richtung offenes Meer abgefeuert – eine Machtdemonstration, um der Welt zu zeigen, dass man sich keinem Diktat beugen würde. Plötzlich hatten die Geschosse jedoch an der Küste kehrtgemacht und Kurs auf Pjöngjang genommen. Bevor die koreanische Flugabwehr eingreifen konnte, schlugen alle vier Raketen ungehindert ins Regierungsgebäude am Kim-Il-sung-Platz ein. Auch ohne Sprengkraft richteten sie verheerenden Schaden an, kosteten mehreren Menschen das Leben und verletzten zahlreiche weitere. Danach kehrte Nordkorea an den Verhandlungstisch zurück und lenkte widerwillig ein.

Seiko nahm diese Entwicklung jedoch mit Zurückhaltung hin. Alles war viel zu glatt abgelaufen. Wer, wenn nicht Golem, könnte die Raketen nach Pjöngjang gelenkt haben? Für Seiko stand fest: Golem wollte den Reset nicht verhindern. Im Gegenteil, die KI trieb ihn voran, und zwar um jeden Preis. Daraus schloss sie, dass der Virus sich absichtlich von Akira hatte entdecken lassen. Der Gedanke, dass ihr Freund möglicherweise nur ein Werkzeug gewesen war, das nun nicht mehr gebraucht wurde, ließ sie erschaudern. Sie war jetzt entschlossener denn je, den Reset zu stoppen. In wenigen Minuten würde sie dazu Gelegenheit haben, dann fand ein Funktermin mit Lamy statt. Innerlich graute ihr davor, aber äußerlich ließ sie sich nichts anmerken. Würde er auf sie hören? Was würde ihre Crew sagen, wenn die harte Arbeit der letzten Tage umsonst gewesen war?

Als der Applaus verklang, setzte sich Seikos Kollege wieder an seinen Tisch und beugte sich in ihre Richtung.

»Ich hätte nie für möglich gehalten, dass wir das schaffen! Von den hundertfünfundneunzig Staaten weltweit fehlen uns jetzt nur noch drei. Und wir haben noch dreiunddreißig Stunden Zeit. Ist das nicht unglaublich?«

Seiko zwang sich zu einem Lächeln und hob den Daumen in seine Richtung. Dabei fiel ihr Blick auf einen unauffälligen braunen Umschlag, der direkt vor ihr auf dem Tisch lag. Darauf standen drei kleine Kanji-Schriftzeichen.

四十二

Die Zahl 42. Die Zeichen entsprachen exakt dem Tattoo, das Akira auf seiner Brust trug. Seiko erinnerte sich wieder, dass es ein Zitat aus einem seiner Lieblingsromane war.

Sofort hatte sie Akiras Stimme im Kopf: *42? Douglas Adams? Kennst du nicht? Es ist die Antwort eines Supercomputers auf die Frage nach dem Leben, dem Universum und dem ganzen Rest.*

Seiko hielt die Luft an. Sie war überzeugt, dass der Umschlag etwas mit Akiras Verschwinden zu tun hatte. Doch wer hatte ihn hier platziert? War es Golem wieder gelungen, jemanden aus dem innersten Zirkel auf seine Seite zu ziehen?

Misstrauisch warf sie einen Blick auf ihren Kollegen, der jedoch keine Notiz mehr von ihr nahm, ebenso wenig wie die meisten anderen aus ihrem Team. Sie waren entweder in Gespräche vertieft oder benutzten die kürzlich von Noahs Team installierten Telefone, grüne und weinrote Geräte mit Wählscheiben und Spiralkabeln. Nur eine junge Frau mit einer dicken Hornbrille sah sie aufmerksam an, wandte jedoch rasch den Blick ab, als sich ihre Blicke begegneten. War sie es vielleicht gewesen, die den Umschlag auf den Tisch gelegt hatte? Seikos Herz schlug heftig, und ohne sich in weiteren Mutmaßungen zu ergehen, riss sie den Umschlag auf. Mit schweißnassen Fingern zog sie ein Blatt Papier heraus, auf dem in japanischen Schriftzeichen eine kurze prägnante Nachricht stand.

Folgen Sie Ihren zwei Personenschützern. Denken Sie an Akira!

Im selben Augenblick betraten ihre Personenschützer den Bereich und kamen direkt auf sie zu. Die beiden blieben an ihrem Tisch stehen. Die Frau mit dem streng zusammengebundenen grauen Haar erklärte respektvoll, aber bestimmt: »Ein Notfall. Es tut uns wirklich leid, aber der Befehl kam direkt von Monsieur Lamy. Er will Sie persönlich treffen. Wenn Sie uns folgen, bringen wir Sie zu ihm.«

Eine Lüge, dachte Seiko. Lamy war Hunderte Kilometer entfernt im NATO-Hauptquartier in Lille. Angespannt versuchte sie im Gesicht der Frau zu erkennen, ob sie absichtlich log. Aber Seiko hatte den Eindruck, dass die Frau nur eine ahnungslose Marionette in einem grausamen Spiel war.

»Wir sollten jetzt gehen«, erklärte ihr kräftig gebauter Partner streng. War er vielleicht der Drahtzieher dieser Entführung?

»Du musst weg?«, fragte Seikos Kollege besorgt, der das Gespräch mitgehört hatte.

»Ja … Es scheint wichtig zu sein«, stammelte Seiko und stand auf.

»Wie erreichen wir dich?«

»Ich bleibe nicht lange. Ich melde mich«, erwiderte Seiko, die verzweifelt überlegte, wie sie eine Warnung hinterlassen konnte.

Aber vermutlich stand Akiras Leben auf dem Spiel. Außerdem waren die beiden Personenschützer bewaffnet, und allein die Vorstellung, dass es ein weiteres Blutbad wie in Lyon geben könnte, unterband jeden weiteren Gedanken an Hilfe.

Der unscheinbare Kleinwagen der Security hatte soeben ungehindert den letzten Kontrollpunkt des Geländes passiert. Seikos Angst lähmte jeden Gedanken. Nur mit großer Überwindung zwang sie sich, den beiden Personenschützern, die vor ihr im Wagen saßen, eine Frage zu stellen: »Wo fahren wir hin?«

»Es ist nicht weit«, antwortete der Mann auf dem Beifahrersitz. »Lamy wartet im François-Quesnay-Hospital auf Sie, das sind nur ein paar Kilometer. Laut GPS sind wir in neun Minuten da.«

Seikos Blick wanderte zur GPS-Anzeige des Wagens. Sie bestätigte, was der Mann gesagt hatte.

»Karerawa umaku yatte imasu«, sagte die grauhaarige Frau am Steuer überraschend auf Japanisch, was ungefähr *Sie machen das gut* bedeutete.

Seiko blickte auf ihren Hinterkopf. Die Fahrerin griff nach dem Rückspiegel, verstellte ihn so, dass sie Seiko ansehen konnte, und sprach erneut auf Japanisch zu ihr: »Tun Sie genau das, was ich Ihnen sage, dann wird Ihnen und Akira nichts geschehen.«

Seiko erstarrte und wagte kaum zu atmen.

»Hey, du sprichst Japanisch?«, meldete sich ihr Kollege zu Wort.

»Ein paar Brocken. Ich dachte, es ist eine gute Gelegenheit, ein wenig zu üben«, antwortete sie auf Französisch und fügte auf Japanisch hinzu: »Sagen Sie etwas Freundliches, damit er mir glaubt!« Ihre Augen hatten Seiko fest im Visier.

»Sie ... Sie macht das richtig gut«, bestätigte Seiko dem Mann, der offensichtlich schwer beeindruckt war.

»Du überraschst mich immer wieder.«

Die Frau fuhr auf Japanisch fort: »Sie lernen schnell, ich sehe schon, wir verstehen uns. Und jetzt sehen Sie auf den Boden, da finden Sie eine kleine schwarze Tasche.«

Seiko sah nach unten, fand die flache Tasche und nahm sie hoch.

»Öffnen Sie sie.«

»Ich will euch ja nicht stören, aber wir sind gleich da«, erklärte der Beifahrer ahnungslos.

Seiko zog den Reißverschluss auf, dann klappte sie die Tasche auseinander und blickte auf ein Objekt mit Griff und einer Ampulle, das einer Pistole ähnelte.

»Das ist eine Impfpistole mit einem Betäubungsmittel«, erklärte die Fahrerin auf Japanisch. »Nehmen Sie sie in die Hand, halten Sie den Lauf an den Hals meines Kollegen, dann drücken Sie ab. Die Injektionsvolumina von etwa 0,2 Milliliter werden dadurch per Hochdruck intradermal appliziert. Tun Sie das nicht, stirbt Akira.«

»Du redest ja wie ein Wasserfall. Was wird das, tauscht ihr Sushi-Rezepte aus oder so?«, witzelte ihr Kollege und drehte sich lachend zu Seiko um, die die Impfpistole verkrampft auf ihrem Schoß festhielt. Der Mann hatte ein gütiges Gesicht mit grünen, freundlichen Augen.

»Na, verstehen Sie denn alles, was sie sagt?«, wollte er von Seiko wissen, und sie nickte zustimmend.

»Jedes Wort!«, brachte sie hervor und verbarg die Impfpistole zwischen ihren Oberschenkeln.

Kaum hatte er sich wieder nach vorn gedreht, blitzten die Augen der Fahrerin im Rückspiegel auf.

»Jetzt!«, befahl sie, und Seiko gehorchte. Zitternd führte sie die Impfpistole an den Nacken des Mannes und drückte ab.

Ein kurzer Schrei, dann schlug er sich mit seiner Hand auf den Nacken und drehte sich blitzartig um.

»Scheiße, was war das?«, blaffte er Seiko an, die noch immer die Impfpistole in der Hand hielt und nun panisch zurückschreckte.

»Was zum Teufel …«, schrie der Mann, doch dann verstummte er. Alle Regungen in seinem Gesicht froren plötzlich ein. Dann kippte er seitlich weg und wurde nur noch von seinem Sicherheitsgurt gehalten.

Seiko schleuderte das Gerät zur Seite und schluchzte. Sie drückte sich in die Ecke der Rückbank und verdeckte ihr Gesicht mit den Händen. Die Augen im Rückspiegel beobachteten sie dabei so aufmerksam, als wäre sie ein Insekt unter einem Mikroskop.

»Sie haben Malo eine winzige Menge Botulinumtoxin verabreicht. Den giftigsten Stoff der Welt – auch bekannt als Botox. Wussten Sie, dass man mit der Menge Botox, die einem Salzkorn entspricht, eine halbe Million Menschen töten kann? Dass dieses Gift ausgerechnet in der Schönheitsindustrie reißenden Absatz findet, ist doch ein Beweis dafür, dass die Menschheit ihren Zenit längst überschritten hat. Finden Sie nicht?«

Eine Viertelstunde später saß Seiko wie versteinert auf einem der gelben Plastikstühle im Wartezimmer des Krankenhauses. Im Raum herrschte eine erdrückende Stille, abgesehen vom leisen Summen der Klimaanlage. Unter einem stummgeschalteten Flachbildschirm, der an der Wand hing, stand ein niedriger Tisch, auf dem sich ein Stapel abgegriffener Magazine türmte. Sie hatte keinen Blick dafür. Sie konnte nur an den unschuldigen Beifahrer mit dem sanften Gesicht denken, den sie getötet hatte.

»Warten Sie hier«, hatte die Frau gesagt und war verschwunden, ohne die Tür zu schließen. Ein einarmiger Mann war gekommen und hatte Seiko gegenüber Platz genommen. Er hatte nur auf den Boden gestarrt, bis er von einer jungen Frau in weißer Hose und Poloshirt abgeholt worden war. Jetzt öffnete dieselbe Frau erneut die Tür und sah in den Raum.

»Madame Itō?«

Dass die Frau ihren Namen kannte, war so grotesk, dass Seiko für einen Moment nicht imstande war zu reagieren.

»Madame Seiko Itō?«, fragte die Frau noch einmal und sah ihr dabei freundlich in die Augen.

»Sie müssen keine Angst haben, Madame Itō. Dr. Colbert wird sich gewissenhaft um Sie kümmern. Folgen Sie mir doch bitte.«

Die Assistentin wartete, bis Seiko sich erhoben hatte. Dann ging sie voraus, einen breiten, steril wirkenden Gang entlang, bis sie vor einer Tür stehen blieb, diese öffnete und mit einer Hand in das leere Behandlungszimmer wies.

»Bitte warten Sie hier. Dr. Colbert wird jeden Moment bei Ihnen sein.«

Wieder wartete Seiko verunsichert und ängstlich, ohne die geringste Vorstellung davon zu haben, was nun passieren würde. Nur die Sorge um Akira gab ihr noch Kraft, das alles durchzustehen und nicht panisch wegzurennen.

Die Tür zum Behandlungszimmer öffnete sich, und die Frau mit dem streng gebundenen Haar trat ein. Doch statt der Security-Uniform trug sie nun einen Arztkittel mit einem Namensschild, auf dem *Dr. Colbert* stand.

»Es tut mir leid, dass Sie warten mussten. Aber wir sind unterbesetzt, wie Sie sich vorstellen können.«

»Was … Was hat das alles zu bedeuten? Was soll das?«, stammelte Seiko.

»Das genau frage ich mich seit einigen Jahren. Und alles, woran ich mich beteiligt habe, um die Welt lebenswerter zu machen oder um die Katastrophe zu verhindern, auf die wir alle zusteuern, ist hoffnungslos gescheitert. Nichts, aber auch gar nichts, konnte mir nur halbwegs den Eindruck vermitteln, dass wir irgendwie dazugelernt haben. Und damit meine ich die gesamte Menschheit. Wir zerstören nicht nur uns selbst, wir zerstören den gesamten Planeten.«

Mit jedem Satz, den die Ärztin von sich gab, wirkte sie auf Seiko etwas mehr wie eine glühende Aktivistin. Mit missionarischem Eifer und glänzenden Augen fuhr sie fort: »Sosehr ich auch verabscheue, was ich nun tue, es scheint mir die einzige Möglichkeit zu sein, das Unausweichliche doch noch zu verhindern. Golem hat mir die Augen geöffnet.«

Seiko fuhr zusammen. Nur der engste Zirkel der CCTF und

hochrangige Militärs kannten diesen Namen. Offiziell wurde von *ES*, dem *Virus* oder der *KI* gesprochen. Der wahre Name der Schöpfung unterlag jedoch höchster Geheimhaltung.

»Sie haben Kontakt zu Golem?«

»Überrascht Sie das?«

»Golem ist eine KI. Sie sind eine gebildete Frau. Sie können doch unmöglich auf eine KI hören«, erwiderte Seiko entsetzt.

»Ob KI oder nicht, das spielt überhaupt keine Rolle. Was zählt, sind die Fakten und die Lösungen, die Golem anbietet. Und die sind schlüssiger als alles, was ich bisher von Menschen gehört habe. Der Reset, den Sie für Golem auf den Weg gebracht haben, wird die Welt retten. Zugegeben nicht diese Welt, sondern eine bessere, eine vernünftigere Welt.«

Die Frau strich ihr wie eine gute Freundin über den Arm. Seiko war so erschrocken über die befremdliche Intimität dieser Geste, dass ihr Herz wieder wild zu schlagen begann.

»Wer sind Sie?«, fragte sie.

»Das sehen Sie doch. Eine Ärztin für Kardiochirurgie, der Golem die Augen geöffnet hat. Und die seit Corona nicht mehr tatenlos zusehen kann, wie Regierungen uns belügen, betrügen und nicht davor zurückschrecken, unsere Kinder zu opfern, um mit Impfstoffen Millionen zu verdienen.«

Seiko gab auf. Was immer die Frau auch erlebt hatte, sie würde ihre verletzte Seele hier und jetzt nicht ergründen können. So blieb nur noch eine Frage: »Wo ist Akira?«

»Ach ja, der Freund, dem ihr Herz gehört«, antwortete Dr. Colbert mit sarkastischem Unterton. »Kommen Sie mit, ich bringe Sie zu ihm. Aber tun Sie mir einen Gefallen, und legen Sie das hier an.«

Dr. Colbert reichte ihr eine medizinische Augenbinde. Erst als Seiko nichts mehr wahrnehmen konnte, nahm Colbert ihre Hand und führte sie aus dem Behandlungsraum. Seiko bezweifelte, dass sie nun wirklich Akira wiedersehen würde, aber ein Funken Hoffnung blieb bestehen. So folgte sie der Ärztin durch verwinkelte

Gänge und hallende Treppenhäuser, bis sich hinter ihr eine Tür schloss und Colbert ihr befahl, die Augenbinde wieder abzunehmen.

Direkt vor ihr lag Akira in einem Krankenbett, bewusstlos und angeschlossen an mehrere Geräte, die leise Pieptöne von sich gaben. Der Anblick zerriss Seiko das Herz. Die Zeit seit ihrer Trennung war nicht spurlos an ihm vorbeigegangen. Er sah krank aus, und von seiner Schläfe bis zur Stirn zog sich eine genähte Wunde, die sich rot von der blassen Haut abhob. Zaghaft ging Seiko auf ihren Freund zu, fuhr ihm sanft mit der flachen Hand über das Gesicht, dann schmiegte sie sich an ihn und begann zu weinen.

»Was fehlt ihm? Bitte, ich flehe Sie an, helfen Sie ihm.« Seiko sah hoch und hatte wieder das Gefühl, als würde ihre Entführerin jede ihrer Emotionen analysieren und bewerten.

»Akira Nagashima leidet an einer koronaren Herzkrankheit als Folge von fortgeschrittener Arteriosklerose – und das schon seit Langem, aber das wussten Sie sicher. Kurz vor seiner Ankunft hatte er zudem einen Herzinfarkt. Sie können mir danken, meine Bypass-Operation verlief erfolgreich. Sonst würden wir hier jetzt nicht stehen. Und wären die Umstände andere, würden ich ihn in wenigen Tagen wieder entlassen.«

»Was soll das heißen?«

»Ihr Freund könnte sterben, entweder, weil ich diesen Auslöser betätige«, sie zog ein schwarzes Kästchen aus ihrer Tasche, das aussah wie ein für Ärzte üblicher Pager, »wodurch eine der Infusionen ein schnell wirksames Gift in seinen Körper pumpen würde.« Colbert strich fast beiläufig mit der freien Hand über einen kleinen blinkenden Kasten, der provisorisch mit Kabelbindern an einem Stativ befestigt war und von dem ein Schlauch direkt in den Infusionsbeutel führte. Für einen Augenblick schoss Seiko der Gedanke durch den Kopf, Akira den Schlauch vom Arm zu reißen und sich auf die Ärztin zu stürzen, aber der zweite Teil der Drohung verdrängte den Gedanken wieder.

»Oder, weil sein Herz in den nächsten Stunden von selbst zu

schlagen aufhört, wovon ich angesichts seiner schlechten Werte ausgehe. Es sei denn, wir führen vorher eine Herztransplantation durch. Und wie es der Zufall will, hätten wir auch einen geeigneten Spender für ihn.«

Seiko hatte das Gefühl, als würde man ihr die Kehle zuschnüren. War all das nur ein Fake, oder lag Akira tatsächlich im Sterben? Es schien ihr fast so, als würde sich Colbert an ihrem Leid weiden.

»Ach, ich vergaß einen wichtigen Punkt. Der Spender für die Herztransplantation – das sind Sie.«

Seikos Beine gaben nach. Langsam löste sie sich von Akira und ging vor der Frau schluchzend auf die Knie.

»Warum tun Sie das? Warum?«

Dr. Colbert zeigte keine Regung. Stattdessen erwiderte sie mit grausamem Sarkasmus: »Sagten Sie nicht, dass Ihr Herz ihm gehört?«

Camille & Valentine

Jersey, England

Der Sturm hatte abgedreht. Langsam lichtete sich die düstere Wolkendecke am Firmament, und strahlende Säulen aus goldenem Sonnenlicht wanderten über die hügelige Küstenlandschaft von Jersey. Valentine sah von einer steilen Klippe hinab auf den Fischerhafen der St. Brelade's Bay Beach, wo Abigail ihn abgesetzt hatte. Der kleine Kutter hatte längst wieder abgelegt und schipperte hinaus auf das tiefblaue Meer, entgegen der Anweisung des Militärs, im Hafen zu warten.

Beim Abschied hatte Abigail ihm noch einen Rat mit auf den Weg gegeben: »Zu welcher Sorte Mensch gehörst du, Valentine? Zu denen, die im Stillstand verharren und warten, was passiert? Oder zu denen, die ihrem Schicksal entgegengehen? Aber ganz egal, zu welcher Sorte Mensch du gehörst – das Schicksal findet dich am Ende doch. Und dem musst du dich stellen.«

So hatte auch er sich auf den Weg gemacht, um seine Suche fortzusetzen. Er war einem schmalen Pfad gefolgt, der sich die bergige Küstenlandschaft entlangschlängelte, durch wogende Felder voller grüner Farne, den Blick auf die See gerichtet, die jetzt bis zum Horizont im Sonnenlicht funkelte. Sein Ziel lag im Süden, vier oder fünf Kilometer entfernt, an der stürmischen Küste La Corbière, wo Hitlers Armee während der fünfjährigen Besatzung der Insel im Zweiten Weltkrieg eine weit verzweigte Bunkeranlage mit einem monströsen siebenstöckigen Hochbunker errichtet hatte. Von dort aus würde sein endgültiges Ziel dann nur noch knapp einen Kilometer entfernt liegen – im Meer. Aber was immer ihn dort erwartete, er würde sich, genau wie Abigail es gesagt hatte, seinem Schicksal stellen. Selbst wenn seine Reise dort für immer enden würde.

Camille hatte nach ihrer Landung auf Jersey händeringend auf Nachricht von einer Militäreskorte gewartet, die die Abholung von Valentine am St. Brelade's Bay Beach bestätigen sollte. Stattdessen hatte man ihr per Funk mitgeteilt, dass weder das Fischerboot noch die Besatzung gefunden worden waren. Hatte sie sich etwa geirrt? War der Wunsch, Valentine wiederzusehen, so stark gewesen, dass ihre Sinne ihr einen Streich gespielt hatten? War der Mann auf dem Fischkutter, umhüllt von der aufgepeitschten See, die der Helikopter aufgewirbelt hatte, wirklich Valentine gewesen? Sie war fest davon überzeugt, und sosehr sich ihre Begleiter auch bemühten, sie dazu zu bewegen, den Stützpunkt nicht zu verlassen, es war vergeblich.

Camille griff sich eine Karte von der Küste und machte sich allein auf den Weg, um ihn zu finden. Sie war seit einer halben Stunde unterwegs, in Kampfuniform und Militärstiefeln, die bei jedem Schritt drückten. Immer weiter entfernte sie sich von ihrem Stützpunkt und der Mission, für die sie die Verantwortung trug. Als zwei Kampfjets im Tiefflug über ihren Kopf hinwegdonnerten, blieb sie stehen. Was tat sie hier eigentlich? Sie sah den Kampffliegern nach, die auf das Meer hinausflogen und eine Schleife zogen, bis sie in den Wolken verschwanden. Wo auch immer Valentine sein mochte, sie sollte jetzt umkehren und sich der gewaltigen Aufgabe stellen, die vor ihr lag. Enttäuscht von sich selbst, aber auch von der erfolglosen Suche, machte sie kehrt und ging mit schnellen Schritten den Weg zurück, den sie gekommen war. Doch dann blieb sie, einer inneren Eingebung folgend, nochmals stehen und drehte sich um. Da entdeckte sie in der Ferne eine schmale Gestalt in einem blauen Overcoat-Mantel, die mit der Reisetasche, die sie trug, so überhaupt nicht in das Bild dieser Landschaft passte. Valentine. Noch ein wenig verunsichert, beschleunigte sie ihre Schritte. Doch als auch Valentine sie offensichtlich erkannt hatte und zu laufen begann, hielt nichts mehr sie zurück. So schnell ihre Füße sie trugen, rannte sie den staubigen Pfad entlang. Dann verlor sie ihn nach einer zum Land hin gezogenen Biegung kurz aus den Augen, bis er nach einer kleinen Steigung plötzlich vor ihr stand. Schwer atmend sahen sie sich einfach nur an, als könnte sich der andere bei der leichtesten Berührung verflüchtigen und von einer Meeresbrise fortgetragen werden. Dann erst machten sie den letzten Schritt aufeinander zu, nahmen sich wortlos in die Arme und küssten sich so lange und innig, bis die Welt um sie herum bedeutungslos wurde.

An der schweren Befestigungsanlage aus Stahlbeton, in der einst mächtige Geschütze auf das offene Meer gezielt hatten, um Schiffe der alliierten Streitkräfte zu zerstören, nagte der Zahn der Zeit. Wind und Salzwasser hatten den Beton porös werden lassen. Aber noch immer hing eine düstere Aura über der Befestigungsanlage von La Corbière, von der aus Valentine auf das Meer blickte und endlich das lang ersehnte Ziel seiner Reise sehen konnte. Hier oben auf dem Flachdach des Bunkers reichte sein Blick bis zum Horizont, wo das Meer nahtlos in das verwaschene Blau des Himmels überging. An einem fernen Punkt wurde der sanfte Verlauf durch ein weit aus dem Wasser aufragendes Felsmassiv unterbrochen, auf dem ein weithin sichtbarer schneeweißer Leuchtturm in die Höhe ragte. Meterhohe Wellen brachen dort mit schäumender Gischt an den spitzen Felsen, die ein Anlanden mit dem Schiff vermutlich unmöglich machten.

Camille stand neben ihm und nahm seine Hand. »Und du meinst, dort ist deine Schwester?«

»Ich weiß es. Dorn selbst hat mir diese Koordinaten zukommen lassen«, erwiderte Valentine, ohne den Blick abzuwenden.

»Wir glauben, dass Dorn der Mann ist, der Golem erschaffen hat. Deshalb sind wir hier.« Camille zeigte auf die Militärtransporter, Jeeps, Hubschrauber und Landungsboote, die den alten

Nazi-Stützpunkt wieder zum Leben erweckten. »Ich habe keine Ahnung, wie deine Geschichte mit unserer Operation zusammenhängt. Aber wir werden Dorn da rausholen und Margaret auch, das verspreche ich dir.«

Valentine blickte sie skeptisch an. »Du meinst allen Ernstes, dass jemand wie Dorn, der die ganze Welt im Würgegriff hat, sich von ein paar Spezialkräften so einfach überrumpeln lässt? Wie wollt ihr da eigentlich reinkommen? Wollt ihr euch von Hubschraubern abseilen, oder wie stellt ihr euch das vor?«

Camille wich seinem Blick aus und sah hinaus auf das Meer, das zwischen ihnen und dem Leuchtturm lag. »Es gibt kaum einen Ort auf der Welt, wo die Gezeiten stärker sind als hier. Wenn Ebbe ist, senkt sich der Meeresspiegel um zwölf Meter. Für einen kurzen Zeitraum weicht das Wasser dann so weit zurück, dass sich von hier bis zu diesem Felsen eine Furt bildet, durch die man den Leuchtturm erreichen kann. Dann werden wir zuschlagen.«

Valentine folgte ihrem Blick. Für ihn war es kaum vorstellbar, dass die gewaltigen Wassermassen so einfach zurückweichen würden. Aber vielleicht war das der Weg, den Dorn auch für ihn vorgesehen hatte. Zu Fuß quer durch das Meer.

»Ich muss dahin. Vor euch, vor eurer Operation«, betonte er eindringlich. »Bitte, Camille. Wenn ihr schwer bewaffnet diesen Leuchtturm stürmt, kann alles passieren, alles. Und am Ende verliert jeder. Bitte, lass es mich versuchen.«

»Valentine, das ist kein Spaziergang. Du kannst nicht einfach dahin marschieren, klingeln und erwarten, dass ein vernünftiger Mensch dich empfängt. Dieser Mann ist gefährlich, psychisch krank, und sobald die Flut zurückkommt, bist du ihm dort rettungslos ausgeliefert.«

Valentine senkte entmutigt die Arme. Behutsam nahm sie seinen Kopf zwischen ihre Hände.

»Ruh dich erst mal aus. Wir haben das Hotel oben an der Klippe beschlagnahmt. Ich hab dafür gesorgt, dass du dein eigenes Zimmer hast. Ich muss zurück zu den Einsatzbesprechungen. Aber im

Vertrauen: Vor morgen Mittag sind unsere Planungen nicht abgeschlossen. Also lass uns heute Nacht im Hotel treffen und alles besprechen. In Ordnung?«

Valentine nickte erschöpft. Camille hatte recht. Er musste zu Kräften kommen. Danach würde er seine eigenen Pläne verfolgen.

Tiefschwarze Nacht lag über dem Hotel, als Valentine sich nach kurzem unruhigen Schlaf, einer Dusche und einem hastig verzehrten Sandwich allein auf den Weg zum Meer machte. Die Sorge um Maggie hatte letztendlich das schlechte Gewissen gegenüber Camille verdrängt. Am Stützpunkt herrschte reger Betrieb; grelle Scheinwerfer beleuchteten die Wege, und dröhnende Lastwagen rangierten zwischen Kontrollpunkten und Geschützständen. Eine Gruppe britischer Soldaten in Tarnkleidung kam ihm feixend entgegen. Eine Frau aus der Gruppe scherte aus und kam direkt auf ihn zu.

»Hey«, rief sie. »Wir sind gerade angekommen. Irgendeine Ahnung, wo hier die Kantine ist?«

»Mir geht's wie euch, bin auch gerade erst angekommen«, antwortete Valentine.

Offensichtlich fiel ihr sein merkwürdiger Aufzug erst jetzt auf, denn sie musterte ihn misstrauisch.

»Geheimdienst?«

»Ich?«

Schließlich lachte sie. »Ich mach nur Spaß. Man sieht sich!« Dann lief sie ihren Kameraden hinterher, während Valentine weiterging und die lebhaften Geräusche des Stützpunkts hinter ihm immer leiser wurden. Dunkelheit legte sich über den steinigen Weg, der ihn hinab zum Meer bringen sollte. Längst hätte er das Rauschen der Wellen hören müssen, aber es war totenstill. In der Ferne sah er ein helles Blinken – der Leuchtturm. Er schien zum Greifen nah und war doch so fern, und mit ihm all die Geheimnisse, die sich in ihm verbargen.

Plötzlich blendete ihn der Strahl einer Taschenlampe, und eine scharfe Stimme forderte ihn auf, stehenzubleiben.

»Halt! Was tun Sie hier?«

Zwei Männer mit geschulterten Maschinenpistolen schälten sich aus der Dunkelheit und kamen auf ihn zu, während der Dritte ihn immer noch mit der Taschenlampe anvisierte.

»Ihren Ausweis bitte.«

Valentine kramte eine Plakette aus der Innentasche, die Camille ihm gegeben hatte, und reichte sie einem der Soldaten.

»Superintendent O'Brien?«, las dieser ab und verglich das Bild mit Valentines Gesicht. »Sie haben keine Freigabe, sich hier aufzuhalten. Ich muss Sie bitten, wieder hoch zum Stützpunkt zu gehen.«

»Ich wollte nur das Meer sehen«, erklärte Valentine.

»Wir haben jetzt Ebbe, also kein Meer. Außerdem ist das hier militärisches Sperrgebiet. Zivilisten ist der Zugang nicht gestattet.«

Entmutigt kehrte Valentine den Wachen den Rücken zu und tauchte wieder in die Dunkelheit ein. Hinter sich spürte er immer noch den Leuchtturm. Es fühlte sich an, als würde eine finstere Macht nach ihm greifen.

Kurz vor Mitternacht kam Camille, wie versprochen, auf sein Zimmer. Sie trug noch immer ihre Uniform mit Camouflage-Muster, roch nach Nikotin und Schweiß, und ihre Haare waren schmucklos nach hinten zusammengebunden. Sie hatte einen Sack mit olivgrüner Bekleidung dabei.

»Aus der Kleiderkammer. Dachte, das könntest du gebrauchen.«

Sie setzten sich auf zwei Klappstühle auf dem Balkon, tranken Leitungswasser aus Plastikbechern und betrachteten schweigend das Blinken des Leuchtturms in der Ferne. Bis Camille damit begann, in kurzen, kargen Sätzen von dem Ausmaß der weltweiten Unruhen zu erzählen, von dem Leid, das der Virus überall anrichtete, und von dem furchtbaren Anschlag auf das Interpol-Gebäude in Lyon. Dabei blickte sie ihn kein einziges Mal an.

»Ich will dem ganzen Irrsinn ein Ende bereiten, Valentine. Aber ich weiß nicht, ob ich die Kraft dazu habe. Und gleichzeitig zermartere ich mir ständig den Kopf, warum ausgerechnet ich? Warum ich? Es gibt über acht Milliarden Menschen auf der Welt. Warum ich, Valentine?«

»Jeder an deiner Stelle würde sich dieselbe Frage stellen. Manchmal haben wir einfach keine Wahl.«

»Das Schlimmste dabei ist, dass sie mich danach alle verdammen werden. Vermutlich auch du.«

Valentine runzelte die Stirn.

»Wie kommst du darauf? Das würde ich nie tun.«

Valentine griff nach ihrer Hand, zog Camille zu sich und küsste ihre Schläfe. Doch sie löste sich aus seinem Griff und wich zurück.

»Ich habe so oft an dich gedacht, nachdem du mich in London einfach grundlos abserviert hast. Aber nicht aus Sehnsucht oder Verlangen. Ich stellte mir vor, wie ich dir wehtun würde, so wie du mir wehgetan hattest. Bis zu dem Moment, als wir uns in München wieder begegneten und du einfach du warst, verletzlich und voller Sorge um deine Schwester. Von da an habe ich dir alles verziehen, sogar, dass du erneut einfach aus meinem Leben verschwunden bist. Als wir uns heute begegnet sind, wollte ich dich nur festhalten, dich nie wieder verlieren, deshalb der Kuss – aber inzwischen hatte ich Zeit zum Nachdenken, und obwohl das vermutlich der falsche Zeitpunkt ist –, ich meine, einen ungünstigeren Zeitpunkt wird es wohl nie wieder geben – muss ich von dir wissen, woran ich bin.«

Sie fixierte ihn mit ihrem Blick.

»Wirst du mich wieder verlassen, Valentine?«

Statt zu antworten, stand Valentine auf und lehnte sich an die Brüstung des Balkons. Er sah den Leuchtturm und dachte daran, wie es sein würde, sich Dorn zu stellen. Doch bevor er das tun konnte, musste er sich überwinden, Camille ein dunkles Geheimnis anzuvertrauen.

»Mein Vater, Patrick O'Brien, war Polizist. Und vermutlich …
Nein, nicht vermutlich. Er war der Grund, warum ich ebenfalls
Polizist wurde. Er war siebenundzwanzig Jahre alt, als er meine
Mutter Grace heiratete. Kurz darauf kam ich zur Welt. Wir hatten
nicht viel, nur dieses alte Haus irgendwo am Rand der Wicklow
Mountains in Irland. Und trotzdem verlebten wir viele glückliche
Jahre dort. Zumindest dachte ich das. Aber eine richtig katho-
lisch-irische Familie ist erst vollkommen, wenn sie mehrere Kin-
der hat. Zumindest war das damals so, in unserem Dorf. Meine
Mutter – aber das erfuhr ich erst viel später – hatte nach mir mehrere Fehlgeburten. Und ein Bruder, den ich nie zu Gesicht bekommen habe, starb wenige Stunden nach der Entbindung.«

Valentine machte eine Pause, atmete tief ein und fuhr fort.

»Mein Vater war ein guter Mensch, ein gläubiger Katholik. Er
hat meiner Mutter nie Vorwürfe gemacht oder ein böses Wort gesagt, nie. Trotzdem war sie fest davon überzeugt, dass die ganze
Welt über ihr Versagen – so nannte sie es – tratschte und hinter
ihrem Rücken mit dem Finger auf sie zeigte. Das zerriss sie, bis sie
auch meinem Vater vorwarf, dass er sie verachten würde. Auch
wenn er tausendmal das Gegenteil beteuerte. Sie wurde verbittert
und verschloss sich uns zunehmend. Als ich elf Jahre alt war, sah
ich mal, wie ein Freund von seiner Mutter in den Arm genommen
wurde. Ich erinnere mich noch daran, wie sie zusammen lachten, wie sie ihn neckte und küsste. Und da wurde mir plötzlich
schmerzlich bewusst, dass ich all das nicht hatte. Aber das
Schlimmste daran war, dass ich das bis dahin für ganz normal gehalten hatte.«

Valentine spürte den Kloß in seinem Hals, aber nun musste er
weitermachen. Es gab kein Zurück. Fahrig fuhr er sich mit dem
Unterarm über seine laufende Nase.

»Verstehst du das? Ich empfand es als normal, dass mich meine
Mutter nie in den Arm nahm, mich nie küsste und meinen Vater
und mich behandelte, als wären wir Fremde. Im selben Jahr wurde
mein Vater von der IRA ermordet. Irgendwo außerhalb der Stadt,

auf einer verlassenen Baustelle. Man hat ihn mit mehreren Schüssen in die Brust und in den Kopf förmlich hingerichtet. Sie sagten, es sei ein Vergeltungsakt gewesen.«

Valentines Wangen zitterten. Nur mit Mühe konnte er die Tränen zurückhalten, sein Atem stockte, und seine Stimme versagte. Camille stand auf und umarmte ihn sanft von hinten. Ihre Wärme dämpfte den Schmerz, und das Beben in seiner Brust verschwand. Wieder holte er tief Luft, wischte sich die Augen trocken und fuhr fort.

»Kurz vor der Beerdigung meines Vaters erfuhr meine Mutter, dass sie schwanger war. Was für eine Ironie, oder? Als Maggie auf die Welt kam, zog der beste Freund meines Vaters zu uns und nahm seinen Platz ein. Kane O'Sullivan, sein ehemaliger Kollege bei der Polizei. Das hört sich jetzt sicher seltsam an für einen Jungen, der gerade seinen Vater verloren hatte. Aber ich war froh, dass er da war. Ich glaube, ich mochte ihn sogar. Denn zum ersten Mal erlebte ich, wie es war, Teil einer glücklichen Familie zu sein. Und es war auch das erste Mal, dass ich meine Mutter wieder lachen sah. Das half mir, über den Tod meines Vaters hinwegzukommen, genauso wie die kleine Maggie.«

Valentine drehte sich um und schob Camille sanft von sich.

»Aber das alles war eine Lüge! Ich war fast volljährig, hatte die Abiturprüfungen hinter mir und den Kopf voller wilder Pläne, da wurde ich unfreiwillig Zeuge eines Streits, der mich spätnachts in meinem Zimmer weckte. Ich hörte, wie Grace meinen Stiefvater anschrie: ›Willst du mich auch umbringen, so wie Patrick?‹«

Lautlose Tränen liefen über Camilles Wangen. Unsicher machte sie einen Schritt auf ihn zu, doch Valentine hob beide Hände und hielt sie davon ab, ihn in die Arme zu nehmen.

»Ich … Ich brauchte Wochen, bis ich den Mut fand, die beiden mit der Sache zu konfrontieren. Erst leugneten sie alles, aber dann verstrickten sie sich in Lügen, bis Kane es zugab. Er beteuerte, es sei ein Unfall gewesen, aber ich glaubte ihm kein Wort. Ich bin auf ihn losgegangen, wollte ihm die Seele aus dem Leib prügeln, aber

Kane war größer und viel kräftiger als ich. Er warf mich einfach zu Boden. Vermutlich hätte er mich windelweich geschlagen, wäre meine Mutter nicht dazwischengegangen, und so hat sie die Prügel abgekriegt. Da habe ich rotgesehen, einen Hammer gepackt und auf seinen Kopf eingeschlagen, bis er tot umfiel.«

Camille schlug die Hände vor den Mund. Ihre Augen waren starr vor Entsetzen. Valentine sah zu Boden. Seine Stimme klang leise und zerbrechlich, als er fortfuhr.

»Wir haben Kanes Leiche im Wald vergraben. Und wir haben geschwiegen. Ich meine, nicht nur nach außen, wir haben nie wieder darüber gesprochen. Heute wünschte ich, ich wäre damit zur Polizei gegangen. Aber ich tat es nicht.«

Die emotionale Erschöpfung und Anstrengung, die ihn diese Beichte kostete, waren ihm deutlich anzusehen. Seine Wangen zitterten, und seine Augen waren rot gerändert.

»An meinem achtzehnten Geburtstag warf mich Grace aus dem Haus. Ich ging nach London. Und dort traf ich dich. Du warst wie das Wunder, das ich mir damals erhofft hatte, ehrlich. Eine Zeit lang glaubte ich, dass ich durch dich all das hinter mir lassen könnte. Aber es holte mich ein, und zwar immer dann, wenn ich nicht damit rechnete. Wenn du von deinen Eltern erzählt oder mir Bilder aus eurem Familien-Chat gezeigt hast. Du konntest nichts dafür, aber das war jedes Mal, als würde man mir ein Messer in die Brust stoßen. Und ich war unfähig, darüber zu reden oder mir Hilfe zu holen.

An dem Tag, als ich dich verlassen habe, wolltest du mich zum runden Geburtstag deines Vaters mitnehmen, erinnerst du dich?«

Valentine sah sie an, und sie nickte mit glasigen Augen.

»Die Vorstellung, deine glückliche Familie kennenzulernen, war unerträglich. Deshalb bin ich gegangen, deshalb bin ich davongerannt. Und wenn ich könnte, würde ich das alles rückgängig machen. Alles.«

Valentine schloss die Augen und weinte. Nicht nur weil die Erinnerung an diese Tragödie ihn aufgewühlt hatte, sondern auch weil er zum ersten Mal in seinem Leben darüber gesprochen hatte. Er spürte, wie Camilles Hände sein Gesicht berührten und wie die Last, die er bislang allein getragen hatte, durch sie an Gewicht verlor. Ihre Arme legten sich um ihn, drückten ihn fest an sich, und er erwiderte die Umarmung.

Wie trügerisch und brüchig dieser Moment war, wurde beiden augenblicklich bewusst, als der Pager in Camilles Tasche losging. Camille löste sich von ihm, holte das unscheinbare kleine Gerät hervor und stoppte den Signalton.

»Ich werde gebraucht.«

Valentine rang nach Fassung. »Wo musst du hin?«, brachte er leise hervor.

»Ins Lagezentrum.« Sie zeigte auf einen Bunker in der Nähe, der aus dem Erdreich ragte.

»Sie nutzen den Pager nur, wenn es dringend ist.«

»Ich kann mitkommen.«

Camille schüttelte den Kopf. »Das geht nicht. Hochsicherheitsbereich. Aber ich werde wiederkommen, versprochen. Und dann … es wird sich alles fügen … du wirst sehen.«

Sie küsste ihn auf die Stirn und eilte davon. Vom Balkon aus konnte er sehen, wie sie die schmale geteerte Straße hinunterrannte und schließlich den Bunker erreichte. Erst jetzt bemerkte Valentine, wie kalt es geworden war. Er beschloss, seinen Mantel zu holen und am Balkon auf ihre Rückkehr zu warten. Kaum hatte er den Mantel von der Garderobe genommen, betrachtete er die schmutzigen Stellen voller Möwenkot. Die beschwerliche Reise hatte nicht nur bei ihm Spuren hinterlassen. Auf keinen Fall wollte er mit diesem dreckigen Mantel Camille empfangen, und so begann er hastig im Badezimmer, den Dreck mit Wasser und Seife abzuwaschen, als plötzlich von draußen Tumult zu hören war.

Neugierig verließ er das Bad und bemerkte sofort den roten Schimmer, der zuckend an Wänden seines Zimmers flackerte. Feuer, aber wo? Er rannte hinaus auf den Balkon und sah in der Ferne den Brandherd. Aus allen Öffnungen des Bunkers, in den

Camille beordert worden war, schlugen Flammen. Eine brennende Gestalt taumelte aus dem Eingang. Deutlich konnte er Schreie aus dem Inneren hören. Valentine hatte nur noch einen Gedanken: Camille.

Valentine rannte panisch auf den brennenden Bunker zu. Der beißende Rauch, der ihm entgegenschlug, schmerzte in seinen Lungen. Hustend und mit verquollenen Augen versuchte er, sich zu orientieren. Sirenen marterten sein Gehör, und direkt neben ihm hielt ein Feuerwehrwagen an. Kies spritzte auf, Männer in roten Anzügen und mit Atemschutzmasken sprangen heraus, Befehle hallten durch die Rauchschwaden, während Schläuche ausgerollt wurden. Notärzte rollten eine Transportliege mit einer schreienden Frau vorbei. Das Feuer hatte ihr die Uniform von der Haut geschält und nur schwarz verkohlte Haut übriggelassen.

Valentine wollte Camilles Namen rufen, aber seine Stimme gehorchte ihm nicht mehr. Hustend torkelte er der Transportliege hinterher, als ihn ein maskierter Feuerwehrmann am Arm packte und ihn anbrüllte: »Verschwinden Sie hier, die Dämpfe sind giftig! Los, machen Sie schon!«

Doch der Rat kam zu spät. Valentine krümmte sich unter einer nicht endenden Hustenattacke und sank auf die Knie. Der Feuerwehrmann fing ihn auf und schleifte ihn aus der Gefahrenzone, bis ihm zwei Notärzte entgegenkamen. Sie legten Valentine auf eine Liege, zurrten ihn fest und schoben ihn in einen Krankenwagen. Irgendjemand streifte ihm eine Sauerstoffmaske über Mund und Nase, ein anderer blendete seine weit geöffneten Pupillen mit einer Taschenlampe. Er hörte, wie die Flügeltüren zuknallten, und spürte noch, wie der Krankenwagen losfuhr. Dann verlor er das Bewusstsein.

Sonntag, 13. Oktober 2024

Lamy & J. F.

Lille, Frankreich

Mit seiner fünfeckigen Anlage ähnelte das Hauptquartier des Rapid Reaction Corps der NATO in Lille dem US-Pentagon. Doch im Gegensatz zu dem mausgrauen Komplex in Virginia residierte die französische Kommandobehörde in einer Festungsanlage aus dem 17. Jahrhundert, umgeben von ausgedehnten Wäldern. Von dieser Zitadelle aus kontrollierte die NATO eine multinationale, hochmodern ausgerüstete Streitmacht mit hundertzwanzigtausend Soldaten und Mitarbeitern. Und alle hatten aktuell nur ein Ziel vor Augen: jeden potenziellen internationalen Zwischenfall während oder nach dem Reset gleich im Keim zu ersticken.

Der kommandierende Generalleutnant, ein kühler Franzose mit listigen Augen und blauem Barett, hatte Laurent Lamy zusammen mit dessen gesamter KI-Abteilung nach Lille in die Zitadelle verlegen lassen. Sollte ein unvorhergesehenes Ereignis eintreten, hätte er damit vollen Zugriff auf die Durchführung des Resets – und mit den KI-Experten eine schlagkräftige Truppe, um sowohl Cyberangriffe abwehren als auch selbst ausführen zu können.

Für Lamy und J. F. hatte die Sache nur einen gewaltigen Haken. Sie waren nun zweihundertachtzig Kilometer von ihren operativen Einheiten entfernt. Und so effizient die analoge Kommunikation inzwischen auf diese Entfernung auch war, eines war sie nicht: sicher. Ohne die militärisch wichtigen digitalen Dechiffrier-Routinen war jeder Funkkontakt wie ein offenes Buch. Was auch immer über den Äther geschickt wurde, der Feind hörte mit.

Lamy kam gerade aus einer Lagebesprechung mit dem Stab des

Militärs. Ohne Frühstück, ohne Schlaf, nur mit einer gehörigen Portion Wut im Bauch. Es war kurz nach acht, noch sechzehn Stunden bis zum RESET, als er mit entschlossenen Schritten die Parkanlage im Inneren der Festung durchquerte, die einst der Sonnenkönig Ludwig XIV. hatte anlegen lassen. Doch im Moment war Lamy blind für die liebevoll gestalteten Ornamente der Steinbrücken, den Kanal mit den weißen Schwänen oder die herbstlichen Bäume, die im Licht der aufgehenden Sonne in allen Farben leuchteten. Sein erneutes Gesuch, nach Mantes-la-Ville zurückzukehren, war abgelehnt worden, denn die Militärs wollten ihn an ihrer Seite haben. Wozu auch immer das gut sein sollte. Der Vorfall mit den Raketen in Nordkorea hatte gezeigt, dass jede militärische Aktion unvorhersehbare Folgen haben konnte. Wenn es nach ihm ginge, würde man alle Generäle der Welt während der nächsten achtundvierzig Stunden einfach wegsperren. Zwar stellte Golem eine enorme Bedrohung dar, doch die Unberechenbarkeit der Befehlshaber atomar gerüsteter Streitkräfte hielt er für noch gefährlicher.

Lamy steuerte direkt auf ein mehrstöckiges Gebäude im klassizistischen Barockstil zu, in dem seine Mitarbeiter und auch J. F.s gesamtes KI-Expertenteam untergebracht waren, als ihm dieser mit hochrotem Kopf entgegenkam.

»Wir haben ein Problem!«, keuchte er und schnappte gleichzeitig nach Luft.

»Was ist passiert?«

»Es sieht so aus, als ob Seiko verschwunden ist.«

»Was soll das heißen?«

»Sie hat das Gelände gestern mit zwei Security-Leuten verlassen und kam bis heute nicht zurück.«

Lamy versuchte, Gründe dafür zu finden. Aber sosehr er sich auch bemühte, ihm fiel keine plausible Erklärung ein, denn gerade Seiko würde die Mission niemals unentschuldigt im Stich lassen.

»Eine Entführung?«

J. F. nickte. »Das war auch unser erster Gedanke.«

»Haben wir ...«

»Natürlich, die gesamte Polizei der Umgebung fandet nach ihr. Aber bisher gibt es keine einzige Spur. Ich denke, wir sollten zurück.«

Lamy schüttelte den Kopf.

»Undenkbar. Ich hab schon alles probiert.«

»Und der Reset?«

»Du kennst doch Seiko, sie hat alle Eventualitäten einkalkuliert. Sogar ihr eigenes *Ausscheiden aus dem Team durch Krankheit oder Tod*. So hat sie das Memo genannt, in dem sie definiert hat, wie in einem solchen Fall verfahren werden soll. Eines ist also sicher: Der Reset wird stattfinden, mit ihr oder ohne sie.«

»Es gibt noch einen weiteren Vorfall, der vielleicht wichtig ist.«

»Raus damit.«

»Es geht um die Spezialeinheit auf Jersey, wo Camille Milloz sich aufhält. Für die bevorstehende Leuchtturm-Mission. Gestern Nacht gab es dort im Lagezentrum einen Brand. Wir wissen bisher nicht viel, nur dass es Tote und einige Verletzte gab.«

»Und Milloz?«, fragte Lamy besorgt.

J. F. zuckte ratlos mit den Schultern.

»Man hat noch nicht alle Opfer identifizieren können.«, erklärte er resigniert, als im selben Moment ein Adjutant über eine der Steinbrücken auf sie zulief und dabei mit einem Papier in der Hand wedelte. »Camille Milloz ... man hat sie gefunden«, rief er ihnen entgegen und scheuchte dabei einen Schwan auf, der an ihnen vorbeiflog und laut flatternd im morgendlichen Kanal landete, dann kehrte wieder trügerische Ruhe im Park der Zitadelle ein.

Camille & Valentine

Mantes-la-Ville, Frankreich

Der Sonderflieger landete am späten Vormittag auf dem Luftwaffenstützpunkt Villacoublay südwestlich von Paris. Von dort brachte ein Militärhubschrauber den Passagier in neun Minuten nach Mantes-la-Ville und setzte ihn direkt vor der Zerlus-Halle ab. Staub und Dreck wirbelten auf und prasselten wie Maschinengewehrfeuer gegen die Planen der Halle, als der Passagier in Uniform und mit Helm aus dem NH90-Hubschrauber sprang und geduckt auf den Eingang zustürmte. Die Security-Leute stellten sich ihm in den Weg, traten aber zur Seite, sobald sie erkannten, wer da auf sie zukam. Kurz darauf platzte er so entschlossen in den Bereich der Sicherheitskräfte, dass alle Anwesenden verstummten und augenblicklich ihre Arbeit einstellten. Hastig setzte Camille Milloz ihren Gefechtshelm ab, blickte in die Runde und hatte nur eine einzige Frage: »Wo ist Seiko Itō?«

Der Leiter der Security und zwei seiner Mitarbeiter hörten sich daraufhin minutenlang Camilles Vorwürfe an, bevor sie die Gelegenheit bekamen, zu den laufenden Ermittlungen Stellung zu nehmen.

»Wir kooperieren mit der örtlichen Polizei, die alle verfügbaren Beamten in die Suche nach Madame Itō eingebunden hat. Bislang gibt es nicht den geringsten Hinweis auf ihren Verbleib.«

»Was ist mit Kameras – an den Straßen, an Kreuzungen? Keine Ahnung, der Wagen muss doch irgendwo gefilmt worden sein.«

Der Sicherheitsleiter setzte seine randlose Brille ab und fuhr sich nervös über das blasse Gesicht.

»Im besagten Zeitraum zeigen alle Kameras nur …« Er zögerte.

»Nur was?«, blaffte Camille ihn an.

»Nur lebensgroße bunte Spielzeugautos.«

Frustriert ließ Camille sich auf einen der Bürostühle sinken und folgte seinen weiteren Ausführungen.

»Wir haben Flugblätter mit Fotos aller drei Vermissten und auch des Fahrzeugs verteilt. Da der gesamte Bezirk seit Tagen vom Militär abgeriegelt wird, gehen wir davon aus, dass sich die Entführer noch in Mantes-la-Ville oder im angrenzenden Mantes-la-Jolie aufhalten. Wir finden sie. Irgendjemand wird etwas gesehen haben. Wir brauchen nur Zeit.«

Zeit, die wir nicht haben, dachte Camille und sah auf die Uhr. Noch knapp vierzehn Stunden bis zum Reset, den Seiko eigentlich stoppen wollte.

Eine kräftige Frau, deren düstere Tätowierungen das halbe Gesicht bedeckten, kam mit einem Funkgerät auf sie zu.

»Ist für Sie«, sagte sie knapp, reichte es ihr und blieb mit verschränkten Armen vor ihr stehen.

»Ja?«, meldete sich Camille missmutig.

»Madame Milloz, Lamy hier. Warum zum Teufel sind Sie nicht auf Jersey?«, schnaubte er.

»Warum?«, entgegnete sie im selben scharfen Ton. »Ich sage Ihnen, warum. Weil Seiko vorhatte, den Reset zu stoppen, und weil ich jetzt persönlich dafür sorgen werde, dass das auch geschieht.«

»Madame Milloz! Ich hatte Sie weiß Gott für professioneller gehalten. Es ist unfassbar, dass Sie Ihren Posten verlassen …«

»Sie verstehen das nicht. Warum, glauben Sie, hat man Seiko entführt?«

»Wir wissen doch noch nicht mal, ob es eine Entführung war.«

»Monsieur Lamy, es ist doch kein Zufall, dass sie ausgerechnet in dem Augenblick verschwunden ist, in dem sie die ganze Sache abblasen wollte.«

»Wie kommen Sie denn darauf? Ich wäre der Erste gewesen, dem sie das mitgeteilt hätte.«

Camille atmete tief ein.

»Kurz vor meiner Abreise hat sie mich aufgesucht und mir von ihren Zweifeln erzählt. Sie hielt es für möglich, dass Dorn oder Golem – oder wer auch immer – diesen Reset ganz bewusst forciert. Und wenn das der Fall sein sollte, steht uns vielleicht noch viel Schlimmeres bevor. Deshalb werde ich jetzt dafür sorgen, dass wir genau das tun, was Seiko wollte.«

Lamy schäumte vor Wut.

»Nichts, rein gar nichts werden Sie tun. Oder ich lasse Sie auf der Stelle unter Arrest stellen. Haben Sie mich verstanden?«

Lamy war so laut, dass die Frau, die vor Camille stand, zu schmunzeln begann. Camille warf ihr einen bösen Blick zu, woraufhin ihr Gesicht wieder versteinerte und sie langsam fortging. Lamy hatte sich in der Zwischenzeit wieder beruhigt. Seine Stimme klang nun versöhnlicher.

»Es tut mir leid, Madame Milloz, wir sind hier alle am Limit.«

»Alles gut, vergessen Sie es«, antwortete Camille kalt.

»Niemand, der eine solche Verantwortung trägt, ist ohne Zweifel«, erklärte Lamy. »Camille, Sie wissen das aus eigener Erfahrung. Also, versuchen Sie sich zu erinnern, was Seiko genau gesagt hat. Wollte sie wirklich die ganze Operation stoppen, oder wollte sie nur Dampf ablassen?«

Camille stand auf, entfernte sich von den Security-Mitarbeitern und fuhr sich nachdenklich durch die Haare.

»Seiko ist nicht der Typ, der Dampf ablässt. Für mich war ganz klar, dass sie den Reset absagen will.«

»Vergessen wir mal, wie Sie das interpretieren. Ich möchte wissen, was sie wörtlich gesagt hat.«

Camille versuchte sich zu erinnern.

»Madame Milloz, sind Sie noch dran?«

»Ja, natürlich.«

»Also?«

»Sie sagte: ›Vielleicht ist es wirklich an der Zeit, der Schlange den Kopf abzuschlagen.‹«

»Das war alles?«, empörte sich Lamy.

Camille blieb stumm.

Lamys Stimme hatte wieder diesen herrischen Ton angenommen, der keinen Widerspruch duldete.

»Wir ziehen das jetzt durch. Und Sie machen sich auf den Rückweg nach Jersey. Der Anschlag hat das reinste Chaos hinterlassen.«

Camilles Augen weiteten sich besorgt. »Welcher Anschlag?«

»Sie haben es noch nicht gehört?«

»Was habe ich nicht gehört?«

»Im Kommandobunker sind Brandsätze explodiert. Vermutlich auch in den Mannschaftsunterkünften der britischen Spezialeinheiten, die für den Zugriff vorgesehen waren. Es gab wohl mehrere Tote und Schwerverletzte. Wir verfügen noch nicht über alle Fakten, da die Kommunikation zur Insel aufgrund des Unwetters stark eingeschränkt ist.«

Camille konnte kaum glauben, was sie da hörte. Ein Nachrichtenoffizier hatte sie am Eingang des Bunkers abgefangen, ihr von der mutmaßlichen Entführung Seikos berichtet und damit ihre Pläne geändert. Als ihr jetzt klar wurde, dass dieser Anschlag vermutlich auch ihr gegolten hatte, keimte ein ohnmächtiger Zorn auf Dorn in ihr auf, während Lamy weitersprach.

»Wir haben zum jetzigen Zeitpunkt keine Hinweise darauf, wer die Attentäter waren oder wie die Brandsätze unbemerkt auf den Stützpunkt gelangt sind.«

»Keine Hinweise?«, brauste Camille auf. »Seit Lyon wissen wir, wie Dorn vorgeht. Wie er mit Golem Menschen manipuliert und sie zu seinen Werkzeugen macht. Und Sie wissen ganz genau, dass er hinter den Anschlägen steckt. Welche Beweise brauchen Sie denn noch? Wir müssen diesen Wahnsinnigen ausschalten. Ich flehe Sie an, Sie sitzen jetzt direkt an der Schaltstelle, wo alle Entscheidungen getroffen werden. Geben Sie mir grünes Licht, und ich setze diesem Monster ein für alle Mal ein Ende!«

Noch während sie sich vorstellte, den Leuchtturm in Schutt

und Asche zu legen, musste sie an Valentine denken. War er im Hotel geblieben?

***

Valentine spürte, wie sich seine Lungen mit Luft füllten. Der Schmerz hatte aufgehört. Benommen öffnete er die Augen. Grelles Licht blendete ihn. Sofort schloss er sie wieder und spürte eine Hand auf seinem Arm. Dann probierte er es erneut und blickte in das wunderschöne Gesicht einer jungen Krankenschwester.

»Wo bin ich?«, fragte er desorientiert.

»Je ne parle pas anglais«, antwortete sie mit einem freundlichen Lächeln. Eine zweite Stimme sprach ihn auf Englisch an, mit hartem deutschen Akzent.

»Sie versteht Sie nicht. Sie sind in einem Militärlazarett an der Küste von La Corbière.«

Valentine drehte den Kopf und sah über sich einen Mann mit glänzender Stirn, blauem Hemd und dunkelgrauen Schulterklappen.

»Ich bin Oberstabsarzt Ewald vom Kommando Sanitätsdienst der deutschen Bundeswehr. Wir sind für die ärztliche Versorgung auf diesem Stützpunkt verantwortlich.«

Langsam kamen die Erinnerungen zurück. Das Feuer, der Rauch, die beißenden Schmerzen in seiner Lunge. Unsicher befühlte er seine Brust.

»Sie haben eine mittelschwere Rauchvergiftung«, erklärte der Stabsarzt. »Keine Sorge, bei der Untersuchung Ihres Gaumens mit Schwerpunkt auf dem hinteren Pharynx haben wir zwar Ödeme festgestellt, aber sonst waren die Befunde negativ. Ich würde Sie trotzdem gern noch bis morgen früh hierbehalten, um sicherzugehen, dass die Schwellungen abklingen.«

Valentine versuchte zu sprechen, aber der Schmerz im Hals verhinderte es.

»Ja, das kann noch etwas wehtun.«

Valentine zog den Arzt so nahe zu seinem Gesicht, dass er sein Rasierwasser riechen konnte.

»Ich kann nicht hierbleiben. Hiermit entlasse ich mich selbst«, röchelte er.

Die Sonne stand tief am Himmel, als Valentine sich auf den Weg zum Hotel machte. Der Stützpunkt wirkte wie ausgestorben. Neben einigen Patrouillen waren sonst nur Sanitäter unterwegs. Nicht weit vom Lazarett entfernt startete soeben ein Rettungshubschrauber, während ein weiterer zur Landung ansetzte. Von Camille fehlte jedoch jede Spur; auch im Verzeichnis des Lazaretts war sie nicht gelistet gewesen. Das minderte Valentines Sorge aber nur minimal. Ermattet warf er von den Klippen aus einen Blick auf den Leuchtturm, der mitten in einer Landschaft aus schroffen Felsen, Algen und braunem Schlick stand. In der Nacht musste die Flut gekommen sein, die inzwischen wieder der Ebbe gewichen war. Er machte sich auf den Weg zum Hotel, in der vagen Hoffnung, Camille könnte dort in seinem Zimmer auf ihn warten.

In der Lobby kam ihm aufgeregt ein junger Soldat entgegen. Er war keiner von den drahtigen Special-Forces-Männern, sondern wirkte eher wie ein Schreibtischoffizier, dessen Uniform so akkurat am Körper saß, als wäre sie für ihn maßgeschneidert.

»Sind Sie Superintendent O'Brien?«

Valentine nickte nur.

»Gott, bin ich froh, dass ich Sie gefunden habe.«

Valentine zeigte auf seinen Hals, um deutlich zu machen, dass er kaum sprechen konnte. Dann zeigte er auf sein Gegenüber.

»Ich bin Second Lieutenant Conway, der Verbindungsoffizier von Polizeihauptkommissarin Milloz.«

»Wo ist sie?«, krächzte Valentine.

»Ihr geht es gut, sie ist in Sicherheit. Sie hat den Stützpunkt vor dem Anschlag verlassen. Ein Notfall, sie musste nach Frankreich.«

Valentine schloss für einen Moment erleichtert die Augen.

»Sie erwartet von mir einen Bericht über Ihren Zustand. Was

soll ich ihr mitteilen?«, stotterte Conway, während er ihn besorgt musterte.

Unter Schmerzen zwang sich Valentine, seine Frage zu beantworten. »Richten Sie ihr aus, es geht mir blendend. Und wehe, Sie machen auch nur die kleinste Andeutung über meinen tatsächlichen Zustand.«

Conway starrte ihn mit weit aufgerissenen Augen an.

»Es geht Ihnen blendend. Alles klar.«

»Wann kommt sie wieder?«

»Sie lässt ausrichten, dass sie das im Augenblick noch nicht absehen kann. Sie bittet Sie aber, hier zu warten, bis sie wieder da ist.«

Valentine zeigte in Richtung Leuchtturm.

»Was ist mit dem Zugriff?«

»Es tut mir leid, ich bin nicht befugt, darüber Auskunft zu geben. Bleiben Sie am besten auf Ihrem Zimmer, und sobald ich wieder etwas von Polizeihauptkommissarin Milloz höre, melde ich mich bei Ihnen. Wäre das in Ordnung für Sie?«

Wenige Schritte von ihm entfernt öffnete sich soeben die Schiebetür des Fahrstuhls mit einem lauten Ping. Wortlos ging er an Conway vorbei, blieb in der Kabine stehen und drückte einen der Knöpfe. Irritiert über das abrupte Ende der Unterhaltung eilte ihm der Lieutenant nach.

»Brauchen Sie irgendetwas? Sie müssen es nur sagen. Polizeihauptkommissarin Milloz bat mich darum, Sie …«

Die sich schließenden Aufzugtüren schnitten Conway das Wort ab, was unerheblich war. Denn für Valentine war nur entscheidend gewesen, dass es Camille gut ging. Nun gab es für ihn nur noch ein Ziel: den Leuchtturm.

Als er das Hotel wieder verließ, trug Valentine die olivgrüne Montur, die Camille am Vorabend mitgebracht hatte. Er mochte die Sachen nicht, aber damit fiel er am Stützpunkt deutlich weniger auf als in seiner Zivilkleidung. Außerdem schützte ihn der dicke

Pullover, den er unter einer Armeejacke trug, vor dem kalten Wind, der hier an den Klippen wehte.

Diesmal nutzte er nicht den breiten Teerweg, der direkt zum Meer und zu den bewachten Absperrungen führte, sondern begann an einer abgelegenen Stelle des Stützpunkts die Felsen hinabzusteigen. Das Gestein war scharfkantig, schlüpfrig und erforderte waghalsig große Schritte in die Tiefe, um wieder Tritt zu finden. Eiskalter Wind pfiff um die Klippen, und mit jedem Meter, den er dem sandigen Grund näher kam, spürte er seine klammen Finger etwas weniger.

Ein surrendes Geräusch glitt über ihn hinweg. Erschrocken drückte er sich in einen Felsspalt und entdeckte weit über sich eine Überwachungsdrohne, die leise surrend regungslos in der Luft schwebte. Valentine hielt den Atem an, drückte sich noch enger an die Felsen und hoffte, die dunkelgrüne Kleidung würde ihn ausreichend tarnen.

»Los, flieg weiter!«, flehte er, doch stattdessen senkte sich die Drohne und kam langsam direkt auf ihn zu. Hatte sie ihn schon erfasst, war sie möglicherweise bewaffnet? Schräg unter ihm ragte ein gewaltiger Stein weit aus der Felsformation heraus. Vielleicht konnte er dort Schutz finden. Ohne weiter auf die Drohne zu achten, löste er sich aus dem Spalt und sprang schräg hinab. Im selben Moment krachte ein Schuss und hallte von den Felsen wider. Überrascht von dem lauten Knall verfehlte Valentine sein Ziel. Seine Hüfte krachte gegen einen Felsen, aber seine Hände packten gerade noch die raue Oberfläche des großen Steins. Verzweifelt suchte er nach Halt, doch sein Gewicht zog ihn unweigerlich nach unten, während seine Fingernägel hilflos über die poröse Oberfläche kratzten und splitterten, bis er schließlich mit rudernden Armen in die Tiefe stürzte. Noch im Fallen hörte er einen weiteren Schuss, dann schlug er hart auf dem schlammigen Wattboden auf. Wenige Meter neben ihm platschte die Drohne in den Schlick wie ein totes Insekt. Plötzlich wurde ihm bewusst, dass die Schüsse nicht ihm, sondern der Drohne gegolten hatten. Noch lähmten die Schmerzen seine Reaktionen, aber nach und nach verstand er, dass die Schüsse von Wachen am Stützpunkt abgegeben worden waren. Was bedeutete, dass in wenigen Minuten Einheiten kommen würden, um sie zu bergen.

Er drehte sich zur Seite und kniete sich hin. Sein Rücken und die blutigen Hände waren ein einziger Schmerz. Es grenzte an ein Wunder, dass er noch lebte. Nur einen Meter weiter, und er wäre auf einem der schroffen Felsbrocken gelandet. Stöhnend zog er sich hoch und warf einen Blick auf den weit entfernten Leuchtturm. Der direkte Weg führte über zahlreiche Felsen, die weit aus dem Boden ragten. Es wäre extrem mühsam und würde viel Zeit kosten, sie alle zu überqueren, und er hatte keine Ahnung, wann die Flut zurückkommen würde. Der leichtere Weg war eine planierte Furt, so breit, dass ein Fahrzeug darauf Platz hatte, und lag nur fünfzig Meter von ihm entfernt, allerdings direkt im Sichtbereich der Militärs.

Verzweifelt hielt er Ausschau nach einer anderen Möglichkeit, aber vergeblich. Er hatte keine Wahl, er musste es riskieren. Keuchend und frierend durchquerte er in nasser, sandiger Kleidung, die Schritt für Schritt schwerer zu werden schien, steinige Furchen oder zog sich flach auf dem Bauch liegend über schroffe Felsen, um so spät wie möglich gesehen zu werden, bis er endlich die Furt erreichte. Hinter einem massiven Brocken aus rotem Stein kauernd, sammelte er Kräfte und spähte hinüber zu der Absperrung, hinter der mindestens zwei Soldaten Wache hielten. Als die beiden durch einen ankommenden Jeep abgelenkt waren, sprang er aus seiner Deckung auf den planierten Weg und rannte los, so schnell ihn seine Beine trugen. Wasser spritzte an seinen Füßen hoch, und je weiter er kam, desto anstrengender wurde jeder Schritt. Es schien fast so, als würde das Wasser immer tiefer werden. Es bestand kein Zweifel, die Flut kam zurück. Erschöpft blieb er stehen und blickte hinab zu seinen Schuhen, die bereits vollständig vom Meerwasser bedeckt waren, da ertönten hinter ihm Schreie und eine Sirene ging los. Nun gab es kein Zurück mehr.

Immer weiter trieb ihn eine Mischung aus Angst und Hoffnung Richtung Leuchtturm. Nach weiteren hundert Metern, die er durch die eiskalte Strömung watete, stand ihm das Wasser bis zu den Knien, und an Laufen war nicht mehr zu denken. Dazu kam eine lähmende Kälte, die immer tiefer in seinen Körper kroch. Erst als die Strömung ihn plötzlich von den Beinen riss, wurde ihm schmerzhaft bewusst, dass er von dieser Sekunde an um sein nacktes Überleben kämpfte. Mit den Armen auf das Wasser schlagend, versuchte er panisch einen der Felsen zu erreichen, der noch weit aus dem Meer ragte, aber die durchnässte Kleidung an seinem Körper zog ihn immer wieder unter die Wasseroberfläche. Bis er die Orientierung verlor und unweigerlich aufs Meer hinausgetrieben wurde. Es war alles umsonst gewesen; er war Maggie so nahe gekommen, aber nun würde seine Reise enden, ohne dass er sein Ziel erreicht hatte. Ein letztes Mal gelang es ihm, Luft zu holen, dann gab er kraftlos auf, ergab sich seinem Schicksal und ging in den Fluten unter.

Camille & Seiko

Mantes-la-Ville, Frankreich

Das Licht der Sonne wurde schwächer, und sie versank, von grauen Schleiern und Wolken verdeckt, unspektakulär hinter der Zerlus-Halle. Camille aber erinnerte sich an die vielen Male, als sie von der obersten Ebene der Halle aus zugesehen hatte, wie die Sonne den Horizont in atemberaubendes goldenes Licht tauchte. Der Gedanke, dass die Sonne auch diesmal strahlen würde, nur aus ihrer Sicht verborgen blieb, ließ sie unweit des Helikopters für einen Moment verweilen und Hoffnung schöpfen. Und so kam es, dass Noah Morel Camille gerade noch rechtzeitig erreichte, bevor sie in den Hubschrauber stieg, um zurück nach Jersey zu fliegen. Schnaufend machte er mit einem Funkgerät in der Hand vor ihr halt.

»Madame Milloz, es geht um Madame Itō. Wir haben eine Spur.«

»Seiko? Was genau haben Sie?«

»Der Wagen der Security steht in einer Tiefgarage des François-Quesnay-Hospitals Der Chefarzt für Herz- und Gefäßchirurgie, ein gewisser Dr. Bećhu, hat ihn entdeckt. Er kam heute wegen einer kurzfristig angesetzten Herztransplantation in die Klinik. Der Wagen wäre ihm gar nicht aufgefallen, hätte er nicht auf seinem Parkplatz gestanden.«

»Und sind wir sicher, dass es genau der Wagen ist, den wir suchen?«

»Absolut! Die Polizei ist schon auf dem Weg. Ich wollte nur, dass Sie es erfahren, bevor Sie zurückfliegen.«

Camille sah auf ihre Uhr. Noch fast sechs Stunden bis zum Reset.

»Ich fliege nicht zurück. Kann ich das Funkgerät haben?«

Zögernd reichte er es ihr. »Was haben Sie vor?«

»Ich fliege selbst zu diesem Krankenhaus. Und Sie halten mich auf dem Laufenden, verstanden?«

»Aber der Einsatz? Was soll ich Monsieur Lamy sagen?«

»Verschaffen Sie mir einfach Zeit. Sie haben mich nicht mehr erwischt, verstehen Sie mich?«

Noah war so perplex, dass er sprachlos dastand und zusah, wie Camille in den Hubschrauber stieg, der tosend abhob und ihn dabei fast von den Beinen fegte.

Nur wenige Minuten später tauchte vor dem Helikopter der massive Bau des Hospitals auf. Aus der Luft konnte Camille mindestens ein Dutzend Polizei-Einsatzfahrzeuge sehen, die rund um das Gebäude verteilt waren.

»Landen Sie genau dort beim Haupteingang«, befahl Camille der Pilotin und zeigte auf die Parkfläche in der Nähe der Zufahrt. »Ich will, dass jeder die Landung mitbekommt. Irgendwo in diesem hässlichen Kasten steckt meine Kollegin, und wer immer sie festhält, soll wissen, dass wir kommen.«

Schon kam der Boden unter ihnen näher, bis der U-förmig angelegte Komplex mit seinen zwei weißen Seitenflügeln und der schwarzen Glasfront im Zentrum bedrohlich vor ihnen aufragte. Kaum waren sie gelandet, sprang Camille aus dem Hubschrauber und lief in geduckter Haltung auf den Eingang zu, wo sie bereits von einer Gruppe Polizisten erwartet wurde.

Ein blau uniformierter Beamter mit einer schmalen Kappe, die er fest auf den Kopf drückte, damit sie ihm nicht davonwehte, kam ihr entgegen und reichte ihr die freie Hand.

»Ich bin Commandant de police de Gaulle. Und Sie sind sicher Erste Hauptkommissarin Milloz von Interpol.«

Camille begrüßte den Mann höflich, aber kurz. Sie schüttelte ihm die Hand und war angesichts der vielen Männer heilfroh, dass sie immer noch die Kampfuniform mit den schweren Leder-stiefeln trug.

»Kommen wir gleich zur Sache«, antwortete sie in fließendem Französisch. »Was ist mit dem Wagen? Gibt es weitere Spuren?«

»In der Tiefgarage befindet sich zweifelsfrei das gesuchte Fahr-zeug, und wir haben einen Toten darin gefunden. Er lag auf dem zurückgeklappten Beifahrersitz. Der Tote ist eine der drei zur Fahndung ausgeschriebenen Personen. Von den anderen beiden fehlt aber jede Spur. Da sich im Umkreis keine anderen Gebäude als das Krankenhaus befinden, haben wir unsere Suche nun auf diesen Komplex konzentriert.« Er drehte sich um und zeigte auf das Gebäude. »Aber es wird Stunden dauern, bis wir dieses Ding komplett auf den Kopf gestellt haben.«

***

Bis auf ein Patientenhemd, das am Rücken mit Schnürbändern zusammengehalten wurde, hatte Seiko nichts mehr am Leib. Wie gelähmt saß sie auf einem Krankenbett. Die Türen des Zimmers waren nicht verschlossen. Immer wieder hatte sie mit dem Ge-danken gespielt, einfach zu gehen, dem Irrsinn zu entkommen. Aber selbst wenn es ihr gelänge, Hilfe zu holen, würde die Zeit ausreichen, um Akira zu retten? Da Colbert bereits auf perfide Weise einen Menschen mit Gift getötet hatte, zweifelte sie keine Minute daran, dass sie es ernst meinte. Sie hatte daran gedacht, an Colberts Mitgefühl zu appellieren. Aber anders als die Attentäter in Lyon handelte diese Frau aus freien Stücken und nicht, weil ihr die KI mit Vergeltung drohte. In ihrem Fanatismus schien Colbert nicht empfänglich für Mitleid oder Empathie zu sein. Vermutlich war das der Gipfel der Perversion: Menschen durch Fake News nicht nur gefügig zu machen, sondern sie vollständig umzu-drehen. Also saß Seiko wie gelähmt auf dem Krankenbett und wartete auf ihren Henker.

In diesem Moment öffnete Colbert die Tür. Sofort bemerkte

Seiko, dass sich etwas geändert hatte. Ihr überhebliches und selbstsicheres Auftreten war Furcht gewichen.

»Legen Sie sich hin – los!«, befahl sie herrisch, und Seiko gehorchte. »Wir werden die OP vorziehen müssen, der Zustand Ihres Freundes hat sich rapide verschlechtert. Ich werde Sie jetzt in einen Operationssaal bringen, und wenn Sie auf dem Weg dorthin auch nur einen Mucks von sich geben, stirbt Ihr Freund einen qualvollen Tod. Haben Sie mich verstanden?«

Nur ein kurzes Senken der Augenlider verriet der Ärztin, dass Seiko sie gehört hatte.

»Geben Sie mir Ihren Arm. Machen Sie schon«, forderte Colbert sie auf, und noch bevor Seiko richtig verstand, was passierte, hatte die Frau ihr linkes Handgelenk mit Handschellen an das Bettgestell gekettet. Es gab nun keinen Ausweg mehr. Das Gefühl, Colbert endgültig ausgeliefert zu sein, raubte ihr fast den Verstand. Eins der wenigen Dinge, die Seiko in diesem Zustand noch spürte, war das Metall an ihrem Handgelenk, das sich genauso kalt anfühlte wie das kleine Gefäß, das verborgen in ihrer Vagina steckte.

Im Auge des Sturms

Valentine lag würgend und spuckend mit dem Gesicht nach unten am Ufer und begann unbeherrscht zu zittern. Das Erste, was er bewusst wahrnahm, als sich sein nach Leben schreiender Körper beruhigte, war ein himmlischer Gesang. Er kannte jede Zeile, jedes Wort, und vermutlich bewegten sich sogar seine Lippen, während die kristallklaren Stimmen ihn aus unendlicher Finsternis ins Licht zurückholten.

Bleib bei mir, Herr! Der Abend bricht herein.
Es kommt die Nacht, die Finsternis fällt ein.
Wo fänd ich Trost, wärst du mein Gott nicht hier?
Hilf dem, der hilflos ist: Herr, bleib bei mir!

Danach kamen der Schmerz und die Kälte, während der Chor eine weitere Strophe der göttlichen Hymne »Abide With Me« anstimmte. Valentine schlug die Augen auf. Und auch wenn ihn tiefschwarze Nacht umgab, war er am Leben. Daran bestand kein Zweifel. Der Choral, so himmlisch er auch klang, kam nicht von Engeln, sondern aus einem Lautsprecher, der von irgendwoher den felsigen Untergrund beschallte, auf dem er lag. Erstaunlicherweise gab ihm die Musik Kraft, um sich hochzustemmen, bis er auf allen vieren, wie ein Hund, auf dem harten, nassen Untergrund kniete. Wie eine rostige Maschine brachte sein Herz das zähflüssige Blut in seinen Adern wieder in Bewegung, und auch sein Gehirn kam träge in Schwung. Konnte es sein, dass ihn jemand aus dem Wasser gezogen und hier abgelegt hatte? Sosehr er sich auch anstrengte, es gelang ihm nicht, sich zu erinnern. Trotzdem war es die einzige logische Schlussfolgerung. Andernfalls wäre er jetzt nicht hier. War es dieselbe Person gewesen, die ihn nun mit Kirchenmusik beschallte – einer Musik, die er zuletzt als Ministrant vernommen hatte?

Ein grelles Licht über ihm erhellte für einen kurzen Augenblick den Felsen, auf dem er kniete, dann wurde es wieder dunkel. Der Leuchtturm. Valentine richtete sich auf, drehte sich um und sah hinter sich eine schmale weiße Steintreppe, die steil hinauf bis zum Turm führte. In diesem Moment verstummte die Musik. Stattdessen konnte er nun die Wellen hören, die sich nicht weit von ihm entfernt in der schwarzen Nacht an den Klippen der Insel brachen. Erneut strahlte der Turm sein Leuchtfeuer in die Nacht hinaus, und die dichten Wolken reflektierten es zurück auf die Insel, die für einen kurzen Moment hell erleuchtet wurde.

Valentine entdeckte auf halbem Weg hinauf zum Turm ein flaches Gebäude, das direkt in den Felsen geschlagen war, als wäre es ein Teil davon. Aus einer offen stehenden Tür drang verheißungsvoll warmes Licht und versprach Schutz vor der eisigen Nacht. Angesichts seines elenden Zustands musste Valentine nicht lange überlegen. Mit unsicheren Schritten schleppte er sich zum Haus, schob die Tür auf, trat ein und zog sie hinter sich wieder zu.

Wohlige Wärme empfing ihn. Vor ihm lag ein kleiner schmuckloser Raum mit weiß getünchten Wänden und einem Tisch, auf dem zusammengefaltete Handtücher, Unterwäsche, Jeans und ein brauner Pullover lagen. Offenbar wurde er erwartet. Ohne zu zögern, befreite er sich von seinen nasskalten Sachen, rieb sich trocken und schlüpfte in die frische Kleidung. Überrascht stellte er fest, dass sie genau passte. Selbst die ledernen Hausschuhe, die er unter dem Tisch fand, hatten exakt seine Größe. In einer Ecke des Raums entdeckte er ein Waschbecken. Begierig drehte er den Hahn auf und trank das Wasser, das aus der Leitung spritzte. Kaum war er damit fertig, öffnete sich wie von Geisterhand eine Tür und gab den Blick auf einen langen beleuchteten Korridor frei. Misstrauisch, aber auch getrieben von Neugier und gestärkt durch die trockene Kleidung auf seiner Haut, folgte er dem Gang.

Nach wenigen Metern kam er an einer breiten Stahltür vorbei, die mit einer schmalen Scheibe versehen war, nicht breiter als der Rücken eines Buches. Vergeblich versuchte er, die Tür zu öffnen, und warf dann einen Blick durch das Sichtglas. Zunächst sah er nicht mehr als einen leichten Schimmer; das Licht im Gang war einfach zu hell. Erst als er mit den Händen seine Augen abschirmte und sein Gesicht fest an die Scheibe presste, zeichnete sich ein kleiner Raum vor ihm ab, der in goldenes Licht getaucht war. Es ging von einer Konstruktion aus, die hinter einer Trennscheibe stand, welche den Raum teilte. Sie schien von der Decke zu hängen – filigran, zerbrechlich, wie ein Kronleuchter, nur aus feinen Drähten und schillernden Glaskolben. Und noch während er versuchte zu ergründen, was das für ein Gebilde war, drangen Schreie an sein Ohr, die ihn bis ins Mark erschütterten.

Maggie!

***

Camille rannte so schnell durch das Krankenhaus, dass ihr die zwei bewaffneten Polizisten kaum folgen konnten. Wieder stieß sie eine der schweren Türen auf, stürzte in das Krankenzimmer und sah sich hektisch um. Zwei ältere Damen schauten sie verwundert an, als kurz nach ihr zwei bewaffnete Beamte in den Raum kamen. Noch während sich einer der beiden Männer für ihr abruptes Eindringen entschuldigte, war Camille im Bad verschwunden, erschien kurz darauf wieder, schüttelte den Kopf und verließ das Zimmer. Kaum war sie zurück auf dem Gang, hielt einer der Polizisten sie am Arm fest.

»So geht das nicht. Was, wenn Sie den Entführern begegnen, unbewaffnet und ohne Deckung? Was wollen Sie dann tun – den Kugeln ausweichen? Mehr als fünfzig Kollegen durchsuchen im Krankenhaus Zimmer für Zimmer. Wir werden sie finden, auch ohne dass Sie Ihr Leben riskieren.«

Camille wusste, dass der Mann recht hatte, darum schwieg sie.

»Lassen Sie uns den Job machen und vorausgehen, in Ordnung?«

»Dann verlieren wir aber wertvolle Zeit.«

»Lieber Zeit als unser Leben!«

Noch während die beiden Polizisten den nächsten Raum inspizierten, kam ihr auf dem langen Krankenhausgang überraschend Noah entgegen und blieb schwer schnaufend vor ihr stehen.

»Morel?«, gab sie überrascht von sich.

»Madame Milloz … Ich hatte keine Chance. Lamy wusste schon ohne mich Bescheid.«

Die Pilotin musste den Zwischenstopp am Krankenhaus gemeldet haben.

»Ist er dran?«, fragte sie und zeigte auf das Walkie-Talkie in Noahs Händen.

»Er wird sich jeden Augenblick melden«, antwortete dieser und gab ihr den Apparat.

»Und noch etwas. Es gibt da eine merkwürdige Sache, von der Sie wissen sollten.«

»Was für eine Sache?«

»Ein gewisser Superintendent O'Brien vom Metropolitan Police Service – soweit ich den Namen richtig verstanden habe –, jemand, den Sie im Hotel auf Jersey einquartiert haben …«

»Reden Sie schon, Morel!«

»Dieser O'Brien hat den Stützpunkt unerlaubt verlassen und ist zum Leuchtturm gelangt.«

Dieser verdammte Narr, schoss es Camille durch den Kopf, als das Telefon in ihrer Hand sich meldete. Hastig nahm sie den Anruf entgegen und fuhr sich über die Stirn. Sie konnte sich lebhaft vorstellen, dass Lamy nicht gerade erfreut war, weil sie seine Anweisung ignoriert hatte, zurück nach Jersey zu fliegen. Nun bereute sie es selbst. Denn vielleicht hätte sie Valentine vor dieser Dummheit bewahren können.

»Ich weiß schon, was Sie mir sagen wollen«, begann sie schuldbewusst. »Und es tut mir leid, aber …«

»Das spielt jetzt keine Rolle mehr«, unterbrach Lamy sie. »Uns liegt jetzt ein genauer Lagebericht aus Jersey vor. Ein Zugriff auf den Leuchtturm mit den dafür vorgesehenen Spezialkräften ist unmöglich geworden, zumindest vor dem Reset.«

»Wieso?«, erwiderte Camille fassungslos und sah zu, wie die beiden Polizisten abrückten, um weitere Krankenzimmer zu durchforsten.

»Der Großteil des SAS-Kommandos erlitt schwere Verbrennungen. Zwei der Männer sind bei dem Anschlag ums Leben gekommen, einer davon war der Einsatzleiter. Frische Ersatzkräfte des Special Air Service könnten frühestens morgen am Stützpunkt eintreffen.«

»Was passiert nun?«

»Der Countdown läuft weiter«, antwortete Lamy knapp.

»Das ist ein Fehler. Ihr müsst das stoppen!«

»Das hatten wir doch schon. Die Entscheidung steht – der Reset wird wie geplant in neunzig Minuten stattfinden.«

Camille lehnte sich kraftlos gegen die Wand.

»Aber es gibt noch eine andere Entwicklung, die Sie interessieren wird«, fuhr Lamy fort. »Aufgrund des Brandanschlags hat sich das strategische Kommando dazu entschlossen, den Luftangriff auf den Leuchtturm zu bewilligen. Ihr Vorschlag für die Vernichtung des Turms wurde angenommen.«

Nichts an der Nachricht löste in Camille Erleichterung aus – gar nichts. Das Einzige, woran sie in diesem Augenblick denken konnte, war Valentine.

»Wann?«

»Zeitgleich mit dem Reset. Um null Uhr.«

Kraftlos glitt sie mit dem Rücken die Wand hinab.

»Camille, alles in Ordnung?«

»Ja … Ja, es ist alles in Ordnung«, log sie und biss sich auf die zitternde Unterlippe.

»Am besten bleiben Sie jetzt bei der CCTF in Frankreich und warten neue Befehle ab.«

Camille konnte kaum noch atmen und war auch nicht fähig, auf Lamys Aussage zu reagieren. Fühlte sich so ein Schockzustand an?

In diesem Moment kam einer der Polizisten den Gang zurückgerannt und rief ihr zu: »Wir haben etwas gefunden!«

***

Die Schreie wurden immer lauter, je weiter sich Valentine in den Gang hineinbegab, der mit jedem Meter ein wenig düsterer wurde.

Maggies Stimme ... Maggie, ich bin da, ich bin da, hämmerte es in Valentines Kopf.

Mehr schlurfend als laufend, mit brennenden Lungen und panisch vor Sorge, bewegte er sich vorwärts, während Maggie ihren Schmerz in das triste Bauwerk brüllte. Mit der letzten Kraft, die ihm geblieben war, hastete er um einen Rechtsknick des Ganges und steuerte auf eine große Glasscheibe zu, hinter der die Quelle der Schreie lag. Valentine traute seinen Augen nicht, so unfassbar schien ihm der Anblick.

Maggie kniete in einem kargen Raum, mit weit gespreizten nackten Beinen auf einem Bett, leichenblass, schwitzend und hochgradig schwanger, mit nichts als einem verschlissenen T-Shirt am Leib. Wieder schrie und presste sie. Haarsträhnen klebten an ihrem verzerrten Gesicht wie dicke schwarze Adern. Als sie für einen kurzen Moment Luft holte, hämmerte er so fest er konnte gegen die Glasscheibe und rief laut ihren Namen. Doch sie reagierte nicht auf ihn, denn die nächste Wehe hatte sie bereits fest im Griff und verlangte ihr alles ab, als würde sie um ihr Leben kämpfen. Warum war niemand bei ihr, um ihr zu helfen? Ein Arzt, eine Hebamme, irgendwer?

Er musste einen Weg hinein finden. Wenigstens er sollte da sein, um ihre Hand zu halten und ihr beizustehen. Gepeinigt von Schuldgefühlen, weil er sie sein ganzes Leben lang im Stich gelassen hatte, riss er sich von dem herzzerreißenden Anblick los und versuchte einen Zugang zu der Zelle zu finden. Aber weder links noch rechts von der Scheibe konnte er eine Tür finden. In diesem Moment trieben Maggies qualvolle Laute ihn wieder zurück an die Glasscheibe und machten ihn zum unfreiwilligen Zeugen der Geburt seiner Nichte. Zwischen Maggies weit gespreizten Beinen erschien das kahle Haupt eines Neugeborenen. Nach einer weiteren Wehe ragte der ganze Kopf aus Maggies Unterleib, und mit einem letzten, lang anhaltenden Schrei zog sie sich fieberhaft das eigene Baby aus dem Schoß. Mit geweiteten Augen schnappte sie nach Luft, bis der Schmerz offenbar nachließ und sich ihre entgleisten Gesichtszüge in ein Schluchzen verwandelten. Kraftlos kippte sie nach hinten auf das Bett, das zitternde kleine Wesen fest umschlossen, das unkontrolliert mit seinen Gliedmaßen strampelte.

Valentine presste atemlos sein Gesicht und seine Hände an das Fenster, schluchzte und wischte in einem fort seinen kondensierten Atem von der Scheibe, um keine Sekunde von diesem ergreifenden Augenblick zu versäumen. Dann begann das Baby mit zusammengekniffenen Augen kurze quäkende Laute von sich zu geben. Seine Lungen füllten sich mit Luft, und schließlich schrie das kleine Mädchen aus voller Kehle.

»Maggie«, wimmerte Valentine, während er seine wunderschöne Nichte aufmerksam von Kopf bis Fuß bestaunte. Er klopfte erneut mit seiner Faust an die Scheibe, und diesmal reagierte Maggie. Sie drehte ihren Kopf, und ihre Blicke schienen ihn wahrzunehmen, schwer und ohne Halt. Zitternd blinzelte Valentine die salzigen Tränen weg und sagte mit trockenem Rachen: »Maggie … Alles wird gut. Ich hole dich jetzt hier raus.«

Maggie wandte sich von ihm ab und suchte mit ihren Blicken offensichtlich nach einem Ausweg aus ihrer Zelle. Ihm schien es fast so, als hätte sie durch den Schmerz der Geburt die groteske Umgebung, in der sie sich befand, vollkommen ausgeblendet. Doch nun schien ihr wieder bewusst zu werden, dass sie eine Gefangene war. Noch immer quäkte das Baby, das sie in ihren Händen hielt wie einen Fremdkörper. Wieder sah sie ihn an, dann schüttelte sie langsam den Kopf, mit einem so hoffnungslosen Ausdruck im Gesicht, dass Valentine ein wenig von der Scheibe zurückwich. Sie sagte etwas, das er nicht hören, aber doch deutlich von ihren Lippen ablesen konnte.

»Es ist zu spät.«

Innerlich rebellierte er dagegen, und erneut begann er verzweifelt nach einem Ausweg zu suchen. Da bemerkte er hinter Maggie, halb verdeckt von einem Kleiderständer, eine Tür. Sie lag direkt gegenüber von seiner Position. Um diese Tür zu erreichen, gab es keine andere Möglichkeit, als sich von den beiden loszureißen und weiter dem Gang zu folgen. Aber noch bevor er den Entschluss in die Tat umsetzen konnte, tastete Maggie mit dem freien Arm nach einem Messer, das auf dem Nachttisch neben ihr lag. Kaum hatte sie es in der Hand, löste sich ihr Blick von Valentine. Panisch klatschte er mit beiden Händen gegen die Scheibe. Maggie packte die Nabelschnur, die sie noch immer mit dem kleinen Wesen verband, und schnitt sie durch. Blut rann aus beiden Enden, viel mehr Blut, als Valentine erwartet hatte. Maggie schob sich vom Bett, das kleine Mädchen fest an ihren Körper gepresst, und durchquerte auf wackeligen blutverschmierten Beinen den Raum. Bis sie vor einem Waschbecken stand und den Wasserhahn aufdrehte.

»Maggie … Was hast du vor? Maggie!«, krächzte Valentine, den eine böse Vorahnung beschlich, als das Becken sich nach und nach bis zum Rand füllte und überlief. Maggie packte das Baby mit beiden Händen, hob es über das Waschbecken und wandte sich ein letztes Mal ihrem Bruder zu. Stimmlos formte sie die Worte *Ich hasse dich*, dann tauchte sie das hilflose Geschöpf unter Wasser.

Valentine hämmerte mit den Fäusten gegen die Scheibe und rammte dann verzweifelt mit voller Wucht seine Stirn gegen das Glas, immer und immer wieder, bis sich in der Scheibe ein Riss bildete. Dann wurde der Bildschirm schwarz, und eine Fehlermeldung erschien.

Schockiert von der Erkenntnis, dass alles, was er gerade gesehen hatte, nur ein Fake gewesen war, brach Valentine zusammen.

***

Seiko lag auf dem Rücken, und die Deckenstrahler der Korridore flogen so schnell an ihr vorüber, dass sie jegliche Orientierung verlor.

»Notfall! Aus dem Weg, sofort!«, rief Dr. Colbert den Polizisten zu, die dem rollenden Krankenbett entgegenkamen. Erschrocken wichen sie zur Seite und warfen nur einen flüchtigen Blick auf Seikos Gesicht, das hinter einer Sauerstoffmaske verborgen lag, bevor die Ärztin mit dem Bett hinter einer abgelegenen Flügeltür verschwand. Der OP-Saal, in dem sich Seiko wiederfand, wirkte verlassen, als wäre er seit Ewigkeiten nicht mehr benutzt worden. Die Operationslampe, die Colbert über Seiko schob, war klobig, aus weißer Emaille mit vier in Chrom eingefassten Scheinwerfern, und auch die restlichen medizinischen Geräte in diesem Raum schienen aus einer vergangenen Ära zu stammen.

Während Dr. Colbert ihr Besteck für die Operation vorbereitete, wurde Seiko bewusst, dass sie diesen Ort nicht mehr lebend verlassen würde.

»Keine Sorge, Sie werden nichts spüren.«

Seiko versuchte zu antworten, doch durch die Maske drangen nur dumpfe Laute.

»Ach ja, einen Augenblick.«

Dr. Colbert glitt mit ihrem Stuhl zu Seikos Bett, entfernte ihr die Maske und sagte: »Jetzt kann ich Sie hören. Aber ich warne Sie – ein Schrei, und Ihr Freund ist tot.« Dabei hielt sie ihr warnend die kleine schwarze Fernbedienung vor das Gesicht.

»Ich … Ich will Akira eine Nachricht hinterlassen. Bitte«, flehte Seiko.

»Eins nach dem anderen. Ich lege jetzt die Infusion für die Narkose. Geben Sie mir Ihren linken Arm.«

Seiko versuchte, den Arm zu heben, doch die Handschelle hielt sie zurück.

»Wie ungeschickt, die hatte ich ganz vergessen. Aber es sollte auch so gehen.«

Dr. Colbert nahm Seikos Hand und desinfizierte ihren Handrücken, dann legte sie ihr mit einem peripheren Venenkatheter einen intravenösen Zugang, fixierte die Apparatur mit einem Pflaster, entfernte die Nadel aus der Kanüle und verschloss sie. Zufrieden betrachtete sie ihr Werk und stand auf.

»Das war's. Ich bin gleich zurück.«

Dr. Colbert verließ den Raum, und Seiko war allein. Hastig tastete sie mit der rechten Hand in ihrer Vagina nach der Glasampulle, die sie dort versteckt hatte, fand sie schließlich und zog sie heraus. Vorsichtig betrachtete sie den kleinen Behälter. Er stammte von der Impfpistole, mit der sie dem Security-Mann das Leben genommen hatte. Wenn Colberts Aussage stimmte und Botulinumtoxin wirklich so giftig war, sollten selbst minimale Rückstände in der Ampulle noch tödlich sein.

Nun kam der gefährlichste Teil. Sie musste die Ampulle zerbrechen, ohne sich selbst zu verletzen. Vorsichtig klemmte sie das Gefäß zwischen die Handschelle und den Metallrahmen des Bettes und presste sich mit ihrem ganzen Körpergewicht dagegen, bis die Glasampulle mit einem lauten Knacks zerbrach. Eine Hälfte rollte vom Bett, die andere konnte Seiko gerade noch packen. Im selben Moment öffnete sich die Tür, und Dr. Colbert kam mit einer Kühlbox zurück. Sie trug nun einen blauen OP-Kittel, sterile Handschuhe, eine Haube über ihren Haaren und eine medizinische Maske vor dem Gesicht. Seiko bemerkte sofort die Schweißtropfen auf ihrer Stirn.

»Sie müssen das nicht tun«, richtete Seiko einen letzten Appell an sie. Dr. Colbert hielt inne. Sie schien tatsächlich darüber nachzudenken.

»Nein, muss ich nicht«, erwiderte sie, während Seiko den Eindruck gewann, dass sie mit ihren Gedanken weit weg war.

»Aber es geht nicht um mich. Ich tue nur, was ich tun muss. Und wenn ich damit auch noch meinen Beitrag leiste, um die Menschheit zu retten – gegen jede Moral und meinen hippokratischen Eid –, dann tue ich das Richtige. Ganz egal, was danach aus mir wird.«

Ihr Blick wurde wieder klar und kühl. Dann schob sie einen Ständer mit einem Beutel an Seikos Bett.

»Ich schließe nun die Narkose an. Sie werden friedlich einschlafen. Ich verspreche Ihnen, Ihr Tod wird nicht vergeblich sein.«

Schon floss die Flüssigkeit durch den Schlauch.

»Bitte …«, flüsterte Seiko, und Colbert hielt inne. »Die Nachricht für Akira.«

»Also gut. Was wollen Sie ihm noch sagen?«

Seiko bewegte die Finger, um Colbert anzudeuten, näher zu kommen. Die Frau beugte sich über sie.

»Beeilen Sie sich lieber«, sagte Colbert. »Sie sind gleich weg.«

Colbert trat knirschend auf die am Boden liegende Hälfte der Ampulle. Irritiert blickte sie nach unten und entblößte dabei ihren Hals. Mit letzter Kraft rammte Seiko die andere Hälfte der Ampulle in Colberts Halsschlagader und riss sich danach den Schlauch von der angeketteten Hand.

Völlig überrascht taumelte Colbert zurück.

»Sind Sie wahnsinnig geworden?«, schrie sie und griff sich an den Hals, woraufhin die zerbrochene Ampulle zu Boden fiel. Nur ein paar Tropfen Blut blieben an der Stelle zurück. Seikos Sinne schwanden langsam. Sie hatte versagt.

»Sie meinen, ich bluffe? O nein, das tue ich nicht«, schrie Colbert so laut, dass ihr Gesicht rot wurde. Seiko bekam gerade noch mit, wie Colbert die Fernbedienung aus der Tasche holte und den Knopf drückte, dann verlor sie das Bewusstsein.

***

»Valentine O'Brien? Hören Sie mich?«

An die Wand gelehnt, blickte Valentine über sich, hinauf zu dem monströsen Bildschirm, der wieder hell erleuchtet war. Erschöpft kroch er quer über den Gang von dem Monitor weg, um sehen zu können, wer oder was da mit ihm sprach. Eigentlich war es ihm aber egal, so sinnlos und leer erschien ihm seine Existenz.

»Ah«, stöhnte die Stimme erleichtert auf. »Da sind Sie ja. Ist es nicht erstaunlich, wie real Fiktion sein kann, wenn wir sie nicht erwarten?«

Die Stimme sprach nicht besonders laut. Dennoch klang sie abschreckend, despotisch und schneidend. Kalter Schweiß und Blut tropften Valentine von der Stirn, von der Nase und seinem Kinn und brannten in seinen Augen. Der Bildschirm vermittelte diesmal die Illusion, direkt in ein englisches Herrenzimmer zu blicken, mit holzgetäfelten Wänden, Messingleuchtern und dunkelroten Bücherregalen. Mitten in diesem antiquierten Ambiente saß ein älterer, sportlich wirkender Herr in einem Tweed-Sakko mit Fischgrätmuster auf einem dunkelbraunen Chesterfield-Sessel und zog an einer Zigarre. Es war eindeutig der Mann von dem Foto in Maggies Tagebuch. Dorn.

Auch wenn es schmerzte, neigte Valentine den Kopf ein wenig und veränderte sogar seine Position, aber die 3-D-Anmutung des Zimmers war absolut perfekt. Der Eindruck, durch eine Glasscheibe in einen großen Raum zu blicken, war bedrückend real.

Dorn paffte den Rauch seiner Zigarre gegen die Scheibe und lächelte. Ihm war Valentines prüfender Blick nicht entgangen.

»Ach, das hier.« Er breitete die Arme aus, als wolle er den Bildschirm umarmen. »Das ist nicht meine Erfindung. Sie stammt direkt von einem japanischen Spielehersteller. Ich gestehe, ich habe sie mir unrechtmäßig angeeignet. Der Versuchung konnte ich einfach nicht widerstehen.«

Valentine lehnte den Kopf an die Wand.

»Wo ist Maggie?«

»Sie meinen Margaret?«

»Wo ist sie?«

»Bevor ich Ihnen darauf antworte, gestatten Sie mir, unsere ganz besondere Beziehung zu Ihrer Schwester zu erklären.«

Valentine hustete und spuckte Blut auf den Boden. »Das interessiert mich nicht. Ich will nur wissen, wo sie ist. Und Gnade Ihnen Gott, wenn Sie ihr etwas angetan haben.«

Dorn lächelte schmal. »Gott hatte damit nichts zu tun, das können Sie mir glauben. Doch ich bitte Sie um Geduld. Denn Sie und ich, O'Brien, haben mehr gemeinsam, als Sie ahnen.«

»Was sollten wir beide gemeinsam haben? Sie sind ein kranker alter Sack, der ein junges Mädchen verführt und missbraucht hat.«

Dorn nahm die Zigarre aus dem Mund und lehnte sich näher zu Valentine, während sein Lächeln verschwand. »Und Sie sind ein erbärmliches Schwein, das Margaret im Stich gelassen hat. Wegen etwas, von dem sie erst durch mich erfahren hat.«

Valentine hielt den Atem an. Was wusste Dorn? Und was hatte er Maggie erzählt? Offensichtlich beobachtete der alte Mann jede seiner Regungen akribisch und genoss seine Unsicherheit.

»Ja, O'Brien. Ich weiß es.«

Valentine schüttelte den Kopf.

»O doch«, fuhr Dorn fort. »Es gibt DNA-Proben in der Datenbank der Garda Síochána, sowohl von Ihrem ermordeten Vater als auch von Ihrem ermordeten Stiefvater. Die zuständigen Kriminalbeamten haben nur die falschen Fragen gestellt. Ich hingegen wusste, wonach ich suchen musste, und verglich die Proben mit denen Ihrer Schwester. Voilà. Und als ich auf Ihr schmutziges kleines Geheimnis stieß, empfand ich für einen Moment … Mitleid.«

Dorn hob Daumen und Zeigefinger und hielt sie nur einen winzigen Spalt auseinander. Wieder paffte er genüsslich an seiner Zigarre.

»Doch das wich schnell einer tiefen Verachtung.«

Valentines Lippen zitterten. Seine Wangen bebten, und Tränen stiegen ihm in die Augen. »Ich konnte nichts dagegen tun … Ich habe es versucht … Aber ich konnte nicht.«

Dorns Blick verhärtete sich. »Dann sprechen Sie es aus. Ohne Ihr Versagen hätte ich Margaret niemals für mich gewinnen können. Entspricht das nicht der Wahrheit?«

Es war geradezu irrwitzig, das Wort *Wahrheit* aus Dorns Mund zu hören.

Dorns Stimme wurde schärfer, energischer. Er beugte sich noch näher zu Valentine und drängte ihn laut: »Beichten Sie es endlich!«

Valentine hatte keine Kraft mehr, sich dagegen zu wehren. Und was hatte er schon zu verlieren? Leise und mit abgewandtem Blick krächzte er: »Maggie ist nicht das Kind meines Vaters. Sie ist das Kind seines Mörders.«

Erschöpft ließ er den Kopf sinken, und all die verdrängten Erinnerungen stürmten gleichzeitig an die Oberfläche. Der dumpfe Schlag des Hammers auf den Hinterkopf seines Stiefvaters, die bigotte, heuchlerische Mutter, die den Mord an seinem Vater gebilligt hatte. Und danach der erste Blick in Maggies Gesicht, die dem Mörder seines Vaters so ähnlich sah, dass ihr Antlitz ihm Übelkeit bereitete, seinen Hass schürte und für eine tiefsitzende Abscheu sorgte, der er machtlos ausgeliefert gewesen war. Wäre er nicht gegangen, sondern hätte seinem Verlangen nach Vergeltung nachgegeben, dann wäre er imstande gewesen, ihr etwas anzutun. Maggie, seiner eigenen unschuldigen Schwester.

Dorn beobachtete Valentine, der sich am Boden krümmte wie ein Käfer, dem man die Beine ausgerissen hatte.

»Lassen Sie mich raten: Margaret zu verstoßen, war die einzige Möglichkeit, sie vor Ihnen zu schützen, nicht wahr?«, fragte er mit einem boshaften Unterton, der die Kälte in seiner Stimme verstärkte.

»Ich hab es versucht. Ich hab versucht, den Schmerz ihres Anblicks zu ertragen. Aber es ging nicht! Ich sah in ihr immer nur den Schweinehund, der meinen Vater erschlagen hatte!«, stieß Valentine geifernd hervor, unfähig, Dorn in die Augen zu sehen.

»Und zweifellos erinnerte Margaret Sie auch daran, dass Sie ihren Vater brutal ermordet hatten«, fügte Dorn schneidend hinzu.

»Der Scheißkerl hatte es verdient! Er hatte es verdient!«, spuckte Valentine mit letzter Kraft aus.

Dorn hob nur leicht die linke Augenbraue und erwiderte ruhig: »Ius talionis – Leben um Leben, Auge um Auge, Zahn um Zahn. Zweites Buch Mose, Exodus.«

Dann lehnte er sich zurück, zog gemächlich an seiner Zigarre und wartete ab, bis Valentine sich wieder gefangen hatte und zu ihm aufblickte.

»Warum glauben Sie, haben Sie das Recht«, murmelte Valentine, während er sich Rotz und Blut aus dem Gesicht wischte, »sich ein Urteil über mich zu erlauben? Sie sind keinen Deut besser. Sie haben Tausende von Menschen auf dem Gewissen!«

»Das trifft den Kern nicht ganz«, entgegnete Dorn mit einem abfälligen Lächeln. »Wir haben lediglich beschleunigt, was die Menschheit sich ohnehin in den kommenden Jahren, oder möglicherweise sogar früher, selbst angetan hätte. Seit seinen ersten Schritten auf zwei Beinen verhält sich der Mensch wie eine Abrissbirne, die diese Welt zerstört und sich jedes Leben auf dem Planeten unterwirft. Das Einzige, was ihm in seinem unstillbaren Streben nach Macht noch im Wege steht, ist letztlich er selbst.«

Dorn hielt inne und betrachtete Valentine, der stumm blieb.

»Kennen Sie die Geschichte vom Turmbau zu Babel aus dem Alten Testament? Die Menschen errichteten einen Turm, um den Himmel zu erreichen und um sich mit Gott gleichzustellen. Da sandte Gott Verwirrung unter sie, indem er ihnen unterschiedliche Sprachen gab. Dadurch waren sie nicht mehr in der Lage, sich zu verständigen, und der Turmbau kam zum Erliegen.«

Dorn zog nachdenklich an seiner Zigarre, deren Rauch sich träge kräuselte.

»Golem und ich sind noch konsequenter. Wir haben den Menschen die Sprache genommen!«

Sachte zeichnete er mit Daumen und Zeigefinger von der Nasenwurzel aus einen Kreis um seinen Mund, bis sich die Fingerspitzen an der Unterlippe wieder trafen.

»Mein Ziel ist jedoch dasselbe. Die verblüffende Erkenntnis, die sich uns dabei offenbarte, war letztlich die fundamentale Tatsache, dass der Mensch – jeder Mensch – sich sehr leicht manipulieren lässt, sofern man nur seine emotionale Achillesferse zu finden vermag. Manche handeln aus Gier, andere aus ideologischer Überzeugung und wieder andere aus tief verwurzelter Angst. Doch sie alle teilen eine zentrale Eigenschaft: Sobald man den Nerv ihres Begehrens oder ihrer Furcht bedient, werden sie zu Wachs in unseren Händen.«

An Valentines Schläfe pochte eine geschwollene Ader so heftig, dass er kaum noch einen klaren Gedanken fassen konnte. Nach diesem Vortrag drängte sich ihm eine schlichte Frage auf: »Glauben Sie, Sie sind Gott?«

Dorn schüttelte bedächtig den Kopf.

»O nein, ich bin lediglich ein Mensch, durchdrungen von den Schwächen, die uns allen innewohnen. Als Wissenschaftler habe ich unermüdlich versucht, die Bedeutung Gottes und den Zweck seiner Schöpfung Mensch zu begreifen. Doch je tiefer ich in die Forschung eintauchte, desto mehr schien ich mich von der Antwort zu entfernen. Bis mir letztlich bewusst wurde, dass ich die wahre Natur des Menschen nur erkennen konnte, wenn ich mich ihr vollumfänglich hingab. Wenn ich Lust und Laster frönte und jegliche moralische Konvention hinter mir ließ.«

Seine Stimme senkte sich.

»Ich hatte nur nicht damit gerechnet, dass ich in meiner Zügellosigkeit auch mein Ziel aus den Augen verlieren würde … und letztlich auch Margaret.«

Dorn stand langsam auf und wandte sich ab. Einen Moment lang schien es, als würde er weinen. Valentine richtete sich ebenfalls auf und trat näher, bis sein Blick auf den blutverschmierten Sprung in der Glasscheibe fiel, die sie trennte. Da wurde ihm wieder klar, dass er nicht mit einem echten Menschen sprach, und doch hoffte er auf eine Antwort.

»Wo ist Margaret?«

Es dauerte, bis Dorn sich wieder umdrehte. Er schniefte theatralisch laut durch die Nase, wischte sich mit der Hand über seinen Schnurrbart und antwortete mit einem bösartigen Funkeln in den Augen: »O'Brien, ich sagte Ihnen zu Beginn, dass wir eine gemeinsame Verantwortung tragen. Und Sie wollten mir nicht glauben. Hier ist die Wahrheit: Wir beide tragen Schuld am Unglück Margarets, am Tod ihres Kindes und letztlich daran, dass sie sich das Leben genommen hat.«

Valentine taumelte zurück. Der Boden schien unter seinen Füßen zu schwanken. Alles, was dieser Wahnsinnige sagte, war verbaler Schmutz.

»Sie verdammtes Schwein. Sie lügen! Das sind nur Ihre verdammten Psychospielchen! Ich glaube Ihnen kein Wort … kein einziges Wort! Sie haben nicht einmal den Mut, mir persönlich gegenüberzutreten … Sie feiges …«

Dorn hob beide Hände und unterbrach ihn.

»Sie meinen, ich fürchte mich vor Ihnen? O nein, ganz im Gegenteil. Jetzt, da Sie alles wissen, sollten wir die Gelegenheit nutzen und uns auch persönlich begegnen.«

Valentine schluckte schwer.

»Sie sind hier?«

»O ja, das bin ich. Sie finden mich ganz oben im Leuchtturm. Sie müssen nur dem Gang folgen, an dessen Ende Sie auf eine Wendeltreppe stoßen, die Sie direkt zu mir führt. Ich erwarte Sie.«

Mit diesen Worten endete die Darstellung, und der Bildschirm wurde schwarz.

***

Die beiden Rafale-Kampfflugzeuge waren vor sechsundzwanzig Minuten am französischen Militärflugplatz Saint-Dizier-Robinson in Marsch gesetzt worden. Ihre Mission lautete kurz und prägnant: Zerstörung des Leuchtturms von La Corbière mit zwei lasergesteuerten AASM-1000-HAMMER-Lenkbomben.

Anders als gewohnt hatten Oberstleutnant Wolf und seine englische Flügelfrau Lieutenant Colonel O'Neil die strenge Order erhalten, keinerlei Funkkontakt aufzunehmen. O'Neil besaß ein schiefes, aber herzliches Lächeln und einen typisch britischen Humor, mit dem sie der Crew am Vortag des Einsatzes einen Hauch von Unbeschwertheit schenkte. Doch kurz vor dem nächtlichen Abflug war auch sie angespannt. Als sie den Kampfjet bestieg, bekreuzigte sie sich und küsste einen kleinen silbernen Talisman, der um ihren Hals baumelte.

Es gab weder einen Jägerleitoffizier, der sie vom Boden aus dirigierte, noch durften sie untereinander Kontakt aufnehmen. Alle notwendigen Informationen zum Ziel und dessen Vernichtung waren vor Abflug besprochen worden. Sollten sie in der Luft dennoch anderslautende Befehle erhalten, waren diese zu ignorieren.

In einer Höhe von 15 000 Fuß hatten die beiden Kampfjets mit 0,8 Mach in stockfinsterer Nacht die Normandie erreicht und scherten kurz nach der Küste von Courseulles-sur-Mer nach Westen ein. Direkt unter ihnen lagen nun die berühmten Strände, an denen achtzig Jahre zuvor 150 000 alliierte Soldaten gelandet waren, um die Welt von der Tyrannei Hitlers zu befreien. Tausende hatten dabei ihr Leben verloren. Vor dem Abflug hatte ihnen ihr Einsatzleiter gepredigt, dass die heutige Mission nicht weniger bedeutsam sei, auch wenn sie diesen Feind nur zu zweit bekämpfen würden.

Wolf dachte bei dem Briefing vor allem an die 176 Menschen von Flug LH2411, die durch ihn ums Leben gekommen waren. Sein einziger Wunsch war, dass nach dieser Nacht die Albträume ein Ende haben würden, die ihm seitdem den Schlaf raubten. Er warf einen kurzen Blick aus dem Cockpit zu O'Neil, bewegte das Querruder und brachte seine Maschine ins Rollen. Dadurch hoben und senkten sich die Positionslichter an seinen Flügeln. Seine Flügelfrau, die sechs Kilometer neben ihm flog, tat es ihm gleich und bestätigte ihm damit, dass alle Systeme einwandfrei arbeiteten. Plötzlich ertönte ein Warnton im Cockpit. Sein Raketenwarngerät MAW meldete den Angriff von zwei Luftabwehrraketen, die mit extrem hoher Geschwindigkeit auf sie zukamen.

Entsetzt fragte er sich einen Moment, wie das sein konnte. Sie flogen über freundliches Territorium. War das Raketenwarngerät kompromittiert worden? Fand überhaupt ein Angriff statt? Aus purem Reflex flog er ein Ausweichmanöver, das ihn mit 8G in den Sitz drückte, bis ihm schwindelig wurde. O'Neil hingegen hatte eine Sekunde zu lange gezögert. Eine der Raketen erfasste ihren Kampfjet und verwandelte den Kampfjäger in einen Feuerball am nächtlichen Himmel. Wolf spürte einen heftigen Stich in der Brust, aktivierte aber sofort instinktiv den Auswurf der Infrarot-Täuschkörper – kleine brennende Fackeln, die nach dem Abwurf wie Silvesterfeuerwerk aussahen und hell leuchtend hinter Wolfs Rafale auseinanderstoben, um das anfliegende Geschoss abzulenken. Gleichzeitig drückte er seinen Kampfjet nach unten und tauchte in eine Cumulus-Wolke ein, die die Wärmesignatur seines Fliegers dämpfen würde. Das Manöver gelang: Die Flugabwehrrakete erfasste weit über ihm einen der Täuschkörper und detonierte wirkungslos, während Wolf seine Maschine auf zwanzig Meter Höhe abfing und unterhalb der Radargrenze über das Meer donnerte.

Der hohe Adrenalinspiegel in seinem Blut ließ sein Herz rasen. Die Haare unter seinem Helm waren klatschnass. Ein zweites Mal würde er sich nicht so kalt erwischen lassen. Voller Zorn dachte er an seine tote Kameradin, die er kaum gekannt hatte. Wieder hatte dieses Monster einen Menschen mehr auf dem Gewissen und den Hinterbliebenen damit tiefe Schmerzen zugefügt – einem Vater, einer Mutter, vielleicht einem Lebensgefährten oder ihren Kindern.

Wolf dachte auch an Sabine – und daran, dass er ihr versprochen hatte zurückzukehren. Dann konzentrierte er sich wieder auf die Mission und entschloss sich, entgegen der ursprünglich geplanten Route nicht den direkten Weg nach Jersey über die Landzunge zu nehmen, sondern weit hinaus aufs Meer zu fliegen, um den Leuchtturm von Norden aus attackieren zu können. Er würde dadurch zwar wertvolle Minuten verlieren, dafür lag das Überraschungsmoment nun auf seiner Seite.

***

Seiko schlug die Augen auf. Alles um sie herum war verschwommen, der Raum lag gedämpft und still. Wo war Dr. Colbert? Bei dem bloßen Gedanken an die Ärztin, an ihre kalten, berechnenden Augen und die emotionslose Stimme, kroch ihr ein kalter Schauer den Rücken hinauf. Seikos Herz begann zu rasen, während sie versuchte, sich zu orientieren. Doch es war nichts zu hören, keine Schritte, kein Rascheln. Die Stille war erdrückend. Mit klopfendem Herzen zwang sie sich, den Kopf zu drehen, doch Colbert war nirgendwo zu sehen. Hatte sie Akira bereits vergiftet, oder war sie zu ihm unterwegs, um ihren Plan zu vollenden?

Stöhnend richtete Seiko sich auf, soweit die Handschellen es zuließen. Direkt zu ihren Füßen entdeckte sie Colbert in einer unnatürlich verdrehten Haltung am Boden. Ihre Augen waren weit geöffnet und die Hände um ihren eigenen Hals gekrampft. Colbert war tot. Doch Seiko empfand kein Mitleid für sie. Ihre Gedanken galten jetzt nur noch Akira.

Mit aller Kraft schob sie sich aus dem Bett, bis ihre nackten Füße den Boden berührten. Fieberhaft suchte sie nach der Fernbedienung für die tödliche Infusion, konnte sie aber nicht entdecken. Sie musste Hilfe holen. Und sie musste weit weg von dieser Frau, bevor sie keine Kraft mehr dazu hatte. Schritt für Schritt schob sie das Bett in Richtung des Türöffners und streckte sich so weit die Ketten der Handschellen es zuließen, bis es ihr endlich gelang, den Schalter zu betätigen. Die Flügeltüren glitten sanft auf und schlossen sich erst wieder, als Seiko mit dem rollenden Gestell auf einem hell erleuchteten Krankenhausgang angekommen war. Sie blieb schwer schnaufend stehen. Weit und breit war kein Mensch zu sehen. Leise begann sie um Hilfe zu rufen, schließlich lauter, dann wurde ihr übel, und sie erbrach sich auf den Boden. Ihre Knie gaben nach, und vollkommen am Ende ihrer Kräfte sank sie zu Boden. Nur ihr linker Arm hing noch immer fest im eisernen Griff der Handschellen. Noch bevor sie das Bewusstsein verlor, erkannte sie am Ende des Ganges Polizisten, die auf sie zurannten. Und eine Frau, die sie sich vermutlich nur einbildete. Denn sie sah Camille Milloz täuschend ähnlich.

***

Valentine kämpfte sich keuchend die enge Treppe des Leuchtturms hinauf, die sich wie eine endlose Spirale ins Dunkel schraubte. Sein Kopf pochte, seine Lungen brannten, und seine Augen tränten. Mehr als einmal legte er eine Pause ein. Er fühlte sich wie eine Geisel in einem Schneckenhaus, aus dem es keinen Ausweg gab. Nur ein halber Schritt trennte ihn vom Sturz in die Tiefe, der vermutlich alles beendet hätte. Doch sosehr der Abgrund ihn auch anzog, das immense Verlangen, Dorn ein einziges Mal von Angesicht zu Angesicht gegenüberzutreten, war stärker und trieb ihn weiter nach oben. Bis er durch eine Öffnung im Boden in einen Raum trat, dessen Wände aus weißen, grünen und roten Glasscheiben bestanden und in dessen Zentrum ein Leuchtkörper von enormem Ausmaß stand. Schwarze Blenden drehten sich lautlos darum und verdunkelten in gleichmäßigem Takt das Licht.

Von hier aus konnte er die Wellen hören, die leise gegen die Felsen der Insel klatschten, und er sah die Wolken, die wie ein düsterer Schatten über dem Meer hingen. Sein Blick blieb an einer Frau haften, die draußen auf einer schmalen Galerie an der Balustrade lehnte und in die Ferne schaute. Konnte das Maggie sein? Voller Hoffnung öffnete er die Tür und trat ins Freie. Ein kräftiger Wind kühlte seinen gemarterten Körper, und wieder fühlte er den Sog der Tiefe. Doch dann wandte sich ihm die Frau zu. Sie weinte. Es war nicht Maggie – und doch war er überrascht, als er feststellte, dass er sie kannte.

»Abigail?«

»Hallo, Valentine«, antwortete sie mit tiefer männlicher Stimme und tupfte sich mit einem weißen Taschentuch die Tränen von den Augen.

»Sind Sie … Bist du Dorn?«, brachte Valentine unsicher hervor und spürte, wie sich angesichts der vielen Fragen, die er sich plötzlich stellte, sein Zorn verflüchtigte. Abigail aber schüttelte nur den Kopf und lächelte beschämt.

»Nein, ich bin nicht Heinrich Dorn. Mein Name ist Wagner, Abigail Wagner. Vor vielen Jahren, als ich noch Abraham hieß, war Dorn mein Doktorvater. Noch heute nennt er mich deshalb seinen Famulus. Kauzig, ich weiß. Aber so sind Genies nun mal.«

Valentine versuchte, das Puzzle in seinem Kopf zusammenzusetzen.

»Dann war unser Treffen auf Guernsey kein Zufall?«

Abigail schüttelte den Kopf. »Nichts an deiner langen Reise war ein Zufall, Valentine.«

Bruchstückhaft erinnerte sich Valentine an all die skurrilen Ereignisse, die ihn hierhergebracht hatten. Aber mit jeder Erkenntnis öffneten sich Türen zu neuen Fragen – von der ersten Nachricht auf seinem Handy über die Entdeckung des Tagebuchs bis hin zu seiner Rettung vor dem Ertrinken.

»Hast du mich aus dem Wasser gezogen?«, fragte Valentine, obwohl er die Antwort schon kannte. Abigail nickte nur.

»Aber warum das alles? Wenn er mich treffen wollte, wieso dieser Aufwand?«

»Der Weg, mein Freund, war das Ziel, nicht der Leuchtturm und auch nicht Dorn.«

Zitternd und erschöpft lehnte sich Valentine an die Brüstung. »So ein Bullshit … Ich will Dorn sehen, und zwar jetzt sofort!«

»Du willst Dorn sehen?«

Valentine blieb stumm und sah sie nur mit funkelnden Augen an.

»Dann komm mit, ich bringe dich zu ihm«, antwortete Abigail.

Sie ging an ihm vorbei, öffnete die gläserne Tür und verschwand im gleißenden Licht des Halogenscheinwerfers. Geblendet stolperte Valentine hinterher und fand sich kurz darauf ein Stockwerk tiefer in einem kleinen Aufenthaltsraum wieder. Dort, auf einem einfachen Holzbett, lag unverkennbar Dr. Heinrich Dorn aufgebahrt, mit gefalteten Händen auf der Brust und leichenblassem Gesicht.

»Ist er …«

»Er ist gestern gestorben«, brachte Abigail kehlig hervor, und erneut füllten sich ihre Augen mit Tränen. Valentine setzte sich auf einen Stuhl vor dem Bett, stützte die Arme auf die Knie und ließ den Kopf in seine Hände sinken. Dann flüsterte er voller Abscheu: »Scheißkerl.«

»So darfst du nicht über ihn reden«, sagte Abigail, während Valentine kurz davor war, wild auf Dorns Leiche einzuschlagen. Wie konnte sich dieser Feigling nur seiner Verantwortung entziehen – wie konnte er ihn mit all dieser Schuld so allein lassen? Dorn hatte recht gehabt, sie beide hatten Maggie zugrunde gerichtet. Ihn traf die gleiche Schuld wie Dorn, nur er – er lebte.

»Meine Schwester«, begann er zögerlich und sah Abigail an, »was ist wirklich mit ihr passiert? War sie überhaupt schwanger?«

Abigail setzte sich neben Dorn auf das Bett und fuhr sich mit dem Taschentuch über die Nase.

»Ja, sie war schwanger. Aber er wusste es nicht. Er hatte sich von ihr getrennt …«

»Nachdem er ihr Leben zerstört hatte.«

»Nachdem er versucht hatte, die Natur des Menschen zu ergründen.«

»Das war seine Erklärung? Dafür hat er das Leben eines unschuldigen Mädchens zerstört?«, antwortete Valentine leise. Doch es lag etwas Wildes in seiner unterdrückten Wut, die bedrohlicher wirkte, als wenn er gebrüllt hätte.

»Du hast recht, er hatte jegliches Ziel und Maß aus den Augen verloren und war selbst das Opfer seiner Forschung geworden.

Doch als er von der Schwangerschaft erfuhr, änderte das alles. Es war, als wäre er sich ganz plötzlich seiner Irrungen bewusst geworden. Als hätte die Vorstellung, ein Kind zu bekommen, sein Kind, alle Fragen mit einem Mal beantwortet und alle Zweifel ausgeräumt.«

»Wie erfuhr er davon?«

»Vor einigen Monaten schickte Margaret ihm ein Video. Ich glaube, es diente einzig dem Zweck, Heinrich den Schmerz fühlen zu lassen, den sie selbst durch ihn erlitten hatte.«

»Welches Video? Kann ich es sehen?«

»Das hast du bereits. Es entspricht mit leichten Abweichungen der … der Darstellung, die du vorhin … erlebt hast.«

»Hat sie es wirklich getan – hat sie ihr eigenes Baby ertränkt?«

Abigail umschloss fürsorglich Valentines verkrampfte Hände. Sie sah ihm in die Augen, presste die Lippen aufeinander und nickte.

»O nein!«, schluchzte Valentine immer wieder. Verzweifelt suchte er nach einem Ausweg aus dieser grauenvollen Erzählung und klammerte sich an die Hoffnung, dass alles nur eine Lüge, ein Fake war, der sich jeden Augenblick offenbaren würde. Doch Abigails bitterer Blick ließ keinen Zweifel daran, dass sie die Wahrheit sagte. Schließlich beugte sie sich vor und drückte Valentines schluchzendes Gesicht an ihren Körper. Es dauerte lange, bis Valentine wieder in der Lage war zu sprechen.

»Maggie … Ist sie tot?«

»Dorn hat Golem schon vor einem Jahr erschaffen, aber erst nach dem Kindsmord hat er begonnen, die Menschheit ins Chaos zu stürzen. Doch er fühlte sich dabei nie wie Gott, denn wie er selbst sagte, Gott wäre nicht fähig, die Menschen von ihrem Weg abzubringen. Nur der Teufel könne das tun. Gleichzeitig hat er die neu gewonnene Macht dazu genutzt, nach deiner Schwester zu suchen. Am Ende hat er alle Margarets, die im August 2002 in Irland zur Welt gekommen waren, festnehmen und in das Gefängnis hier auf Jersey bringen lassen. Ich habe jede dieser armen Frauen besucht, aber keine davon war die richtige Margaret. Mit

Hilfe von Golem habe ich dafür gesorgt, dass sie alle wieder freigelassen wurden. Wir hatten die Hoffnung schon aufgegeben, bis ich vor vier Tagen ein letztes Mal das Gefängnis besuchte, und da war sie. Deine Schwester – erhängt in ihrer Zelle. Sie ahnte wohl, dass Dorn sie gefunden hatte.«

»Hat … hat sie irgendetwas hinterlassen? Einen Brief, irgendetwas?«, brachte Valentine schluchzend hervor.

Abigail deutete ein Nicken an, beugte sich zu dem schlichten Nachttisch, auf dem eine Bibel mit einem Zettel lag. Sie gab ihn Valentine, der das Papier mit zittrigen Händen entfaltete und las: *Gericht Gottes! Dir hab ich mich übergeben!*

Die kaum lesbare Schrift offenbarte, in welcher Not sich die Verfasserin befunden haben musste. Abigail beugte sich vor und versuchte ihre Arme um Valentine zu legen, doch der stieß sie von sich fort, richtete sich auf und ging auf die Tür zu, die ins Schneckenhaus führte.

Abigail sprang auf und stellte sich ihm in den Weg. »Ich weiß, was du jetzt vorhast. Aber das lasse ich nicht zu.«

Mit der letzten Kraft, die Valentine noch besaß, schlug er Abigail so heftig er konnte ins Gesicht. Sie taumelte zurück, stolperte und ging zu Boden. Noch während Abigail Blut aus der Nase schoss, stieg Valentine über sie hinweg und wankte die Treppen hinauf, bis er im Freien stand und in den Abgrund blickte.

***

Der Kampfjet schoss so tief über das Meer, dass seine Strahlentriebwerke eine weiße Gischtspur hinter sich herzogen, wie ein Rennboot, nur ungleich schneller. Wolf konnte den Leuchtturm zwar mit bloßem Auge noch nicht sehen, aber sein Zielgerät hatte ihn bereits erfasst. Viereinhalb Minuten vor Mitternacht, 270 Sekunden bis zum Reset. Der ursprüngliche Zeitplan konnte immer noch eingehalten werden. Geplant waren zwei Anflüge, bei denen je eine Lenkbombe mit jeweils tausend Kilogramm Sprengkraft

476

ins Ziel gebracht werden sollte. Danach würde es den Leuchtturm und die gesamte Insel, auf der er stand, nicht mehr geben.

Entschlossen, den Befehl auszuführen, ruhte Wolfs rechter Zeigefinger auf dem Auslöser für die erste AASM Hammer, während er gleichzeitig die Maschine mit über achthundert Stundenkilometern nach oben zog, um die nötige Höhe für die Lenkbomben zu erreichen. Eine gewaltige Wasserfontäne stieg hinter ihm auf, als die Maschine steil nach oben schoss und ihre Triebwerke direkt auf die Meeresoberfläche strahlten. Auf einem Display vor ihm zeigte ein Counter den perfekten Zeitpunkt für den Abwurf an.

THREE ... TWO ... ONE ... ZERO.

Wolf betätigte den Auslöser – ein fühlbarer Druckpunkt bestätigte die Funktion. In wenigen Sekunden würde der Leuchtturm nur noch ein glühender Steinhaufen sein. Doch statt die Bombe auszuklinken, schaltete sich die Raketensteuerung ab. Wütend schlug Wolf mit der Faust gegen die Cockpitverkleidung.

»Nicht mit mir. Du entkommst mir nicht«, flüsterte er in seinem Helm und schaltete den Raketenabwurf auf manuelle Steuerung. Die Bomben würden ihr Ziel selbstständig finden – dafür musste er es nur ein weiteres Mal anfliegen, mit dem Laser markieren und danach die Bomben abwerfen. Noch 198 Sekunden bis zum Reset. Die Rafale flog einen engen Bogen und schoss nun wieder steil nach unten, direkt auf den Leuchtturm zu, dessen Leuchtfeuer für Wolf nun gut zu sehen war. Die Zielsuche des Lasers schob sich über den markanten Turm und rastete ein; die Markierung war gesetzt. Wolf zog eine enge Schleife, um die Sache ein für alle Mal zu beenden. Dabei kam er dem Turm so nahe, dass er zwei Menschen sehen konnte, die sich an der Turmspitze einen Kampf lieferten.

Abigail hatte sich aufgerappelt und war Valentine hinterhergelaufen. Auf der Galerie erreichte sie ihn, packte ihn an den Schultern und bewahrte ihn vor dem Sprung in die Tiefe, als plötzlich ein gewaltiger schwarzer Schatten donnernd am Turm vorbeiraste. Der Lärm war ohrenbetäubend. Eine der Glasscheiben zersprang mit einem lauten Knall, und scharfe Splitter flogen umher. Einer davon traf Abigail im Gesicht. Instinktiv griff sie sich an den Kopf, und in diesem Moment erfasste der heiße Sog des Kampfjets Valentine und wirbelte ihn über die Galerie. Abigail schrie auf und stürzte nach vorne, während der Jet in der Dunkelheit verschwand. Unter sich sah sie Valentine, der über dem Abgrund baumelte und sich verzweifelt am Geländer festklammerte. Noch während Abigail sich weit über das Geländer lehnte, um ihn zu greifen, flehte Valentine mit brüchiger Stimme: »Bitte, ich will nicht sterben!«

Sie packte eines seiner Handgelenke und zog ihn mit ihren kräftigen Armen hoch, bis er sich über das Geländer rollen konnte und auf dem schmalen Boden der Galerie liegen blieb. In diesem Moment hörten beide erneut den dröhnenden Lärm des Jets. Er kam zurück.

Noch 98 Sekunden bis zum Reset. Die Bombe war scharf, Wolf musste sie jetzt nur noch entriegeln. Plötzlich hatte er das Gefühl, als würde eine innere Stimme zu ihm sprechen. Wer auch immer dort auf der Turmspitze kämpfte, vermutlich war zumindest einer der beiden unschuldig. Und solange er das nicht genau wusste, hatte er nicht das Recht, über das Leben eines Menschen zu entscheiden. Wie schon unzählige Male zuvor sah er vor seinem inneren Auge die Zwillinge, die ihm aus den runden Fenstern von Flug LH2411 zuwinkten. Er würde sie nicht mehr lebendig machen können, aber er würde kein weiteres unschuldiges Leben nehmen – nie wieder.

Wolfgang Jäger schaltete die Waffensysteme ab, zog die Rafale nach oben und beobachtete vom Cockpit aus, wie der Leuchtturm unter ihm immer kleiner wurde.

Dann dachte er an seine Familie und sagte sehr leise: »Ich komme jetzt heim. Für immer.«

Abigail saß erschöpft neben Valentine auf dem kalten Boden der Galerie. Beide starrten schweigend dem Kampfflieger nach, bis sein Dröhnen in der Ferne verklang und nichts als Stille hinterließ. Minutenlang betrachteten sie das schwache Mondlicht, das durch die Wolkendecke schimmerte, und die Sterne, die an einigen Stellen hervorblitzten, während ein sachter Wind um den Turm wehte.

»Danke, Abigail«, sagte Valentine leise.

Abigail sah ihn an und schüttelte den Kopf. »Tu das nicht, Valentine.«

»Was meinst du?«

»Mir danken. Bei allem, was da draußen passiert ist, habe ich mitgeholfen. Ich habe eigene Ideen beigesteuert und Dinge getan, bei denen ich davon ausgehen konnte, dass sie viel Leid auslösen würden. Ich könnte jetzt behaupten, ich bin von Dorn im selben Maße manipuliert worden wie all seine anderen Gehilfen. Aber das stimmt nicht. Ich habe genau gewusst, was ich tat. Und auch, warum ich es tat.«

Abigail blickte auf ihre Armbanduhr. Nach mitteleuropäischer Zeit war es genau Mitternacht.

»Und das Wichtigste: Ich bin noch nicht fertig damit.«

In diesem Augenblick erlosch das Leuchtfeuer des Turms, und auch die Lichter, die am Festland noch gebrannt hatten, verschwanden auf einen Schlag. Der Reset hatte begonnen. Valentine tastete in der Dunkelheit nach Abigail, doch sie war verschwunden.

Montag, 14. Oktober 2024

Seiko & Akira

Mantes-la-Jolie, Frankreich

»Alles wird gut«, versuchte Camille, Seiko zu beruhigen. Tatsächlich kam es Seiko jedoch so vor, als würde Camille vor allem sich selbst beruhigen und Mut zusprechen.

Seiko lag, von ihren Handschellen befreit, auf einem Krankenhausbett und wurde von ihrer Kollegin durch die spärlich beleuchteten Gänge geschoben. Um null Uhr war der Hauptstrom abgeschaltet worden, und die Notstromaggregate hatten die Stromversorgung im Krankenhaus übernommen.

»Wie spät ist es?«, fragte Seiko, die kaum noch etwas von der Wirkung des Narkosemittels spürte, das Dr. Colbert ihr verabreicht hatte. Nervös antwortete Camille militärisch korrekt: »Null zwounddreißig.«

»Den nächsten Gang rechts«, rief irgendjemand, den Seiko nicht sehen konnte. Der Reset lief also seit zweiunddreißig Minuten. Weltweit waren Millionen von Computersystemen und Handys heruntergefahren worden. Seit null Uhr unterstützte zusätzlich ein kontrollierter Blackout den Reset – selbst in Militäreinrichtungen. Nur in Krankenhäusern, Atomkraftwerken und ähnlich sensiblen Einrichtungen hatten Notstromaggregate die Versorgung übernommen. Wenn alles nach Plan lief, sollte in dreizehn Minuten damit begonnen werden, den Strom wieder hochzufahren. Um ein Uhr würden dann die Computersysteme zusammen mit Akiras Virenkiller wieder gebootet werden – in weniger als einer halben Stunde sollte der Spuk ein Ende haben.

Doch Seiko war inzwischen fest davon überzeugt, dass die

eigentliche Katastrophe jetzt erst begann. Sie glaubte, dass sich kein Computersystem oder prozessorgestütztes Produkt jemals wieder starten ließ. Die Menschheit, so wie man sie kannte, wäre dann zum Untergang verdammt. Nichts, was in ihrer Macht stand, konnte nun den Ausgang der Vorgänge noch ändern. Vermutlich war das der Grund, warum sie plötzlich an die Ärztin denken musste.

»Was ist mit Dr. Colbert?«, fragte Seiko.

Eine Tür wurde aufgestoßen.

»Colbert? Sie ist tot. Alles ein Chaos«, antwortete Camille abgehackt und nach Atem ringend. »Die Spurensicherung ist bereits da. Doch das Ganze ist wie ein riesiger Scherbenhaufen, den irgendjemand erst einmal zusammenfegen muss. Im Augenblick gibt es für dich aber Wichtigeres.«

Camille stoppte das Bett und trat zur Seite.

Seiko hörte ein schwaches Röcheln, dann nahm sie im Bett neben sich Akiras vertraute Silhouette wahr. Schließlich trafen sich ihre Blicke, und all ihre Sorgen wurden für einen Augenblick bedeutungslos.

»Seiko!«, sagte Akira mit halb geöffneten Augen und streckte langsam seinen Arm nach ihr aus. Als sich ihre Hände fanden und fest umschlossen, brach Seiko in Tränen aus. Sie konnte ihr Glück kaum fassen, während Akira seine Augen wieder schloss.

»Eine Krankenschwester hat ihn gefunden«, erklärte Camille. »Eine merkwürdige Vorrichtung an seinem Infusionsbehälter hat sie veranlasst, einen Arzt zu Hilfe zu holen. Gemeinsam haben sie ihn dann von diesem Ding befreit.«

Camille hielt einen Beutel hoch, in dem sich ein kleiner schwarzer Kasten befand.

»Die Apparatur für das Gift«, sagte Seiko leise. Colbert hatte nicht gelogen. »Wie geht es ihm? Was ist mit seinem Herzen?«

Ein Arzt erschien verschwommen in Seikos Blickfeld.

»Der junge Mann war sediert worden. Aber soweit wir inzwischen feststellen konnten, geht es ihm gut.«

»Was ist mit seinem Herz?«, wiederholte Seiko und richtete sich auf.

»Wie meinen Sie das?«, fragte der Arzt.

»Sein Infarkt. Ihm wurde ein Bypass gelegt, er sollte ein neues Herz bekommen ...«, erklärte sie besorgt.

»Hat Dr. Colbert Ihnen das erzählt?«

Seiko nickte und presste dabei Akiras Hand so fest, dass er seine Augen wieder öffnete.

»Es gibt keinen Hinweis auf eine Bypass-Operation, und Ihr Freund war definitiv nicht für eine Herz-OP vorgesehen.« Der Arzt runzelte nachdenklich die Stirn. »Aber die Tochter von Dr. Colbert sollte heute ein neues Herz bekommen. Deshalb war Colbert im Haus, um ihr bei der OP beizustehen. Sie liegt bereits auf der herzchirurgischen Station und wird auf ihre Transplantation vorbereitet. Vorhin traf ich unseren Herzspezialisten Dr. Béchu, der mir sagte, dass das Spenderherz laut ABM bereits auf dem Weg ist.«

Seiko ließ sich wieder zurückfallen. Sie war erleichtert, dass Akira nichts fehlte, aber im selben Maß auch bestürzt, dass Dr. Colberts Tochter vergeblich auf dieses Spenderherz warten würde. Noch bevor sie in der Lage war, die fatale Situation aufzuklären, meldete sich Akira wieder zu Wort.

»Seiko?« Seine Stimme klang jetzt fester, aber auch voller Sorge. »Der Reset, was ist mit dem Reset? Ihr müsst ihn stoppen!«

Seiko schüttelte den Kopf, und Akira hörte auf Fragen zu stellen, sondern drückte nur fest ihre Hand und lächelte. Was immer nun auch geschehen würde, Seiko würde ihn um nichts in der Welt mehr loslassen.

Überraschend beugte sich Camille über sie. »Ich muss Valentine finden. Du bist hier in Sicherheit, aber ich muss gehen. Du verstehst das, oder?«

Seiko blickte in Camilles rot geränderte Augen und lächelte sie an.

Camille beugte sich zu ihr herab und flüsterte: »Du bist mir noch eine Antwort schuldig.« Dann küsste sie sie auf die Stirn und lief aus dem Zimmer.

Seiko schloss die Augen und wünschte Camille leise: »Kiotsukete kaette kitene.«

Jill & Coffey

New York, USA

Um Viertel nach sieben am Abend, fünfundsiebzig Minuten nach dem Reset, traten Coffey und Jill auf die Eighth Avenue. Unzählige weitere Menschen strömten aus den Häusern und warteten im schwindenden Tageslicht darauf, dass der Strom zurückkam. Viele trugen Kerzen und kleine Laternen, manche hatten Taschenlampen dabei. Viele vertrauten aber auch darauf, dass sich jeden Moment die Leuchtreklamen und die Lichter in den Häusern wieder anschalten würden. Doch die Zeit verstrich, und nichts geschah. Stattdessen senkte sich eine schwere Dunkelheit über Manhattan, bis selbst die Kerzen in den Straßenzügen verloschen. Als die ersten Menschen schon niedergeschlagen und enttäuscht den Heimweg antraten, schaltete sich auf der Eighth Avenue plötzlich eine grelle Videowand ein und zeigte Santa Claus, der in seinem fliegenden Schlitten genüsslich eine Coca-Cola trank. Noch warteten alle darauf, dass Santa sich in einen Alien oder Kim Jong-Un verwandelte, aber nichts dergleichen geschah.

Aufgeregt kam Stan Abramson hinter Jill und Coffey aus dem Gebäude, lief zu ihnen und hielt den beiden sein iPad vor das Gesicht.

»Jill ... Es klappt! Es klappt wirklich!!!«

Das Display zeigte die Erde aus dem Weltraum. Rechts unten im Bild konnte man deutlich das Logo von CNN erkennen, während eine Banderole am unteren Rand erklärte: *Live von der internationalen Raumstation ISS.*

Die Aufnahme zeigte die Nachtseite des Planeten, auf dessen Oberfläche nun wie von Geisterhand zahlreiche Lichtpunkte erschienen. Es wurden immer mehr, bis die Erde aussah wie ein leuchtender Weihnachtsbaum. Ein Raunen ging durch die Menge, denn fast alle Umstehenden verfolgten die CNN-Übertragung auf ihren Smartphones.

»Wie können wir wissen, dass das alles wirklich passiert? Warum sollen wir tatsächlich glauben, dass es kein Fake ist?«, fragte Jill skeptisch.

»Weil die ISS über einen analogen Funksatelliten mit der Redaktion von CNN verbunden ist, um geringste Abweichungen von der digitalen Übertragung zu melden«, erklärte Stan.

Coffey bemerkte, wie die alte Dame nach Halt suchte, und legte seinen Arm um sie. In diesem Moment schaltete sich die Straßenbeleuchtung ein, und die Lichter in den umliegenden Häusern gingen an.

»Ich glaube, wir haben es überstanden, Miss Jones«, rief Coffey mit glänzenden Augen.

»Wir sollten uns nicht zu früh freuen, Mr Coffey«, antwortete Jill mit wässrigen Augen und drückte sich an ihn. »Aber ich hoffe es«, ergänzte sie, während ein russischer Astronaut ins Bild kam und mit verrauschter Stimme verkündete: »Цифровая связь с Землей снова работает без ошибок.«

Einige wenige nahmen das zum Anlass, verhalten zu jubeln. Dann wiederholte ein französischer Astronaut dieselben Worte in seiner Sprache: »La communication numérique avec la terre fonctionne à nouveau sans erreur.«

Diesmal jubelten schon bedeutend mehr Menschen im Chor. Als schließlich ein amerikanischer Astronaut verkündete: »Die digitale Kommunikation zur Erde funktioniert wieder fehlerfrei«, gab es kein Halten mehr. Mützen und Schals wurden in die Höhe geworfen, Pärchen fielen sich küssend in die Arme, und Väter wirbelten ausgelassen ihre Kinder im Kreis.

»Ist es wirklich wahr?«, fragte Jill erneut, als ein Mitarbeiter

Stan ein Telex in die Hand drückte und ein besorgtes Gesicht machte.

»Ja, Jill, es ist wahr. Aber nicht alles scheint wieder zu funktionieren.«

»Was meinst du?«, fragte sie besorgt.

»Laut der National Nuclear Security Administration der USA und diversen Streitkräften scheint es aktuell nicht möglich zu sein, auf das Atomwaffenarsenal zuzugreifen.«

»Woher kommt das?«, wollte Jill wissen.

Stan zwinkerte mit dem Auge. »Aus einer sicheren und vertrauenswürdigen Quelle.«

Jill schmunzelte. »Ein Funkamateur?«

Stan zuckte mit den Schultern und lachte. »Glaubst du ernsthaft, ich geb meine Quellen preis?«

Camille & Valentin

Jersey, England

Ein Hubschrauber brachte Camille am frühen Morgen auf den Militärstützpunkt La Corbière nach Jersey. Es würde ein klarer, kalter Tag werden. Auf dem ganzen Weg hatte sie per Handy mit Lamy und J. F. telefoniert.

Der Reset hatte tatsächlich funktioniert. Aber anders, als sie erwartet hatten. Nach dem Neustart hatte sich der Virus von selbst gelöscht. Weltweit gab es keine einzige Meldung mehr über Deepfakes oder merkwürdig verfälschte Nachrichten und Videos. Es war, als hätte der Virus nie existiert. Alles funktionierte exakt wie vor der Katastrophe – bis auf eine Ausnahme.

Camille lief mit wehenden Haaren zu den Klippen hinab. Das Meer hatte sich wieder zurückgezogen und gab den Blick auf den planierten Weg frei, der quer durch die spitzen Felsen bis zum Leuchtturm führte. Von Weitem konnte sie die Sanitäter erkennen, die gerade eine Transportliege durch diese unwirtliche Landschaft schoben, und rannte zu ihnen.

Als Valentine erkannte, wer ihm da entgegenkam, stützte er sich auf die Ellbogen und schob sich mit pochendem Herzen von der Liege.

»Sir, bitte bleiben Sie liegen«, mahnte der Sanitäter, doch Valentine nahm ihn kaum noch wahr.

»Camille«, murmelte er rau und voller Dringlichkeit. Humpelnd lief er auf sie zu, sein Blick auf ihr Gesicht fixiert, bis sie einander gegenüberstanden und sich fast berührten.

»Ich will dich nie wieder verlieren«, sagte er heiser.

»Ich weiß«, antwortete sie, und ihre Arme schlossen sich fest um ihn.

Für einen Moment schien alles stillzustehen. Der Kuss kam ruhig, mit einer tiefen Sehnsucht, die mehr sagte als alle Worte.

EPILOG

Als man die Leiche von Dorn barg, fand man in seiner geschlossenen Hand einen kleinen Zettel, auf dem er handschriftlich einen berühmten Aphorismus festgehalten hatte: *In jeder großen Trennung liegt ein Keim von Wahnsinn; man muss sich hüten, ihn nachdenklich auszubrüten und zu pflegen.*

Die Suche nach Abigail Wagner verlief hingegen ergebnislos, und auch Dorns Quantencomputer konnte nie gefunden werden.

Wenige Tage nach dem Reset erhielt Camille einen handgeschriebenen Brief von Seiko.

Meine liebe Freundin Camille, ich bin dir noch eine Antwort schuldig. »Kiotsukete kaette kitene« bedeutet: Pass auf dich auf, und komm gut nach Hause. Ich hoffe, dass wir uns eines Tages wiedersehen.

Ja, mata ne.
Seiko.

Schlussakkord

Von der Illusion einer Illusion

Der Vorhang fällt, und nur noch wenige Zeilen sind geblieben, um Sie aus dieser Geschichte zu entlassen.

Doch möchte ich Ihnen noch einen Gedanken mit auf den Weg zurück in Ihre Realität geben.

Obgleich Sie fest daran glauben, gewahr zu sein, dass diese Erzählung dem wirren Gespinst und der Fantasie des Autors entspringt, dessen Name auf dem Umschlag steht, so könnte es aber im selben Maße auch zutreffen, dass dieser nur den Anstoß zu dem Drama gab, ansonsten aber meine gering geschätzte Wenigkeit die Erzählung ausgeschmückt und vollendet hat.

Vielleicht hat die Realität die Fiktion schon längst eingeholt und hält Sie zum Narren. Vielleicht ist alles, woran Sie glauben, nur noch die Illusion einer Illusion. Teufel und Gott könnten Sie beobachten, ohne auch nur einen Funken Mitleid zu empfinden. Denn wer ist er schon, der Mensch, der sich als Spitze der Evolution sieht und doch nur irrt, solang er strebt?

Golem

DANKSAGUNG

Auch mein vierter Roman wäre ohne die wertvolle Unterstützung von Experten und Insidern nicht realisierbar gewesen. Ihnen allen gilt mein aufrichtiger und tief empfundener Dank für die vielen Stunden, die sie mir gewidmet haben.

Chris Boos, langjähriger Berater der Regierung Merkel und internationaler Militärs für Zukunfts- und KI-Fragen, hat mir unter anderem tiefe Einblicke in die digitale Kriegsführung gewährt, die mich nachhaltig erschüttert haben.

Rainer Englert, Vorstandsmitglied des Deutschen Amateurfunkverbandes DARC e. V., nahm mich quasi mit in die faszinierende Welt des Amateurfunks, ohne die *mein Szenario* nicht möglich gewesen wäre.

Lina Maruyama, Schauspielerin und Sängerin, war mein direkter Draht zur Kultur Japans. Kein Wunder, dass die Figur von Seiko ein wenig Ähnlichkeit mit ihr aufweist.

Charly Rauch, sechzehn Jahre lang CvD der *Augsburger Allgemeinen*, war meine zentrale Quelle für die Herstellungsprozesse von Zeitungen bis in die Achtzigerjahre.

Wolfram Weichert, bis vor Kurzem noch Oberstleutnant der Deutschen Luftwaffe, vermittelte mir ein tiefes Verständnis für den nervenaufreibenden Alltag eines Kampfpiloten.

Sehr dankbar bin ich außerdem dem Autorenkollegen Hubertus Borck, Psychiater Dr. Daniel Bove, Stefan Bremkens (Leiter Nationales Lage- und Führungszentrum für Sicherheit im Luftraum), Alexander Feja (Leiter Kommunikation Zentrum Luftoperationen Bundeswehr), Lucile Giroussens und Elodie Pousse (Chargée de communication, Mantes-la-Ville), Fluglotsin Andrea Hoffmann, Alexandra Holland (Herausgeberin *Augsburger Allgemeine*), Ingmar Kerkhoff (ASOC DC und stllv. Dezernatsleiter NLFZ SiLuRa), dem Piloten Bernd Pfeffer (Lufthansa), Bauingenieur Guido Prummer, Fabio Ramos (Leiter Konzernkommunikation Deutsche Flugsicherung), Tobias Schaumann (CvD *Augsburger Allgemeine*), Hebamme Sophie Schöber, Stefanie Seidl, Fotografin Gila Sonderwald, Wolfgang Stöckel (Leiter Besondere Schutzaufgaben Luftverkehr der Bundespolizei), meinen Probeleser:innen Sarah Bröder (cozythrill), Lara Faulhaber (lara_liest) und Maximilian Grandl – und wie immer meinem Redakteur Lars Zwickies, meiner Agentin Meike Herrmann und meinem Lektor Tim Müller (dtv Verlag), der von Anfang an an diesen Stoff geglaubt hat.